現代国際通貨体制

奥田宏司

日本経済評論社

はしがき

　書名に「現代国際通貨体制」とつけたが，本書は1990年代末～2010年の期間における国際通貨体制について論じる．筆者のライフワークは「ドル体制の研究」であるが，本書はその研究の6冊目の著書である．そこで，ドル体制とはどのような体制であるかであるが，これについては前書（『ドル体制とユーロ，円』日本経済評論社，2002年）の序章において記している．詳しくはその序章をみていただきたいが，ごく簡単に述べておこう．

　ドル体制とは，金と交換されない不換のドルが基軸通貨として機能する国際通貨体制と，その国際通貨体制の上に成立しているドルを中心とした短期ならびに中長期の国際信用連鎖が形成する国際金融の体系であり，IMF，世界銀行等もその体制維持のための不可欠の機関となっている．なお，基軸通貨とは，為替媒介通貨機能，基準通貨機能，介入通貨機能，準備通貨機能等の国際通貨の諸機能をあわせもっている通貨である（前掲拙書『ドル体制とユーロ，円』第2章参照）．

　そのようなドル体制研究の第6冊目が本書であるが，本書はこれまでの著書とどのような位置にあるのか，これも簡単に述べておきたい．

　①『多国籍銀行とユーロカレンシー市場——ドル体制の形成と展開』（同文舘，1988年）は，副題にあるように，金ドル交換停止後の1970年代におけるドル体制の形成と展開を明らかにすべくドルの為替媒介通貨機能を示し，短期，中長期の国際信用連鎖のあり様を分析している．私のドル体制研究の出発点となるものである．ユーロカレンシー市場を経由する複雑な短資移動経路の形成と短期諸金利体系の成立，ニューヨークにおけるオフショア市場（IBF）の発足，ユーロシンジケートローンの伸張と途上国債務累積の分析である．

　②『途上国債務危機とIMF，世界銀行——80年代のブレトンウッズ機関とドル体制』（同文舘，1989年）は，前書を受けて80年代における途上国債務危機（＝ドル信用連鎖の「中断」）を扱い，IMF，世界銀行がどのようにしてド

ル国際信用連鎖の維持をはかっているか，それらの機関はドル体制支持の役割を果たしており，途上国にとっては単なる開発協力機関ではないことを示している．

③『ドル体制と国際通貨——ドルの後退とマルク，円』（ミネルヴァ書房，1996年）は1980年代のドル体制の分析である．1980年代のアメリカ国際収支構造の分析を踏まえ，米経常収支赤字の増大とそのファイナンスの困難性を指摘し，ドル体制が後退していること明らかにしている．そのファイナンスは80年代には主に日本によってなされていること，ヨーロッパ通貨制度（EMS）下の80年代におけるマルクの基準通貨化，介入通貨化，さらには，80年代のアジアにおける円の地位を究明している．

④『ドル体制とユーロ，円』（日本経済評論社，2002年）は1990年代のドル体制の分析である．アメリカ経常収支赤字は依然として高水準を保ちながらも各国からの対米投資がその赤字の何倍かにのぼり，90年代末までそのファイナンス問題は無視しうるほどであり，ドル体制の「復活」ともいえる状況になった．しかし，90年代にマルクは西ヨーロッパにおいて為替媒介通貨に成長し，ほぼ基軸通貨としての地位を確保した．そのマルクを引き継ぐ形でユーロが登場してくる．また，東アジアではASEAN諸国などでの対外資本取引の自由化を背景にアジア通貨危機が勃発し，それを契機に円の国際化構想が打出されてくる．これらが本書のテーマである．なお，この著書においては世界貨幣（＝金）と国際通貨の関連，国際通貨・基軸通貨論についての理論的な解明が行なわれている．

⑤『円とドルの国際金融——ドル体制下の日本を中心に』（ミネルヴァ書房，2007年）は，副題にあるようにドル体制下の日本の対外金融，国際金融の諸問題を分析している．70年代において日本の対外金融は貿易金融が中心であり，本格的な対外投資は80年代の経常黒字の増大と対外投資諸規制の緩和以後のことである．しかし，80年代に早くも日本は対米ファイナンスの中心になる．90年代については95年の円高是正の「協調介入」が，97年の金融機関の破綻後の国際収支構造などが，03年には為替スワップ市場の変化からマイナス金利が発生したことが分析されている．また，同書第2部では日本政府のワシントン・コンセンサスへの対応，アジア通貨危機以降のアジア通貨基金構想，新

宮沢構想，環太平洋地域の外国為替市場を分析して2000年代前半期の円，人民元の地位を解明している．

　以上の著書を踏まえて，本書は2000年代の国際通貨体制を論じている．ドル体制が1990年代末〜2010年の期間においてどのような状況にあるかの分析が本書第1部である．90年代末から2000年代にかけて米経常赤字は急速に膨張した．そのなかでドル体制の維持が可能なのかどうか，ドル危機論と楽観論が交差し，そうこうしているうちにリーマン・ショックに象徴される金融危機が勃発した．この時期の米国際収支構造を詳細に分析する必要がある．

　しかし，改めて米国際収支表の見方を再検討しなければならなくなった．米経常赤字のファイナンスの如何を検討するとき，対米投資が直接投資，証券投資，在米銀行の対外取引などの区分でどのような状態にあるのかという分析では掘り下げた実態に迫られないことがはっきりした．「債務決済」という対米投資，ユーロ，円，ポンド等をドルに換えての対米投資，ドル資金を調達したうえでの対米投資，米のドルを外貨に換えての対外投資など，第3，4章で展開されている「概念上の区分」が必要となる．その区分を行なったうえで，米金融危機前後の米国際収支構造の分析を行なう必要があるのである．

　他方，2000年以降，ドル体制と同様な意味でユーロ体制が形成されてきている．ロシアを除くヨーロッパのほぼ全域においてユーロが基軸通貨として機能しており，ユーロでの国際信用連鎖が形成されてきている．それゆえ，現代国際通貨体制のあり様はドル体制だけの分析では終わらない．そのことを本書の第2部で明らかにしたい．しかし，そのユーロ体制が現在，ギリシャから始まった財政危機によって揺らいでいる．ところが，本書の脱稿は2011年10月中旬であり，ギリシャ危機などの欧州危機の展開については十分に言及できていない．ギリシャ等の財政危機がもたらしたフランス，ドイツ等の金融機関の経営悪化，金融機関への財政資金を使った資本投入，そのためのEFSF（欧州金融安定化基金）の機能拡充，国債の買取などには触れられていない．TARGET Balancesの累積からEFSF等の支援策が必然化されること，フランス，ドイツ等の金融機関がイタリア，スペイン，アイルランド等に多額の債権を有していることが指摘されているところで終わっている．今後の研究にゆだねたい．

東アジアにおいてはどうか．東アジアにおいてはドルの基軸通貨としての地位が強固であり，国際信用連鎖もほとんどがドルで形成されている．その中で，「東アジア共同体」構想が出されたり，アジア通貨協力が叫ばれたりしている．また，人民元の国際化が論じられている．しかし，それらはいずれも実態を深く分析しないままの「提唱」か，不十分な論議で終わっている．第3部ではこれらの状況を念頭におきつつ，世銀の途上国に対する対外資本取引の自由化戦略の形成，アジア通貨危機，アジア通貨基金構想の破綻，チェンマイ・イニシアティブ，05年人民元の改革，世界の外為市場における東アジア諸通貨の地位，東アジアにおける「ゆるやかな為替相場圏」の形成等を論じ，今後の東アジアの通貨・為替制度における協調の展望を検討する素材としたい．

　本書執筆中にギリシャの財政危機を発端とする欧州金融機関の破綻がおこり，ユーロの動揺が生じている．また，今年の冬以来の中東諸国における独裁体制の崩壊がオイルダラー，ドル体制に今後どのような影響を与えるのだろうか．さらに，急激な円高が進行し，中国経済の減速が伝えられている．2010年代の国際通貨体制は大きく変化していくだろう．引き続き研究を続けていきたい．

　最後に日本経済評論社の皆さんに謝意を評したい．出版助成を得ることも困難になっている中で，拙書『ドル体制とユーロ，円』(2002年)に引き続き本書の出版を快諾していただいた日本経済評論社の栗原哲也社長，編集上の多くの助言をいただいた清達二氏に心からお礼を申し上げたい．社屋においてお二人に会い，社会科学の著書の刊行に意欲をもたれていることに感じ入ったものである．

　また，本書の執筆時期は私自身の生活においても忙しい時期であった．本書の内容については難しいといって何も述べない妻であるが，生活を支えてくれた．感謝している．本書を脱稿し，「はしがき」を書いている今，感慨深いものを感じる．

2011年10月18日

　　　「はしがき」の下書きをもとに，午後，嵐山のベンチに座し愛宕山
　　　を眺めつつ加筆・修正す．

目次

はしがき

第1部　アメリカ経常収支赤字のファイナンスとドル体制

第1章　アメリカ国際収支構造の変遷 …………………… 3

1. 1960-80年代の国際収支構造　3
    (1) 60-70年代のアメリカ国際収支構造　3
    (2) 80年代の主要国，諸地域の国際収支構造　6
    (3) 80年代のアメリカ国際収支構造の転換　11
2. 1990年代の国際収支構造とドル体制の「回復」　15
    (1) 90年代の国際収支の構造　18
    (2) 90年代の国際マネーフローと機関投資家化　22
3. 2000年から今日までの国際収支構造　25
    (1) 2000-07年　25
    (2) 2008-10年　36

第2章　経常赤字の「自動的ファイナンス」論への批判的検討 ……… 43

1. 国際通貨ドル論と米ファイナンス論　43
    (1) 木下悦二教授の「自動的ファイナンス論」とその問題点　44
    (2) 日本，ヨーロッパと「拘束された対米投資」論　46
2. I-Sバランス論の問題点：小宮隆太郎氏の場合　48
3. グローバルなI-Sバランス論の検討　52

第3章　対米ファイナンスと対外債務・債権の概念上の区分 ………… 60

1. 世界各地域のドル建貿易収支と外貨建貿易収支　60

2. 投資収支における債務と債権　　　　　　　　　　　　　　63
　　　(1) 対外債務の4つの項目　64
　　　(2) 対外債権の3つの項目　67
　　　(3) 「投資収支」　69
　　　(4) 「債務決済」額　70
　　　(5) 投資収支の式とそこから導き出される事項　72
　　3. 「広義の資本収支」：ドル準備，公的準備を含めた場合　　　73
　　　(1) ドル準備のアメリカ国内とユーロダラー市場での保有　73
　　　(2) 「広義の資本収支」の式から導き出されること　78
　　4. 1997年の国際収支諸項目の概念的概算値　　　　　　　　　79
　　　(1) 概算値算出の根拠　80
　　　(2) 1997年の概算値の諸特徴　84

第4章　資本収支の概念上の区分と諸項目の概算値　　　　　　　　89
　　1. 2006年の国際収支の諸項目の概算値　　　　　　　　　　　90
　　　(1) 06年の国際収支構造の諸特徴　90
　　　(2) 06年の諸項目の概念的概算値　103
　　2. 2008年の国際収支の諸項目の概算値　　　　　　　　　　　108
　　　(1) 08年の国際収支構造の諸特徴　108
　　　(2) 08年の諸項目の概念的概算値　122
　　補論1　SCB 2009年7月号の統計値を使った概算値の算出　125
　　補論2　2009-10年の国際収支とドル危機時の構造　128

第2部　ヨーロッパにおけるユーロの基軸通貨化とユーロ体制

第5章　ユーロの基軸通貨化とユーロ体制の成立　　　　　　　　135
　　1. ヨーロッパの外為市場におけるユーロの地位　　　　　　　136
　　　(1) イギリス市場　136
　　　(2) スイス，フランス，イタリア，スペインの各市場　138
　　　(3) デンマーク，スウェーデンの各市場　141

        (4) チェコ，ポーランド，ロシアの各市場　143
    2. ユーロの基準通貨，介入通貨，準備通貨としての地位　145
        (1) デンマーク，スロヴァキア，スウェーデン　146
        (2) チェコ，ハンガリー　149
        (3) 小結　153
    3. ユーロによる信用連鎖の形成　155
        (1) 債務証券等におけるユーロ建の比重　155
        (2) 銀行ローンにおけるユーロ建の比率　158
        (3) ユーロ建信用連鎖の形成：ユーロ体制の構築と脆弱さ　162
    4. ギリシャ等の危機とTARGET Balances，救済計画　164

第6章　ユーロ決済機構の高度化とギリシャ等の危機　…………　169
    1. ユーロ建・EU域内決済とTARGET　170
        (1) TARGETによる国際決済　170
        (2) 短期市場における決済資金の補充　178
        (3) ユーロ短期市場の統合　181
        (4) TARGET2へ　184
    2. イギリスとユーロ・ユーロ取引　186
        (1) 通貨統合不参加EU国のTARGET1へのリンク　186
        (2) ロンドンにおけるユーロ・ユーロ取引　190
        (3) イギリス，スウェーデンのTARGET2への不参加　196
    3. 決済機構からみた「欧州版IMF」設立の意味　198

第7章　ユーロ建貿易の広がりについて　……………………………　205
    1. ユーロ建貿易の現状と「インボイス通貨理論」　206
        (1) ユーロ建貿易の現状　206
        (2) グラスマン以後の「インボイス通貨論」の概要　212
    2. 中東ヨーロッパの為替制度とユーロ建貿易　215
        (1) 中東ヨーロッパの為替制度とインボイス通貨　215
        (2) 中東ヨーロッパ諸国の輸出におけるインボイス通貨　216

3. ユーロ地域内各国の各地域への輸出とインボイス通貨　220
　　4. イギリス，日本におけるインボイス通貨　224
　　まとめ　228

第8章　ユーロと諸通貨の間の短資移動の動向 …………… 232
　　1. これまでの諸論稿における論述　233
　　　(1) 拙稿における論述　233
　　　(2) 井上論文（04年についての分析）の論述　234
　　　(3) 太田論文（07，08年の分析）の論述　238
　　2. 08年のロンドン市場におけるスワップ取引と短資移動　240
　　　(1) ドルとユーロの短資移動　241
　　　(2) ポンドと諸通貨の短資移動　244
　　　(3) スイスフランの短資移動　247
　　　(4) 円の短資移動　249
　　3. 09年末から10年春にかけての取引　252
　　　(1) ドルとユーロの短資移動　253
　　　(2) ポンドと諸通貨の短資移動　254
　　　(3) ドルとスイスフラン，円との短資移動　256

第3部　ドル体制下の東アジアの通貨・為替制度

第9章　アジア通貨危機後の東アジアの国際通貨状況 …………… 263
　　1. 日本のワシントン・コンセンサスに対するスタンス　264
　　　(1) 世銀「レビー報告」から『東アジアの奇跡』への経緯　264
　　　(2) アジア通貨危機とAMF構想，チェンマイ・イニシアティブ　268
　　2. 「円の国際化」構想と「破綻」　276
　　　(1) 「円の国際化」議論と外為審「答申」　276
　　　(2) 大蔵省の諸文書に見られる問題点　279
　　　(3) 円の国際通貨化のありうる道　282
　　3. 2005年の人民元改革　289

    (1) 中国の経常黒字の増大と人民元　289
    (2) 人民元改革の遅れと 05 年の人民元改革　290

第 10 章　東アジアの通貨・為替制度とドル，円，人民元 ……………　298
　　1. 世界の外国為替市場における東アジア諸通貨の取引　　　　　299
　　2. 東アジアの為替制度と「為替相場圏」　　　　　　　　　　　308
    (1) 人民元相場の推移と通貨バスケット制　308
    (2) シンガポールの通貨バスケット制と「為替相場圏」　313
    (3) その他の東アジア諸国の通貨・為替政策　321
　　おわりに：東アジアにおける通貨協力の展望　　　　　　　　　　332

あとがき　　　　　　　　　　　　　　　　　　　　　　　　　　　337
初出一覧　　　　　　　　　　　　　　　　　　　　　　　　　　　341
索引　　　　　　　　　　　　　　　　　　　　　　　　　　　　　343

第 1 部　アメリカ経常収支赤字のファイナンスとドル体制

第1部の課題は2010年までのドル体制の変遷をたどることである．ドル体制は，1971年の金ドル交換停止を契機に形成・展開され，それ以後1980年代の後退，90年代の「回復」を経て2008年のリーマン・ショックに象徴されるアメリカ金融危機によって動揺している．

　第1章においてはアメリカ国際収支構造の変化を歴史的に概観し，経常収支赤字がどのようにファイナンスされているのかを国際収支表によって示しながら各時代のドル体制の諸特徴を明らかにしている．1990年代末以降，アメリカ経常赤字が急激なテンポで増大し06年には8000億ドルを超過する事態になった．このような膨大な経常赤字がファイナンスされ続けるのか，ドル危機は発生しないのかという問題提起が行なわれた．他方，アメリカ経常赤字が増大してもドルは基軸通貨でありその赤字のファイナンスには困難を伴わない．したがって，ドル危機は発生しないという議論も行なわれた．そこで，第2章ではアメリカ経常赤字の「自動的ファイナンス論」を検討し，アメリカ経常赤字の多くの部分はドルが基軸通貨であるがゆえに「債務決済」されるが，アメリカ経常赤字の「自動的ファイナンス論」には疑問があることを示した．

　第3章，第4章では第2章を受けてアメリカの対外債務，対外債権の「概念上の区分」を行い，アメリカ経常赤字のファイナンスの実態を掘り下げようとしている．そのためには，世界の貿易はドルで過半が行なわれているが，ユーロ，円，ポンド等の他通貨でも行なわれており，主要先進諸国は大きくはないがドル建では赤字，ユーロ，円，ポンド等の通貨で貿易黒字をもっていること，ドル建貿易黒字をもっているのは主要先進諸国以外の「その他」地域であること，したがって，アメリカ以外の主要先進諸国はアメリカから「債務決済」を受けず，「債務決済」を受けているのは「その他」地域であることを確認しなければならなかった．

　また，主要先進諸国の対米投資のかなりの部分はユーロ，円等をドルに換えて行なわれることを指摘した．さらに，アメリカの投資収支ついては，直接投資，証券投資，ノンバンク・銀行の対外取引等に区分されるが，その区分ではアメリカ経常赤字のファイナンスの実態は解明できず，解明には投資の通貨区分，ドルと諸通貨の転換を伴うこと，対外債権と対外債務の両建の形成などの「概念的な区分」が不可欠であることを示している．

第1章
アメリカ国際収支構造の変遷

　本章の主たる課題はアメリカ国際収支構造の経緯を，1960年代から21世紀の今日まで，いくつかの時期区分を行ないながら概括することである．ドル体制の変遷を考察する場合，まず何よりも各時期のアメリカ国際収支構造の分析が不可欠だからである．また，時期区分についていえば，60年代，70年代は累計で概要を示し，80年代は83年から大きな構造変化が生じており，80年から82年までは「70年代型の構造」になっている．また，90年代についても98年からは2007年まで続く構造になっており，10年ごとに時期区分していくことは必ずしも適切ではない．とはいえ，本章においては便宜的に10年ごとにいくつかの表を示している．それでは，1960年代から論じていこう．

1. 1960-80年代の国際収支構造

(1) 60-70年代のアメリカ国際収支構造[1]

　表1-1に1960年代と70年代のアメリカ国際収支が累積で示されている．1960年代には貿易・サービス収支黒字が623億ドルであるが，移転収支（大部分が政府の無償援助——軍事援助を除く）[2]が290億ドルの赤字で冷戦の深まりの中で大きな額になっている．結局，経常収支は333億ドルの黒字である．また，民間投資収支は239億ドルの赤字である．その赤字の大部分は直接投資であり，米大手企業の多国籍化が進展していることが把握できる．また，誤差とともに主に短期の資金流出入を示す「統計上の不一致」は55億ドルの赤字（資金流出）で，民間投資収支の赤字との合計は約300億ドルである．これらのアメリカからの対外投資は経常黒字（333億ドル）で賄われている．しかし，

表1-1 アメリカの国際収支[1] (1960年代, 70年代)

(億ドル)

	SCB ライン	1960-69年の累計	1970-79年の累計
(1) 経常収支	69	333	−44
貿易・サービス収支	67	623	454
うち貿易収支	66	408	−1,038
移転収支	31	−290	−498
(2) 民間投資収支		−239	−1,500
直接投資収支	46, 59	−370	−819
証券投資収支	47, 60, 61	−11	25
非銀行の非関連海外居住者との取引	48, 62	−9	−108
在米銀行の取引	49, 63	151	−598
(3) 米政府の対外資産[2]	41	−165	−271
(4) 統計上の不一致	65	−55	364
(5) 在米外国公的資産	51	80	1,424
うち財務省証券	53	10	929
(6) 米の公的準備資産[3]	36	49	−7

注:1) 四捨五入のため誤差がある.また,70年代にはSDRの配分がある(34億ドル).
　　2) 米の公的準備資産を除く.
　　3) (+)は減少.
出所:*Survey of Current Business*, June 1980, pp. 54-55 (Table 1)より.

無償援助に伴う移転収支がより少ない額であれば,経常黒字はより大きな額になり,対外投資のための資金余剰はより大きな額になっていたであろう.

　他方,政府の対外資産は165億ドルの赤字になっている.この資産の大部分は有償の援助資金の供与であり,冷戦の深化によって親米政権等への援助資金が増加しているのである(移転収支と合わせれば450億ドルを超える).政府の対外資産の原資は,先進各国のドル準備保有をしめす「在米外国公的資産」(80億ドル)とアメリカの公的準備資産(かなりの部分が金)の減少(49億ドル)によって賄われている.

　以上をさらにまとめると,民間投資収支赤字(2欄),統計上の不一致(4欄,主に短期資金の流出),米政府の対外資産(3欄,対外援助等)の合計は468億ドルの赤字であり,他方,経常収支黒字(1欄)は333億ドルであるから,その差額(「総合収支」赤字=135億ドル)は米の公的準備資産(6欄)でもっ

て埋め合わせるか，先進各国の通貨当局によるドル準備（5欄，在米外国公的資産）でもって埋め合わされる以外にない（実際はその両者でもって）．前述の移転収支（大部分が対外援助）が少なければ，「総合収支」赤字は出ないか少額であったろう．

敷衍すると，冷戦下における移転収支赤字の増大が経常黒字を縮小させ，また，有償援助も大きく，その結果，135億ドルの「総合収支」赤字が生まれた．そのために世界の外国為替市場においてドル相場が下落し，IMF固定相場制の維持のために先進各国がドル買の為替市場介入を行なったのである．介入は各国のドル準備を増加させ，その過半は60年代の「国際金融強力」によって種々の在米資産（＝在米外国公的資産）として保有されたが，その一部は米財務省に対して金の請求になっていった（米の金喪失）．冷戦の深化による米政府の無償，有償の対外援助の増大が米の金保有を減少させ，IMF固定相場制を崩壊させていったことが改めて確認できよう[3]．

以上が60年代の国際収支構造であったが，70年代にはその構造は大きく変化する．経常収支黒字がなくなった．しかし，70年代の累計赤字はそれほど大きくなく，44億ドルにとどまっている．貿易収支赤字はサービス収支黒字で埋め合わされ，さらに貿易・サービス収支は454億ドルの黒字である．その黒字でもって移転収支のほとんどがカバーされているからである．他方，民間投資収支赤字は1500億ドルにも達している．アメリカ中心の国際信用連鎖の進展は続いている．これが「70年型の国際収支構造」である．

民間投資収支の赤字は1500億ドルと巨額にのぼったが，60年代と同様に民間投資収支赤字の過半は直接投資であるが，それとともに，70年代における2度の石油危機のために経常収支が赤字になった途上国などにアメリカの銀行からの貸付が多額にのぼっている[4]．しかし，経常黒字が存在しないのであるから，民間の対外投資のための原資はどこからもたらされるのかという検討課題が出てくる．米政府の対外資産（3欄，大部分が政府の有償援助）も赤字であり，「統計上の不一致」も加えた「総合収支」赤字は1451億ドルにも達している．この赤字は「在米外国公的資産」（5欄，ドル準備）によって埋め合わされている．つまり，71年8月の金・ドル交換停止以後，ドル相場が傾向的に下落していき，先進各国がドル買の為替介入によってドルを支えつつドル準備

を増大させていったのである．しかも，ドル準備の約3分の2が財務省証券で保有されている．金・ドル交換停止によりアメリカは実物での決済から免れ（70年代に7億とわずかであるがアメリカの公的準備が増え，金の喪失がとまっている），ドル準備の積み増しにより「総合収支」赤字のファイナンスを行なっているのである．

別の視点で述べれば，金ドル交換停止と70年代におけるドル相場の下落がアメリカ以外の先進諸国によるドル買の為替市場介入を余儀なくさせ（＝半ば強制された市場介入），アメリカはそれによって海外からのドル準備を確保し，それが原資となってドルの国際信用連鎖を形成していたのである．

(2) 80年代の主要国，諸地域の国際収支構造[5]

1980年代中期以降の基軸通貨ドルの後退は，アメリカが経常収支赤字を増大させ，対外投資能力を急速に減退させたことよってドルの国際信用連鎖を自ら主体的に形成できないことから根本的には生じている．したがって，1980年代におけるドル体制の変容と後退を考察するに際し，なによりもまず考察しなければならないことはアメリカの国際収支構造の変化である．すなわち，80年代以降アメリカ経常収支赤字がどのように増加し，それがどのようにファイナンスされてきたかという考察である．そのためにも，まずは主要国，主要地域の国際収支構造を概略的にみておかなければならない．

表1-2は主要国，各地域の経常収支を示している．83年に大きな変化が見られる．83年からのアメリカの赤字の急激な増加と，それと対照的な日本の

表1-2 各国（地域）の経常収支

(10億ドル)

	1980	1981	1982	1983	1984	1985	1986	1987	1988	1989
アメリカ	1.9	6.9	−5.9	−40.1	−99.0	−122.3	−145.4	−162.3	−128.9	−110.0
日本	−10.7	4.8	6.8	20.8	35.0	49.2	85.8	87.0	79.6	57.2
西ドイツ	−13.8	−3.6	5.1	5.3	9.9	16.5	39.7	45.8	50.4	55.4
その他の先進国	−35.4	−24.4	−31.4	−3.3	0.6	−4.4	−5.3	−25.2	−53.6	−85.0
途上国	30.6	−47.8	−76.4	−57.1	−26.7	−21.9	−41.8	1.7	−14.0	−15.9
燃料輸出国	96.4	34.8	−14.3	−15.7	−0.6	3.4	−31.8	−4.1	−20.7	−6.0
燃料輸入国	−65.8	−82.5	−62.0	−41.5	−26.1	−25.3	−10.0	5.9	6.7	−9.8

出所：IMF, *World Economic Outlook*, Oct. 1988, p. 91 (1980-81), Oct. 1990, p. 143 (1982-89) より．

黒字の増加がすぐ目につく．西ドイツの黒字増大は84，85年からである．その他の先進国も80年代中期におおむね改善傾向にある．一方，産油国は81年までの大きな黒字から一転して82年からかなりの額の赤字が出ている．オイルマネーは80年代前半期に消滅したということができよう．また，非産油途上国は81年の赤字をピークに，アメリカ主導の「途上国債務戦略」展開もあって以後赤字幅は縮小している[6]．

　以上の80年代における全世界の経常収支の変化をふまえて米，日，西独，3カ国の国際収支構造の骨格を概略的に見ることにしよう．アメリカについては後掲表1-8を見られたい．詳細はのちに再度論じるが簡潔に示しておこう．アメリカの83年からの経常収支赤字の増大は83年からの民間資本収支黒字によって大部分がファイナンスされ，85年まではそれと米の高金利による短期資金の流入（＝「統計上の不一致」）が民間資本収支黒字による不足分をファイナンスしている．86年からは急激なドル安の進行によって「在米外国公的資産」（＝各国のドル準備）が民間資本収支黒字に次いで2番目に重要なファイナンス項目になっている．いずれにしても，アメリカは82年までは海外に多額の投資を行ない，それでもってアメリカ企業は多国籍化し，また，途上国へ資金を供与して途上国の経済開発と経常収支赤字のファイナンスを行なってきたのであるが，83年以後は自身の経常収支赤字の拡大によってネットでの資本輸出能力を完全に失い，逆にファイナンスされる立場になった．83年以後のアメリカの対外投資は，海外民間と公的機関からの資本流入があって，それがまずアメリカ経常収支赤字をファイナンスし，それからの「余剰」によって初めて可能になるものなのである．言い換えれば，アメリカはドルによる国際信用連鎖を自らは「主体的」に形成できない立場に陥ったのである．

　一方，日本は84年から長期資本収支赤字を急増させていく（表1-3）．そのなかで88年までは証券投資が半分以上を占めている．それはアメリカの第1の赤字ファイナンス項目が証券投資であるのと符合する．また，為銀部門の海外からの資金取り入れが86年から増加しているのが見て取れよう．この大部分は銀行自身による対外投資のための原資になっている（「外－外」投資）．日本は，経常収支の黒字を対外投資に当てるだけでなく，海外から短期資金を取り入れ，それをも対外投資に当てていたのである．80年代のドル体制下にお

表1-3 日本の国際収支

(億ドル)

	1980	1981	1982	1983	1984	1985	1986	1987	1988	1989	1990	1991	1992	1993
経 常 収 支	−107	48	69	208	350	492	858	870	796	572	358	729	1,176	1,314
貿 易 収 支	21	200	181	315	443	560	928	964	950	769	635	1,030	1,323	1,415
貿易外収支	−113	−136	−98	−91	−77	−52	−49	−57	−113	−155	−223	−178	−101	−39
移 転 収 支	−15	−16	−14	−15	−15	−17	−21	−37	−41	−42	−55	−125	47	−61
長期資本収支	23	−97	−150	−177	−497	−645	−1,315	−1,365	−1,309	−892	−436	371	−285	−783
直 接 投 資	−21	−47	−41	−32	−60	−58	−143	−183	−347	−452	−463	−294	−145	−136
証 券 投 資	94	44	21	−19	−236	−430	−1,014	−938	−667	−280	−50	410	−262	−627
借 款	−28	−53	−81	−85	−120	−105	−93	−163	−153	−47	169	250	83	−38
金融勘定[1)]	−84	−21	−50	52	−152	−123	−448	−295	−290	−333	−72	764	716	384
外 貨 準 備	49	32	−51	12	2	2	157	392	162	−128	−78	−81	−3	269
為銀部門等	−133	−53	2	39	−170	−125	−605	−688	−452	−205	6	844	719	115

注：1）（−）は資産の減少および負債の増加，（＋）はその逆．
出所：日本銀行『国際収支統計月報』より作成．

いて日本はドルを支えるばかりでなく，国際通貨ドルを使って最大限の利潤機会を求めようと対外投資を伸ばしていったのである．

　日本のドル体制支持について，その概要を示しておこう．1つは対米ファイナンスであり，もう1つは途上国への「資金還流措置」であった．86年から89年の間の日本の対米直接投資累計，対米証券投資累計，外貨準備の増加の合計は2872億ドルに達し（表1-4の5欄），それは日本の対米貿易黒字（2138億ドル――同表7欄）を上回り，米の経常赤字全体（5514億ドル――同表9欄）の52％にものぼった．他方，日本政府の「途上国への資金還流措置」は87年から92年までに650億ドルにのぼった（表1-5）．80年代，日本は資本主義世界が抱えた2つのファイナンス問題に対処し，ドル体制を支えたのである．

　他方，旧西ドイツは日本と同じく80年代後半に経常収支黒字を増加させ，対外投資を伸ばしたが，対外投資の構造は日本と大分異なっている．資本収支赤字のより多くの部分が長期収支ではなく短期資本収支であり（表1-6），80年代にドイツは米，日と異なりユーロカレンシー市場に対し多額の資金を放出している．これは70年代のOPEC諸国に近い投資パターンである．長期資本収支のなかで主要なものは直接投資であり，証券投資は88年をのぞけば多く

表 1-4 日本の経常収支黒字と対米ファイナンス

(100万ドル)

	1983-89 年	1986-89 年
(1) 日本の経常収支黒字の累計	414,619	309,648
(2) 日本の対米証券投資累計(ネット)	197,373	149,702
(3) 日本の対米直接投資累計	90,429	79,110
(4) 外貨準備増	61,633	58,385
(5) (2)+(3)+(4)	349,435	287,197
(6) (5)/(1)×100	84.3(%)	92.7(%)
(7) 米の対日貿易赤字の累計	315,313	213,760
(8) (5)/(7)×100	110.8(%)	134.4(%)
(9) 米の経常収支赤字の累計	848,158	551,433
(10) (5)/(9)×100	41.2(%)	52.1(%)

出所：日本銀行『国際収支統計月報』，『大蔵省国際金融局年報』．
  Survey of Current Business より作成．

表 1-5 日本の途上国への資金還流措置・強化の概要

	現行措置	拡充分	合計
1. 期間	1987-90年(3年間)	1987-92年(5年間)	
2. 主な内容			
(1) 日本輸出入銀行（民間銀行の協調融資を含む）	100億ドル（実績見込み）	135億ドル程度（新債務戦略適用国に対して約80億ドル）	235億ドル程度
(2) 海外経済協力基金	約55億ドル（実績見込み）	70億ドル程度（新債務戦略適用国に対して約20億ドル以上）	約125億ドル程度
(3) 世銀等国際開発機関に対する出資，拠出および民間資金協力等	約145億ドル（実績見込み）	145億ドル程度	290億ドル程度
還流総額	300億ドル以上	350億ドル程度（新債務戦略適用国に対して約100億ドル以上）	650億ドル以上

出所：『財経詳報』1989年8月1日，9ページ．

表1-6 ドイツの国際収支

(億マルク)

	1981	1982	1983	1984	1985	1986	1987	1988	1989	1990	1991	1992
経 常 収 支	−80	124	135	279	483	858	825	889	1,080	761	−329	−391
貿 易 収 支	277	513	421	540	734	1,126	1,177	1,280	1,346	1,054	219	328
長期資本収支	88	−163	−70	−157	−65	338	−233	−868	−225	−662	−279	454
直 接 投 資	−74	−59	−35	−126	−84	−185	−128	−181	−139	−333	−309	−223
証 券 投 資	−52	−92	32	17	105	528	83	−650	−52	−64	377	631
借 款	51	−50	−32	−86	−55	26	−159	−8	−8	−229	−301	92
短期資本収支	−26	110	−86	−166	−405	−1,137	−181	−408	−1,131	−239	423	894
銀 行	−103	81	18	1	−277	−590	−62	−202	−567	6	398	661
個人・企業	82	33	−71	−149	−130	−538	−128	−214	−516	−194	71	281
政 府	25	4	−33	−18	1	−9	9	8	−46	−52	−47	−48
外貨準備[1]	15	27	−16	−10	−13	28	319	−325	−216	59	8	624

注：1) ＋は増加．
出所：*Monthly Report of the Deutsche Bundesbank*, Deutsche Bundesbank, *Monthly Report* より．

の年に黒字になっている．西ドイツの対米証券投資の状況を示しておこう（表1-7）．西ドイツの対米証券投資は85年に74億マルク，88年の94億マルク以外はたいした額ではなく，86年，89年には引き揚げになっている．85年から89年までの累計でも130億マルク（70～80億ドル）にとどまっている．逆に，米の対独証券投資は85年から89年の累計で74億マルク（約40億ドル強）になっている．したがって，西ドイツの対米証券投資収支では85年から89年の累計で56億マルク（約33億ドル）の赤字にすぎない．これらのことから，80年代後半において西ドイツは対米証券投資のかたちでは対米ファイナンスをほとんど行なっていなかったと考えられる．西ドイツはユーロカレンシー市場へ

表1-7 ドイツの対米証券取引（フローベース）

(億マルク)

	1985	86	87	88	89	85-89の累計
独の対米証券投資	74	−5	10	94	−43	130
米の対独証券投資	14	40	−8	−5	34	74
純 資 産	60	−45	18	99	−77	56

出所：*Appendix to Statistical Supplements to the Monthly Report of the Deeutsche Bundesbank*, Series 3, Balance of Payments Statistics 各号より．

資金を放出し，それを日本が取り入れ対外投資に当てていたのである[7]．

これまでをまとめると以下のように言うことができよう．70年代にはアメリカ（ユーロカレンシー市場における米金融機関も含めて）が世界へドル資金を供給し（もちろんそれを保証していたのは在米外国公的資産であるが），ドルによる国際信用連鎖を主体的に形成していたのに対し，80年代のドル体制下においてアメリカはネットでの対外投資能力を完全に失い，アメリカは経常赤字をファイナンスされなければならない立場におちいった．ドルによる国際信用連鎖を形成するのは，主には非基軸通貨国・日本であり，次が西ドイツに変わった．ドル体制下におけるドル・国際信用連鎖の形成の「主体」は明らかに変化したのである．

80年代に世界の経常黒字諸国は，大規模な米国内金融市場，ユーロダラー市場における多様な金融商品の存在に惹かれてドル投資を伸ばしてドルを支え，ドルの為替相場の大きな変動のなかでマルク，円等の他通貨との「裁定」をはかりながら国際通貨・ドルを利用してきたのである．

(3) 80年代のアメリカ国際収支構造の転換

以上の80年代における世界の国際収支構造の概略をふまえて，本節以下ではアメリカ国際収支構造を詳細に分析することにしよう（表1-8）．まず，経常収支について第1に指摘しなければならないことは，貿易収支の赤字が1983年から大きく増加していることである．82年まで貿易赤字は300億ドル前後で推移してきたものが，83年には671億ドルへ前年の1.8倍に増加し，さらに84年には1125億ドルへ膨らみ，以後87年まで漸増し，それから91年までやや減少してきている．しかし，90年でも貿易赤字は1000億ドルをこえている．82年から83年はアメリカ貿易収支の面で1つの画期をなすのである．

第2に，海外投資収益収支を見ると，その黒字がピークをなすのは81年であり，以後黒字幅が減少していき，とりわけ85年から大きく減少していき87年にはわずかに79億ドルの黒字になった．投資収益収支のうち直接投資は80年代前半に停滞しているが，85年からまた増大し，90年には559億ドルに達している．「その他民間」の収益収支は81年から84年まで増加するものの以後大きく減少し，87年からは赤字になっている．84，85年には途上国債務累

表 1-8　アメリカの国

	SCB ライン	1980	1981	1982	1983
経常収支	70	23	50	−114	−445
貿易収支	64	−255	−280	−365	−671
軍事取引収支	4, 18	−18	−8	1	−6
海外投資収益収支	11, 25	301	329	298	311
直接投資	12, 26	285	257	220	223
その他民間	13, 27	117	212	230	229
政府部門	14, 28	−101	−136	−152	−142
その他サービス収支	5〜10, 19〜24	80	127	122	99
移転収支	29	−83	−117	−171	−177
民間投資収支		−311	−258	−224	250
直接投資収支	44, 57	−23	156	135	56
対外投資	44	−192	−96	10	−49
対米投資	57	169	252	125	105
証券投資収支	45, 58, 59	45	41	51	101
対外投資	45	−36	−57	−80	−68
対米投資	58, 59	81	98	131	169
財務省証券	58	26	29	70	87
その他	59	55	69	61	82
対外非子会社収支	46, 60	28	−35	44	−111
銀行収支(その他を含む)	47, 61	−361	−420	−454	204
債権	47	−468	−842	−1,111	−299
債務	61	107	421	656	503
政府資本収支	39, 53	−45	−55	−55	−44
統計上の不一致	63	254	250	414	198
在米外国公的資産	50, 54, 55	149	53	30	52
米公的準備資産[1]	34	−82	−52	−50	−12

注：1)　−は増.
出所：*Survey of Current Business*, June 1994, pp. 94-95.

積問題が，80年代後半には非居住者によるアメリカ民間債，株式投資が増大したことがこれに反映している．また，「政府部門」も海外からの財務省証券をはじめとする政府証券への投資が増大につれて，その利払いのために赤字が一貫して増加し，89年には300億ドルを超えた．海外投資収益収支で注目しなければならないことは，82年にはこの黒字でもって貿易収支赤字の全額，あるいは大半を賄っていることである．しかし，83年からは貿易赤字が投資収益の黒字をはるかに上回るようになる．

際収支（1980-91 年）

(億ドル)

1984	1985	1986	1987	1988	1989	1990	1991
−998	−1,254	−1,512	−1,671	−1,282	−1,028	−917	−70
−1,125	−1,222	−1,451	−1,596	−1,270	−1,152	−1,090	−741
−25	−44	−52	−38	−63	−67	−76	−55
300	197	118	79	116	137	207	148
219	224	238	307	387	489	559	554
241	149	62	−18	−21	−25	−46	−70
−159	−176	−182	−209	−250	−327	−305	−335
58	45	115	114	185	317	378	511
−206	−230	−242	−231	−250	−261	−337	67
845	1,097	874	1,159	1,021	652	178	209
138	66	185	310	418	309	180	−52
−109	−134	−171	−272	−154	−368	−300	−313
247	200	356	582	573	677	479	261
308	639	705	292	388	463	−297	93
−48	−75	−43	−53	−78	−221	−288	−447
356	714	748	345	466	684	−9	540
230	204	38	−76	202	296	−25	188
126	510	710	421	264	388	16	351
172	−5	−184	113	117	−56	173	80
227	397	168	444	98	−64	122	88
−111	−13	−600	−421	−539	−582	160	48
338	410	767	865	637	518	−38	40
−48	−20	2	−13	25	14	42	41
208	234	299	−44	−127	531	399	−397
24	−20	335	477	402	83	320	160
−31	−39	3	91	−39	−253	−22	58

　第3に，「その他サービス収支」は黒字を示し，80-83 年，88-90 年には移転収支赤字を全額か，またはそのほとんどをカバーしている．移転収支は 90 年まで一貫して赤字であった．

　以上，経常収支の各項目の概略を見てきたが，最も特徴的なことは，前に指摘したように 82 年までの期間，海外投資収益収支の黒字でもって貿易収支赤字が基本的にカバーされていたということであり（78 年から 82 年までの貿易赤字の累計は 1515 億ドル，同期間の海外投資収益収支黒字は 1440 億ドルで，

カバーの率は95%)[8]，80, 81年には経常収支黒字が出ているほどである．しかし，83年以後この経常収支の型は崩壊する．83年以後の貿易収支赤字の激増をうけて，経常収支は82年の114億ドルの赤字から83年には445億ドルへ一挙に増加する．以後87年まで経常収支赤字が増大していき，87年には1671億ドルという巨額な赤字を記録するに至る．すぐ後に述べる83年における民間投資収支の赤字から黒字への転換と合わせて，82年から83年はアメリカ国際収支構造変容の一大画期をなすのである．

そこで，次に民間投資収支を見ることにしよう．まず，今指摘したように，民間投資収支が82年までの赤字から83年には250億ドルの黒字を示すに至った．民間投資収支が黒字になるということは第2次大戦以降基本的になかったことである．83年以後貿易収支赤字をカバーする主要項目は，以前の海外投資収益収支の黒字に代わってこの民間投資収支の黒字となる．

民間投資収支の内訳を順に見ていくと，直接投資収支は80年までの赤字から81年には黒字に転換し，80年代末まで黒字が膨らんでいく．米の対外直接投資が80年代前半期に減退するのと，80年代後半期に海外からの対米直接投資が急増するからである．証券投資収支の黒字幅が急速に膨大するのは83年以後で，82年の51億ドル，83年の101億ドル，84年の308億ドル，85年の639億ドル，86年の705億ドルと急増したのち，87年にブラック・マンデーにより大きく落ち込んだ．

銀行収支は80年から82年まで360億ドルから450億ドルの赤字を示している．70年代末からの米の高金利によって，また81年のレーガン政権の発足後はドル高も重なって米銀への多額の資金流入が続いていたにもかかわらず，82年まではそれに約2倍する対外貸付が行なわれていたのである．ところが，83年に銀行収支は一挙に204億ドルの黒字を記録する．これは，82年夏のメキシコ，同年12月のブラジル以後続いた途上国の債務不履行の結果，米銀による対外貸付が82年の1111億ドルから83年の299億ドルに激減したからである．83年に民間投資収支が黒字に転換した最も大きな要因はこの銀行の対外債権の激減なのである．

前述したように，82年まで貿易収支赤字のほとんどは基本的に海外投資収益収支の黒字でもってカバーされてきた．他方，82年までの投資収支赤字を

カバーしてきたものは「統計上の不一致」（大部分が捕捉困難な流動資金の移動）と外国公的機関の財務省証券を中心とした資産保有（各国の米でのドル準備保有）の増大である．78年から82年までの民間投資収支赤字の累計は1149億ドル，それに対して，「統計上の不一致」の同期間の累計は1304億ドル，外国公的機関の在米資産の累計は441億ドルとなり，この両者が民間投資収支赤字と経常収支赤字（両収支を合わせた78-82年の累計は1344億ドル）をファイナンスし，さらに米公的準備資産を増加させている[9]．「統計上の不一致」がかなりの額を占めているのは，米からの対外投資が行なわれ，その大半がドル建であるから「代わり金」として米への短資流入となっているからである．アメリカの場合には，ドルが基軸通貨であるから対外投資の一部分が「自動的」にファイナンスされるのである．もうひとつ，「統計上の不一致」が70年代末から80年代初頭に大きな額を記録しているのは米金利が上昇して，81年以後はドル高も加わって流動資金が流入しているからである．

これまで見てきたように米国際収支構造は82年から83年に大きく変化し，また85年秋のプラザ合意後にドルの急落したのをうけて在米外国公的資産が急増する．その意味では，82年から83年は米国際収支構造にとっての大転換点であり，85年から86年はもう1つの小区分をなす転換点であると言える．

2. 1990年代の国際収支構造とドル体制の「回復」[10]

91年に経常収支がわずかであるが黒字になっている（表1-9）．この要因は88年から貿易赤字が減少していること，その他サービス収支黒字額が増大したこと，また，91年は移転収支が赤字から黒字に転化したことである．この移転収支黒字は91年に湾岸戦争によりサウジアラビア，クウェート，日本，ドイツ等から「協力金」が入ってきたためであるが，これは一時的であるから92年には赤字になり，経常収支も480億ドルの赤字になっている．

しかし，1990年代の国際信用連鎖は80年代のものとは異なり，ドル体制は新たな局面を迎えた．80年代のドル体制はアメリカ経常収支赤字のファイナンスの如何によって動揺し，「後退」局面にあった．ところが，90年代前半期以降アメリカ経常収支赤字を大きく上回る資金がアメリカへ流入して[11]，アメ

表1-9 アメリカの国際

	SCBライン	1990	1991	1992	1993
経常収支	76	−790	37	−480	−820
貿易収支	71	−1,110	−769	−969	−1,325
サービス収支	72	302	458	587	633
海外投資収益収支	12, 29	286	241	233	243
移転収支	35	−267	108	−331	−371
民間投資収支		263	204	536	115
直接投資	51, 64	113	−147	−284	−326
対外投資	51	−372	−379	−483	−840
対米投資	64	485	231	198	514
証券投資	52, 65, 66	−297	83	180	−418
対外投資	52	−288	−457	−492	−1,463
対米投資	65, 66	−9	540	672	1,045
非居住者ドル紙幣保有	67	188	154	134	189
対外非子会社収支[2]	53, 68	173	80	132	113
対外投資	53	−278	111	−4	8
対米投資	68	451	−31	136	105
銀行収支		86	34	374	557
債権	54	124	−6	212	306
債務	69	−38	40	162	251
政府の対外資産[3]	46	23	29	−17	−4
統計上の不一致	70	252	−457	−477	18
在米外国公的資産	56	339	174	405	718
米の公的準備資産	41	−22	58	39	−14

注：1) 四捨五入のため誤差がある．
　　2) 非銀行部門の非関連外国人との取引収支．
　　3) 米の公的準備資産を除く．
出所：*S.C.B.*, July 2003, Table 1, pp. 58-59 より．

リカ経常赤字のファイナンス問題は「無視」することが可能になり，アメリカによる多額の対外投資も進行した．アメリカ国際収支構造の新たな段階への移行であり，アメリカによるドル信用連鎖形成の「復活」である．ドル体制は「回復」局面に入ったのである．

　以上に関連して，IMFは1997年秋の文書において次のように述べている．「アメリカはグローバルな資金仲介の役割を果たしている．すなわち，アメリカは相対的に安全で流動性に富む金融資産（アメリカ政府債，優良企業債）と

収支（1990-2000 年）

(億ドル)

1994	1995	1996	1997	1998	1999	2000
−1,177	−1,052	−1,172	−1,277	−2,047	−2,908	−4,115
−1,658	−1,742	−1,910	−1,981	−2,467	−3,460	−4,524
686	791	881	911	835	848	770
171	250	245	207	69	171	196
−376	−352	−389	−413	−484	−468	−557
854	−130	48	2,010	1,028	1,814	4,199
−340	−410	−54	8	364	645	1,621
−802	−988	−919	−1,048	−1,426	−2,249	−1,592
461	578	865	1,056	1,790	2,894	3,213
309	463	1,005	1,728	607	1,381	2,565
−603	−1,225	−1,498	−1,190	−1,242	−1,162	−1,219
912	1,688	2,503	2,918	1,849	2,543	3,784
234	123	174	248	166	224	11
−350	143	−326	−53	−151	−215	319
−363	−453	−863	−1,218	−382	−977	−1,388
13	596	537	1,165	231	762	1,707
1,001	−449	−751	79	42	−221	−317
−42	−751	−916	−1,411	−356	−763	−1,487
1,043	302	165	1,490	398	542	1,170
−4	−10	−10	1	−4	28	−9
−105	200	−193	−905	1,297	591	−441
396	1,099	1,267	190	−199	435	377
53	−97	67	−10	−68	87	−3

高い利回りを提供することによって国際的な資金を引き付け，逆に，アメリカはそれらの資金を，国際金融市場を通じて流動性において劣るがより高い利回りをもつ海外の金融商品へ投資してきたのである」[12]．この IMF の指摘は正しい．しかし，重要なことはドル体制の歴史（＝発展段階）のなかでこれらの事象をどのように位置づけ，ドル体制のゆくえを展望することである．すなわち，ドル体制の「後退」局面から「回復」局面への移行と，「回復」局面における「危うさ」についての見通しをもつことである．そのために，アメリカへの資

金流入と資金放出の実態を詳しく分析する基礎作業が必要となる．したがって，本節ではアメリカの国際収支を詳しく分析することが基本課題となる．そして，明らかになっていくのは90年代におけるアメリカによる浮動的・投機的なドル信用連鎖形成である．

また，IMFは「このアメリカの資金仲介的役割が進行したのは，アメリカの機関投資家やグローバルな金融機関が専門知識を高め，世界中の高利回りを生む種々の市場へすばやく資金を投資する力量を高めたからである」[13]と述べている．この指摘も重要である．90年代の国際マネーフローを主導したのは明らかにアメリカを中心とする機関投資家であり，各国の機関投資家化の進展が90年代のマネーフローを80年代のそれと区分する1つの指標でもある．そのために，本節においてアメリカ，ヨーロッパ等の機関投資家化の現状について簡単にふれている．

(1) 90年代の国際収支の構造

表1-9に1990年以来のアメリカ国際収支構造が示されている．いくつかの特徴が指摘できる．97年まで80年代と比べて経常収支赤字はかなり減少した．87年に1600億ドル以上の赤字であったのが，90年代前半期の最高額を示す94年に赤字は1200億ドル弱，97年にも1300億ドル弱である．また，民間投資収支黒字も80年代後半期よりも92年，94年を除くと96年まで大きく減少している．94年にも約850億ドルにとどまっている．「統計上の不一致」は91年，92年に大きなマイナス（かなりの部分，短期資金の流出を表わす）になっている．この2年には，経常収支赤字と「統計上の不一致」の赤字は，民間投資収支黒字とともに「在米外国公的資産」の多額の黒字によって賄われている．「在米外国公的資産」（＝ドル準備）は91年を除いて高水準で推移している．90年から95年にかけてドル相場は漸次的に低落していき，日本をはじめ各国通貨当局の為替市場介入が増加している．96年にも円等のドル以外の諸通貨の相場下落をもたらすために為替市場介入が進み，各国のドル準備が1100億ドルにも増加していった[14]．ところが，98年，99年には米国際収支構造は，再び80年代型に近づいていっている．経常収支赤字が2000億ドルを超え，そのファイナンスは民間投資収支黒字で賄えず「統計上の不一致」で半分

以上が埋め合わされるという不安定な状態に陥っている．

　以上の90年代の国際収支構造を表1-10によって別の視点からみてみよう．90年代の前にまず80年代から．83年から経常収支赤字が増大していき，そのファイナンスは民間対米投資によって賄われているが，後者の対米投資は経常赤字を少し上回る程度であり，その少しの超過額と在米外国公的資産によってアメリカの対外投資が可能となっているのである[15]．83年以後対外投資の「余力」はきわめて小さなものになり，アメリカの対外投資は83年には前年の半分に（82年の1168億ドルから83年の602億ドル），84年には318億ドルへ縮小していった．アメリカは83年以後対外投資能力を急速に減退させたのである．86年からアメリカの対外投資額が80年代初頭の旧来水準に増大したと

表1-10　アメリカの国際収支（別表）

(億ドル)

	経常収支[1]	民間対米投資[2]	在米外国公的資産[3]	米の民間対外投資[4]	統計上の不一致[5]
1980	23	471	155	−737	209
81	50	813	50	−1,039	218
82	−55	930	36	−1,168	363
83	−387	828	58	−602	162
84	−943	1,146	31	−318	167
85	−1,182	1,472	−11	−381	165
86	−1,472	1,944	356	−1,100	286
87	−1,607	2,032	454	−895	−90
88	−1,212	2,068	398	−1,056	−193
89	−995	2,164	85	−1,513	497
1990	−790	1,077	339	−814	252
91	37	934	174	−731	−457
92	−480	1,302	405	−766	−477
93	−820	2,103	718	−1,988	18
94	−1,177	2,664	396	−1,810	−105
95	−1,052	3,287	1,099	−3,417	200
96	−1,172	4,244	1,267	−4,196	−193
97	−1,277	6,878	190	−4,867	−905
98	−2,050	4,435	−199	−3,406	1,297
99	−2,908	6,967	435	−5,151	591
2000	−4,115	9,884	377	−5,686	−441

注：1）SCBライン76．2）SCBライン63．3）SCBライン56．4）SCBライン50．5）SCBライン70．
出所：S.C.B., July 2003, Table 1, pp. 58-59 より．

いっても，その「原資」は経常赤字を少し上回る各国の対米投資と「在米外国公的資産」の増（ドルの急落から生じたドルの買い支え＝ドル準備増）によるものとなった．経常赤字が80年代の最高額になった87年に経常赤字（1607億ドル）を上回る対米投資は2032億ドルであり，その差額は461億ドルで，その差額と在米外国公的資産454億ドルによって895億ドルの対外投資が行なわれている．かくして，80年代にアメリカは経常赤字のファイナンスに汲々としており，また，アメリカは83年以後対外投資能力を急速に減退させたのである．

そのような80年代と比べて90年代の特徴は，経常収支赤字をかなり上回る海外からの対米投資があり，それに在米外国公的資産（＝ドル準備）の増加がある．それ故，90年代にはアメリカの対外投資「余力」が増加し対外投資が増大していっている．対外債務，対外債権それぞれにおける大きな増加である（米を中心とする国際マネーフローの増大，債権，債務両建の増加の意味は第3章以下で詳しく論じる）．93年からその特徴がようやく見て取れる．93年に経常赤字は820億ドル，海外からの対米投資はその2.5倍の2103億ドルにのぼり，対外投資は1988億ドルの歴史的な額を記録した．95年にはさらに1052億ドルの経常赤字に対し，対米投資はその3.1倍の3287億ドル，対外投資は3417億ドル，97年には1277億ドルの経常赤字に，対米投資は6878億ドル（経常赤字の実に5.4倍），対外投資は4867億ドルにもなった．明らかに90年代にアメリカ国際収支構造は転換したのである．

90年代に経常収支赤字は80年代と同様に巨額になりながら，それに何倍かする対米投資があり，そのためにアメリカは経常赤字のファイナンスに汲々とすることもなく，その「原資」は海外からの資金でありながら，多額の対外投資を行ない，アメリカによるドルを中心とした国際信用連鎖の形成が「復活」したのである．しかしここで見失ってはならないことは，第1にアメリカの経常収支は依然として多額の赤字であり，90年代末にはかつてない規模に達しており，それはやはりファイナンスされなければならないということ，したがって，第2にアメリカの対外投資のための「原資」は海外からの資金であるということ，第3にアメリカの対外投資がきわめて大きな額になりながら，しかも，91年，92年，97年のように「統計上の不一致」のマイナスが増大してい

ること，つまり，流動資金の巨額の流出がみられ，98年，99年に巨額の流入がある．きわめて短期のあるいは統計的に捕捉の困難な資金による国際信用連鎖形成が生じているということである．

90年代における国際マネーフローにおける浮動性・流動性・投機性についてであるが，これを示す1例として表1-11を掲げておこう[16]．ヨーロッパの対米証券投資よりもアメリカの対欧証券投資において「ネット率」が低いこと（買いと売りがより頻繁に行なわれている）がみてとれる．とくに，株式投資において顕著である．アメリカの対外投資の流動性，浮動性に関連して注目しなければならないことは，表1-9における「対外非子会社収支」である．この項目は，主に銀行以外の金融機関，すなわち，ミューチュアル・ファンド，ペンション・ファンド，ヘッジ・ファンド等の機関投資家（ノンバンク）の資本流出入を示している．この項目の対外投資，対米投資が90年代後半に大きな額になってきている（収支はそれほどの額になっていないが）．これらの機関投資家が90年代後半から活発な投資活動を行なっているのである[17]．

以上にみてきたように，90年代に米経常収支赤字をはるかに上回る米への民間資金流入があり，在米外国公的資産の増加も96年にはドルに対する強い「信認」の結果生じるという事態を生じさせた．それらの帰結は米経常赤字のファイナンスを「優雅に無視」できる状況の現出（＝ドル体制の「回復」）で

表 1-11 米・ヨーロッパの証券売買（1995-99年の累計）とネット率[1]

（億ドル，％）

	債券		株式	
		ネット率		ネット率
アメリカのヨーロッパ証券の売買				
買い	33,079		21,130	
売り	32,266		21,323	
ネット	813	2.46	−193	0.91
ヨーロッパのアメリカ証券の売買				
買い	142,953		27,798	
売り	135,101		25,387	
ネット	7,852	5.49	2,411	8.67

注：1) ネット率＝ネット額／買入額．
出所：*Treasury Bulletin*, CM-V-5 表より作成．

あるし，世界のマネーフローの流動性，浮動性，投機性の高まりであった．

(2) 90年代の国際マネーフローと機関投資家化

この90年代の国際マネーフローにおける浮動性・流動性・投機性は，アメリカをはじめ主要国の資金が機関投資家へこれまで以上に集中していることから生じていると考えられる．そこで，先進各国の機関投資家化について簡単に論じておこう．

主要各国の機関投資家の金融資産動向が表1-12に示されている．アメリカの各機関投資家は先進国のなかでも飛び抜けて巨額の資産を持ち，80年代中期からのほぼ10年間に投資会社が4.6倍，年金基金が3.0倍，保険が2.8倍と金融資産を増加させている．その他の先進国も金融資産を増加させている．イギリスは年金基金，保険，投資会社において，フランスは保険と投資会社において，日本，ドイツは保険において大きな増加がみられる．

80年代中期から90年代中期にかけて欧米を中心に急激な機関投資家化が進行したことが確認できよう．今や，機関投資家が世界の金融・資本市場を跳梁しているのである．これらが80年代からの規制緩和によってもたらされたことはいうまでもない．しかも，アメリカの地位の高さが際立っている．表1-13からもそれが確認できる．先進各国の機関投資家化をアメリカがリードし

表1-12 主要各国の機関投資家保有の金融資産

(10億ドル)

	1985[1]			1990			1993			1996[3]		
	投資会社	年金基金	保険	投資会社	年金基金	保険	投資会社	年金基金	保険	投資会社	年金基金	保険
アメリカ	770	1,606	1,095	1,069	2,492	1,900	2,075	3,449	2,422	3,539	4,752	3,052
日本	305	…	271[2]	336	343	1,067	455	460	1,620	420	442[4]	1,956
ドイツ	42	22	155	72	52	401	79	47	452	134	65	692
フランス	204	−	74	379	−	239	484	−	363	529	−	582
イギリス	68	224	190	89	537	454	131	682	667	188	897	792
カナダ	16	75	68	21	165	138	86	187	149	155	241	175

注：1) 投資会社は1987年．
　　2) 生保のみ．
　　3) フランス，イギリスの保険は1995年．
　　4) 推定．
出所：BIS, *68th Annual Report*, pp. 85-88 より作成．

ているのである．

また，表 1-14 はこれら各国の機関投資家が行なった証券投資全体のうちの国際証券投資の比率を示している．例えば，アメリカの年金基金では全証券投資のうち海外へは 11％，また全株式投資のうち海外への株式投資が 16％ に

表 1-13 機関投資家保有の金融資産（1995 年）
（10 億ドル）

アメリカ	10,501
ヨーロッパ	6,666
日　本	3,035

出所：*Ibid*., p. 84.

なっているのである．これらの海外への投資の比率はアメリカの機関投資家においてやや低い比率が出ている．しかし，世界の全機関投資家が行なった投資に占めるアメリカの機関投資家の比率は 45％ と，日本の 16％ など，他を大きく引き離している．アメリカの機関投資家は国内証券市場の活況のなか，国内市場においてきわめて大きな額の運用を図りつつ，海外へも多額の運用を行なっているのである．

さらに，ヘッジ・ファンドによるエマージング市場への証券投資が図 1-1 に示されている．アジアへは 94 年から 97 年の半ばまでヘッジ・ファンドによる投資が盛んであったこと，それが 97 年の半ばにほとんど中断してしまったこと，代わってラテンアメリカへの投資が伸びていることが知れる．

以上から機関投資家化に関してここでは以下の 2 点をまとめておきたい．第

表 1-14　機関投資家の証券投資に占める海外投資の比率（1996 年）
（％）

	年金基金		保　険[1]		投資会社		世界の全機関投資家に占める比率[4]
	全体[2]	株式[3]	全体[2]	株式[3]	全体[2]	株式[3]	
アメリカ	11	16	7	4	7	10	45
日　本	23	35	13	10	—	—	16
ドイツ	4	21	—	—	—	—	4
フランス	—	—	1[5]	1[5]	—	—	3
イギリス	28	28	18	19	15	16	9
カナダ	17	37	26[6]	30[6]	37	40	3

注：1） 1995 年．
　　2） 株式，債券投資の全体に占める海外への株式，債券投資の比率．
　　3） 株式投資全体に占める海外への株式投資の比率．
　　4） IFC の指標に基づく．
　　5） 1994 年．
　　6） 1991 年．
出所：*Ibid*., p. 89.

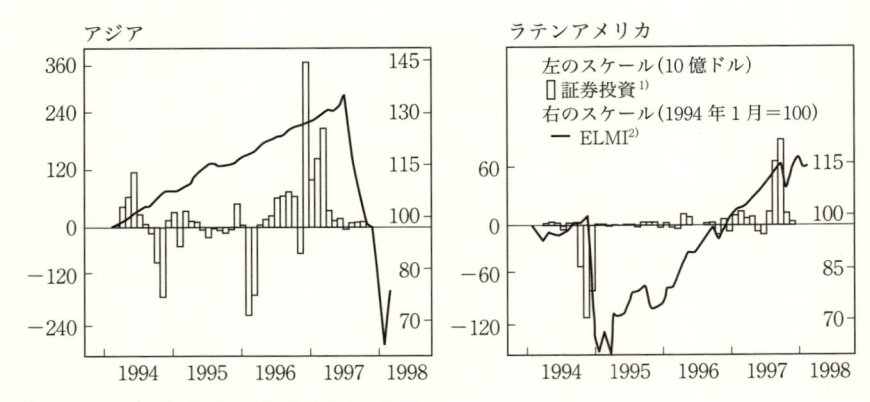

図 1-1 ヘッジ・ファンドによるエマージング市場への証券投資（推定）

注：1）ファンドの規模，利回りをもとに計算．
2）JP モルガンの Emerging Loccal Markets Index.
出所：*Ibid*., p. 93.

1 に，世界的な機関投資家化が 90 年代に進展したが，90 年代の機関化は「専門的な資産プールの管理から戦略的な資産配置への転換」[18]を意味しており，そのことによって国際マネーフローはこれまで以上にハイリスク・ハイリターンの性格を強くするものになった．言い換えれば，国際マネーフローは流動性・投機性を高めることになったということである．また，「機関投資家化が急速に進展すればするほど，投資の多角化のために証券の流動性が必要になった」[19]．そのために，90 年代に先進国市場はもちろんエマージング市場等々を巻き込んで金融派生商品等の種々の金融商品が開発されていった[20]．

第 2 に，アメリカの機関投資家化の水準がもっとも高く，また，全世界の機関投資家による国際証券投資のうち 45％ がアメリカの機関投資家によるものであることを確認し，国際マネーフローにおけるアメリカ機関投資家の地位を把握したが，国際マネーフローにアメリカが 90 年代に主体的に介在することにより 90 年代の国際マネーフローは一層，流動的・投機的性格が強くなったということができよう．

3. 2000年から今日までの国際収支構造

(1) 2000-07年

1990年代末に経常収支赤字が増大していたが，今世紀に入り赤字は歴史的な額に膨張していく．本節では1項においてリーマン・ショックまでの経常赤字の膨張とそのファイナンスの状況，2項においてリーマン・ショックを契機とする国際収支構造の大変化について論じていきたい．

① 2007年までの概括

表1-15に2000年から2010年の米国際収支表が示されている．いくつかの特徴が指摘できる．第1に，90年代末から増加していた経常収支赤字は2000年代になって急速に増大している．03年に5000億ドルを超え，06年には歴史的な8000億ドルの大台に達した．この赤字のファイナンスの持続可能性（＝「ドル危機」の発生可能性）が議論されたのも肯けるところである[21]．第2に，民間投資収支黒字幅が2000年を最高額に以後減少していき，03年から経常赤字を大きく下回るようになった．第3に，代わって経常赤字ファイナンスにとって重要になってきたのがドル準備（＝在米外国公的資産）である．第4に，08年のリーマン・ショックによって国際収支構造が大きく変わり，09年にも大きな転換がみられる．

さて，07年までの巨額の経常赤字のファイナンスであるが，02年以後，民間投資収支黒字は経常収支赤字を下回っており，在米外国公的資産＝ドル準備が次第にファイナンスの中心になっていく．04年に経常赤字が6300億ドル，民間投資収支黒字が1300億ドル，在米外国公的資産（＝ドル準備）が4000億ドル，経常赤字が最大になった06年には経常赤字が8000億ドル，民間投資収支黒字が2800億ドル，在米外国公的資産（＝ドル準備）が4900億ドルである．したがって，ドル準備増大について簡単にでも言及しておく必要があろう[22]．

今世紀に入って以後のドル準備の増加状況が表1-16に示されている．アジア諸国では貯蓄が投資を上回っていることで経常収支黒字が生み出され，ロシア，アルジェリア等では石油・天然ガスの輸出が経常黒字を生み出しており，

表 1-15 アメリカの国

	SCBライン	2000	2001	2002	2003
経常収支	77	−4,164	−3,972	−4,581	−5,207
貿易収支	72	−4,462	−4,220	−4,753	−5,415
サービス収支	73	675	576	548	474
海外投資収益収支	12, 29	211	317	274	453
移転収支	35	−586	−645	−649	−718
民間投資収支		4,362	3,777	3,876	2,528
直接投資		1,621	247	−702	−858
対外投資	51	−1,592	−1,423	−1,545	−1,496
対米投資	64	3,213	1,670	843	638
証券投資		2,620	2,889	3,351	1,655
対外投資	52	−1,279	−906	−486	−1,467
対米投資	65, 66	3,899	3,795	3,837	3,122
非居住者ドル紙幣保有	67	−34	238	189	106
対外非子会社収支[2]		319	576	457	783
対外投資	53	−1,388	−85	−502	−182
対米投資	68	1,707	661	959	965
銀行収支		−164	−173	581	842
債権	54	−1,334	−1,357	−383	−130
債務	69	1,170	1,184	964	972
政府の対外資産[3]	46	−9	−5	3	5
統計上の不一致	71	−613	−163	−423	−104
在米外国公的資産	56	428	281	1,159	2,781
米の公的準備資産	41	−3	−49	−37	15

注：1), 2), 3)　表1-9と同じ．
出所：*S.C.B.*, July 2010, Table 1, p. 63, July 2011, Table 1, p. 71 より．

それに以下の諸要因が加わり外貨準備が増加している．ユーロ地域はこの表には現われない．むしろ，減少させている[23]．上記の諸国・地域における外貨準備の増加をもたらした諸要因については本章では詳細に論じられないが[24]，以下の諸点が指摘できるだろう．日本を除く東アジア地域においては97年からのアジア通貨危機を経て通貨危機に備えての外貨準備の積み上げ，輸出主導の経済政策に基づく為替相場政策，これら諸国における金融制度の未発達が民間の国内投資および海外投資の障壁となり，結果的に外貨準備の増加につながっている．中国についてはそれに対外投資規制が加わり，今世紀に入って以後，

際収支（2000-10年）

(億ドル)

2004	2005	2006	2007	2008	2009	2010
−6,305	−7,476	−8,026	−7,181	−6,689	−3,766	−4,709
−6,656	−7,838	−8,395	−8,232	−8,347	−5,059	−6,459
563	696	802	1,211	1,359	1,246	1,458
672	724	481	996	1,520	1,280	1,652
−884	−1,058	−915	−1,155	−1,220	−1,233	−1,361
1,302	4,218	2,838	1,734	5,945	−7,728	−1,149
−1,702	764	−17	−1,428	−228	−1,450	−1,152
−3,162	−362	−2,449	−4,140	−3,511	−3,036	−3,514
1,460	1,126	2,432	2,712	3,283	1,586	2,362
3,046	3,315	2,599	3,058	1,928	−2,378	2,250
−1,705	−2,512	−3,651	−3,665	1,979	−2,268	−1,519
4,751	5,827	6,250	6,723	−51	−110	3,769
133	84	22	−107	292	126	283
133	−16	635	1,593	3,847	1,573	849
−1,526	−712	−1,813	−231	4,212	1,449	74
1,659	696	2,448	1,824	−365	124	775
−308	71	−401	−1,382	106	−5,600	−3,379
−3,660	−2,076	−5,021	−6,497	4,226	−2,429	−5,150
3,352	2,147	4,620	5,115	−4,120	−3,171	1,771
17	55	53	−223	−5,296	5,413	75
951	338	−47	796	850	1,308	2,168
3,978	2,593	4,879	4,810	5,508	4,802	3,498
28	141	24	−1	−48	−523	−18

　中国の世界最大の経常黒字がほとんどそのままドル準備になっていった．また，日本については以下のことが主な要因になっている．次章以下でも指摘するが，日本の経常黒字はほとんどが円建である．一方，対外投資はドル等の外貨建で行なわれている．この「円投入型外貨建対外投資」には為替リスクが伴い，ドル円相場と「円投」には悪循環が存在する[25]．03年から04年にかけての円高傾向の発生に対して日本の通貨当局は，不況の中で徹底的な円高抑制のために巨額のドル買の為替市場介入を行なった．さらに，ロシアは天然ガスの輸出，アルジェリア等は石油輸出の増大に伴い外貨準備が増大していった．

表 1-16　各時期における外貨準備の増加

	2002-05[1]		1999-2001		1997-98		1995-96	
	10億ドル	全世界の増加の中の比率（%）	10億ドル	全世界の増加の中の比率（%）	10億ドル	全世界の増加の中の比率（%）	10億ドル	全世界の増加の中の比率（%）
中国	536	29.0	67	14.7	36	47.8	50	14.4
日本	443	24.0	177	39.0	−4	−5.2	91	26.1
台湾	130	7.1	30	6.7	2	2.6	−5	−1.5
ロシア	114	6.1	26	5.6	−2	−2.8	9	2.6
韓国	102	5.5	49	10.8	21	27.7	8	2.2
インド	92	5.0	18	3.9	7	9.4	0	0.0
マレーシア	49	2.7	3	0.7	−1	−1.8	2	0.4
シンガポール	41	2.2	1	0.3	−3	−3.4	18	5.2
アルジェリア	33	1.8	12	2.5	2	2.6	2	0.5
ブラジル	19	1.0	2	0.3	−14	−19.0	22	6.2
世界	1,849	100	455	100	76	100	349	100

注：1）2005 年 8 月．
出所：European Central Bank, *The Accumulation of Foreign Reserves* (by an International Relations Committee Task Force), Occasional Papers Series, No. 43, Feb. 2006, p. 9.

　かくして，今世紀におけるアメリカ経常赤字のファイナンスにおいてドル準備が果たしている役割はきわめて重要である．そのことをより鮮明にさせるためにも別の視点で国際収支表をみてみよう．以前の表 1-10 と同じ形式の表 1-17 である．この表をみると，経常収支赤字が 2001 年にわずか減少し，02 年から再び増加し，04 年から急激な増加となっている．2006 年には 8000 億ドルを超過した．一方，民間対米投資は 2002 年，2003 年に減少し，経常収支赤字をわずかに上回る程度にとどまった．この時期と対照的なのが前節でみた 1997 年であった．経常収支赤字 1277 億ドルに対し，民間対米投資は 6878 億ドルにも達した．実に経常収支赤字の 5.4 倍である．それが 01 年は 1.9 倍，02 年は 1.5 倍，03 年は 1.1 倍である．2002-03 年には対米ファイナンスの困難性が再び増した．それに対応するように在米外国公的資産（＝ドル準備）が増加し，アメリカの民間対外投資が 02 年，03 年に 3000 億ドル前後に大きく落ち込んでいる．90 年代以降続いてきた経常赤字ファイナンス問題について等閑視できる状況が 02，03 年において 1 つの変化があったことは事実であろう．
　2004 年からは経常赤字が増大するテンポで民間対米投資が増大しているが，

表 1-17 アメリカの国際収支（別表，2000-10 年）

(億ドル)

	経常収支[1]	民間対米投資[2]	在米外国公的資産[3]	米の民間対外投資[4]	統計上の不一致[5]
2000	−4,164	9,955	428	−5,593	−613
01	−3,972	7,548	281	−3,772	−163
02	−4,581	6,792	1,159	−2,913	−423
03	−5,207	5,802	2,781	−3,275	−104
04	−6,305	11,354	3,978	−10,054	951
05	−7,476	9,881	2,593	−5,663	338
06	−8,026	15,772	4,879	−12,934	−47
07	−7,181	16,266	4,810	−14,533	796
08	−6,689	−960	5,508	6,905[6]	850
09	−3,706	−1,444	4,802	−6,284[7]	1,308
10	−4,709	8,960	3,498	−10,109	2,168

注：1) SCBライン77．2) SCBライン63．3) SCBライン56．4) SCBライン50．5) SCBライン71．6) 米政府の外貨準備を除く外貨保存（−5,298）．7) 米政府の外貨準備を除く外貨保有（5,433）．
出所： S.C.B., July 2010. p. 63（2000-08），July 2011, p. 71（2009-10）より．

　経常収支赤字額に対する民間対米投資の比率は04年の1.8倍，05年が1.3倍，06年は2.0倍となって，経常赤字のファイナンスは楽観できない状態が続いている．また，ドル準備（＝在米外国公的資産）も増大していっている．民間対米投資の主要項目は，財務省証券を除く米証券への投資（SCBライン66）と在米銀行報告の対外債務（その他を含む——SCBライン69）である．前者は対米民間投資の2000年，05年に46％に達し，後者は対米民間投資のうちの04年に30％，07年には31％に達した[26]．

②地域別の対米投資
　問題になるのは，これらの民間対米投資が世界のどの地域から投資されたのかである．表1-18にアメリカの各地域（各国）に対する国際収支の主要項目が示されている．04年については資料的制約によりユーロ地域，中国，中東の統計値が明らかにならないが，04年にはそれぞれの地域の対米投資（外国公的資産＝ドル準備を含む——表1-18では以下でも同じ）がかなりの規模に達していた．EU諸国が約4600億ドル（うちイギリスが3800億ドル），「ラテン・アメリカとその他西半球」が3800億ドル，日本が2300億ドルなどとなっ

表1-18 アメリカ

	SCBライン	EU				ユーロ地域[1)]			
		04	05	06	07	04	05	06	07
①外国の対米投資	55	4,578	4,551	7,991	10,190		1,482	2,799	3,496
公的資産	56	n.a.	n.a.	n.a.	n.a.		n.a.	n.a.	n.a.
その他の資産	63	n.a.	n.a.	n.a.	n.a.		n.a.	n.a.	n.a.
財務省証券を除く証券	66	1,598	2,196	3,302	3,530		613	491	819
在米銀行報告米債務	69	1,858	1,586	946	4,005		273	259	1,057
②米の民間対外投資	50	−4,203	−1,379	−6,973	−8,475		−192	−2,693	−3,923
③米の経常収支	76(77)[3)]	−1,088	−1,415	−1,062	−424		−1,015	−797	−451
(参考)統計上の不一致	70(71)[3)]	534	−1,759	−103	−1,186		−268	605	1,194

	SCBライン	その他の西半球[2)]				中　東[1)]			
		04	05	06	07	04	05	06	07
①外国の対米投資	55	3,792	1,088	5,244	3,585		190	633	387
公的資産	56	244	n.a.	n.a.	n.a.		23	421	186
その他の資産	63	3,548	n.a.	n.a.	n.a.		166	212	201
財務省証券を除く証券	66	824	579	1,544	926		63	54	100
在米銀行報告米債務	69	2,181	625	3,628	2,677		47	1	5
②米の民間対外投資	50	−2,277	−463	−1,266	−1,531		−92	−93	−134
③米の経常収支	76(77)[3)]	−1,047	−49	−87	77		−489	−515	−490
(参考)統計上の不一致	70(71)[3)]	−472	−575	−3,924	−2,117		393	−23	239

注：1) 04年には区分がみられない．2) 04年はラテンアメリカと「その他西半球」．3) ( ) はS.
出所：S.C.B., July 2005, July 2007, それぞれ Table 11, Oct 2008, Table 12 より．

ている．ところが，05年にはいくつかの地域の対米投資がかなり落ち込んだ．とくに，日本の落ち込みが大きく，06年，07年にも回復していない．イギリス，「その他西半球」(カリブ地域が中心) も05年に減少しているが，アメリカからそれら地域への投資も減少しており，イギリスのネット額 (同表の①欄と②欄の差額) では増加している．06年にはイギリス，「その他西半球」(カリブ海地域が中心) の対米投資が急増し，中国も高い水準が続いている．アメリカのそれぞれの地域への民間投資を考慮したネット額で見ると，「その他西半球」は05年に約600億ドルの投資であったのが，06年には約4000億ドル，中国は05年1900億ドル，06年に2100億ドルの投資，イギリスは05年に2000億ドル，06年は1000億ドル，ユーロ地域は05年には約1300億ドルの投資であったのが，06年にはわずか100億ドルの米への投資となり，日本は05

の地域別国際収支

(億ドル)

イギリス				日本				中国[1)]			
04	05	06	07	04	05	06	07	04	05	06	07
3,847	2,985	5,202	6,289	2,300	606	476	682		1,935	2,095	2,356
n.a.	n.a.	n.a.	n.a.	n.a.	n.a.	n.a.	n.a.		n.a.	n.a.	n.a.
n.a.	n.a.	n.a.	n.a.	n.a.	n.a.	n.a.	n.a.		n.a.	n.a.	n.a.
1,368	1,601	2,808	2,693	521	611	61	237		131	124	−34
1,426	1,250	707	2,748	1,618	−134	203	143		1,815	1,994	2,394
−2,861	−1,057	−4,165	−4,255	−580	−495	−543	487		−39	47	19
−144	−209	−111	112	−921	−987	−1,085	−1,103		−2,201	−2,582	−2,897
−843	−1,719	−991	−2,282	−820	876	1,157	−40		307	440	523

C.B., July 2007, Oct. 2008.

　年100億ドルの米への投資から，06年にわずかであるが米からの資本流出となっている．また，中東は05年の100億ドルから06年には外国公的資産のかたちで400億ドルを超える資金が米へ流出している．

　07年には対米投資（ドル準備を含む）はEU全体，ユーロ地域，イギリス，および中国で増加しているが，それ以外の国，地域からの投資は伸びていない．ネット額でみると，EU全体では約1700億ドル，うち，イギリスから約2000億ドルの米への資金流入であるが，ユーロ地域は約400億ドルの米からの資金流入である．「その他西半球」は約2000億ドル，中国が約2400億ドル，中東が250億ドルの米への資金流入となっており，日本は米からの資金引き揚げもあって約1200億ドルの米への資金流入となっている（後述）．

　以上からサブプライム・ローン問題が勃発する時期（06-07年）に，対米フ

ァイナンスを主に担っているのはイギリス，その他西半球（カリブ海地域が中心），中国になっていることがわかる．つまり，後述するように05年から石油価格が上昇し，オイルマネーと中国の外貨準備が米経常赤字をファイナンスしているのである．ユーロ地域は06年，07年にネット額では米への資金流出はほとんどないか資金流入になっている．しかも，ユーロ地域はアメリカに対して経常収支黒字（米からみれば赤字）である．日本は06年には米からの資金流入である．07年については対日経常赤字が，日本からの資金流入と米の日本への投資の引き揚げによってファイナンスされているようにみえる．

　この日本に関する状況を明確にするために SCB の表1-18よりも明瞭に示されている日本の対米国際収支表をみよう．表1-19である．日本の対米投資収支赤字は03年に2兆6000億円，04年に3兆5000億円に達したが，05年には1兆8000億円に減少し，06年，07年には再び増加して3兆2000億円，3兆5000億円になっている．しかし，対米証券投資収支赤字は04年の2兆3000億円から，05年の8500億円，06年の9200億円と大きく減少し，07年には黒字（米の投資の増大）になった．日本の証券投資を地域別に見たのが表1-20である．対米投資よりも対西欧投資のほうが多い．対米証券投資は05年に5兆8000億円，06年に2兆3000億円，07年に2兆6000億円，対西欧証券投資の方は05年に9兆1000億円，06年に3兆7000億円，07年に5兆5000億円となっている．06年，07年の対米投資収支赤字が増加したのは主に，「その他投資」である．アメリカ経常赤字ファイナンスのもっとも大きな部分が対

表1-19　日本の対米国際収支

(億円)

	2002	2003	2004	2005	2006	2007
投資収支	8,824	−26,112	−34,768	−17,818	−31,653	−35,029
直接投資	−6,300	−13,118	−10,960	−13,514	−10,694	−2,647
証券投資	−31,915	−81,136	−22,904	−8,449	−9,171	7,148
金融派生商品	25,537	2,326	−413	−2,919	816	−477
その他投資	21,506	65,816	−491	7,064	−12,604	−39,053
経常収支	102,950	92,534	96,915	111,170	130,770	134,559
(参考)外貨準備	−57,969	−215,288	−172,675	−24,562	−37,196	−42,974

出所：日本銀行『国際収支統計月報』『国際収支統計季報』より．

表 1-20 日本の地域別証券投資（資産）

(億円)

	2005	2006	2007
アジア	−3,158	−7,737	−10,703
アメリカ	−57,937	−22,790	−25,966
ケイマン諸島	−40,972	−4,056	−34,331
西欧	−90,959	−37,001	−54,646
ドイツ	−16,224	−417	−1,436
イギリス	−19,376	−16,126	−20,813
フランス	−14,152	−1,578	−2,068
オランダ	−5,722	−5,229	−3,903
その他	−35,485	−13,651	−26,426
その他	−23,473	−11,137	−20,238
合計	−216,499	−82,721	−145,884

出所：日本銀行『国際収支統計季報』2006 年 10-12 月，99 ページ，2008 年 10-12 月，99 ページより．

米証券投資であるから，日本の対米証券投資の減少は日本が対米ファイナンスの役割を担わなくなったことを示す象徴的な出来事である．

対米投資収支が赤字になっているのは「その他投資」に大きな赤字が出ているためであるが，これは負債側のマイナス，つまり，アメリカの資本引き揚げが大規模に進んでいるのである．しかし，03 年から 07 年のいずれの年においても投資収支赤字は経常収支黒字を下回り，民間ベースでの対米ファイナンスは行なわれていない．外貨準備（＝ドル準備）は 03 年に 21 兆 5000 億円，04 年には 17 兆 3000 億円のものぼり，日本の対米経常黒字（9 兆 2000〜9 兆 7000 億円）をはるかに上回っている．しかし，05 年にはドル準備も 2 兆 5000 億円に減少し，対米経常黒字（11 兆 1000 億円）を下回っている．06 年には対米資本収支赤字が少し増加したが，基本的には 05 年とほぼ同じで，ドル準備の増加もわずかにとどまり，対米投資収支赤字とドル準備の合計は対米経常黒字を大きく下回っている．07 年も同じである．日本の対米ファイナンスの役割は回復していないし，逆に，日本の実質的な資金の受け取りとなっている．

07 年については若干の補足が必要である．表 1-19 には現われていないが，対米投資収支のうち，資産側は 5 兆 5200 億円のプラス（つまり資産の引き揚げ），負債側は 9 兆 200 億円のマイナス（米による対日投資の引き揚げ）とな

っており，外貨準備（ほとんどすべてがドル準備）の増加が4兆3000億円である．以上の統計値を *SCB* の様式にあわせると，SCB ライン 55 に相当するのが，対米投資収支のうちの資産とドル準備の合計であるから，その額は1兆2200億円のプラス（対米投資の引き揚げ），SCB ライン 50 に相当するのが対米投資収支のうちの負債側で9兆200億円のマイナスとなる（対日投資の引き揚げ）．これらの統計値は *SCB* の 1-18 表とは合致していない．SCB ライン 55 は 682 億ドルの黒字になっているが，日本の統計に従えば，106 億ドル程度の赤字になるはずである．また，SCB ライン 50 は 487 億ドルの黒字になっているが，日本の統計に従えば，780 億ドル程度の黒字になるはずである．

さて，*SCB* によると，07 年の米の対日経常赤字（ライン 77）は日本の対米投資（ライン 55，ドル準備を含む）と米の対日投資のプラス（ライン 50，対日投資の引き揚げ）によって（2つの計は 1169 億ドル）ファイナンスされているように見えるが，日本の統計に戻ると，投資収支にドル準備を加えても 7 兆 8000 億円のマイナス（日本からの資金流出であるが，ほとんどは米の対日投資の引き揚げである）にしかならず，日本の対米経常黒字，13 兆 5000 億円を下回っており，ファイナンスはされていない．

③オイルマネーと中国の外貨準備

05 年以降の米経常収支赤字のファイナンスを主に担ったのはオイルマネーと中国の経常黒字であることが前項でわかった．そこでオイルマネーの動向と中国の経常黒字・外貨準備についてみておこう．

後掲図 4-1 はイギリスおよびオフショア市場のアメリカ居住者からの長期証券の購入額と原油価格の推移を示している．原油価格の上昇に合わせてイギリスおよびオフショア市場による米証券への投資額が増大していることが明瞭に見て取れる．原油価格が 04 年から上昇し始め，05 年から急激な上昇が見られる．他方，両市場のアメリカ居住者からの証券購入も 05 年はじめの 3000 億ドルから 06 年には 5000 億ドルを上回るよう規模に達した．オイルマネーがイギリス，オフショア市場にいったん流れ込み，その資金がアメリカへ向かっていることが確認できる．また，オイルマネーの一部は直接アメリカへ流れ込んでいる．それを示したのが図 1-2 である．石油輸出国のアメリカ居住者からの長

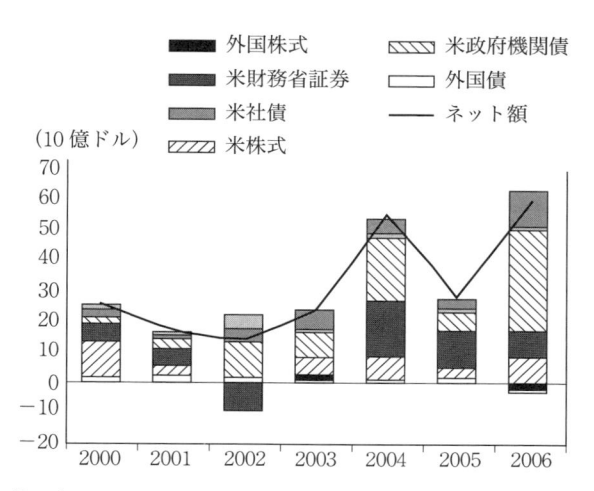

(10億ドル)
```
         ■ 外国株式      ▨ 米政府機関債
         ■ 米財務省証券   □ 外国債
         ■ 米社債        ─ ネット額
         ▨ 米株式
```

注：1）バーレン，イラク，ガボン，オマーン，カタールを含み，クウェートを除く．
出所：ECB, 'Oil-Exporting Countries : Key Structual Features, Ecnomic Developments and Oil Revenue Recycling', *Monthly Bulletin* July 2007, p. 84 より．

図 1-2 石油産出国[1]の米居住者からの長期証券の購入

期証券の購入額が06年に600億ドルに達している．

次に中国の国際収支表が表1-21に示されている．中国の投資収支は対外投資規制のため黒字であり，経常収支黒字のほとんどが外貨準備に帰結する．また，表1-21と表1-18とは出所が異なるので厳密には統計値に整合性はないが，中国の経常黒字のほとんどはアメリカに対するものである．さらに，外貨準備の一部はアメリカへ向かわないで，イギリス，オフショア市場において保有さ

表 1-21 中国の国際収支

(億ドル)

	2000	2003	2004	2005	2006	2007	2008	2009	2010
経常収支	205	459	687	1,341	2,327	3,540	4,124	2,611	3,054
投資収支	20	528	1,107	969	486	920	433	1,769	2,214
外貨準備	-107	-1,166	-1,898	-2,510	-2,847	-4,607	-4,796	-4,005	-4,717

出所：IMF, *International Financial Statistics*, Yearbook, 2008, p. 220 (2000, 2003), Aug. 2011, p. 334 (2004年以後) より．

れていることが考えられる．というのは06年に中国の外貨準備は2800億ドル以上増加しているのに対し（表1-21），中国の対米投資（外国公的資産＝ドル準備を含む）は2100億ドルにとどまっているからである．差額の700億ドル近くがイギリス，オフショア市場へ運用されているのである．とはいえ，オフショア市場部分も含めて，中国の外貨準備（＝ドル準備）の増加は対米経常黒字に相当するものであり（表1-18における中国のアメリカ投資は中国の対米経常黒字を下回っている），アメリカの中国以外の国に対する経常赤字をファイナンスしているわけではない．

以上のことから3つのことが言えよう．1つは，日本，ユーロ地域は05年から07年にかけてアメリカへのネットでの資本供給国でなくなった．第2に，大量のオイルマネーが「その他西半球」（カリブ海地域等）およびイギリスに流れ込み，それらの地域から再びアメリカへ流れ込んでいるとともに，オイルマネーは06年には中東諸国から直接アメリカへ一部流れ込んでいる．第3に，中国の外貨準備が大量にアメリカへ流入している．したがって，アメリカの経常収支赤字のファイナンスは，06年，07年にはオイルマネーと中国のドル準備が中心となっているといえよう．

(2) 2008-10年

2008年9月のリーマン・ショックを受けてアメリカ国際収支構造は大きく変容した．本項では，08年から10年の米国際収支構造の変容を概観し，今後における経常赤字ファイナンスの持続性を検討したい．

① 08年の国際収支の異常

前掲表1-15，表1-17をみられたい．前述のように07年には前年の構造がほぼ維持されている．サブプライム・ローン問題が顕在化し国内の消費が減少し始めているが，経常赤字の減少はわずかである．その赤字を海外からの対米投資と「在米外国公的資産」（ドル準備）がファイナンスしている．海外からの対米投資は依然として巨額にのぼっている．第3章で論じるように，海外からの対米投資は一般的には4つの部分から構成されているが，06年以降には主に2つの部分から構成されている．1つは「債務決済」部分である．米の経

常赤字は「非居住者ドル預金」として米の対外債務がいったん形成され，それが原資となって種々の対米投資に転態していく．これが米による「債務決済」と呼ばれるものである．

　もう1つはアメリカ諸金融機関のドル建対外投資によって形成された「代わり金」が種々の対米投資となっていく部分である．*SCB*（July 2009, Table 10）によると，在米銀行のドル建・債権（フロー）が07年に自己勘定で5000億ドル弱，顧客勘定で約1200億ドル，あわせて6200億ドル近くにのぼっている．これがいったん「代わり金」となり，それからいろいろな対米投資に転化していくのである．以上の2つの部分はのちの章でも強調するように，一部分「漏れ」となってドル以外の通貨に替えられ，対米投資の減少となっていく．しかし，07年にはその「漏れ」はそれほど大きくなっていない．

　さらに注目しなければならないことに06年，07年にはドル準備（＝「在米外国公的資産」）が民間投資収支黒字を上回り，経常赤字のファイナンスにおいてより大きな役割をはたしている．それは，中国のドル準備が増大しているためである．中国の貿易はほとんどすべてがドル建で行なわれており，その黒字が増大していくのと，中国が厳しい対外投資規制を維持しており，増大していく経常黒字がそのままドル準備となっていくからである．したがって，中国等のドル準備は民間対米投資ではないが，「債務決済」と同等の部分と考えてよいだろう[27]．

　ところが，この国際収支構造は08年に大きく変容していく（前掲の表1-15, 17とともに表1-22参照）．08年の米国際収支構造は米国発の金融危機に規定された歴史的な構造となった．民間の対米投資はなくなってしまい，マイナス，つまり引き揚げで－1232億ドルになっている．一方，アメリカの対外投資はプラス，つまり，8666億ドルの対外投資の引き揚げとなっている．民間投資収支黒字の主たる部分はこの対外投資の引き揚げによって生み出され，この黒字が主となって経常赤字をファイナンスしている．08年にはもう1つ大きな特徴がある．それは，「米政府の外貨保有」（SCBライン49）が5300億ドルにのぼり，他方，ドル準備は07年とほぼ同じ額になりながら，前者がドル準備を相殺していることである（表1-22）．このような国際収支構造は何故生じたのだろうか．それは第4章で詳しく論じるように，以下の事情である．

表 1-22　アメリカの国際収支（2007-10 年）

(億ドル)

	SCBライン	2007	2008	2009	2010
経常収支	77	−7,103	−6,771	−3,766	−4,709
貿易収支	72	−8,189	−8,301	−5,059	−6,459
民間投資収支		1,524	7,434	−7,728	−1,149
対外投資	50	−14,312	8,666	−6,284	−10,109
対米投資	63	15,836	−1,232	−1,444	8,960
在米外国公的資産	56	4,810	5,546	4,802	3,498
米政府の外貨保有	49	−239	−5,298	5,433	101
統計上の不一致	71	927	−594	1,308	2,168

出所：S.C.B., July 2011 Table 1 より．

　アメリカ金融機関はリーマン・ショックを契機とする金融危機の勃発によってかつてない規模で債権回収に迫られた．他方，海外の金融機関は短期のドル資金を米の諸金融機関から調達し，それでもってサブプライム・ローンを含んだ種々の金融商品を購入していたところ，その諸金融商品が大幅な価格下落にあい，それらの金融商品を売却することでアメリカの諸金融機関への債務返済が出来なくなった．オイルマネーを受け入れているイギリス等の金融機関は受け入れたオイルマネーでアメリカの金融機関にドル資金の一部を返済している．表 1-23 の米の地域別国際収支を見ると，米の英に対する債務がマイナス（英の対米投資の引き揚げ）3145 億ドルとなっているし，米の対英投資がプラス（米の対英投資の引き揚げ――英から見れば対米債務の返済）5207 億ドルになっている．しかも，後者が前者を上回っている．つまり，英の金融機関による

表 1-23　アメリカの地域別

	SCBライン	EU			イギリス			日本	
		08	09	10	08	09	10	08	09
外国の対米資産[1]	55	−3,417	−1,558	3,974	−3,145	−978	−3,938	1,199	305
米の対外投資	50	4,661	−3,422	−2,478	5,207	−2,079	−2,126	472	−809
米の経常収支	77	−116	229	−107	88	26	−14	−905	−506
統計上の不一致	71	2,640	840	−1,581	−1,818	2,410	−1,842	562	−177

注：1）ドル準備を含む．
出所：S.C.B., July 2009 (08 年)，July 2010 (09 年)，July 2011 (10 年) Table 12 より．

返済が巨額になったために，英の金融機関はオイルマネーの一部分と米への投資の引き揚げによって米金融機関の債権回収（英金融機関から見れば返済）に対応しているのである．

通常の状態であれば金融機関どうしが資金を融通しあう短資市場から金融機関は資金調達を行なうのであるが，07年のサブプライム・ローン問題の発生により短資市場の異常が現出していたが，08年9月のリーマン・ショックによってその異常は頂点に達した（後掲図4-4）．世界の諸金融機関は短資市場からドル建資金の調達が不可能になったのである．アメリカ発の金融危機が発生していながらドル相場が大きく下落しなかったのには以上のような事態が一因となっている．

このような状況のなかでドル資金の調達の困難に陥った諸金融機関，とりわけヨーロッパの金融機関にドル資金を供給する目的でアメリカの中央銀行（FRB）と海外の先進各国・中央銀行との間でスワップ協定が結ばれた（表1-24）．海外の中央銀行はFRBからドル資金の受け取りの見返りに自国通貨を供与するのである．海外の中央銀行はそのドル資金を自国の金融機関に融資し，アメリカ以外の諸金融機関はそれでもってアメリカの金融機関へドル債務（米から見れば債権）を返済したのである．回りまわって，アメリカの金融機関の債権回収（＝ヨーロッパ等の金融機関のドル資金の返済）を，FRBがドル資金を供与して支援したことになる．08年の国際収支に見られる対米投資の急激な減少，米の対外投資の引き揚げ（＝債権回収），米政府の外貨保有はこのような事情によるのである．表1-24によるとスワップ金額全体の70％以上が

国際収支（2008-10）

（億ドル）

	中国			その他西半球			中東		
10	08	09	10	08	09	10	08	09	10
1,697	4,432	1,434	1,202	−21	−499	889	754	74	−33
−1,262	122	186	191	−758	975	−2,262	157	−140	55
−757	−3,085	−2,636	−3,003	243	270	371	−714	−273	−323
397	−1,469	1,015	1,991	358	−832	946	−195	343	311

表 1-24　FRB の各国中央銀行とのスワップ実行額[1]

(億ドル)

	ヨーロッパ	EU	ユーロ地域	イギリス	日本	その他	総計
2008	−3,738	−3,444	−2,714	−331	−1,227	−333	−5,298
2009	3,912	3,579	2,848	331	1,222	299	5,433
2010	64	64	64	0	5	32	101

注：1)　SCB ライン 49.
出所：前表と同じ.

ヨーロッパであり，ヨーロッパでの「ドル不足」が深刻であったのがわかる（詳しくは第 4 章参照）．ユーロの対ドル相場も 08 年秋から低下していっている．スワップ協定によって日本の民間金融機関もドル資金を調達しているが[28]，ヨーロッパのような「ドル不足」が生じたからではない．円相場はユーロとは逆に強くなっている．日本の金融機関は有利な条件でドル資金調達を行なったのだと考えられる．

② 09 年，10 年の国際収支

表 1-22 には 09 年の国際収支が示されているが，09 年には国際収支構造が再び変化している．海外からの対米投資が引き続きマイナスであるが，つまり，海外の投資家が対米投資を引き揚げが続いているが，他方，米の対外投資がプラスからマイナスに，つまり，前年の 8700 億ドルの引き揚げから 6300 億ドルの投資に変わり，また，「米政府の外貨保有」の減少が 5400 億ドルになっている．このような変化は前年のスワップ協定に基づく FRB から各国中央銀行へのドル資金供与を海外の中央銀行が返済していることによって生じている．09 年にはヨーロッパ等のアメリカ以外の金融機関が前年に自国の中央銀行から受けたドル資金を返済するために，対米債権を回収，さらにアメリカから資金調達し，自国の中央銀行に返済しているのである．そのドル資金を海外の中央銀行は FRB に返済し，同時に米政府の外貨保有が減少しているのである．

以上のようなアメリカの諸金融機関による債権回収と中央銀行間のスワップ協定を主な要因とする 08 年，09 年の国際収支構造が一段落したのち，アメリカ国際収支構造はどのようなものになっていくのであろうか．また，経常赤字ファイナンスはどうなっていくのであろうか．

09年にアメリカ経常赤字が前年の60％弱に減少しているが，今後もこの赤字が減少していく可能性はあるだろうか．経常収支赤字の減少は09年の第2四半期に底をつき，09年第3四半期から10年の第2四半期にかけて経常赤字幅が増大してきている．09年の第2四半期の赤字が828億ドルであるのに対して10年の第2四半期には1203億ドルにのぼり，それ以後もそれに近い水準が続いている[29]．したがって，今後もアメリカの経常赤字のファイナンス問題は継続すると考えざるをえず，どの国，どの地域がそのファイナンスを担うのかということが継続して検討されなければならない．

注
1) 骨子は拙書『ドル体制とユーロ，円』日本経済評論社，2002年，8-10ページ参照．
2) *Survey of Current Business* の国際収支表における軍事援助は，援助額（*SCB*の1987年ではライン30，マイナスで表示）とそれに見合う米からの財・サービスの移転（同ライン15，プラスで表示）で相殺されるように表示されている．したがって，経常収支の中では収支が均衡する表示となっていてとらえにくい．非軍事・無償援助と同様に「移転収支」（ライン31）に入れるべきであろう．そうすれば「移転収支」赤字はもっと大きくなろう．
3) 拙稿「世界の資本主義体制の変化」，安藤，奥田，原，本名編『ニューフロンティア　国際関係』東信堂，2006年，30ページ参照．
4) 拙書『途上国債務危機とIMF，世界銀行』同文舘，1989年，第1章など参照．
5) 本項の詳細は，拙書『ドル体制と国際通貨』ミネルヴァ書房，1996年，第2章参照．
6) 前掲拙書『途上国債務危機とIMF，世界銀行』第1章，第6章，第9章，参照．
7) 前掲拙書『ドル体制と国際通貨』第3章の補論参照．
8) *Survey of Current Business*, June 1994, pp. 94-95.
9) *Ibid.*, pp. 94-95.
10) 詳細については，前掲拙書『ドル体制とユーロ，円』第3章を参照されたい．
11) アメリカへの資金流入の要因について，次の文章を参照されたい．「海外からの資金流入は，債券価格の上昇，米の物価安定，財政黒字転化の見通しの強まり……米国の金利および外為市場でのドルの強さによって引きつけられた」（*Survey of Current Business*, July 1998, p. 25，邦訳は次をみよ，『大蔵省調査月報』1998年9月，4ページ）．このことについては，拙書『円とドルの国際金融』ミネルヴァ書房，2007年，第5章，とくに130-142ページも参照されたい．
12) IMF, *International Capital Markets ; Developments, Prospects, and Key Policy Issues*, Nov. 1997, p. 3.
13) *Ibid.*, p. 3.

14) 米への資金流入の1つに在米外国公的資産（ドル準備）があるが，これは主に2つの要因によっている．1つは，ドルの下落である．ドル下落に対する各国の買い支えは95年第2，3四半期を中心に大規模に行なわれるが，96年の第1四半期にも日本による多額の為替介入が行なわれる（日本の外貨準備増は93年に269億ドル，94年に273億ドル，95年には600億ドル，96年は3兆9400億円（約340億ドル）．もう1つの要因は，とりわけ，先進各国のアジアへの巨額の対外投資（短期資本も含む）がその地域の経常赤字を上回り，それがドル準備の増に結びついたのである．1例を示しておこう．タイの外貨準備は91年に176億ドルであったのが，93年には246億ドル，96年には379億ドルに増大している（拙稿「環太平洋地域におけるマネーフローと金融通貨危機」『経済』1998年4月号，24-25ページ参照）．
15) 前述の表1-8とは統計値が若干ことなるが，*SCB* が後年になって補正を行なっているからである．なお，対米投資の原資のかなりの部分はアメリカのドル建対外投資によってまかなわれている．このことについては第3章において詳述される．
16) 詳しくは，拙書『ドル体制とユーロ，円』第3章，とくに，85-87ページ参照．
17) 詳しくは，同上書，81-83ページ参照．
18) BIS, *68th Annual Report*, p. 90.
19) *Ibid*., p. 95.
20) それが当局による資金移動の把握を困難にし，米国際収支表の「統計上の不一致」を膨らます1要因になっている．
21) R. Duncan, *The dollar Crisis*, 2003, 徳川家広訳『ドル暴落から世界不況が始まる』日本経済新聞社，2004年など．
22) 詳細は次の拙稿をみられたい．「世界の外貨準備の膨脹について——いくつかの論点の整理」『立命館国際研究』19巻3号，2007年3月．
23) ECB, *The Accumulation of Foreign Reserves* (by an International Relations Committee Task Force), Occasional Papers Series No. 43, Feb. 2006, p. 11.
24) 注22の拙稿参照．
25) 奥田，横田，神沢編『国際金融のすべて』法律文化社，1999年，第3章，とくに，57-65ページ，また，拙書『円とドルの国際金融』ミネルヴァ書房，2007年，第2章，とくに40-41ページ参照．
26) *S.C.B.*, July 2010, p. 63.
27) 日本のドル準備は，日本がドル建貿易黒字をもたないことから，円をドルに換えての対米債権となる（このことについては第3章を参照されたい）．
28) 08年9月22日に40にのぼる金融機関が日本銀行の「米ドル資金供給オペの対象先公募」にあがっている（日本銀行金融市場局）．
29) *S.C.B.*, July 2011, p. 75（季節調整済）．

第2章
経常赤字の「自動的ファイナンス」論への批判的検討

　前章で見たように今世紀に入ってアメリカ経常収支赤字はかつてない規模に膨張したが，2007年夏のサブプライム・ローン破綻が明るみになるまでアメリカ経常収支赤字ファイナンスに関して楽観的な見方が広がった．それは危機についての議論が噴出しながら，実際には危機が生じなかったことを背景にしている．アメリカ経常赤字については「持続可能」ではないかという論調が，それ以前の悲観的な見方を押しやった風であった．サブプライム・ローンの破綻によって07年の夏以降，楽観的な論調は影を潜めたが，その理論的根拠に対しては，反省がみられたわけではない．

　そこで本章では，「持続可能性」を主張する理論的根拠になっている2つの「理論」，つまり，「国際通貨ドル論」と「I-Sバランス論」を取り上げたい．これらの「理論」の意義と限界を明らかにしながら，アメリカ経常赤字は自動的にファイナンスされるのではないこと，アメリカ経常赤字が必ずしも「持続可能」ではないこと，場合によってはドル危機的様相を帯びる事態も発生しうることを論じたい．

1. 国際通貨ドル論と米ファイナンス論

　ドルは国際通貨であり，そのことがアメリカに経常収支赤字の「負債決済」を容認し，アメリカ経常赤字が巨額になってもドル危機は発生しないと主張する議論がある．この議論にも変種があるが，気になった論文に木下悦二教授の『世界経済評論』(2007年9月号，「世界不均衡を巡って——世界経済の構造変化の視点から」）に掲載されたものがあるので，それを主に検討したい[1]．

(1) 木下悦二教授の「自動的ファイナンス論」とその問題点

　木下悦二教授は「世界不均衡の諸側面に国際通貨ドルの特色ある役割が大きく関わっている」(23ページ) と言われ,「国際通貨国には負債決済が許される」(同) と主張される．つまり,「(ドル建) 為替決済では債権側は在米為替銀行のドル建流動性債権で受け取る．これが国際通貨国の負債決済の姿であって，……資金は1ドルも米国外に出ていない」(同) と言われる．ドルは国際通貨であり，アメリカの輸入のうち90％以上がドル建である[2]ことから，木下教授が言われるようにアメリカの輸入の大部分は「負債決済」がなされていると筆者も考えている．しかし,「負債決済」は無制限ではなく,「限定」が付いているというのが筆者の考えである．それを以下に展開していこう．

　まず，木下教授が次のように言われるのには賛成できない．「支払ったドルが米国外でどのような取引に用いられ，保有者を転々してもこのドルは米国内に留まっている」(同)．米国居住者が経常収支赤字のために支払った「ドルが米国内に留まっている」という表現は，曖昧で不正確である．確かに，このドル建流動性債権 (=「ドル預金」) が海外に出ることはないが[3]，実際はこの「ドル預金」の転態により国際収支上の位置づけは様々に異なり，経常赤字が「負債決済」により「自動的にファイナンス」される場合もあるが，そうではない場合もあるのである．

　この「転態」の実際はのちに見よう．その前にもう少し木下教授の主張を聞こう．教授は「ドル取得者は……(流動性預金の一定額を残し──引用者)……残余はドル建証券や，リスクのない米国債，公債の購入に当てている．いわば『拘束された対米投資』である」(24ページ) と言われ,「国際通貨国の場合，経常収支赤字はそのまま国内の金融資産として維持される」(同) と,「自動的ファイナンス」論を主張される．さらに，アメリカの経常収支赤字の増大に危機感を抱いてきた研究者に対して，「この事実 (経常収支赤字はそのまま国内の金融資産として維持されること) を見落として，人々はこれを国外に持ち出されたドルが改めて米国に投資されるかのように論じている」(同) と批判される．

　以上が木下悦二教授の「自動的ファイナンス論」の中心部分である[4]．ドルが国際通貨であることを論拠に「自動的ファイナンス論」を主張される他の論

者とほぼ同じ論旨であろう．例えば，米倉茂氏は次のように述べておられる．「日本の自動車メーカーが輸出し，代金をドルで受け取る場合，米国の銀行勘定では輸入側の口座から日本の自動車メーカーの口座にドルが移されるだけであり，借金は生じない」（『国際金融』2007 年 6 月 1 日，「ドル危機説の憂鬱」，35ページ）．「輸出より輸入が多い米国がその差額を埋め合わせるために資本輸入（外国へ社債や株式を発行したりする）によって「ファイナンス」するという話ではない」（同）．

さて，重要なことは，先の「ドル建流動性預金」の転態がどのようであるかということである．米国内企業が輸入のために他国の A 企業にドルで支払う（＝「負債決済」）と，在米銀行のドル預金が米国内企業から他国の債権側（A）の口座に移される．以下，この「ドル預金」の転態を 4 つの場合に分けて考えよう．

第 1 の場合，米へのドル建輸出による海外のドル取得者（A）がこの「ドル預金」でもって米の証券等に投資すると「ドル預金」が減少し，対米証券投資が増大する．アメリカの対外債務は在米銀行の短期債務から対米証券投資に換わった．しかし，ドル預金は米への輸出によるドル取得者から米証券を売った米金融機関あるいは企業の口座へ移り，「ドルは米国内に留まっている」．木下教授はこの投資を「拘束された対米投資」と呼ばれるのであるが，ドル取得者はいつも国債，社債，株式等に投資するだろうか，他の場合はないだろうか．以下のいくつかの場合も想定されるだろう．

第 2 の場合，ドル取得者（A）は，「ドル預金」をドル建輸入業者（B）に銀行を介して売り，自国通貨に転換した．決済は（A）の口座から（B）の口座へ，さらには（B）への輸出業者（D）の口座へドル預金が移るだけである．この場合，（D）が米居住者であれば，米の対外債務は消え，（D）が非居住者であれば，米の対外債務は変化しない．しかも，「ドルは米国内に留まっている」．第 3 の場合，A がドル預金を自国通貨に転換するが，その為替取引の最終的相手がドル建証券投資を行なおうとしている海外の金融機関（E）であるとする．この場合にも米の対外債務は短期債務から対米証券投資に換わるが，「ドルは米国内に留まっている」．第 4 の場合は，A 企業の為替取引の相手が米の金融機関（F）であり，その金融機関は対外投資を引き揚げようとしている場合である．

この場合，決済は(A)の口座から(F)の口座へドル預金が移動し「ドルは米国内に留まっている」が，米の対外債務は消滅し，米の対外資産が減少する．この場合は，米の輸入が米の対外資産の減少によって最終的には決済されたのである．

以上のように，ドル建決済では「ドルは米国内に留まる」のであるが，それがすべて「負債決済」となるわけではないのである．「国際通貨国には負債決済が許される」場合が多いのであるが，上の第4の場合のように無条件にそうであるとは限らない．国際通貨国であるからといって，「負債決済」が完全にビルト・インされているのではないのである．

(2) 日本，ヨーロッパと「拘束された対米投資」論

木下教授はすでに見たように「拘束された対米投資」を強調されているが，筆者は，これについても疑問を感じる．つまり，日本やヨーロッパの主要国には貿易によっては「ドル建流動債権」が形成されていないからである．

ドル建貿易は対米貿易だけではない．第3国間でもドル建貿易が行なわれている．したがって，「ドル建流動性預金」の形成は対米貿易だけで考えてはならない．そこで，具体的にいくつかの国をあげて，それらの国の貿易において「ドル預金」が形成されていない実例を提示していこう．まず，日本である．

日本の輸出のうち，ドル建は50％前後で，輸入の方は70％強である（表2-1）．2006年の日本の輸出額は71兆6000億円，輸入は62兆2000億円であるから[5]，ドル建輸出は35兆8000億円前後（71.6×0.5），ドル建輸入は43兆5000億円強（62.2×0.7）となり，日本のドル建黒字は存在しておらず，8兆円

表2-1 日本の貿易の通貨区分（2006年下期）

(%)

	ドル	円	ユーロ	その他
輸出				
全世界	51.3	37.1	8.3	3.3
アメリカ	89.1	10.8	0.1	0.0
輸入				
全世界	73.0	21.3	3.9	1.8
アメリカ	75.6	23.6	0.7	0.1

出所：財務省「貿易取引通貨別比率（平成18年下半期）」より．

近くのドル建赤字となっているのである。日本の貿易黒字は円建とユーロ建でほとんど存在している。円建比率は輸出で 40% 弱,輸入で 21% 強,ユーロ建比率は輸出で 8%,輸入で 4% であるから。もちろん,日本の対米輸出のドル建比率は 90% 弱で,輸入は 80% 弱であるから,日本の対米貿易だけを考えるなら,ドル預金は形成されている。しかし,そのドル預金は日本のアメリカ以外の地域(オーストラリア,中東等)からのドル建輸入で使われてしまい,なくなってしまうのである[6]。

つまり,日本全体で言えば,貿易からは「ドル預金」は形成されず,したがって,日本の対米投資は「拘束された対米投資」ではないのである。貿易における円建黒字,ユーロ建黒字が「改めて米国に投資される」(木下,24 ページ)のである。

ヨーロッパの場合も同じである。表 2-2 からわかるようにドイツのユーロ域外との貿易のうちドル建輸出比率は 24%,ドル建輸入比率は 36% であり,フランスのそれらの比率は 34%,47% である。ユーロに参加していないイギリスも輸出のうちドル建は 26%,輸入は 37% であるから[7],これら諸国の貿易では「ドル預金」は形成されていないばかりか,ドル建では赤字があり,ユー

表 2-2 ドイツ[1],フランス[2],イギリス[3] の貿易の通貨区分
(%)

	自国通貨	ドル	その他
輸出			
ドイツ	61.1	24.1	14.8
フランス	52.7	33.6	13.7
イギリス	51	26	23[4]
輸入			
ドイツ	52.8	35.9	11.3
フランス	45.3	46.9	7.8
イギリス	33	37	30[5]

注:1) ユーロ地域外との貿易(2004 年)。
　　2) ユーロ地域外との貿易(2003 年)。
　　3) 2002 年。
　　4) ユーロの比率は 21%。
　　5) ユーロの比率は 27%。
出所:A. Kamps, *The Euro as Invoicing Currency in International Trade*, ECB, Working Papaer Series, No. 665, Aug 2006. Table 1 より。

ロ，ポンドからドルに換えて決済されなければならない状態にある．逆に，ユーロ建貿易はドイツのユーロ域外の輸出で61％，輸入で53％，フランスもそれらの比率は53％，45％となっており，イギリスのポンド建貿易は輸出で51％，輸入で33％となっており，これらの諸国は自国通貨建で黒字となっている．日本，ヨーロッパの主要国は自国通貨での貿易黒字を対外投資に当てているのである．つまり，貿易によって「ドル預金」が形成されていないのであるから「拘束された投資」は存在していない．日本やヨーロッパ諸国の対米投資は「改めて米国に投資された」ものなのである．

「拘束された投資」については中国をはじめとする東アジア諸国に該当する．これらの諸国の貿易はほとんどがドル建で行なわれており，しかも輸出超過であるから．中東諸国の場合も，そのオイルマネーが「拘束されたドル建投資」と言えようが，少し言及が必要であろう．というのは，産油国のオイルマネーはイギリス，オフショア市場等の金融機関へユーロダラーの形を取って運用されており，イギリス，オフショア市場等の金融機関が対米投資を行なっているからである．

前章でみたように，原油価格の上昇に応じてイギリスおよびオフショア市場のアメリカ居住者からの長期証券の購入額が増加している（後掲図4-1）．つまり，原油価格の上昇に合わせてイギリスおよびオフショア市場による米証券への投資額が増大していることが明瞭に見て取れる．原油価格が04年から上昇し始め，05年から急激な上昇が見られる．他方，両市場のアメリカ居住者からの証券購入も05年はじめの3000億ドルから06年には5000億ドルを上回るような規模に達した．オイルマネーがイギリス，オフショア市場にいったん流れ込み，その資金がアメリカへ向かっていることが確認できる．また，オイルマネーの一部は直接アメリカへ流れ込んでいる．それを示したのが図1-2である．石油輸出国のアメリカ居住者からの長期証券の購入額が06年に600億ドルに達している．

2. I-Sバランス論の問題点：小宮隆太郎氏の場合

アメリカ経常収支赤字が自動的にファイナンスされるという主張には，もう

1つ，I-S バランス論に依拠するものがある．ここでは，日本の貿易黒字に対する批判と日米貿易摩擦に対して，それらを「不条理」だと反論されてきた小宮隆太郎氏を取り上げよう（『貿易黒字・赤字の経済学——日米貿易摩擦の愚かさ』東洋経済新報社，1994年）．

小宮氏はI-Sバランス論の基本的内容をわかりやすく次のように述べる．「無数の個々の経済主体の経常収支を合計するときに，一国内の財貨サービスの取引については財貨サービスの販売者と購入者の双方が合計の際に計上されるから，販売・購入差額つまり黒字・赤字の計算からは除外される．そうして財貨サービスを外国に（その国の非居住者に対して）販売した場合，あるいは外国から（その国の非居住者から）購入した場合だけが黒字・赤字の合計の計算に残る．したがって，一国の個々の経済主体の経常収支（財貨サービスの販売・購入差額）の合計は，国際収支統計の経常収支の黒字・赤字と一致するのである」（24ページ）．

もちろん，氏はアカデミックな経済学者として「国際収支のマクロ経済分析」を行ない，経済学的な表現を使って同じことを言われる．「完全雇用水準で総貯蓄が国内総投資を超過する国では，その超過額に等しい資本輸出が行なわれ，趨勢的経常収支は黒字となる」（102ページ），「一国の総貯蓄と総投資の差額が経常収支あるいは経常海外余剰に等しい」（169ページ）と．また，この関係は「恒等式という性質のものではなく，均衡条件を示す均衡式である」と述べられる（同）[8]．

これらの見解は，「恒等式ではない」という主張を除いて，小宮氏が言われるように（226ページ，その他），小宮氏の独自の見解ではない．標準的な「国際マクロ経済学」の考え方であり，筆者は，I-Sバランスが「恒等式ではない」という点については留保しなければならないが，小宮氏からの上の引用の内容をおおよそ肯定するものである．問題になるのは，上に引用した内容に，このI-Sバランス理論を踏まえながらも，それ以上のことを付け加えて主張される場合である．

例えば，小宮氏が「黒字国の資金は国際金融市場に自動的に還流し，その点については何の心配も要らない」（123ページ）と述べられる場合，国際マクロ経済学の考え方からの「逸脱」が見て取れる．経常収支黒字に等しい額が「広

い意味での資本収支」赤字になるというのが国際マクロ経済学の考え方であるが（ここで，「広い意味での資本収支」とは外貨準備も含めたすべての部門の対外投資である），黒字国の資金が国際金融市場に「自動的に還流し，何の心配も要らない」という表現は，不正確で誤解を生むものであろう．

　この小宮氏の不正確な表現を批判したエコノミストの中にリチャード・クー氏がいる．クー氏は「彼（小宮氏）の理論では，どんな状況であろうと，国内の投資家は発生した黒字に相当する対外投資をやることになっている」（『よい円高，悪い円高』東洋経済新報社，1994年，33ページ）と批判する．さらに，クー氏は「投資家や輸出業者にとって，I-Sバランス論で見れば黒字は還流しているよといわれても何の慰めにもならない．現実はその還流が大幅な円高を伴ってのみ可能になっているからである」（同，34ページ）と厳しく述べる．

　ここで議論されている内容は本来のI-Sバランス論を超えているのではないだろうか．I-Sバランス論は，為替相場や金利水準等がどうであれ，ある相場，ある金利において経常収支黒字額は「広い意味での資本収支」赤字額に等しいということのみを言っているのではないだろうか．これは国際収支表を見てもわかることである．誤差脱漏をゼロにすれば，経常収支の額は資本収支と外貨準備の合計額に等しい．プラスとマイナスの符号が逆になっているだけである．したがって，例えば，円高になれば為替リスクが加わり円をドルに換えて行なわれる対外投資は減少し，それがさらに円高をもたらし，通貨当局の為替介入を招き，外貨準備が増大し，「広い意味での資本収支」のなかで，外貨準備の構成比率が高まる．I-Sバランス論は，「広い意味での資本収支」の中の構成要素の多様性についてはもともと何も述べないのである．ましてや，どの通貨で資本収支が構成されているかについては何も述べない．

　筆者が上に書いたI-Sバランス論は，為替相場や金利水準等がどうであれ，ある相場，ある金利において経常収支黒字額は「広い意味での資本収支」赤字額に等しいということのみを言っているということに関して，小宮氏が次のように述べていることはこの考え方を知る上で参考になろう．「バブルがはじけて株式が暴落しても，株式市場は閉鎖されるわけではない．株式市場が開かれているかぎり，株式を売る人もあれば買う人もある．……既発行の株式は誰かが保有している．株価は敏速に変動し，既発行のすべての株式が誰かのポート

フォリオに無理なく吸収される水準に決まっている」(233 ページ).

この引用を「黒字の還流」に援用すると,経常収支黒字を保有している国の通貨当局も含めすべての経済部門は,為替市場,金融市場で混乱が起こっていても,ある為替相場水準,ある金利水準で,結局は全体として経常黒字に等しい対外資産を保有しているということになる.

しかし,これが「無理なく吸収される」かは別である.小宮氏の株式市場の混乱の例においても,ある株式保有者は「ババ抜き」のように株式保有を強制されている場合があろう.黒字の還流についても,円高時の外貨準備増は,「無理なく」生じているのだろうか.そうではないだろう.I-S バランス論は,諸市場の混乱,「無理な投資」等の一切の現実を含んでいないのである.諸市場の混乱,無理な投資等があっても,結局は経常収支黒字額は「広い意味での資本収支」額に等しいということをいうだけである.「経常収支の黒字・赤字はつねに経済全体の貯蓄額から投資額を差し引いた額に等しい.……「長期的には」と断る必要はない」(小宮,221-222 ページ) ということもそうである.I-S バランス論は,どのように貯蓄が行なわれるか,どのように投資が行なわれるかは何も述べない,それらはどうであれ,いつも黒字・赤字はその差額に「等しい」というのである.

以上に述べてきたことは,I-S バランス論にあまりに多くのことを求めてはならないということにならないだろうか.アメリカの経常収支赤字の持続可能性の検討においても,I-S バランス論は限定的にしか利用できないのではないだろうか.

I-S バランス論は,経常収支は貯蓄と投資の差額であり,経常収支=「広い意味での資本収支」であるということを述べるに尽きる.このことは正しいが,広い意味の資本収支の構成は,諸条件,時期によって異なる.直接投資なのか,証券投資なのか,対外貸付なのか,外貨準備なのか,ドル建投資なのか,ユーロ建投資なのか,円建投資なのか,その他の通貨建投資なのか,ドル準備なのか,ユーロ準備なのか,等々.実際は,これらの資本収支の「構成」の差異によって,経済的には種々の局面が見られるのである.また,通貨危機に遭遇した途上国の場合でも,経常収支=広い意味での資本収支,が当てはまるのである[9].この式はこのようなものなのである.I-S バランス論を無原則に応用す

第 2 章 経常赤字の「自動的ファイナンス」論への批判的検討　　51

ると，経常黒字国から資金が国際金融市場に還流し，アメリカの経常赤字は自動的にファイナンスされるという議論に帰結してしまう可能性がある．

3. グローバルな I-S バランス論の検討

I-S バランス論を基礎にアメリカ経常収支赤字の「持続可能性」を扱ったさらに注目される著書としてブレンダン・ブラウン，田村勝省訳『ドルはどこへ行くのか』(春秋社，2007年，原書名は，*What Drives Global Capital Flows ? Myth Speculation and Currency Diplomacy*) があげられる．小宮氏が日本の経常黒字，日米貿易摩擦に焦点をあてて論述していたのに対し，ブラウン氏はグローバルな視点で I-S バランス論を展開し，米経常赤字の「持続可能性」を論じている．さっそく，彼の言うことを聞いていこう．

「貯蓄と投資の差が経常収支に等しくなるというのは，国民所得勘定における恒等式である．さらに，統計が正確であれば，経常収支と資本収支は同額で符号が反対となる．したがって，原則としては，貯蓄余剰は純資本輸出に等しくなる一方，貯蓄不足は純資本輸入に等しい．さらに，グローバル・レベルでは，経常収支は合計するとゼロになる．同様に，貯蓄余剰や貯蓄不足をすべての諸国について合算すれば，ゼロになるはずである」(8ページ)．

この文章に，ブラウン氏が依拠する I-S バランス論が明確に示されている．小宮氏と異なる点は，明確にこの式が恒等式であると言われていることである．ブラウン氏は，この点について付け加えて次のように言う．「貯蓄余剰と資本フローが等しくなるためには，両方向の因果関係が作用しているということだ．過剰貯蓄は資本流出を誘発する傾向がある．それと同時に，外国資産に対するネット需要の増大，あるいは国内資産に対する外国のネット需要の減少が，現実ないし発生しつつある貯蓄余剰の牽引力になっている」(12ページ)．小宮氏にあっては，恒等式ではなく，貯蓄と投資の有り様から経常収支が導き出されていた．一般的な国際マクロ理論では，ブラウン氏が述べている上記の文章の方が正しいであろう．

グローバル・レベルの I-S バランス論において，ブラウン氏が強調するのは，「ターンテーブル」という視点，つまり，「A 国の居住者が B 国に投資す

ると同時に，B国の居住者がA国ないしC国に投資する」(20ページ) という視点である．氏は，「それは分散投資ということに関する単純な算術で説明できる」(同) という．「事実，貯蓄余剰国からユーロに流入した資金が，ユーロ圏からの対米資本流出のファイナンスに大きな役割を果たし，それがアメリカの国内貯蓄不足を補ったのである」(22ページ) と，氏は述べる．

　以上はブラウン氏が氏の理論を展開する序論部分である．それらを受けて，氏は，資本移動の誘因として金利をあげ，「もっとも単純かつ直接的な魅力は金利格差である」(86ページ) と述べ，さらに，「金利の中立性」という概念を提出する．「中立金利は経済および市場に関して完全均衡が成立するという仮想的な状況に基づいた概念であり，市場を単純に見渡しただけでは発見することができない」(同) という．さらに続けて，氏は「秩序立った金融システムの下では，市場金利を長い時間をかけて自然利子率（中立金利と同じこと——引用者）に向かわせる均衡力が存在する」(87ページ) と述べる．

　これらの引用を前提にブラウン氏は，氏の述べたい核心部分を次のように言われる．「すべての国の金利が国内的観点と国際的観点の両面で中立水準にあるという<u>グローバルな一般均衡解</u>では，すべての経済が均衡し，資本フローが基本的な貯蓄の過不足に等しく，全部を合計するとゼロになるというのは正しいであろう．この解に対応して各国通貨相互間には一組の均衡為替相場がある」(90ページ，下線は引用者)．

　したがって，アメリカの経常赤字が巨額にのぼり，アメリカ経常赤字の持続不可能性が論じられても，「アメリカの巨額の赤字はだいたいが海外の大きな自律的な貯蓄余剰を反映したものにすぎない……貯蓄余剰国とアメリカの間の民間資本移動をバランスさせ，すべての諸国で対内均衡を成立させるような，中立金利と均衡為替相場の組み合わせがきっと存在するに違いない」(111ページ) と，ブラウン氏はドル危機論に反論する．

　氏にあっては，アメリカ経常収支が大きく膨らんでも，海外にはそれに見合う貯蓄過剰があり，貯蓄過剰国とアメリカの双方の対外均衡を生み出す金利，為替相場の組み合わせがあり，それを誘因として資本移動が起こりアメリカの経常収支赤字はファイナンスされるというのである．ただ，氏は，そうした均衡化をもたらさない要因として「市場の失敗」をあげる．「仮に世界中の貯蓄

性向と投資性向の大きな乖離を背景とする世界経済危機が本当に発生したとすれば，その原因はアメリカの貿易の非弾力性よりも，市場の失敗になる可能性大であろう．……一般均衡解を，世界経済が内生的に見出すのに不可欠なメカニズムが，環境によっては機能しない懸念がある．……その第1は，名目金利が世界および各国の均衡と整合的な実質水準に低下することをゼロ金利の限界が阻害しているということだ．第2は，中銀は金利水準を目標にしているが，その金利が実際には中立水準に一致していないということである」(178ページ)．そして，「市場の失敗という3番目のタイプの例は，中国の貯蓄余剰の増加である．中国には資本輸出規制があるため，政府ないし中銀が代わって対外投資家として行動してきた．この公的部門による民間資本輸出の代替は本来的に不安定である」(180ページ)．

したがって，氏にあってはドル危機は，以上の「市場の失敗」が生じる場合に限り生じうるが，そうでない場合には，アメリカの赤字はそれ以外の諸国の貯蓄過剰によってファイナンスされるということになる．「市場の失敗を除けば，アメリカと諸外国の経済を長期的な均衡経路上に保つのに，<u>なぜ市場の見えざる手を当てにすることができないのだろうか</u>」(153ページ，下線は引用者)と述べる点にそのことが明瞭に示されている．

以上でブラウン氏の主張点はほぼ理解できた．さて，それではこのI-Sバランス論に基づく対米ファイナンス論を検討することにしよう．「アメリカの巨額の赤字はだいたいが海外の大きな自律的な貯蓄余剰を反映したものにすぎない……貯蓄余剰国とアメリカの間の民間資本移動をバランスさせ，<u>すべての諸国で対内均衡を成立させるような，中立金利と均衡為替相場の組み合わせがきっと存在するに違いない</u>」(111ページ，下線は引用者)とブラウン氏が言うが，この文章には以下のことが含まれている．第1に，アメリカ以外の諸国で「自律的な」貯蓄余剰が発生していること，そうすれば，他方で，アメリカで「自律的な」貯蓄不足が発生しているはずであり，したがって2つの事態が，それぞれ「自律的」に発生し，それ故，アメリカ以外の諸国での「自律的な」貯蓄余剰≠アメリカでの「自律的な」貯蓄不足となる状態が生まれる．第2に，ところが，資本移動を導入すれば，資本移動がそれぞれの地域の貯蓄，投資に影響を与え，「アメリカ以外の諸国の貯蓄余剰＝アメリカの貯蓄不足」なる事

態を生み出す．つまり，開放経済下において「自律的な」貯蓄余剰と「自律的な」貯蓄不足をつなぐものが資本移動である．第3に，資本移動により「一般的均衡」が生まれ，このときの金利と為替相場がブラウンの言う「中立金利」「均衡為替相場」であろう．

ところで，「中立金利」「均衡為替相場」が生まれ，「アメリカ以外の諸国の貯蓄余剰＝アメリカの貯蓄不足」なる事態が生まれる過程においては，ブラウン氏が言うように，I-Sバランス論が恒等式であるということから，「過剰貯蓄は資本流出を誘発する傾向がある．それと同時に，外国資産に対するネット需要の増大，あるいは国内資産に対する外国のネット需要の減少が，現実ないし発生しつつある貯蓄余剰の牽引力になっている」（12ページ）．つまり，過剰貯蓄が資本輸出を作り出す場合もあり，逆に，資本輸出が貯蓄余剰を作り出す（資本輸入が貯蓄不足を作り出す）場合もあるのである．

さらに敷衍すれば，「均衡」が生まれるまで，市場金利，実際の為替相場と「中立金利」「均衡為替相場」は通常は乖離しており，貯蓄余剰，貯蓄不足，資本輸出，資本輸入の「両方通行の因果関係」（12ページ）が，諸条件の下で種々に機能して，「中立金利」「均衡為替相場」に近づくのである．そうだとすると，この乖離が大きいとドラスチックな金利，為替相場の変動が生じよう．それは，貯蓄過剰国から貯蓄不足国へ黒字がスムースに還流するという事態とは大きく異なろう．それ故，ブラウン氏は「たとえ長期的な貯蓄過不足の変化が時として突然かつ急激で，<u>経済コストをともなう大きな為替相場の変動を誘発するとしても，それは仕方がない！</u>」（174ページ，下線は引用者）と言うのである．これは一種の危機的様相ではないだろうか．

以上のことを再度振り返ると，アメリカ以外の諸国の「自律的な」貯蓄余剰が少なく，アメリカの「自律的な」貯蓄不足が大きければ，アメリカ金利の上昇により，対米投資が進み，それがアメリカ以外の諸国のより多い貯蓄余剰を生み出し，金利低下が進行する．また，対米投資がドル相場を引き上げよう．これが「中立金利」「均衡為替相場」を生み出すモデルであろう．しかし，タイム・ラグ等から次のような事態も想定されよう．アメリカ金利の上昇があっても，貯蓄余剰が相対的に少ないことからアメリカ以外の諸国の金利低下がそれほど進まなく，米との金利差が小さくて，対米投資は大規模に進まないまま，

アメリカの貯蓄不足のためにドル相場もあまり上昇しない事態である．そのような事態になれば，「市場の見えざる手」（153ページ）は働かないで，当局による為替市場介入，あるいは「協調な」金利格差設定（プラザ合意等）となり，それらによって，結果的に「アメリカ以外の諸国の貯蓄余剰＝アメリカの貯蓄不足」なる事態が作られる．

　また，市場金利，実際の為替相場と「中立金利」「均衡為替相場」の乖離が大きく，民間部門の資本輸出，資本輸入によっては，「アメリカ以外の諸国の貯蓄余剰＝アメリカの貯蓄不足」なる事態が作られる前に，ドル相場の大きな変化によって各国が為替市場に介入して為替相場の変動を緩和する．そのような場合には，市場金利，実際の為替相場と「中立金利」「均衡為替相場」の乖離があまりに大きく，ドラスチックな金利，為替相場の変動が「実体経済」によくない影響が出ると判断され，当局の為替市場介入＝ドル準備（アメリカへの資本流入）となり，多額のドル準備の形成によって「アメリカ以外の諸国の貯蓄余剰＝アメリカの貯蓄不足」なる事態が作られていくのである．

　さらに，ブラウン氏が「市場の失敗」として指摘した「ゼロ金利の限界」の発生時にも通貨当局の為替市場介入は一挙に増大するであろう（後述）[10]．「市場の失敗」は為替市場介入によって，矯正的に「アメリカ以外の諸国の貯蓄余剰＝アメリカの貯蓄不足」なる事態が作られていくのである．ブラウン氏は通貨当局の為替市場介入については中国の例しか挙げていないが，先進各国間の為替市場介入も「市場の失敗」として挙げなくてはならなかったのである．

　かくして，通貨当局の為替市場介入は，「見えざる手」による民間部門の資本移動によっては「中立金利」「均衡為替相場」が成立しない（＝「市場の失敗」）か，あまりにダイナミックな金利，為替相場の変動をもたらしかねない状況下において，強制的に「アメリカ以外の諸国の貯蓄余剰＝アメリカの貯蓄不足」を作り出すのである．

　以上のように，I-Sバランス論が言うように，結果的には「アメリカ以外の諸国の貯蓄余剰＝アメリカの貯蓄不足」であるが，前者と後者は「自律的」に動くもので，それが全世界的にイコールとなる過程において，市場の矯正力は大小さまざまでありうる．市場による矯正力が劇的であるとドル危機の様相を帯びるだろうし，また，通貨当局による緩和的な「矯正力」によって「アメリ

カ以外の諸国の貯蓄余剰＝アメリカの貯蓄不足」が生み出されることもありうる．このイコールは，当局の為替市場介入を伴う場合もあるのであり，民間資金の市場ベースのみで成立するわけではない．

I-Sバランス論からしても，ドルが大きく下落する局面はありうるのである．アメリカ経常赤字が巨額になっている下では，タイム・ラグや，何らかの「見えざる手」が働かない要因が出てきたとき，ドル危機が発生する余地はそれだけ大きくなっているということが出来る．そもそも，ブラウン氏が主張する，民間市場ベースの資本移動によって想定されている「均衡点」は現実には存在するものではない．というのは，世界全般に完全な「開放経済」というものはないし，「均衡点」が実現する前に各国当局の介入があるからである．したがって，ここで考えられる「均衡点」は，世界的な「開放経済」が存在しないこと，各国通貨当局による為替介入がときに行なわれることを前提にすれば，抽象的にも想定に限界があり，それらの前提の下で擬似的な均衡点が想定できるだけである．たとえ，ブラウン氏の考えをたとえ受け入れたとしても，その擬似的均衡点に向けて金利や為替相場が収束しようとする諸力が働くということである[11]．

以上のことを踏まえて，危機につながる諸要因として以下の要因が考えられる．

① 米における金融危機の勃発と米経済の急速な減速．
② 対米投資の引き揚げ，ドルからユーロ，円等の他通貨への転換．新規対米投資の減少．
③ 原油価格の上昇により米経常赤字ファイナンスが，ますますオイルマネーに依存する度合いを高める．
④ オイルマネーのドルからユーロ，円への一部運用先の変化，中東諸国の通貨・為替制度の改革．
⑤ 中国の人民元改革によってドル準備が減少し，中国の「投資」の一部がユーロへ．
⑥ その他の諸要因．

これらの諸要因が，上で検討した擬似的「均衡点」へのドラスチックな収束に働いたとき，金利，ドル為替相場が劇的に下落し，ドル危機の様相を帯びることは十分に考えられる．しかし，上記の①～⑥の諸要因がどれほどの大きさをもって機能するかは判然としない．また，「収束」が穏やかなものにとどまり，ドル危機にはならないというシナリオもありうるだろう．しかし，ドル危機が完全に回避されるというシナリオを描くことはできない．

注
1) 筆者は木下悦二名誉教授から直接の指導を受けたことはないが，教授から多くのことを学ばせていただいた．筆者による最初の著書（『多国籍銀行とユーロ・カレンシー市場』同文舘，1988年）の第1章において冒頭に引用した文章は木下教授からのものである．「国際通貨とは世界貨幣＝金とは異なる独自的範疇である」（木下悦二『国際経済の理論』有斐閣，1979年，230ページ）という教授の文章に導かれて，筆者はこれまで研究を進めてきたと言っても過言ではない．今回，木下教授を批判することになったが，教授に対し敬意をしめす姿勢には変わりがない．
2) Annette Kamps, *The Euro as Invoicing Currency in International Trade*, Aug. 2006, (ECB, Working Paper Series No.665), p. 47.
3) ユーロダラー取引の決済の場合も同様で，ドルの一覧払い預金が米国外に出て行くことはなく，ユーロダラー取引の決済は米国内の銀行組織内で行われる（前掲拙書『多国籍銀行とユーロ・カレンシー市場』91-92ページ参照）．
4) 木下教授の『世界経済評論』に掲載された論文においては，国際通貨ドルによる「負債決済」の論点だけでなく，「発展途上国の二重経済モデル」や「資本主義の変貌」等に関する論点が提起されているが，ここでは，国際通貨ドルによる「負債決済」に関する論点に限定して，木下教授の見解についてコメントを加えたい．
5) 日本銀行『国際収支統計季報』2006年10-12月より．
6) 拙書『ドル体制と国際通貨』ミネルヴァ書房，1996年，第3章，『ドル体制とユーロ，円』日本経済評論社，2002年，第11章，を参照されたい．
7) 拙稿「ユーロ建貿易の広がりについて」『立命館国際研究』20巻1号，2007年6月，本書第7章参照．
8) 小宮氏がI-Sバランス論を使って「日米貿易摩擦」の議論を批判されるのは正しい．アメリカ経常赤字の主要因はアメリカにおける過剰消費であり，日本側のみに要因を求めるのは正しくない．また，日米経済関係は貿易関係だけでなく，資本関係との2つが合わさったものである．
9) 途上国の場合，非商品経済的部門が大きければ，I-Sバランス論は厳格には成立しないだろうが．
10) 拙論「2003年の国際収支構造とコール市場におけるマイナス金利」『立命館国際研究』18巻2号，2005年10月，参照．この論文は拙書『円とドルの国際金融』ミネル

ヴァ書房，2007年，第7章に収められている．

11) 各国の，また，すべての国の貿易取引，資本取引などのすべての国際取引がドル，ユーロなどの1つの通貨で行なわれれば，「国際マクロ経済学」でもって解明される分野は大きく広がろう．しかし，実際の国際取引はいろいろな通貨で行なわれ，しかも，基軸通貨と各国通貨の転換が伴うから，国際金融論という学問分野が成立するのである．各国の貿易取引，資本取引が実際に行なわれているように，いろいろな通貨での取引額として示されれば，国際金融の実態はより正確に把握されるであろう．各国当局がそれらの取引をドル，ユーロ，円などの1つの通貨に換算して表示することによって，かえって国際金融の実態がつかみにくくなっているのである（次章以下をみよ）．このことが多くの研究者にどれほど理解されているのであろうか．

第3章
対米ファイナンスと対外債務・債権の概念上の区分

　アメリカ経常収支赤字のファイナンスの持続可能性については様々に論じられてきた．前章においてドルが基軸通貨であるから「債務決済」が「自動的に行なわれる」という議論，およびI-Sバランス論に基づく自動的な米の経常赤字ファイナンス議論を批判した．本章は前章を引き継ぎ，国際収支の概念上の区分を行ないながらこれらの議論を乗り越えようとするものである．

　アメリカ国際収支表の見方については，経常赤字ファイナンスの持続可能性が論じられるほどには，この間，深められてこなかった．このことがアメリカ経常赤字ファイナンスの持続可能性についての「楽観論」が横行した原因であるかもしれない．投資収支については，直接投資，証券投資，ノンバンクの対外取引，在米銀行の対外債権・対外債務等に区分されるだけであり，その概念上の区分（それがどのようなことを意味しているかは本文で明らかになろう）はほとんど検討されてこなかった．そこで，本章では，対米投資の諸項目，米の対外投資の諸項目を概念的に論じ，その区分と米経常赤字がファイナンスされるということはどのような事態なのかを明らかにしたい．本章では，世界各地域の貿易黒字，赤字がどのような通貨で構成されているのかをまず検討し，その後，投資収支の概念上の区分の基本的なことを論じていこう．

1. 世界各地域のドル建貿易収支と外貨建貿易収支

　さて，統計作成上の「不突合」がないとすれば，全世界的には全輸出額と全輸入額は一致するはずである．また，アメリカも含めた全世界ではドル建輸出額＝ドル建輸入額になるはずである．全世界の輸出入額を計算しやすいために

10 兆ドルとし，そのうち 65% がドル建 (6.5 兆ドル)，35% がドル以外の外貨 (3.5 兆ドル, 米から見て外貨，以下では外貨はこの意味で使う) とすると，全世界の輸出額，輸入額もそれぞれ 10 兆ドルであり，うち，ドル建輸出額，輸入額は 6.5 兆ドル，外貨建輸出額，輸入額が 3.5 兆ドルとなる．

すなわち，アメリカも含めた全世界では，ドル建輸出額＝ドル建輸入額であり，その上で，アメリカのドル建貿易収支が赤字 (以下では論を簡単化するためにアメリカの輸出，輸入はすべてドル建としておく)[1] であるということは，アメリカを除く諸国全体ではドル建貿易収支は黒字となっているということである．しかし，ドル建貿易黒字を保有している諸国は産油国，中国等のアジア諸国であり，日本，西欧主要各国はドル建貿易黒字をもたず，多くはないがドル建赤字をもっている．それらの諸国の通貨別貿易比率からそのことがわかる．

前掲表 2-1 を再度見られたい．これは日本の貿易における通貨区分を示している (2006 年下期)．対米輸出におけるドル建比率は 89%，米からの輸入におけるドル建比率は 76% であるから，日本は対米貿易ではかなりのドル建黒字を生み出している．対米輸出額，対米輸入額にこれらの比率を掛け合わせれば算出できる．しかし，全世界ではドル建輸出は 51%，ドル建輸入は 73% となっているから，日本は全世界との貿易ではドル建貿易収支はそれほど大きくはないが，赤字となっている (日本の全輸出額，全輸入額にこれらの比率をかけて算出)．つまり，日本は対米ドル建黒字を中東などの産油国，オーストラリア等の 1 次産品輸出国に対するドル建赤字のために支払って，全世界的には少しのドル建貿易赤字となっているのである．日本は貿易黒字の大半を円建でもっているのである[2]．

日本と同じように，ドイツ，フランス，イギリスなどの西欧諸国もドル建貿易黒字をもっていない．前掲表 2-2 がそれを示している．これら 3 国のいずれにおいてもドル建輸入の比率がドル建輸出の比率をかなり上回っている．これらの国はドル建では貿易赤字，自国通貨 (ユーロ，ポンド) で貿易黒字をもっている (自国通貨建比率が輸出において輸入よりも高くなっている)．

そうだとすれば，ドル建貿易黒字をもっている国は産油国 (ロシアを含む)，中国等の日本を除くアジア諸国，オーストラリア，カナダなどとなろう．また，前述の仮定によれば，ドル以外の通貨での全世界の輸出額は 3.5 兆ドル，同輸

入額は3.5兆ドルで，ドル以外の通貨では日本，西欧は黒字で，米，EU，日本を除く「その他」地域の諸国が赤字となろう．すでに述べたようにアメリカの輸出，輸入はすべてドル建としているからアメリカの外貨建の貿易赤字は存在しない[3]．

以上の各地域，各国の通貨別貿易を簡単化して図示すると図3-1のようになる．全世界では10兆ドルの輸出額，輸入額のうち，65%がドル建であり，その他通貨建が35%である[4]．ドル建輸出の65%のうち，米が20%，米，EU，日本を除く諸国（産油国，中国を含む，この図では「その他」）が32%，日本，EUが13%（計65%），その他通貨建輸出のうち，EU・日本が19%，「その他」が16%である（計で35%）．ドル建輸入の65%のうち，米が30%，「その他」が20%，EU，日本が15%（計で65%）であり，その他通貨建輸入は，EU，日本が15%，「その他」が20%である（計で35%）．

以上のように区分すると，各地域（国）の通貨別貿易収支は表3-1のようになる．アメリカは1兆ドルのドル建貿易赤字，米，EU，日本を除く諸国（産油国，中国を含む，図3-1，表3-1では「その他」）はドル建が1.2兆ドルの黒字，その他通貨建が0.4兆ドルの赤字[5]，全体で0.8兆ドルの黒字，EU，日本はドル建で0.2兆ドルの赤字，その他通貨建で0.4兆ドルの黒字，全体で0.2兆ドルの黒字である．

しかし，この各地域の貿易収支について一言，説明が必要である．「その他」

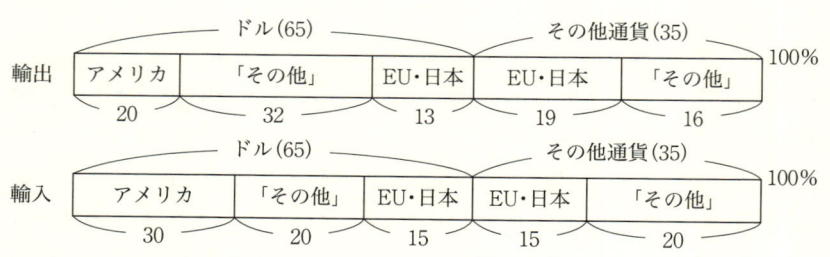

	ドル(65)			その他通貨(35)	
輸出	アメリカ 20	「その他」 32	EU・日本 13	EU・日本 19	「その他」 16

	ドル(65)			その他通貨(35)	
輸入	アメリカ 30	「その他」 20	EU・日本 15	EU・日本 15	「その他」 20

注：1) アメリカの輸出，輸入はすべてドル建とする．
　　2) 「その他」——アメリカ，EU，日本を除くすべての諸国．
　　3) 全輸出額，全輸入額は10兆ドルとする．国における数値は%．
出所：筆者作成．

図3-1 世界のドル建貿易とその他通貨建貿易[1)2)7)]

表 3-1　各地域の通貨別貿易収支[1]

(兆ドル)

	輸出			輸入			収支		
	ドル	その他	計	ドル	その他	計	ドル	その他	計
アメリカ[2]	2.0	0	2.0	−3.0	0	−3.0	−1.0	0	−1.0
「その他」[3]	3.2	1.6	4.8	−2.0	−2.0	−4.0	1.2	−0.4	0.8
EU・日本	1.3	1.9	3.2	−1.5	−1.5	−3.0	−0.2	0.4	0.2

注：1)　全世界の輸出額，輸入額はそれぞれ10兆ドル．
　　2)　アメリカの輸出，輸入はすべてドル建とする．
　　3)　アメリカ，EU，日本を除くすべての諸国．
出所：図3-1より作成．

地域に含まれる諸国間の貿易黒字・赤字は相互に相殺され，また，EU諸国と日本，EU諸国間の貿易黒字・赤字も相互に相殺され，上記の貿易収支の額は地域ごとに「統合された」収支であることに注意が必要である．

　さて，以上のモデル的通貨別貿易収支に加えて，実態的な各国，地域別の通貨別貿易収支を改めて示すと，概略以下のようになろう．

　①産油国（ロシアを含む）——貿易収支はドル建で大きな黒字（オイルマネー）とその他通貨建で赤字，②中国——大きなドル建貿易黒字とドル準備，③日本・中国以外の東アジア諸国，オーストラリアなど——ドル建黒字と円建等の赤字，ドル準備保有，④日本——大きな額の円建貿易黒字，ユーロ等の通貨での一定額の黒字，および少しのドル建赤字，⑤ドイツ，フランス——ユーロ建黒字，ドル建赤字，その他通貨建黒字，⑥イギリス——ポンド建黒字，ドル建赤字，ユーロ建赤字．

　以上は貿易収支の通貨区分であるが，経常収支全体の通貨区分に関する統計は日本においても，西欧諸国においても存在しない．そこで，やむを得ず以上の諸数値を経常収支と見立てて論を進めていきたい（以下では以上の通貨別貿易収支を踏まえ，簡単化のために貿易収支＝経常収支として論述を進めていきたい）．

2.　投資収支における債務と債権

　アメリカ経常収支赤字の推移とそのファイナンスの状況の如何によってドル

体制が動揺することはこれまでの章で明らかである．そこでファイナンスの状況を分析・検討するに当たって，改めてアメリカ資本収支の債務，債権の諸項目をみる必要があろう．とはいえ，ここで行なわれなければならないことは，直接投資，証券投資などの国際収支表における各項目の区分ではなく，「概念」上の区分である．

(1) 対外債務の4つの項目
①ドル建経常赤字によるドル建対外債務の形成と「漏れ」

アメリカがドル建で輸入すると，その輸入額に見合う非居住者保有の「ドル預金」（米にとっては対外債務）がまず形成される．次の例である．米国内の企業(A)がドル建で輸入した場合，米国内の銀行におかれているドル預金が(A)から海外の輸出企業(B)へ移る（対外債務）．しかし，ドル預金そのものは米国内にとどまる．B企業はそのドルを種々の対米投資に使うかもしれない（＝「債務決済」）．また，そのドルを自国通貨やドル以外の諸通貨へ転換するかもしれない．その為替取引の相手先によって諸事態が生まれる．相手先が海外のドル建輸入業者であると，ドル預金は(B)から銀行を介した為替取引によってドル建輸入業者(C)へ，さらにドル建輸出企業(D)へ移っていく．その場合，D企業が米企業であれば（米の輸出の場合であれば），対外債務が消えるが，D企業が外国企業であれば，対外債務が残る．いずれの場合も「ドルは国内に留まっている」[6]．

ただし，アメリカ貿易収支が赤字だという場合には，米のドル建輸入とドル建輸出，海外諸国間のドル建輸出・輸入が相殺され，アメリカの貿易収支赤字に相当する額が「非居住者ドル預金」として対外債務がいったん形成され，このドル預金が原資になって非居住者による種々の対米投資が形成されていく．これがアメリカによる「債務決済」といわれるものであり，ドルは国内の銀行にとどまっている．しかし，非居住者はそれらのドル建債権の一部を自国通貨，他通貨へ転換するであろう（後述）．「債務決済」がどれだけの額か，自国通貨，他通貨への転換がどれくらいに達しているかは統計的に把握できるものではない．国際収支表に含まれる対外債務は以下に述べる種々の項目によって構成されているからである．

さて，非居住者によるドル以外の通貨への転換に伴う為替取引の相手（ドルを諸通貨へ転換しようとする）がどのようであるかによって事態は変わる．ドル以外の通貨をドルに転換して対米投資を行なう海外の投資家であれば，アメリカの対外債務額は変わらない．対米債権の持ち手が変わるだけである．しかし，この為替取引の相手が米居住者である場合がある．例えば，アメリカの金融機関等が外貨建対外投資の引き揚げを行なう場合である．この場合には，「ドルは米国内に留まっている」が，米の対外債務は消滅し，同時にアメリカの外貨建対外資産が減少する．アメリカの経常赤字が米の外貨建対外資産の減少によって決済されたのである．さらに，「その他」地域はドル以外の諸通貨で経常赤字をもっており，その決済に「その他」地域の「ドル預金」の一部を使うことになる（後述）．

　このように，アメリカ経常赤字のうちのかなりの額が非居住者の種々の対米投資となって「債務決済」の形をとるが，非居住者のドル建黒字からの「漏れ」も避けがたく，その「漏れ」は結局2つの資本取引と対応することになる．1つは非居住者によるドル以外の通貨のドルへ転換しての対米投資（この場合にはアメリカの対外債務額は変化しない）であり，もう1つは米金融機関等による外貨建資産の引き揚げ（米の外貨建対外資産の減少）で，前者が少なくなれば，最終的にアメリカの経常赤字は米の外貨建対外資産の引き揚げによって決済されることになる．本節ではドル準備の検討が除外されているが，この2つの資本取引が進行しなければ，ドル準備が変化するはずである（後述）．

　上記のことをさらに補完すれば，すでに記したように日本，西欧諸国はドル建貿易黒字をもっていない．したがって，アメリカからドル建黒字の「債務決済」を受けているのはこれらの先進諸国ではなく，産油国，中国などのアジア諸国，オーストラリアなどである．日本，西欧諸国の対米投資はドル以外の通貨（ユーロ，円，ポンドなど）をドルに換えて行なわれているのであり，これらの諸国による外貨のドルに換えての投資は，産油国，中国などのアジア諸国，オーストラリアなどがもっているドル建債権の他通貨への転換を可能にし，補っているのである．

②ドル建対外投資とその「代わり金」の形成

次のアメリカの資本収支の債務項目は，米居住者が種々のドル建対外投資を行ない，その「代わり金」として生まれる非居住者の「ドル預金」（米からすると対外債務）の形成である（ドル建資産とドル建負債の両建での形成）．しかし，アメリカを除く諸国全体（EU・日本および「その他」地域の全体）ではドル建経常赤字をもっていないから，アメリカ以外の諸国全体はドル建借入をドル建経常赤字の支払に使用することはない．アメリカ以外の諸国全体でいえば，ドル建借入の大半を種々のドル建投資に使うか，このドル建借入の一部を他通貨へ転換し（=「漏れ」），他通貨建投資に当てるかもしれない[7]．この「漏れ」は前述の非居住者のドル建黒字からの「漏れ」と同様に，日本，EU等のドル以外の通貨をドルに換えての投資か，アメリカの外貨建資産の減少によって補われるほかない．この2つが少なければ後述するようにドル準備の増加が生じるだろう．

③非居住者による外貨をドルに換えての対米投資

これについては，すでに述べてきた．日本，西欧諸国の対米投資がこの外貨をドルに換えての投資に当たる．これら諸国はドル建経常黒字をもっておらず，自国通貨などのドル以外の通貨で経常黒字をもっているからである．しかし，上述の「漏れ」を補う以上にこのドル建投資が進むこともありうる．この投資が米市場向けであろうが，ユーロダラー市場向けであろうが，米の対外債務額は変わらない．というのは，ユーロダラー市場向けであれば，ユーロダラー市場に所在する金融機関等に対する米の対外債務が形成されるからである．

もちろん，これらの諸国はこの投資を引き揚げることもある．この引き揚げが生じると，ドル準備を考慮外にするならば，「その他」地域のドル建黒字からの「漏れ」，アメリカのドル建投資による「代わり金」からの「漏れ」が一定額にのぼることを前提にすると，結局，米の外貨資産の引き揚げによって米経常赤字はファイナンスされる以外にない．

④外貨建借入と対外投資（債務・債権の両建）

アメリカの金融機関等がドル以外の通貨を借り入れ（調達し），その外貨資

金でもって対外投資に当てる（外貨債務と外貨債権の形成）投資がこれである．例えば，円金利が低下していった90年代後半以後，アメリカの諸金融機関が円を調達し，それを円で運用したり，円をユーロ等に転換して運用してきた（「円キャリートレード」）．

しかし，この円をドルに換えて運用する場合，その為替取引の相手によってアメリカの対外債務・債権の状況が変わる．相手先が米居住者であれば（その相手先はドルを円に換えての投資を行なう），円建債権の持ち手が米居住者間で変わるだけであり，また，ドル資金も持ち手が米居住者間で変わるだけである．結局，アメリカ全体では円建債務の形成と円建債権の形成である．しかし，為替取引の相手先が非居住者であれば，海外部門が保有していたドル建債権が引き揚げられるのであり，結果的にはアメリカの円建債務が形成され，他方で，ドル建債務が減少することになる．非居住者はその円の運用を行なうか，円建貿易赤字の決済に使うであろう．

(2) 対外債権の3つの項目
①ドルでの対外投資，「代わり金」が債務として同時に形成（両建）

これについてはすでに述べた．アメリカの金融機関等がドル建の対外貸付，ドル建外債の購入等の種々の対外投資を行なう場合である．このドル建投資によって「代わり金」が生まれ（アメリカにとっては対外債務），その資金の大半は種々のドル建投資に利用されるであろう．したがって，収支上はゼロになる．ただし，この居住者によるドル建対外投資によって形成される「代わり金」の一部はドル以外の通貨に転換されて「漏れ」が生まれることもある．これについてもすでに述べた．しかし，非居住者が外貨をドルに換え，その資金でこのドル建借入（米からすればドル建資産）を返済すれば，アメリカのドル建対外資産のみが減少し，ドル建対外債務には変化がない（この場合には両建の変化は生じない）．

②外貨借入と対外投資（両建）

米居住者が外貨資金を借り入れ，その外貨資金をそのまま対外投資（「外貨—外貨」投資）に当てる場合である．ノンバンクの04年末の外貨建対外資産

表 3-2　在米銀行等とノンバンクの対外取引の残高

(億ドル)

	2004		2005		2006	
	ドル	外貨	ドル	外貨	ドル	外貨
在米銀行等[1])						
債権	20,301	1,268	22,864	1,490	28,354	1,882
債務	22,069	756	24,996	999	29,402	1,389
ネット	−1,768	512	−2,132	491	−1,048	493
ノンバンク[2])						
債権	6,118	1,585	6,426	1,660	6,584	1,674
債務	5,145	1,134	4,565	1,110	5,653	1,398
ネット	973	451	1,861	550	931	276

注：1)　自己勘定，顧客勘定の計．
　　2)　金融項目と商業項目の計．
出所：S.C.B., April 2005, April 2006, April 2007 の 8a, 9a, 10a より．

残高は1585億ドル，同対外債務残高は1134億ドルとなっており，3分の2以上が「外貨－外貨」投資となっている．06年末にはそれらが1674億ドル，1398億ドルになっており，84％が「外貨－外貨」投資となっている．また，在米銀行の外貨建資産残高（自己勘定と顧客勘定の合計）は04年に1268億ドル，同負債残高は756億ドル，06年末にはそれらが1882億ドル，1389億ドルとなっていて，04年末には60％が，06年末には74％が「外貨－外貨」投資になっている（表3-2）．

③米居住者によるドルを外貨に換えての対外投資

アメリカの諸金融機関等がドルをユーロや円等に換えて行なう対外投資がこれである．これがどれぐらいの額にのぼっているか．アメリカはユーロ，円等での経常黒字をもっていないから，上にみた外貨建対外投資の全額から外貨借入による外貨建投資を差し引いた部分がこのドルを外貨に換えての対外投資になる．04年末にはノンバンクにおいてはその差額は451億ドル，06年末には276億ドルになっている．また，在米銀行等（自己勘定と顧客勘定の合計）では，04年末には512億ドル，06年末には493億ドルとなっている．これらが米居住者によるドルを外貨に換えての対外投資である（表3-2)[8])．

さて，この米居住者によるドルを外貨に換える為替取引の相手が米居住者で

あれば，居住者どうしのもち手の転換に過ぎないから，国際収支表に表われる場合，その為替取引の相手は非居住者とならなければならない．そうすれば，非居住者にはドル建資産（米にとってはドル債務）が形成される．したがって，この居住者によるドルを外貨に換えての対外投資には，非居住者による外貨のドルに換えての対米投資と対応しているはずである．

(3) 「投資収支」

以上の論述を踏まえ，「投資収支」を式に表わし，それから導き出せることを示そう（ドル準備については除外，また，「統計上の不一致」はここでは概念上ゼロとしておこう）．

1983年以来，対米投資は経常収支赤字額（A額）を上回ってきた．対米投資は経常赤字をファイナンスしたうえで，その余剰が米にとっての「対外投資余剰」分になる．

さて，対米投資は以下の項目から構成される．i)「債務決済」額に相当する部分である（とりあえずDと表示する），ii)「債務決済」額を超える対米投資のうち，a額を米によるドル建対外投資とすれば，その額に相当する「代わり金」が発生する（海外の対米投資＝アメリカの対外債務，両建）．ドル建対外投資は同時に対外債務が形成されて収支はゼロになるから，アメリカのドル建対外投資は経常赤字からの制約は弱い．iii)「債務決済」額を超える対米投資のうちb額が非居住者による外貨をドルに換えての対米投資とする．iv)「債務決済」額を超える対米投資のうちの残りのc額を米居住者による外貨借入とする．その外貨は居住者によって外貨建投資に当てられる．これは「外貨－外貨」投資である（両建）．以上から，

　　海外民間部門の対米投資 ＝ D＋(a＋b＋c)　　　　　　　　　（式①）

である．

次はアメリカの対外投資であるが，以下によって構成される．i) 対外投資のうちのかなりの部分はドルでの対外投資（a額）である．また，それに相当するドル建債務が形成される（両建，前述）．ii) 米によるドルを外貨に換えて対外投資をd額とする．iii) 米が外貨を借り入れ（対外債務），その外貨資金を対外投資に当てる分をcとする（両建）．以上から，

アメリカの対外投資 ＝ a+c+d   式②

となる．したがって，式①と②から，

投資収支 ＝ D+(a+b+c)−(a+c+d) ＝ D+b−d   式③

となる．

(4) 「債務決済」額

ところが，債務決済の額(D)を検討していくと式③はさらに複雑になっていく．以下の事情を考慮しなければならないのである．まず，「その他」地域は外貨建赤字をもっている．また，EU・日本はドル建赤字をもっており，それらの決済のために，「その他」地域のドル建黒字，「その他」地域への最終的な「債務決済」額は以下のようになっていく．EU・日本のドル建赤字を α（表3-1によると，2000億ドル），EU・日本のドル以外の諸通貨での黒字を β（同表によると 4000億ドル，$\beta > \alpha$）とすると，$\beta - \alpha$＝EU・日本の経常黒字である．また，米の経常赤字を A（1兆ドル），「その他」地域のドル建黒字を A′ とすると，A′＝A+α（＝1兆2000億ドル）となる．

図3-2をみられたい．EU・日本は α ドル（2000億ドル）のドル建赤字の支払のために外為市場を通じて外貨を売ってドルを得る．その為替取引相手は，経常収支の範囲で今は考えており，その範囲ではアメリカは外貨を必要としていないから（アメリカは外貨建赤字もっていないという想定であるから），「その他」地域である．EU・日本はその為替取引でもってドルを獲得し赤字を支払う．また，「その他」地域は，その為替取引で得た外貨でもって外貨建赤字のうちの α 部分（2000億ドル）を支払う．「その他」地域のドル建黒字は A′（1兆2000億ドル）であるが，この時点で「その他」地域が保有するドル建の債権（「ドル預金」）は A（1兆ドル）となる．また，EU・日本と「その他」地域の間の α 部分（2000億ドル）の決済はアメリカにとっては非居住者間の決済であり，アメリカのドル建赤字は A のままである．

しかし，「その他」地域はなお $(\beta - \alpha)$ の外貨建赤字（表3-1では2000億ドル）をもっている．「その他」地域は，この支払のために保有しているドルを外貨に換えて支払わなければならない（図3-3を参照）．「その他」地域は $(\beta - \alpha)$ のドル資金（2000億ドル）を外為市場で外貨に換え，その外貨資金で

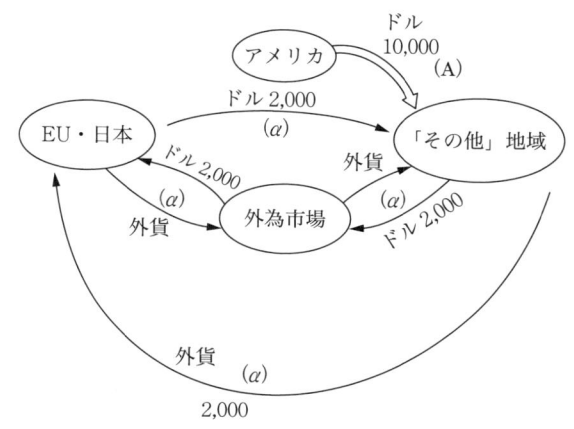

出所：筆者作成.

図3-2 EU・日本のドル建赤字の決済（億ドル）

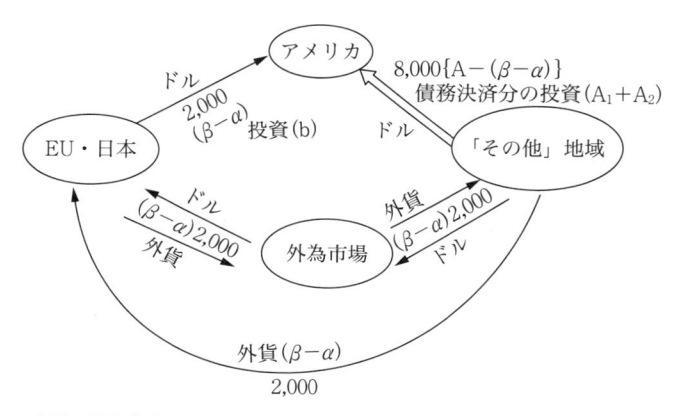

出所：筆者作成.

図3-3 「その他」地域の外貨建赤字のうち残った部分
$(\beta-\alpha)$ の決済及び対米投資（億ドル）

$(\beta-\alpha)$ の外貨建赤字を支払う．その為替取引の相手はEU・日本であり（経常収支の範囲でアメリカは外貨資金をもっていないから），EU・日本は$(\beta-\alpha)$の黒字分の支払を受けるとともに，その黒字相当のドル資金を保有する．これは，EU・日本が外貨をドルに換えての対外投資に使われる以外にない

第3章 対米ファイナンスと対外債務・債権の概念上の区分 71

（今はドル準備は考慮外であるが，後述するようにドル準備を含めるとEU・日本のドル準備もこの中に含まれる）．この $(\beta-\alpha)$ はEU・日本の経常収支黒字である．

以上の結果，「その他」地域が保有するドル債権は $A-(\beta-\alpha)=8000$ 億ドルとなる．この金額がアメリカによる「その他」地域への「債務決済」(D) の最終的金額である．当然ながらこの金額は「その他」地域の経常黒字額（表3-1では8000億ドル）である．

再度述べれば，「その他」地域はA'（1兆2000億）のドル建黒字をもつが，ドル以外の外貨建赤字の支払のために合計で β ドルを外貨に換える必要があり，最終的にドル債権(D)は $A'-\beta=A+\alpha-\beta=A-(\beta-\alpha)$ となる．これがアメリカによる「その他」地域への「債務決済」額であり，米経常赤字(A)の全額が「債務決済」額にならないのである．Aから $(\beta-\alpha)$ の「漏れ」が発生するのである．「その他」地域がドル以外の諸通貨で経常赤字をもっているからである．アメリカはこの分の赤字を別途ファイナンスされなければならない．この $(\beta-\alpha)$ に相当するアメリカ経常赤字部分はEU・日本からの対米投資によってファイナンスされることになるが，EU・日本はドル建経常黒字をもっていない．しかし，その投資に必要なドルは，上に述べた「その他」地域が $(\beta-\alpha)$ の外貨赤字を決済するためにEU・日本と行なった為替取引から得られている．

(5) 投資収支の式とそこから導き出される事項

しかし，「漏れ」はさらに発生する．「その他」地域は最終的に残ったドル債権＝「債務決済」額＝ $\{A-(\beta-\alpha)\}$ の一部をドル以外の通貨に換えて対外投資に当てるかもしれない．「漏れ」(m_1) である．さらに，前に述べたアメリカのドル建対外投資(a)の「代わり金」の一部をアメリカから投資を受けた諸国は他通貨に換えて投資に当てるであろう．「漏れ」(m_2) である．m_1，m_2 が増加していくと，EU・日本の外貨をドルに換えて行う対米投資(b)は $(\beta-\alpha)$ を上回って大きくならなければならない．

さて，以上によって対米投資は次のように表示される．

$$\{A-(\beta-\alpha)-m_1\}+(a-m_2)+b+c$$

$$= A-(\beta-\alpha)-(m_1+m_2)+a+b+c$$
である．一方，アメリカの対外投資は a+c+d であるから，
$$投資収支 = \{A-(\beta-\alpha)-m_1\}+(a-m_2)+b+c-(a+c+d)$$
$$= A-(\beta-\alpha)+b-(m_1+m_2)-d \qquad (式④)$$
となる．

この式④により，アメリカから「その他」地域が受ける「債務決済」額は $A-(\beta-\alpha)$ であり，米経常赤字が投資収支黒字によってファイナンスされる条件は
$$-(\beta-\alpha)+b-(m_1+m_2)-d = 0$$
つまり
$$b = (\beta-\alpha)+(m_1+m_2)+d$$
となることである．アメリカの経常赤字が投資収支黒字によってファイナンスされるためには，EU・日本による外貨をドルに換えての投資(b)が，EU・日本の経常収支黒字を上回り，「債務決済」額からの漏れ(m_1)，アメリカのドル建投資(a)からの漏れ(m_2)，さらにはアメリカのドルを外貨に換えての対外投資(d)をカバーしなければならないのである．また，b は外貨をドルに換える為替取引を伴うものであり，他方，$(\beta-\alpha)$ の決済，m_1，m_2，d はいずれもドルを外貨に換える為替取引を伴うものであるから，$b=(\beta-\alpha)+(m_1+m_2)+d$ になればドルと外貨との取引は均衡し，為替相場は安定する．

3．「広義の資本収支」：ドル準備，公的準備を含めた場合[9]

以上の式④はドル準備については考慮外であったが，ドル準備の変化を導入[10]（「統計上の不一致」は概念上ゼロとする）することによってこの式はさらに豊富化，具体化されなければならない．

(1) ドル準備のアメリカ国内とユーロダラー市場での保有

ドル準備はアメリカ国内で保有される場合とユーロダラー市場で保有される場合がある[11]．その違いによって，アメリカ国際収支表に表示される項目に違いが生まれる．米国内でのドル準備保有はアメリカ国際収支表において「在米

外国公的資産」として現われるが,産油国,中国,日本などがドル準備の一部をユーロダラー市場へ放出する場合[12],米以外の諸金融機関がドル債務をもつと同時にドル資産を米国内の諸金融機関に対してもつ(=米の諸金融機関の対外債務が形成).つまり,ユーロダラー市場でのドル準備保有はアメリカ国際収支表においては海外の民間金融機関の対米資産=アメリカの民間部門の対外債務として現われるのである.なお,中東の産油国の場合,オイルダラーの運用をイギリス,バハマ諸島の金融機関に任せ,それらの金融機関が対米投資に当てることが多く,アメリカ国際収支表では「在米外国公的資産」として現われる部分は少ない.

　また,ドル準備といっても,産油国,中国,アジア諸国などのドル建経常黒字をもっている諸国の場合と,日本,西欧等のドル建経常黒字をもっていない場合とでは意味合いが異なる.中国,アジア諸国などドル建経常黒字をもっている諸国はその黒字のほとんど全部,あるいはその一部をドル準備としてもつ.そのドル準備は米国内で保有しようが,ユーロダラー市場で保有しようが,「債務決済」の一部となる.つまり,ドル準備が前記の債務決済額 $\{A-(\beta-\alpha)\}$ の一部となるから,海外の民間部門による「債務決済」部分 (A_1) に対してドル建経常黒字保有国のドル準備を A_2 としよう.$A-(\beta-\alpha)=(A_1+A_2)$ ($=D$),あるいは,$A=(A_1+A_2)+(\beta-\alpha)$ である.とくに,中国は対外投資に対して諸規制をとっており,また,貿易のほとんどがドル建で行なわれているから,経常黒字がほとんどそのままドル準備となる (A_2).

　他方,日本などのドル建経常黒字をもたない諸国のドル準備は「債務決済」ではない.それらの国の民間対外投資がそれらの国の経常収支黒字を下回ることからそれらの国の通貨高が発生し,通貨当局が自国通貨売・ドル買でドル準備を増やしているのである.このことをもう少し詳しく述べよう.

　日本は円建貿易黒字をもっており,その黒字に相当する円建対外投資を行なっていないから,その決済の大部分は海外の円建輸入業者がドル等を円へ転換することによって行なわれる(図3-4のイ).この為替取引によって海外の銀行は円の売持となり,日本の銀行とドル売・円買を行なおうとするであろう(図3-4のロ).日本の銀行が海外の銀行とこの取引を行なうのは日本の銀行がドルの売持になっているからであるが,ドル建経常赤字はその額よりもはるか

に少ないから，邦銀がドルの売持になるのは，日本の機関投資家等が円をドルやユーロ等の外貨に換えて行なう投資から発生する以外にない（そのような投資のために図3-4のハの為替取引が生じる）．円をドル等の外貨に換えての対外投資（＝「円投入型外貨建対外投資」＝「円投」）が図3-4のイの額を下回れば，ロが順調に行なわれず，円高が生じて通貨当局による円売・ドル買の為替市場介入が行なわれ（図のニ），ドル準備が増加していく[13]．それゆえ，このようにして形成されるドル準備は，円などのドル以外の通貨がドルに換えられて形成されるものであるからb_2とし，それに対して民間部門の円，ユーロなどのドル以外の通貨がドルに換えて行なわれる対米投資をb_1とする（$b=b_1+b_2$）．

さらに補足すれば，このドル準備（b_2）が米国内で保有されれば，アメリカ国際収支表では「在米外国公的資産」として表示され，ユーロダラー市場で保有されれば，それに相当する額が米民間部門の対外債務となる．このようにして，同じドル準備であるが，中国等のドル建経常黒字から形成されるドル準備と日本などのドル建経常黒字をもたない諸国のドル準備の形成のされ方は異なり，その米経常赤字ファイナンスにもつ意義も異なる．

さて，以上のようにドル準備を導入すれば，$D=\{A-(\beta-\alpha)\}=A_1+A_2$ と

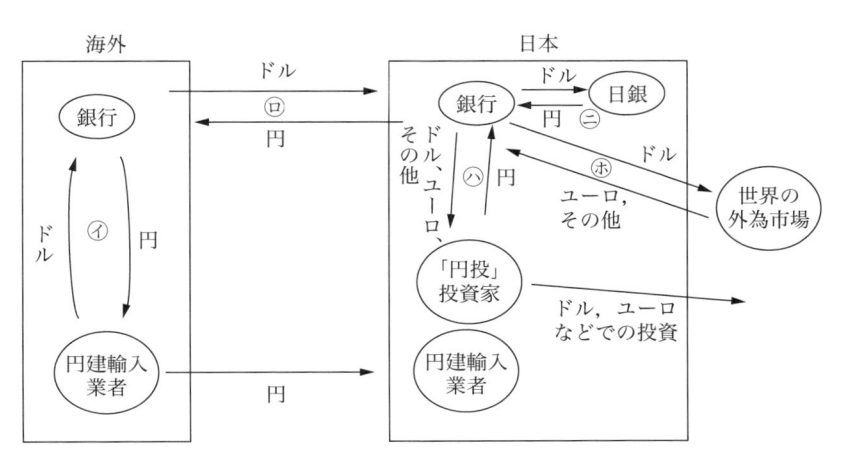

図3-4 円建貿易の決済と「円投」

なる．式③の投資収支にドル準備を加えた「広義の資本収支」は式以下のようになる．

　　「広義のアメリカの資本収支」＝ $(A_1+A_2)+(b_1+b_2)-d$　　　　（式③′）
ここで A_1 以下は次のごとくである．

> A_1 ＝「その他」地域の海外民間部門が受ける債務決済（一部「漏れ」が発生しうる．前述）
>
> A_2 ＝ドル建経常黒字を持っている諸国のドル準備＝通貨当局が米から債務決済を受ける（米国内でのドル準備＋ユーロダラー市場でのドル準備），ただし，ユーロダラー市場でのドル準備保有は米国内の諸金融機関の対外債務の形態をとる．ドル準備からの「漏れ」はほとんど発生しない．
>
> A_1+A_2 ＝債務決済額 $(D)=\{A-(\beta-\alpha)\}$
>
> b_1 ＝ドル建経常黒字をもたない諸国の海外民間部門による外貨をドルに換えての対米投資
>
> b_2 ＝ドル建経常黒字をもたない諸国の通貨当局による自国通貨売・ドル買の為替市場介入によって生じるドル準備保有（「漏れ」はほとんど発生しない）．
>
> d ＝アメリカによるドルを外貨に換えての対外投資

さらに，ドル準備を米国内で保有される分とユーロダラー市場で保有される分に区分すると，それぞれは次のようになる．

1) $A_2=A_2d+A_2e$（A_2d＝米国内で保有されるドル準備，A_2e＝ユーロダラー市場で保有されるドル準備），
2) $b_2=b_2d+b_2e$（b_2d＝米国内で保有されるドル準備，b_2e＝ユーロダラー市場で保有されるドル準備），
3) A_2d+b_2d＝アメリカの国際収支表に表示されるドル準備（＝「在米外国公的資産」），
4) A_2e はドル準備でありながら米国際収支表ではアメリカの民間部門の対外債務として表示される．
5) b_2e は同じくドル準備でありながら米国際収支表ではアメリカ民間部門の対外債務であり，EU・日本の通貨当局による外貨をドルに換えての対米投

資分となる.

これらの区分から,前掲の表1-22で示されていた「海外の民間部門の対米投資」(SCBライン63),「在米外国公的資産」(SCBライン56),「米の民間対外投資」(SCBライン50)は次のように表示される.

「海外の民間部門の対米投資」= $A_1+A_2e+a+b_1+b_2e+c$,
「在米外国公的資産」= A_2d+b_2d,
「米の民間対外投資」= $a+c+d$

であるから

広義の資本収支 =「海外の民間部門の対米投資」+「在米外国公的資産」
　　　　　　　　 －「米の民間対外投資」
　　　　　　　 = $(A_1+A_2e+a+b_1+b_2e+c)+(A_2d+b_2d)-(a+c+d)$
　　　　　　　 = $A_1+(A_2e+A_2d)+b_1+(b_2e+b_2d)-d$ 　　　式⑤

なお,この式は = $(A_1+A_2)+(b_1+b_2)-d$ となり,この式は③′であった.しかし,この式⑤は前述の「漏れ」を含んでいない.そこで,この「漏れ」を導入すると,この式は次のようになる.

$[(A_1-m_1)+A_2e+(a-m_2)+b_1+b_2e+c]+(A_2d+b_2d)-(a+c+d)$ 　式⑥
　= $(A_1+A_2)+[(b_1+b_2)-(m_1+m_2)-d]$

この式⑥はアメリカの公的準備資産などを含んでいない.このことについては注14をみられたい[14].さて,この式において,米民間部門の対外債務の全体額($=[(A_1-m_1)+A_2e+(a-m_2)+b_1+b_2e+c]$)は,国際収支表(*SCB*, July 2009のライン63,以下でもJuly 2009のライン)によって得られるが,この中のそれぞれの項目についての統計値は得られない.また,(A_2d+b_2d)は「在米外国公的資産」(SCBライン56)であり,$(a+c+d)$については全額はSCBライン50から得られるが,a,c,dの区分は正確には得られない.ただ,概算値がSCBのTable 9~11,その他の統計から推定できるだけである.

以上の諸項目はあくまで概念的な区分である.したがって,次節において1997年の現実に近い数値をモデルとして描くことにしよう.

(2) 「広義の資本収支」の式から導き出されること

上の「広義の資本収支」の式⑥からいくつかのことが導き出せる．

ⅰ) まず米経常収支赤字がファイナンスされドル下落が生じず，ドル体制が維持されるのは A_1 からの「漏れ」(m_1) が相対的に小さく「債務決済」が進行すること，つまり，ドル建貿易黒字を保有している諸国の民間部門による対米投資 (A_1) だけでなく，それらの諸国のドル準備 (A_2) もアメリカの経常赤字をファイナンスしつづけることが条件となる（中国などのアジア諸国）．A_1，A_2 について補足すれば，産油国のオイルダラーのイギリス市場，ケイマン諸島への放出はそれらの国際金融市場からアメリカへの投資となって，この式の A_1 あるいは A_2 となる．産油国の民間部門が放出すれば A_1 であり，通貨当局が放出すれば A_2 である．しかし，産油国のオイルダラーは，多くが「在米外国公的資産」とはならず，イギリス，バハマ諸島経由の米金融機関の対外債務となる．

ⅱ) つぎに，$A_1+A_2=A-(\beta-\alpha)$ であるから，式⑥（「広義の資本収支」）は $A-(\beta-\alpha)+(b_1+b_2)-(m_1+m_2)-d$ となり，この式から米経常収支赤字が「広義の資本収支」黒字によってファイナンスされるということは，$-(\beta-\alpha)+(b_1+b_2)-(m_1+m_2)-d=0$ になること，つまり，$(b_1+b_2)=(\beta-\alpha)+(m_1+m_2)+d$ になることである．この式において b_1 が右辺の額を下回れば，b_2 が一定額にならなければならない．ということは，ドル建経常黒字をもたない日本・EU（とくに，日本）がドル準備を保有しなければならないということになる（このような問題提起はこれまでなされたことがないが重要な論点である）．日本がドル準備をもつ経緯については前項において「円投」に関連させて述べた．

さて，この式で $(\beta-\alpha)$ 部分は EU・日本等がドル以外の通貨で経常黒字をもっており，「その他」地域が外貨建赤字をもっていることから一定額にのぼることは不可避であり，また，「債務決済」額，米のドル建投資の「代わり金」から他通貨の投資のために一定額の「漏れ」(m_1+m_2) も生じるだろう．(b_1+b_2) がこれらの諸項目を可能にしているのである．さらに，ドルを外貨に換えての対外投資 (d) も (b_1+b_2) によって可能になっているのである．逆に，EU・日本の経常黒字である $(\beta-\alpha)$ を超える $\{(m_1+m_2)+d\}$ 部分に相当する

資金が米,「その他」地域からEU・日本への投資として存在している.
　したがって，EU・日本等の民間部門によるユーロ，円等をドルに換えての対米投資 (b_1) がかなりの額になっていなくてはならない．そうでなければ，ドル相場は大きく下落して日本・EU 等の通貨当局は自国通貨売・ドル買の為替市場介入 (b_2) の規模を増大させなければならない．EU はほとんど為替市場介入を行なわないから，b_2 の大部分は日本のものとなり，日本の当局による為替市場介入の米経常赤字のファイナンスに果たす役割は大きいといわなければならない．さらには，b_2 が不足すればファイナンスが困難になりドル危機的な状況が現出し，アメリカのドルを外貨に換えての対外投資の引き揚げ（マイナスの d）が必要になる．

　再度強調すれば，EU・日本等の経常黒字相当部分 ($\beta - \alpha$) 及び A_1 と a からの「漏れ」($m_1 + m_2$) は，イ）外貨のドルに換えての対米投資の増 (b_1)，ロ）日本等の自国通貨売・ドル買の為替市場介入の増大（＝ドル準備の増，b_2），ハ）米の外貨建資産の引き揚げ（マイナスの d），以上の３つのうちのいずれかによって埋め合わされなければならない．それらがなければドル相場が急落しドル危機的状況が現われざるを得ない．

　iii) 式⑥における収支にまとめられる前の債権，債務で示されているようにドル体制の下，ドルによる国際信用連鎖の拡大にアメリカによるドル建対外投資 (a) が大きく関わっている．それはドル建債権とドル建債務の両建の国際資本取引を拡大させ，そのために収支では相殺されてしまうが米国際収支表における対米投資と米の対外投資の巨額化をもたらし，米中心の国際マネーフローを作り出しているのである[15]．ドル国際信用連鎖の拡大という視点からすると，「債務決済」の一部となる対米投資 (A_1, A_2e)，外貨のドルへの転換による対米投資 (b_1, b_2e) がその連鎖を形成するとともに，ときには米のドル建対外投資 (a) がそれら以上に大きな額の連鎖を作っているのである．

4. 1997 年の国際収支諸項目の概念的概算値

　それでは前節までに論じてきた概念的区分をもとに 1997 年の米国際収支の諸項目の概念的概算値を算出しよう（後掲表 3-5）．

(1) 概算値算出の根拠

1997年は「90年型国際収支構造」の典型的な国際収支を示した年である．この年にはアメリカの経常収支赤字を大きく上回る対米投資があり，それで赤字をファイナンスしたうえで多額の「余剰」資金と，この年はわずかであるがドル準備が原資となって多額のアメリカによる対外投資が行なわれた．アメリカを中心とする国際マネーフローがあったのである．

それではこれまでの節に記載の債務，債権の小項目はどのような形をとったのだろうか．SCB から統計値がわかるのは，経常収支（July 2000 の SCB ライン 76），対米民間投資（同，ライン 63），米の対外投資（ライン 50），ドル準備（＝在米外国公的資産，ライン 56），米の公的準備資産等（ライン 41, 46），統計上の不一致（同 70）である．表 3-5 の統計値は表 1-10 に示されていたものと若干異なり，SCB July 2000 の号の値をもとにしている[16]．さて，以下に国際収支の各項目に推定を加えて概算値を提出し，国際収支の概念的構造を示そう．

広義の資本収支

= 民間部門の対米投資＋「在米外国公的資産」－米民間部門の対外投資

= $[(A_1-m_1)+A_2e+(a-m_2)+b_1+b_2e+c]+(A_2d+b_2d)-(a+c+d)$

であった（式⑥）．この式を基礎に各項目の概算値を算出しよう．

まず，a, c, d の概算値を算出しよう．そのために，表 3-3 をみよう．在米銀行（顧客勘定を含む）とノンバンクの通貨別対外取引を示している．この表から在米銀行の対外債権は 1411 億ドル（SCB ライン 54 の額と同じ），ノンバンクの対外債権は 1229 億ドル（同ライン 53 と同じ）であり，在米銀行とノンバンクのドル建対外債権の計は 2313 億ドル，外貨建対外債権の計は 327 億ドルである．アメリカ全部門の対外債権（ラインは 50）は 4880 億ドルであるから，在米銀行，ノンバンク以外の「その他」部門の対外債権は 2240 億ドルとなる．この 2240 億ドルは米の対外直接投資（1050 億ドル，ライン 51）と対外証券投資（1190 億ドル，ライン 52）の合計である．

一方，表 3-3 よりノンバンクの対外債務は 1139 億ドルであり，うちドル建が 1082 ドル（95.0%），外貨建が 57 億ドル（5.0%）である．在米銀行の対外債務は 1490 億ドル（SCB ライン 69）であり，ドル建は 1286 億ドル，外貨建

表3-3 在米銀行とノンバンクの対外取引 (1997年)

(億ドル)

	債権	債務	収支
アメリカの対外投資[1]，対米投資[2]	−4,880	7,381	2,501
在米銀行[3]	−1,411	1,490[7]	79
ドル建	−1,228	1,286	58
外貨建	−　183	204	21
ノンバンク[4]	−1,229	1,139	−90
ドル建	−1,085	1,082	−3
外貨建	−　144	57	−87
在米銀行とノンバンク	−2,640	2,628	−11
ドル建	−2,313	2,367	55
外貨建	−　327	261	−66
その他部門	−2,240	4,751	2,511
直接投資	−1,050[5]	1,060[8]	10
証券投資	−1,190[6]	5,691[9]	2,501

注：1) SCBライン50，2) SCBライン64，3) 自己勘定と顧客勘定，
4) 金融項目と商業項目，5) ライン51，6) ライン52，7) ライン69
8) ライン64，9) ライン65〜67．
出所：S.C.B., July 2000, Table 1, Table 7, 8, 9 より．

は204億ドルである．在米銀行とノンバンクのドル建債務の計は2367億ドル，外貨建の計は261億ドルである．

ところで，在米銀行とノンバンクのドル建対外投資をa_1とする（すでに記載のように2313億ドル）．また，外貨を借り入れ，それを投資する「外貨−外貨」投資のうち借入をc_1'，投資をc_1とすれば，$c_1'=c_1$である．さらに，ドルを外貨に換えての投資をd_1とする．他方，「その他」部門の以上のそれぞれをa_2, c_2, d_2とする．そうすると，$a=a_1+a_2$, $c=c_1+c_2$, $d=d_1+d_2$であり，在米銀行とノンバンクの外貨建対外投資（327億ドル）$=c_1+d_1$である．また，表3-3より$c_1=c_1'=261$であるから，$d_1=66$となる．

他方，「その他」部門の直接投資（1050億ドル，ライン51），証券投資（1190億ドル，ライン52）の通貨区分は把握できない．そこで恣意性が大きいが以下のように考えよう．直接投資のうち40％がドル建と仮定する．米系海外子会社は資本財，中間財の輸入をドル建で行なう部分があり，それを40％相当とするのである．しかし，土地購入，建物建設，賃金等の支払には現地通

貨が必要であり，外貨資金を調達する部分を40%とし，ドルを外貨に換える部分を20%と仮定する．そうすると，ドル建投資分は420億ドル（1050×0.4），外貨調達分も420億ドル（1050×0.4），ドルを外貨に換える分は210（1050×0.2）となる．また，証券投資（1190億ドル）についても，ドルでの投資を50%としよう．ユーロダラー債等への投資である．また，海外株式等への投資で外貨資金の調達分を20%，ドルを外貨に換えての投資分を30%と仮定しよう．以上の比率を仮定すると，ドル建投資分は595億ドル（1190×0.5），外貨調達分は238億ドル（1190×0.2），ドルを外貨に換える分は357億ドル（1190×0.3）となる．

$c=c_1+c_2$ であったから，$c=261+(420+238)=919$，$d=d_1+d_2$ であったから，$d=66+(210+357)=633$ となる．また，$a=a_1+a_2$ であったから，$a=2313+(420+595)=3328$ となる．以上で，表3-5の②欄のア欄，イ欄，ウ欄，①のエ欄の数値の概算が算出できた．

次は b_1+b_2e の概算値である．アメリカの地域別国際収支（表3-4）によれば，EU諸国の対米資産（SCB Table 11のライン55にはドル準備を含むが，前述のようにEU諸国は為替市場介入を行なわないからこの分にはドル準備をほとんど含まず民間の対米投資である）は4555億ドルであり[17]，米の対EU投資は1984億ドルで収支は2571億ドルである．これら相互の地域の投資には，a，b，c，dが含まれている．米の対EU投資を ae，ce，de とし，EUの対米投資のうち，米のドル建の投資の「代わり金」を原資とする分を ae，米に対する外貨貸付を ce，外貨をドルに換えての投資を be とすると，収支は be −

表3-4 アメリカの地域別国際収支（1997年）

（億ドル）

	SCBライン	EU	イギリス	日本	L.A.とその他西半球
外国の対米資産	55	4,555	2,587	714	1,196
公的資産	56	n.a.	n.a.	n.a.	n.a.
その他の資産	63	n.a.	n.a.	n.a.	n.a.
米の民間対外投資	50	−1,984	−1,326	−81	−1,971
米の経常収支	76	−162	−187	−626	46
統計上の不一致	70	−2,411	−1,075	−8	689

出所：*S.C.B.*, July 2000, Table 10 より．

表 3-5　1997 年の米国際収支の概念的概算値

(億ドル)

(1)　経常収支（SCB ライン 76）	$-1,400$
(2)　民間投資収支	2,500
①対米投資（SCB ライン 63）	7,400
ア）「債務決済」のうち民間債務部分（A_1+A_2e）及び漏れ（m_1），$(A_1+A_2e)-m_1$	500
イ）米のドル建投資により発生する「代わり金」(a)と漏れ（m_2），$a-m_2$ $a-3,300, m_2-1,000$	2,300
ウ）外貨をドルに換えての対米投資（b_1+b_2e）	3,700
エ）米による「外貨―外貨」投資のための外貨資金調達（c）	900
②米の対外投資（SCB ライン 50）	$-4,900$
ア）ドル建対外投資（a）	$-3,300$
イ）米による「外貨―外貨」投資（c）	-900
ウ）米によるドルを外貨に換えての対外投資（d）	-700
(3)　ドル準備（＝在米外国公的資産，A_2d+b_2d，ライン 56）	200
(4)　米の公的準備資産など（ライン 41，46）	0
(5)　統計上の不一致（ライン 70）	$-1,300$

出所：*S.C.B.*, July 2000 をもとに筆者が作成．

de となる．これが 2571 億ドルである．また，前述のようにアメリカ全体でのドルを外貨に換えての対外投資の概算は 633 億ドルであった．アメリカがドルを外貨に換えて行なう投資のうち一部は途上国向けであろうが，大部分は対 EU，対日本であろう．したがって，de のうち EU 向けの上限は 633 億ドルであるから，be の上限は 3200 億ドル程度になろう．また，表 3-4 よりアメリカの対日投資は 81 億ドル，日本の対米投資は 714 億ドルであるが，この 714 億ドルのうちにはドル準備 7660 億円[18]（約 65 億ドル）を含み，民間の対米投資は約 650 億ドルである（$b_2e=0$，$b_2d=65$ としておく）．対日投資の全額（81 億ドル）をドル建としても，円をドルに換えての投資は 570 億ドル弱になろう[19]．この分に be を合計すると，EU と日本がドル以外の通貨をドルに換えて行なう投資は世界全体で概算値であるが 3500〜3900 億ドルになろう．また，$A_2d+b_2d=189$（SCB ライン 56，表 3-5 の③欄）であるから，$A_2d≒124$ となる．しかし，これらの数値はきわめてラフな概算値である．

表 3-5 のうち説明が残る欄は，①のア欄（$A_1+A_2e-m_1$）とイ欄（$a-m_2$）の概算値である．97 年に経常赤字は 1405 億ドルの赤字であり，$A=A_1+(A_2d+$

$A_2e) + (\beta - \alpha)$ であった．また，前記のように $A_2d \fallingdotseq 124$ 億ドルであったから，$A_1 + A_2e + (\beta - \alpha) \fallingdotseq 1281$ である．

$(\beta - \alpha)$ は EU・日本の経常収支黒字であるが，これはすでに記したように，これら各国の単純な黒字額の合計ではない．EU と日本の相互の経常取引，EU 諸国間の経常取引を相殺した EU・日本の「統合」された経常黒字である．しかし，このような経常黒字額を示す統計は存在しない[20]．それゆえ，$A_1 + A_2e$ を算出することは容易ではない．

そこで，$a - m_2$ を考えよう．97年は対米投資が米経常赤字の約5倍に達した年である．90年代の後半期，米経済は好調で，しかもドル金利高も継続したから米居住者によるドル建対外投資から形成される「代わり金」からの漏れ (m_2) はそれほど大きくなく，「代わり金」の3分の2以上は非居住者によってドル建対外投資に当てたと考えられる．a は97年に約3300億ドルと算出されているが，それによって形成された「代わり金」のうち，他通貨へ換えられた漏れ (m_2) をとりあえず1000億ドルとしておこう．$a - m_2 = 3300 - 1000 = 2300$ である．そうすると，表3-5 の①欄の総額が7400億ドルであるから，①のア欄 ($A_1 + A_2e - m_1$) は約500億ドルとなる．

(2) 1997年の概算値の諸特徴

以上でもって表3-5 の概算値算出の根拠をおおよそ提示できた．これらの数値はアメリカ国際収支構造の諸特徴を把握するために必要なものであるが，多くの恣意性を含んでおり，やむをえないものとはいえ，きわめて大まかな概算値である．また，表3-5 の(5)欄にあるように「統計上の不一致」が1300億ドルにものぼっており，表3-5 の「誤差」を大きくしている可能性がある．しかし，ともかくも，以上の諸数値を根拠に下2桁を略しながら諸項目を当てはめて作成したのが表3-5 である．改めて，この表から1997年のアメリカの国際収支構造の諸特徴を述べておこう．

i) 97年に対米投資で最大になっているのは非居住者による外貨をドルに換えての対米投資 (b_1) である．第3節で論じたように米経常収支赤字が「広義の資本収支」黒字でファイナンスされるためには，$b_1 + b_2$ が EU・日本の経常黒字額 ($\beta - \alpha$)，m_1 と m_2 の漏れ，さらに，米のドルを外貨に換えての対外投

資 (d) をカバーしなければならなかった．$\beta-\alpha$（EU・日本の統合された経常収支黒字）と m_1 は概算値を算出することは出来なかったが，$A_1+A_2e+(\beta-\alpha)=1281$ であったから，$(\beta-\alpha)$ は 700 億ドル程度になっている可能性もある．97 年はアジア通貨危機の年で ASEAN の 4 カ国の経常収支は赤字，NIEs の経常黒字は 150 億ドル弱，中国の経常黒字も 300 億ドル程度にとどまっており，日本の経常黒字は 945 億ドル，EU の経常黒字は 1229 億ドルである[21]から，そのように言えるのである．また，表 3-5 では $A_1+A_2e-m_1=500$ であるから，m_1 はそれほどの規模になっていないであろう．表 3-5 では b_1+b_2e はやや過大かもしれないが 3700 億ドルとした．しかし，これを大きく下回ることはないであろう．m_2 は 1000 億ドル，d は 700 億ドルとなっており，b_1+b_2e は $(\beta-\alpha)$，m_1 と m_2，d をカバーしている．97 年には米経常収支赤字のファイナンスは順調に進んでいるといえるよう．それには以下の環境があったのである．90 年代後半期の米経済の好調，先進国諸通貨に対するドル相場の上昇，ドルの金利高，それらの諸条件が外貨をドルに換えての投資に有利となり[22]（逆に先進国諸通貨の対ドル相場の上昇があれば為替リスクが生まれ，この外貨をドルに換えての対米投資は減少していく），外貨をドルに換えての対米投資がかなりの規模で進んだのである．

ii) 対米投資のうち，外貨をドルに換えての投資 (b_1) とほぼ同じ規模をもつ投資は，米居住者によるドル建対外投資によって形成された「代わり金」を原資とする対米投資 (a) である．米経常赤字の 5 倍以上の対米投資があり，赤字の 3.5 倍の米の対外投資があり，ドルを中心とするきわめて大規模な国際マネーフローが存在している．とはいえ，その実態は両建の「国際マネーフロー」がかなりの規模になっているのである．また，この米の対外投資 (a) は米経常赤字に制約されないもので，ドルが基軸通貨として機能し米経済が好調であれば漏れ (m_2) も大規模にならず，a の額は債権（対外投資），債務（対米債務）の両建で伸びていくものなのである．

iii) 97 年はアジア通貨危機の発生した年でもあり，EU・日本以外の「その他」地域のドル建黒字は今世紀なってからのように大きくなく，「債務決済」額も今世紀に入ってからの時期の額と比べてかなり少ない額である．それは「在米外国公的資産」（ライン 56）が 200 億ドルの少額にとどまっていること

からもうなずける．対米ファイナンスの中軸的役割を果たしていたのは先進諸国，EU・日本だったのである．

iv）米の外貨を調達しての対外投資(c)，ドルを外貨に換えての対外投資(d)がそれぞれ700～900億ドル程度になっており，この年には米経常赤字ファイナンスが順調に進んでいることからこれらの投資の引き揚げが起こっていないことが確認できる．

v）民間資本収支が2500億ドルになり，これは経常赤字（1400億ドル）を上回っているが，この超過分の大部分は「統計上の不一致」の赤字（97年はかつてない額になり経常赤字に匹敵する額——大部分は流動資金の流出）を補っている．つまり，97年には対米投資が大規模に達し，民間資本収支黒字を増大させたが，それが，経常赤字と流動資金の流出をファイナンスしているのである．

注
1) 実際はアメリカの輸入においてドル建は03年に90.3%である（拙稿「ユーロ建貿易の広がりについて」『立命館国際研究』20巻1号，2007年6月，14ページ）．本著第7章参照．
2) 筆者はかなり以前から日本の貿易黒字の通貨別収支を検討してきた．詳しくは，拙稿「日本の通貨別貿易収支と対米ファイナンスについての覚書」『立命館国際研究』2巻1号，1989年5月をみられたい．最近の論稿は，拙書『ドル体制とユーロ，円』日本経済評論社，2002年，第11章「円の国際通貨化の可能性について」，「ドル建貿易赤字，投資収益収支黒字，「その他投資」の増大」『立命館国際研究』21巻3号，2009年3月，などを参照されたい．
3) 現実には注1にあるように米のドル建輸入は90%であり，米はその他通貨での黒字あるいは赤字をもっていよう．
4) ここでの「その他通貨」とはユーロ，円，ポンド等の先進国通貨がほとんどである．
5) これら地域はユーロ，円などのその他通貨建赤字をもっているので，ドル建黒字を一定額それら通貨へ転換せざるをえない（後述）．
6) 図3-1において「その他」地域（米，EU・日を除く）がドル建黒字をもっているということは，その黒字がアメリカに対するものであるかどうかにかかわらず，そのドル建黒字分がアメリカにおいて「ドル預金」として積まれるということであり，アメリカにとってはそのドルをまずは「自由」に使えるということである．米経常赤字のファイナンスに，あるいは対外投資に．このことに関連するオイルダラーについては次章で述べたい．
7) アメリカのドル建対外投資には「金融仲介」的な部分があるが，これについてはオ

イルダラーの「還流」と関連させて次章で述べる．
8) 在米銀行とノンバンク以外の「その他」部門もドルを外貨に換えての対外投資を行なっており，この表に示されている金額が全米のドルを外貨に換えての投資ではない．
9) 「広義の資本収支」は本来的には，民間対外投資（SCBライン50——July 2009のライン番号），民間対米投資（ライン63）に加えて，米の公的準備資産（ライン41），米政府の公的準備を除く対外資産（ライン46），在米外国公的資産（ライン56）の合計である．本章でSCBラインという場合，とくに指定しない限りSCB国際収支表のTable 1におけるラインである．
10) 本来なら，米の公的準備，米政府の公的準備以外の債権を含めて検討しなければならないが，これらの金額は08年以前までは少額であるので，ここではそれらを含めドル準備としておきたい．
11) ドル準備のうち，アメリカ国内で保有される部分とユーロダラー市場で保有される部分については以下の拙稿「世界の外貨準備の膨張について」『立命館国際研究』19巻3号，2007年3月，225ページ以下を参照されたい．
12) 日本の場合は，ドル準備の一定額を本邦銀行，あるいは在日外国銀行に置いている（拙稿「2003年の国際収支構造とコール市場におけるマイナス金利の発生」『立命館国際研究』18巻2号，2005年10月，33-35ページ参照．同論文は以下の拙書『円とドルの国際金融』ミネルヴァ書房，2007年，第7章に所収．
13) 詳しくは，奥田，横田，神沢編『国際金融のすべて』法律文化社，1999年，57-61ページ，『現代国際金融』法律文化社，2006年，58-63ページ，また，『ドル体制とユーロ，円』日本経済評論社，2002年，339-343ページ参照．また，「円投」がドル以外のユーロ，ポンドなどで行なわれる場合は，邦銀はこの図のロで得たドルからその分を外為市場でドルからユーロ，ポンド等に転換する（図のホ）．
14) 注9と10において「広義の資本収支」は本来ならば米の公的準備資産（ライン41），米政府の準備資産を除く対外資産（ライン46）を加えなければならないとし，しかし，08年以前までは少額であるので事実上省略したと記した．しかし，それらを加えると（公的準備資産＋米政府の公的準備を除く対外資産＝X），式⑥は次のようになる．「広義の資本収支」$=(A_1+A_2)+(b_1+b_2)-(m_1+m_2)-(d+X)$ である．また A_1, b_1 についても米市場向けとユーロダラー市場向けがあり，A_1d と A_1e，b_1d と b_1e がある．しかし，A_1e，b_1e は同時にアメリカのユーロダラー市場に対する債務となり，$A_1d+A_1e=A_1$，$b_1d+b_1e=b_1$ である．このことを確認したうえで，本章では煩雑を避けるために，A_1 を A_1d と A_1e，b_1 を b_1d と b_1e に区分していない．
15) 例えば，06年における在米銀行等（自己勘定と顧客勘定）とノンバンクに限っていえば，対外債権（フローベース）の合計は6834億ドルであるが，そのうちドル建部分は6596億ドル，外貨建部分は238億ドルである．一方，対外債務はあわせて7070億ドルで，うちドル建部分は6418億ドル，外貨建部分は652億ドルである（表4-3, S.C.B., July 2009, Table 9～11より）．
16) SCBの統計値は改定されたりラインの追加が行なわれる．1997年の在米銀行等，ノンバンクの通貨別取引額，地域別統計値が得られる最新号はJuly 2000年であるので以下ではこの号の統計値を使用する．なお，本章ではSCBラインはTable 1のラ

インである．
17) 図4-1のように1997年には石油価格の上昇はみられず，多額のオイルマネーの発生はなかったと考えられ，オイルマネーのイギリスへの流入も少額であったと考えられる．
18) 日本銀行『国際収支統計月報』1999年4月，2ページ．
19) 日本によるドル以外の通貨をドルに換えての対米投資をbjとし，アメリカによるドルを外貨に換えての対日投資をdjとすると，bj－dj＝714－(81＋65)＝568となる．この式でdjをゼロに近い額とすると，bj≒568となる．
20) 1999年のユーロ導入以降は，ユーロ地域全体の国際収支表が作られ（地域別国際収支表を含む），また，日本の地域別国際収支表を合わせて，ユーロ地域・日本の「統合」された経常収支を算出することが出来る．
21) 日本銀行『国際比較統計』1999年，145ページ．
22) 拙書『円とドルの国際金融』ミネルヴァ書房，2007年，第5章，第2節参照．

第4章
資本収支の概念上の区分と諸項目の概算値

　前章の第4節において，アメリカ国際収支の概念的区分にもとづき1997年の国際収支の各項目の概算値を算出した．本章ではアメリカ金融危機前後の時期，2006年と08年の概算値を提出し，これらの年における米国際収支の概念的構造を明らかにしたい．

　06年は経常収支赤字が歴史上最高の8000億ドルを超えた年であるばかりでなく，サブプライム・ローン問題が顕在化する前年で，アメリカの金融的バブル状況が頂点に達した年である．アメリカの金融機関等がサブプライム・ローンを含む種々の金融商品に投資したばかりでなく，ヨーロッパを中心に世界の金融機関がアメリカの金融機関等からドル資金を調達し種々のアメリカ金融商品へ投資して，諸外国の対米投資もきわめて大きな額に達した．

　しかし，07年には一転してアメリカの金融バブルが崩壊し，08年にはそれはリーマン・ショックに象徴的に示されるようなアメリカの諸金融機関の破綻を引き起こし，世界経済を1930年代以来の金融・経済危機に陥れた．2008年には米の対外投資，対米投資の両方で投資の引き揚げが進み，米国際収支はかつてない構造を形成することになった．しかるに，ドル相場は大きな下落をみることなく，ドル危機，ドル体制の危機を発生させるような事態にはならなかった．それは何故なのか．この理由を明らかにしなければならない．また，ドル危機を発生させる米国際収支構造とはどのような構造なのか，そのことも示さなければならない．

1. 2006年の国際収支の諸項目の概算値

(1) 06年の国際収支構造の諸特徴
① 「広義の資本収支」の式について

2006年の米経常赤字は歴史的な8035億ドルに達した[1]. しかも,この年はサブプライム・ローン問題が顕在化する前年であり,サブプライム・ローンを含む多様な金融商品に対してヨーロッパだけでなく全世界からアメリカへ多額の投資がなされた年である. さらに,この年はオイルマネーが増大し,アメリカを軸とするオイルマネーの循環についての分析が重要であることからも2006年の概算値の試算が必要になる.

海外民間部門の対米投資は1兆6000億ドルに近くなっており,在米外国公的資産(=ドル準備)も5000億ドル近くに達した. それらが経常赤字を埋め合わせしても,なお多額の「対外投資余剰」があり,それが1兆3000億ドルに近い対外投資となっている(表4-1). アメリカを中心とする国際マネーフローが継続しているように思える. しかし,約8000億ドルの経常赤字を半分以上ファイナンスしているのはドル準備で約5000億ドルとなっており,民間投資収支黒字は3000億ドル弱となっている. ドル準備が増大している最大の

表4-1 アメリカの国際収支

(億ドル)

	SCB ライン	2005	2006	2007	2008[1]		2009	2010
経常収支	77	−7,487	−8,035	−7,266	−6,689	(−7,061)	−3,766	−4,709
貿易収支	72	−7,909	−8,473	−8,310	−8,347	(−8,403)	−5,059	−6,459
民間投資収支	50.63	4,218	2,838	1,988	5,945	(5,815)	−7,728	−1,149
対外投資	50	−5,663	−12,934	−14,497	6,905	(5,344)	−6,284	−10,109
対米投資	63	9,881	15,772	16,485	−960	(471)	−1,444	8,960
在米外国公的資産	56	2,593	4,879	4,809	5,508	(4,870)	4,802	3,498
米政府の外貨保有	49	22	0	−239	−5,298	(−5,298)	5,433	101
デリバティブ	70	n.a.	297	62	−329	(−289)	495	137
統計上の不一致	71	366	−17	649	850	(2,001)	1,308	2,168

注:1) ( )は S.C.B., July 2009 の統計値.
出所: *Survey of Current Business*, July 2009, Table 1 (2005-2007), 2008年は July 2010, Table 1, July 2011 (2009-2010), Table 1 より.

要因は中国などアジア諸国の経常黒字の増大である（中国は対外投資に対して規制を維持しており，中国の経常黒字がほぼそのままドル準備につながる）．

他方，EU・日本の国際収支上の変化がある．日本の経常黒字の構成が貿易収支黒字よりも投資収益収支黒字が大きくなり，しかも，石油価格の上昇によってドル建貿易赤字が増大し，ドル建投資収益黒字が増大している．しかし，前者の赤字の方が黒字よりも大きく，ドル建経常収支は大きくはないが赤字である．経常黒字の通貨区分は円建，ユーロ建となっている[2]．さらに，ドル準備の増加も b_2 ではなくなっている．というのは，日本の通貨当局は04年3月以来10年9月まで為替市場介入を行なっておらず，日本の外貨準備増はドル準備高の運用（米国債，銀行等への預金）[3]から生じた「利息等」によるもので，その増加は円をドルに換えて形成されたものではないからである．「債務決済」になるものである．ユーロ地域は基本的に為替市場介入しないことを考慮すると[4]，全世界的にこの年は b_2 はほとんど存在しないであろう．したがって，EU・日本の「利息等」によるドル準備増は額としては大きくないが，「広義の資本収支」の式は若干の変更が必要である．

前章で示されたように，

「広義の資本収支」$= [(A_1-m_1)+A_2e+(a-m_2)+b_1+b_2e+c]$
$\qquad\qquad + (A_2d+b_2d) - (a+c+d)$

であった[5]．EU・日本のドル準備の「利息等」による増加分を γ としよう．そうすると，b_2（$=b_2d+b_2e$）がなくなり，γ がこの式に挿入されなければならない．

$[(A_1-m_1)+A_2e+(a-m_2)+b_1+c]+(A_2d+\gamma)-(a+c+d)$
$\quad = (A_1+A_2+\gamma)+b_1-(m_1+m_2)-d$ 　（本章では式①とする）となる．

さらに，以下のことに注意しておく必要がある．γ の部分はアメリカにとっては外国部門への収益の支払であり，アメリカ国際収支表上，経常収支項目（SCBライン33と32）に含まれるものである．他方，日本側では γ の収益の受取は国際収支表の経常収支項目ではなく外貨準備となる．したがって，γ 部分のアメリカの経常赤字と日本の経常黒字は対応しない[6]．また，アメリカの外国部門への γ の収益の支払（SCBライン33, 32）は在米外国公的資産（ライン56）の増加になって[7]ファイナンスされ，「債務決済」になっていく．な

お，この日本・EU の γ 部分だけでなく，これまで記述しなかったが，「その他」地域が増加させるドル準備（A_2）のうちにも保有しているドル準備高の運用から生まれている「利息等」が含まれている．もちろん，その部分は債務決済部分であり A_2 であることは変わらない．そうであるから，$A_1+A_2+\gamma$ が債務決済の総額となる．また，米経常収支赤字（A）は $(A_1+A_2+\gamma)+(\beta-\alpha)$ となる（β, α は前章のとおり）．うち，「その他」地域の債務決済分は A_1+A_2 であり，γ は日本・EU の債務決済分，$(\beta-\alpha)$ は EU・日本が外貨をドルに換えての対米投資を行ない，米経常赤字をファイナンスする分である．

②オイルダラーの増大

民間投資収支黒字の大半はオイルマネーによるものであろう．図 4-1 を見られたい．05 年からの石油価格の上昇とイギリス，カリブ諸国からの対米証券

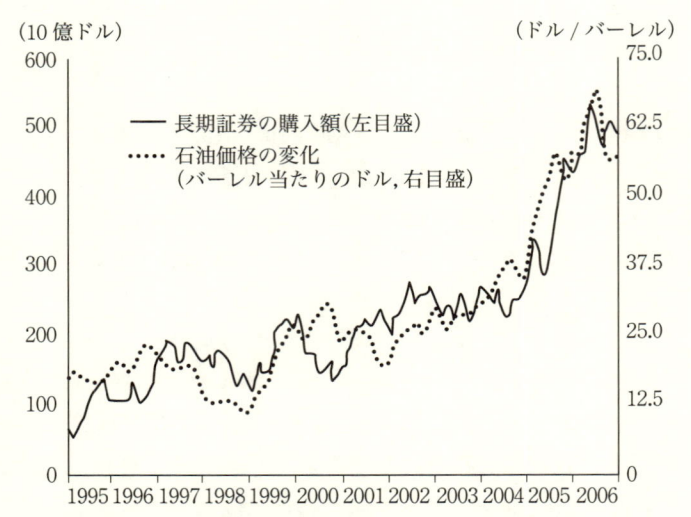

注：1）　12 カ月以上のネット購入額．2）　アラビアンライトの価格．
出所：ECB, 'Oil-Exporting Countries: Key Structual Features, Economic Developments and Oil Revenue Recyling', *Monthly Bulletin*, July 2007, p. 84 より．

図 4-1　イギリス，カリブの米居住者からの長期証券の購入[1] と石油価格の変化[2]

投資がほぼ同一歩調で伸びている．石油価格の上昇分のオイルマネーがこれらの国際金融市場へ流れ込み，それらの市場から対米投資が行なわれているのである．また，表4-2を見られたい．これは米の国際収支の地域区分である．「その他西半球」（＝バハマ諸島）とイギリスからの対米投資（この表には公的資産を含むがこれらの地域のドル準備は極めて少ないと考えられる）が巨額にのぼっていることが明瞭である．前者が5224億ドル，後者が5201億ドル，合計で1兆425億ドルである．アメリカのイギリスへの投資は4165億ドル，「その他西半球」（＝バハマ諸島）への投資は1267億ドルで，合計は5432億ドル（後述するように米のこれらの地域への投資はその多くがドルの両建の資本取引になっていると考えられる）となり，米のイギリスとの投資収支は1037億ドルの黒字，バハマ諸島との投資収支は3957億ドルの黒字で，合計は4994億ドルの黒字である．

以上のように06年にオイルマネーは巨額にのぼっており，オイルマネーを考慮しないで06年の国際収支の諸項目の概算値は推定できないだろう．オイルマネーの循環の「概念図」を簡略して示すと図4-2のようであろう．産油国へは四方から石油代金（$P = p_1 + p_2 + p_3 + p_4$）が入ってくる．$p_1$は「その他」地域（米，EU・日本を除く地域）のうちでもドル建経常黒字をもっている諸国による石油代金の支払であり，その支払額だけそれら諸国のドル建経常黒字額が少なくなり，米によるそれら諸国への債務決済額は小さくなる．p_2はEU諸国や日本[8]のドル建経常黒字をもたない諸国の石油代金の支払であり，ユーロ，円等のドルへの転換を伴う．他方，アメリカ，EU・日本を除く「その他」

表4-2 アメリカ地域別国際収支（2006年）

(億ドル)

	SCBライン	ヨーロッパ	EU	イギリス	アジア・太平洋州	日本	中国	その他西半球	中東
①外国の対米資産	55	7,765	7,991	5,201	3,547	476	2,095	5,224	633
公的資産	56	884	n.a.	n.a.	2,757	n.a.	n.a.	n.a.	421
その他の資産	63	6,880	n.a.	n.a.	789	n.a.	n.a.	n.a.	212
②米の民間対外投資	50	−6,918	−6,973	−4,165	−1,138	−543	47	−1,267	−93
③米の経常収支	77	−1,257	−1,062	−111	−4,317	−1,085	−2,582	−88	−515
④統計上の不一致	71	207	−103	−991	1,874	1,157	440	−3,924	−23

出所：*S.C.B.*, July 2007, Table 11 より．

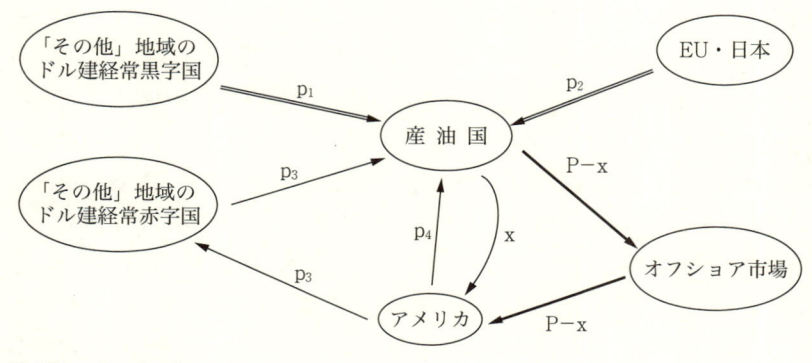

注：$P = p_1 + p_2 + p_3 + p_4$
出所：筆者作成．

図 4-2　オイルマネーの環流

地域（産油国を含む）はユーロ，円等の経常赤字をもっており，ドルのそれら通貨への転換が必要であり，両者の通貨転換が対応し，「その他」地域の残りのドル建経常黒字額が減少していく．p_3 は「その他」地域のうちのドル建経常赤字をもつ諸国の石油代金の支払であり，アメリカからの対外投資によってファイナンスされている．最後に p_4 はアメリカの石油代金の支払である．以上の4つの石油代金の支払によって06年には多額のオイルダラーが形成され，オイルダラーが A_1 のうちの大部分を占めるようになる．

さて，この「概念図」では，オイルマネー（$P = p_1 + p_2 + p_3 + p_4$）のうち x が米に留められ，残りの（P−x）がオフショア市場で運用され，オフショア市場に所在する金融機関は再度それを種々の米証券投資に当てている．つまり，米へ還流しているのである[9]．石油取引はほとんどすべてがドル建で行なわれているから各国が産油国へ支払う石油代金は産油国がアメリカにおいている預金口座にまず振り込まれる．そのうちのかなりの部分がオフショア市場へ流れ，再び証券投資等の形で米への投資となっているのである．それをバランスシートで表現すると図4-3のようになる．在米銀行の産油国口座に石油代金（P）が振り込まれ，そのうちのかなりの部分（P−x）がオフショア市場に移されるとともに，（P−x）の部分の口座名義は産油国からオフショア市場の諸金融機関に変わるが，アメリカからドル資金は流出しない．（P−x）の資金でオフシ

```
在米銀行
├─ 石油代金（P）──産油国名義
│            ↓
├─ P のうち x ──産油国名義
└─ P−x ──オフショア市場・金融機関名義
```
出所：筆者作成.

図 4-3　オイルマネーの環流

ョア市場の諸金融機関は種々の米証券投資等に運用しているのである．これが前掲表 4-2 における「その他西半球」およびイギリスの対米資産のうちの大部分である．もちろん，これら地域の対米資産のうちには，オフショア市場に所在する金融機関がドルを借り入れ，それでもって対米投資を行なっている部分（a'，両建），米金融機関がオフショア市場で行なうユーロなどのドル以外の通貨での資金調達（オフショア市場が側からみれば対米投資，c'），オフショア市場のユーロ等のドルへ転換したうえでの対米投資（b'）が含まれている[10]．イギリス，「その他西半球」の対米投資は合計で 1 兆 425 億ドルであるから式①をもとに考えると，これら地域の対米投資（ドル準備は極めて少ない）は，$(P−x)+(a'−m_2')+b'+c'=10425$ となる．これら地域へのアメリカの投資は $a'+c'+d'$ であり（$=5432$），アメリカのこれら地域との収支は，$\{(P−x)+(a'−m_2')+b'+c'\}−(a'+c'+d')=(P−x)+b'−(m_2'+d')$ となる[11]．これが表 4-2 では 4993 億ドルなのである．それゆえ，$(P−x)+b'−(m_2'+d')=4993$ となり，$b'−(m_2'+d')$ が小さければ収支はオイルダラーが大部分となる．これらの式における m_2'，b'，d' の額は統計的に把握できない．後述しよう．

さて，06 年にアメリカの民間投資収支黒字は 2838 億ドルであった．ということは，産油諸国以外の地域に対してアメリカは 2000 億ドル強の資本収支赤字をもっているということである．概念図（図 4-2）での p_3 がその一部である．しかし，それらアメリカ以外の地域の対米投資収支の黒字と赤字はアメリカにとっては非居住者どうしのドル資金の移転で相殺され，アメリカの全世界に対する投資収支黒字は 2838 億ドルとなる．とはいえ，次のことを付言しておかなくてはならない．

イギリス，バハマ諸島を経由するオイルダラーを中心とするアメリカへのネ

ットでの資金流入（約 5000 億ドル）は米所在の金融機関に「ドル預金」として積まれるが，他方で，オイルダラーの増大は非産油国よる石油代金支払を余儀なくさせており，米所在の金融機関は産油国によって積まれたドル資金でもって非産油国などへ約 2000 億ドルを投資・貸し付けているということである[12]（概念図参照）．つまり，アメリカの対外債務（オフショア市場を経由するオイルダラーの米への流入）と対外債権（非産油国等への投資，貸付）の形成であり，米はオイルダラーの金融仲介的役割を果たしているのである．

米へ流入したオイルダラーは最終的には2つの経常赤字をファイナンするのである．1つはアメリカの経常赤字のファイナンス，もう1つは非産油国等の経常赤字のファイナンスである．そして，後者のファイナンス，すなわち，非産油国等への「資金還流」は米所在・金融機関による金融仲介機能によって果たされており，ドル建国際マネーフローはそれだけ増大する．

③米の対外投資の検討

そこでこの金融仲介機能を民間投資収支の式（式①）でもって再検討しよう．対米投資は，$(A_1-m_1)+A_2e+(a-m_2)+b_1+c$ であった．この式において a は米のドル建対外投資の「代わり金」であった．しかし，米の非産油国等へのドル建投資の部分はいったん「代わり金」を形成するが，非産油国等はその「代わり金」で産油国へ原油輸入代金を支払う（米にとっては非居住者どうしの口座間の振替）．したがって，米の非産油国等へのドル建投資の「代わり金」からの漏れ（m_2）は小さい．

そこで a について検討しなければならないが，そのためにも米の外貨建投資（c, d）について，まず検討しよう．といっても SCB によって統計的にはっきりつかめるのは在米銀行等（顧客勘定を含む）とノンバンクの分のみであるが，米の外貨建資金の取引（表 4-3）については，債権がノンバンクで 10 億ドルの黒字（引き揚げ），在米銀行等（顧客勘定を含む）では 248 億ドルの赤字，合計で 238 億ドルの投資となっている．債務はノンバンクが 212 億ドル，在米銀行等（同）が 440 億ドルで，合計 652 億ドルである．収支は 414 億ドルの黒字（実質的な米への外貨資金の流入）である．

ここで，c_1'' を在米銀行等とノンバンクによる外貨を借り入れる部分，c_1 を

表 4-3　在米銀行等とノンバンクの対外取引（2006 年）

(億ドル)

	債　権	債　務	収　支
アメリカの対外投資，対米投資	−12,934[1]	15,772[2]	2,838
在米銀行(1)	−5,021	4,621	−400
ドル建	−4,773	4,181	−592
自己勘定	−3,257	2,607	−650
顧客勘定	−1,516	1,574	58
外貨建	−248	440	192
自己勘定	−231	415	184
顧客勘定	−17	25	8
ノンバンク(2)	−1,813	2,449	636
ドル建	−1,823	2,237	414
金融項目	−1,790	2,210	420
商業項目	−33	27	−6
外貨建	10	212	222
金融項目	13	210	223
商業項目	−3	2	−1
在米銀行等とノンバンク (1)+(2)	−6,834	7,070	236
ドル建	−6,596	6,418	−178
外貨建	−238	652	414
その他部門	−6,100	8,702	2,602
直接投資[3]	−2,449	2,432	−17
証券投資[4]	−3,651	6,272	2,621

注：1)　SCB ライン 50.
　　2)　同ライン 63.
　　3)　債権はライン 51，債務はライン 64.
　　4)　債権はライン 52，債務はライン 65，66，67.
出所：*S.C.B.*, July 2009, Table 9〜11 より.

在米銀行等とノンバンクがそれを対外投資に当てる部分とすると，$c_1=c_1''$ である．d_1 を在米銀行等とノンバンクが行なうドルを外貨に換えて行なう対外投資とすると，$c_1+d_1=238$，$c_1''=c_1=652$ であるから，$d_1=-414$ になる．つまり，在米銀行とノンバンクが行なう「外貨−外貨」投資は 652 億ドルで，ドルを外貨に換えて行なう対外投資は 06 年には 414 億ドルの引き揚げとなっている．

しかし，上記の数値は在米銀行等とノンバンクの分にすぎない．その他の部門の外貨建・対外投資を検討しなければならない．在米銀行等には顧客勘定が

含まれているが，そのほとんどは「その他」部門が行なう預金，CD などの短期的運用であり，「その他」部門の直接投資，証券投資はほとんど含まれていない．ここで a_1, c_1, d_1 は，在米銀行等とノンバンクが行なう対外投資（表4-3に示されている），a_2, c_2, d_2 は，「その他」部門の対外投資とすると，$a=a_1+a_2$, $c=c_1+c_2$, $d=d_1+d_2$ であり，$a_1+c_1+d_1$ の額は表4-3より6834億ドルであり，アメリカ全体の対外投資（$a+c+d$）は1兆2934億ドルであったから，$a_2+c_2+d_2=6100$億である．この額はSCBラインの51（直接投資）と52（証券投資）の合計である．しかし，a_2, c_2, d_2 の通貨区分に関する統計はSCBから得られない．そこで，a_2, c_2, d_2 については，やむを得ず推定を加えざるを得ない．

　「その他」部門の直接投資，証券投資の原資は3つからなる．まずはドルである．米系の海外子会社は本国，その他諸国から資本財，中間財等の輸入の支払にドルを使うだろう．また，「その他」部門はユーロダラー債へ投資するだろう．これらが「その他」部門の a_2 である．ドル建貿易決済が世界全体でその他諸通貨での決済よりも容易であり，投資環境もドルに優位であるから「その他」部門のドル建対外投資も高い割合になっていよう．しかも，この場合，ドル建対外投資とともにその「代わり金」が発生し，国際収支の上では赤字・黒字は生まれない．為替リスクも発生しない．

　次の原資は，外貨資金を調達しそれを直接投資，証券投資に当てる部分（c_2）である．米系・海外子会社は土地・建物購入，賃金支払にその資金を当てるだろうし，証券投資の場合，米居住者はその資金で外貨建証券投資を行なうだろう．この場合も，債務と債権の両建の形成であり国際収支の上では赤字・黒字は生まれない．為替リスクも発生しない．

　原資の第3の場合は，米居住者がドルを外貨に換えて行なう直接投資，証券投資である．また，キャリートレードもこの投資である．しかし，「その他」部門が行なうキャリートレードは金融部門が行なうそれよりも少ないであろう．また，ドルを外貨に換えて行なう投資の場合は国際収支上の赤字が発生し，為替リスクが生まれる[13]．

　以上の点を考慮すれば，「その他部門」の対外投資に占める a_2 が，c_2, d_2 よりも高いであろうことが考えられる．また，為替リスクを考えれば，通常は

$c_2>d_2$ であろう．これらを勘案し，a_2，c_2，d_2 の構成比率として2つの場合を想定しよう．もちろん，恣意的で暫定的なものである．第1の場合は a_2 が約60％，c_2 が20％強，d_2 が20％弱となる場合，第2の場合は a_2 が40％，c_2 が35％，d_2 が25％の場合である．

a_2 が60％，c_2 が20％強，d_2 が20％弱の場合（第1の場合），$a_2+c_2+d_2=6100$ 億であったから，a_2 は約3500億ドル，c_2 は約1500億ドル，d_2 は約1100億ドルとなる（概算値であるから下2桁は簡略）．a_2 が40％，c_2 が35％，d_2 が25％の場合（第2の場合），a_1 は約2500億ドル，c_1 は約2100億ドル，d_1 は約1500億ドル（概算値であるから下2桁は簡略）となる．

これらの数値からアメリカ全体の対外投資の区分（a, c, d）の概算値が算出できる．第1の場合，$a+(c_1+c_2)+(d_1+d_2)=12900$（アメリカ全体の対外投資1兆2934億ドルであったのを下2桁に簡略化）であり，$c=(c_1+c_2)=650+1500=2150$，$d=(d_1+d_2)=-414+1100=686$ であるから，$a=10064$ 億ドルとなる．第2の場合には，$a+(c_1+c_2)+(d_1+d_2)=12900$ であり，$c=(c_1+c_2)=65+2100=2750$，$d=(d_1+d_2)=-414+1500=1086$ であるから，$a=9064$ となる．

④海外部門の外貨をドルに換えての対米投資の検討

次に海外部門の外貨をドルに換えて行う対米投資（b_1）と，ドル建経常黒字をもたない EU・日本のユーロダラー市場でのドル準備保有（b_2e）について検討しよう．日本の通貨当局による為替介入は04年3月以降2010年9月までなく[14]，日本のドル準備の増加はドル準備残高から生まれる「利息等」である．それゆえ b_2e はもちろん，b_2d も存在しない．「利息等」の準備増は前述のように γ である．また，「利息等」は06年に3兆7000億円にすぎない[15]（約320億ドル）．表4-2によると日本の対米資産が476億ドル[16]（ドル準備を含む），そのうち，上にみたようにドル準備が約320億ドルであるから日本の民間対米投資は150億ドルにすぎない．この中には対日ドル建投資の「代わり金」での対米投資（a），「外－外」投資（c）も含むから b_1 の最高額は150億ドルである．他方，米の対日投資が543億ドルであるから，米の対日「広義の資本収支」は67億ドルの赤字である（「統計上の不一致」は含まない）[17]．日本

はアメリカから資金の受け手となっており,また,日本の対米経常黒字が1085億ドルで,日本は対米ファイナンスの役割をまったく果たさなくなった.

　イギリスを除くEUの対米資産(ドル準備を含む)は2790億ドル,逆に米の対EU(イギリスを除く)投資は2808億ドルで,米のイギリスを除く対EU「広義の資本収支」(EUは基本的に為替市場介入を行なわないからドル準備がほとんどなく実質的には「民間資本収支」)は米の18億ドルの赤字になっている(表4-2).イギリスの対米投資は5201億ドル(同表)であるが,この原資は種々のものから構成されよう.第1は米からのドル資金の調達(a),第2にドル以外の諸通貨のドルへの転換である(b_1).第3にオイルマネーである.統計的には把握できないが,イギリスからの対米投資は前記したように3つの構成部分のうち,多くが第1,第3であろう.

　以上のように,日本,イギリスを除くEUが対米ファイナンスの役割を果たさなくなった.イギリスを除くEUが「広義の資本収支」(実質的には民間資本収支)でほぼ均衡しているということは,イギリス以外のEUからの対米投資は一部が外貨をドルに換えて行なわれる投資であろうが,大部分がドルを借り入れ,それを対米投資に使っている投資であるということを暗示しているだろう.前にみたように,在米銀行等,ノンバンクの外貨建投資は大きな額ではないが引き揚げになっている(非金融機関も加えると引き揚げではないが).ということは,米のこれらの金融機関のEU向けドル建投資が外貨建投資の引き揚げ部分を加えて大きくなっているということである.米のドル建対外投資が1兆ドル弱になっていたことと符合する.EU向けドル建投資が大きいということは,それによって大きな額の「代わり金」(=EUの対米投資)が形成されるから,ユーロ等をドルに換えての対米投資(b_1)がドルの「代わり金」を原資とする対米投資ほど大きな額になっていないということになる.

　米のドル建投資が1兆ドル近くになっているということは,それによって同額の「代わり金」が形成されるから,民間対米投資(SCBライン63,1兆5800億ドル)に占める他の対米投資は大きな額になっていないということを暗示していよう.b_1ばかりでなく,「その他」地域のドル建経常黒字を原資とする米民間部門への資金流入(前述のA_1,それにドル準備のユーロダラー市場への運用分,つまりA_2e)もそれほど大きな額になっていないであろう.米

の民間対外債務は，$(A_1-m_1)+A_2e+(a-m_2)+b_1+c$ であったから．このことを，在米銀行，ノンバンクのドル建対外取引を示すことによってもう少しはっきりさせよう．

⑤在米銀行等とノンバンクのドル建対外取引

　在米銀行等（自己勘定のみならず顧客勘定を含む）[18]とノンバンクのドル建・対外投資が06年に大きく増大している（表4-3）．あわせれば，06年にドル建債権は6596億ドルである．それに照応するように，ドル建対米投資（米からすると債務）も大きくなり，在米銀行等とノンバンクのドル建債務は6418億ドルとなっている．収支は178億ドルの米の赤字である．したがって，米の金融機関のドル建投資のほとんどが「代わり金」となり，それを原資に海外から在米銀行，ノンバンクへの投資が行なわれていることがうかがい知れる．

　もちろん，後者の米のドル建債務の方にはドル建対外投資の「代わり金」の部分のみならず，A_1+A_2e の部分およびEU，日本等が行なうユーロ，円をドルに換えて行なう対米投資（b_1）の部分が含まれていることに注意が必要である．米のドル建債務は，海外の対米投資=$[(A_1-m_1)+A_2e+(a-m_2)+b_1+c]$ から外貨建債務を除いた部分，つまり，$(A_1-m_1)+A_2e+(a-m_2)+b_1$ である．他方，ドル建債権は米の海外投資（$a+c+d$）から外貨建を除いた部分，つまり，a である．したがって，ドル建資本収支は $A_1+A_2e+b_1-(m_1+m_2)$ である．

　この式をもとに再度強調しておくと，在米銀行等，ノンバンクのドル建債権とドル建債務がほぼ均衡していることから，ドル建投資からの「漏れ」（m_2）がそれほど大きくないこと（前述のように非産油赤字国へのドル建投資が m_2 を生まないこと），また，06年には b_1，「その他」地域の対米民間投資（=「債務決済」の民間部分）がそれほどの額にならないこと（第3項で示されていた），さらに，06年がサブプライム・ローン問題の顕在化する以前におけるバブル現象の頂点の年であり m_1 も大規模にならず，米のドル建対外投資の「代わり金」でもって対米投資が最高潮に達したことが頷けよう．つまり，ドル建投資の両建取引が盛んに行なわれていたのである．

⑥ドル準備の増大

しかし，民間資本収支で考察すると，その黒字は3000億ドル弱にとどまり，米経常赤字の半分にも満たない．そもそもドル建投資の大半は両建で収支はおおよそ均衡する．それに多額のオイルダラーの一部は産油国のユーロ，ポンド，円などの他通貨での経常赤字のために他通貨へ転換され，「その他」地域の産油国以外のドル建黒字国も同様にユーロ，円，ポンドなどの経常収支赤字をもつこと，逆にEU・日本の石油代金の支払が大きくなっていることから，産油国も含む「その他」地域のドル建黒字国のドル建黒字をそれらの通貨へ転換する額（$\beta-\alpha$）が大きくなる．また，一部は非産油国への米金融機関からのドル建投資，貸付となって米経常赤字のファイナンスに利用される部分は少なくなっていくのである．他方，06年にはドル準備（$A_2 d+\gamma$，在米外国公的資産）が5000億ドル弱にものぼることになった．

その半分近くが中国のドル準備である．地域別国際収支表（表4-2）をみると，米の中国に対する負債（黒字，2142億ドル——大部分がドル準備）は中国に対する経常赤字（2582億ドル）を少し下回る額になっている．しかし，IMFの統計によると同年の中国の全世界に対する経常黒字は2533億ドル，外貨準備の増加は2469億ドル，投資収支は26億ドルの黒字となっている[19]．米商務省とIMFの統計値に厳密な連関があるわけではないが，中国の経常黒字のほとんどすべてがアメリカに対するものであり，外貨準備の一部がユーロダラー市場で運用されていることがわかる．さらに，先述のように日本の外貨準備増はγである．

米におけるドル準備では，中国，日本を含むアジア全体で2757億ドル，全ヨーロッパ（ロシアを含む）は884億ドル，中東のドル準備も421億ドル，ラテンアメリカのドル準備は368億ドルなどとなっている[20]（日本のドル準備については前述した）．したがって，06年にアメリカが「広義の資本収支」で黒字になっているのは産油国と大きな経常黒字をもつ中国になってきており，前述のように日本，EU諸国は実質的に対米ファイナンスの役割を果たさなくなったのである．

改めて，「広義の資本収支」の概念上の区分の式から，経常赤字のファイナンス条件を示そう．民間投資収支が

$$[(A_1-m_1)+A_2e+(a-m_2)+b_1+c]-[a+c+d]$$
$$=(A_1+A_2e+b_1)-(m_1+m_2)-d$$

であり，「広義の資本収支」の概念上の区分式は，
$$A_1+A_2e+b_1+(A_2d+\gamma)-(m_1+m_2)-d$$
となる．他方，

米経常収支赤字$(A) = (A_1+A_2d+A_2e+\gamma)+(\beta-\alpha)$

であるから，米経常収支赤字が「広義の資本収支」黒字でファイナンスされる条件は，
$$A_1+A_2e+b_1+(A_2d+\gamma)-(m_1+m_2)-d = (A_1+A_2d+A_2e+\gamma)+(\beta-\alpha)$$
となること，この式を整理すれば，
$$b_1 = (\beta-\alpha)+(m_1+m_2)+d$$
となる（この式の左辺は前章の 78 ページでは b_1+b_2 となっていた——日本・EU による為替市場介入がある場合を想定していたからである）．したがって，米経常赤字が「広義の資本収支」の黒字でファイナンスされるためには，$(\beta-\alpha)$ は一定の額にのぼっているはずであるから[21]，EU・日本の民間部門によるドル以外の通貨をドルに換えての対米投資 (b_1) が一定の額にのぼっているはずである．対米投資が最高潮に達した 06 年には m_1，m_2 はそれほど大きな額にのぼっていないであろう．d は在米銀行等とノンバンクの d の部分はすでにみたように投資の引き揚げであったから大きな額にはならないであろう．

(2) 06 年の諸項目の概念的概算値
① 06 年の資本収支のモデル的概算値

以上のことを考慮しながら，国際収支と対米投資，米の対外投資の概念上の区分の概算値をモデルとして想定することができよう．表 4-4 である．ところで，SCB のアメリカ国際収支表において経常収支赤字のファイナンス項目は以下の項目より構成されている．民間部門の投資収支（SCB ライン 50，63），在米外国公的資産（ドル準備，SCB ライン 56），アメリカの公的準備資産（ライン 41），その他の政府部門の対外資産（ライン 46），デリバティブ（ライン 70，06 年から独立して新たに提示，ライン 50，63 には含められず），その他資本収支（ライン 39），統計上の不一致（ライン 71）である．表 4-4 では，

表 4-4　2006 年のアメリカ国際収支の概念的概算値

(億ドル)

		第1の場合	第2の場合
(1)	経常収支（SCB ライン 77）	−8,000	−8,000
(2)	民間投資収支＝$(A_1+A_2e)+b_1-(m_1+m_2)-d$	2,900	2,900
	①対米投資（SCB ライン 63）		
	―――$(A_1-m_1)+A_2e+(a-m_2)+b_1+c$―――	15,800	15,800
	ア）「債務決済」に当てられる対米投資 (A_1+A_2e), A_1 からの「漏れ」(m_1) を 200 とすると，$A_1+A_2e-m_1$―――	1,400	1,400
	イ）米のドル建投資の「代わり金」(a) とそれからの「漏れ」，m_2 を 400 とすると $a-m_2$―――	9,600	8,600
	ウ）EU・日本の外貨をドルに換えての対米投資 (b_1)―――	2,600	3,000
	エ）米による外貨の借入 (c)―――	2,200	2,800
	②米の対外投資（SCB ライン 50）		
	―――$a+c+d$―――	12,900	12,900
	ア）米のドル建投資 (a)―――	10,000	9,000
	イ）ドルを外貨に換えての投資 (d)―――	700	1,100
	ウ）外貨を借入れての対外投資 (c)―――	2,200	2,800
(3)	ドル準備（在米外国公的資産，SCB ライン 56）	4,900	4,900
(4)	デリバティブ（SCB ライン 70）	300	300
(5)	公的準備，その他（SCB ライン 41, 46, 39）	40	40
(6)	統計上の不一致（SCB ライン 71）	−20	−20

出所：*S.C.B.*, July 2009 をもとに筆者が作成．

民間部門の対米投資（SCB ライン 63）を(2)の①欄に，米民間部門の対外投資（ライン 50）を(2)の②欄に示し，(3)欄には「ドル準備」，在米外国公的資産（SCB ライン 56），(4)欄にデリバティブ（ライン 70），(5)欄にはアメリカの公的準備資産（ライン 41，＋24 億ドル），その他の政府部門の対外資産（ライン 46，＋53 億ドル），その他資本収支（ライン 39，−39 億ドル）の 3 つを含めた．さらに，(6)欄に「統計上の不一致」を示した．なお，表 4-4 では概念的概算値の提示であるから，すべて下 2 桁を簡略化した．

この表について説明しよう．「広義の資本収支」[22]＝$[(A_1-m_1)+A_2e+(a-m_2)+b_1+c]+(A_2d+\gamma)-(a+c+d)$ であった．まず，a，c，d の概算値であるが，これらについては 2 つの場合を想定しながらすでに第 2 項において算出している．第 1 の場合は，$a=10064$，$c=2150$，$d=686$ であり，第 2 の場合は $a=9064$，$c=2750$，$d=1086$ であった．

次に対米投資の項目（米からすると「負債項目」）をみよう．第 1 の構成は，

($A_1+A_2e-m_1$) である. ところで, $A=A_1+A_2e+(A_2d+\gamma)+(\beta-\alpha)$ であった. さらに, $A_2d+\gamma=$ ドル準備（在米外国公的資産, 4900億ドル, SCBライン56, しかも, γ は前記したように06年における日本のドル準備が約320億ドルであったから $\gamma\fallingdotseq320$ となり, それゆえ $A_2d\fallingdotseq4600$ になる）[23] であるから, $8000=A_1+A_2e+4900+(\beta-\alpha)$, つまり, $A_1+A_2e+(\beta-\alpha)\fallingdotseq3100$ となる. $(\beta-\alpha)$ はEU・日本の「統合」された経常黒字であるが, 本章では, ユーロ地域と日本の地域別経常収支が得られるので, それらを使って概算値を算出しよう.

06年のユーロ地域の経常収支は61億ユーロの赤字であり, 対日経常収支は331億ユーロの赤字であるから, ユーロ地域の日本を除く地域に対する経常収支は270億ユーロ[24]（約337億ドル）の黒字となる. 他方, 日本の経常収支黒字[25] は19兆8488億円, 対ユーロ地域への黒字は5兆6103億円[26] であるから, 日本のユーロ地域を除く地域に対する経常収支黒字は14兆2385億円（約1238億ドル）である. ユーロ地域と日本の「統合された」経常収支は約1500億ドルとなる. そうすると, $A_1+A_2e+(\beta-\alpha)\fallingdotseq3100$ であったから, $A_1+A_2e\fallingdotseq1600$ である. したがって, 対米投資の第1の項目, ($A_1+A_2e-m_1$) の上限は約1600億ドルである.

対米投資の第2の項目は $a-m_2$ であるが, a は第1の場合は1兆ドル, 第2の場合は9000億ドルであったから, $a-m_2$ の上限は第1の場合は1兆ドル, 第2の場合は9000億ドルである. 対米投資の第3項目, b_1（EU・日本の外貨をドルに換えての対米投資）はそれを算出するきっかけになる統計はない. 対米投資の全額から他の項目の数値を差し引くことによりのちに算出しよう. 対米投資の第4の項目はEU・日本がアメリカに対して行なう外貨建投資 (c) である. この金額はすでに算出されている. 第1の場合は2200億ドル, 第2の場合は2800億ドルであった.

以上の4つの項目のうち, m_1, m_2 はいずれもドルをユーロ, 円などに転換されて投資される部分であるが, これらについても数値を算出できる根拠はまったくない. 恣意性が強いが, 一定額を仮定する以外にないであろう. 06年はアメリカにおける金融バブルが頂点に達していた年であり, ヨーロッパ等の金融機関は米の金融機関から巨額のドル資金を調達して種々の金融商品に対し

て投資しているくらいであるから，m_1，m_2 は大きな額にのぼっているとは考えられない．そこで，とりあえず，$m_1=200$，$m_2=400$ としておこう．そうすると，$A_1+A_2e \fallingdotseq 1600$ であったから，$A_1+A_2e-m_1=1400$ となり，$a-m_2=9600$（第2の場合は 8600）となる．したがって，対米投資の全額から他の諸項目の数値を差し引いて，第3の項目（b_1）は，第1の場合は 2600，第2の場合は 3000 となる．

②概念的概算値の提示から把握できること

以上でもって概念的概算値を示す表の数的根拠をおおよそ提示できた．これらの数値は，アメリカ国際収支構造の諸特徴を把握するために必要なものであるが，多くの恣意性を含んでおり，きわめておおまかな概算値である．しかし，これらの数値から 06 年の米国際収支における次の諸特徴が指摘できる．

i) 06 年はサブプライム・ローン問題が顕在化する前年で，アメリカにおける金融バブルの絶頂の年であった．アメリカの諸金融機関からヨーロッパをはじめ世界の金融機関にさまざまな形態でドル建貸付が行なわれた．世界の金融機関はそのドル資金でもってアメリカの多様な金融資産へ投資したのである．したがって，アメリカによるドル建対外投資（a）は表 4-4 では 1 兆ドル弱になっており，それからの「漏れ」（m_2）も約 400 億ドルとされている．（$a-m_2$）の内実はドルの債権，債務の両建の信用連鎖であるが，アメリカを軸にしたドル国際信用連鎖が極めて大きな額で展開している．（$a-m_2$）は米のドル建経常黒字国への「債務決済」額（ドル準備を含む）の2倍近くになっている．ただし，この信用連鎖は両建で収支は均衡傾向をもつから，アメリカ経常収支赤字のファイナンスにはまったく寄与しない．

ii) アメリカのドル建経常黒字国の民間部門への「債務決済」額（$A_1+A_2e-m_1$）は「漏れ」を考慮すれば約 1400 億ドルで，在米外国公的資産（ドル準備，4900 億ドル，SCB ライン 56，$A_2d+\gamma$，しかし大部分は A_2d）とともにアメリカの経常収支のファイナンスの中心的役割を果たしているが，在米外国公的資産の方がはるかに大きい額になっている．オイルダラー，中国などの BRICs と呼ばれる国々の経常黒字，その他のアジア諸国の経常黒字が今世紀に入って極めて大きな額を記録することになり，それらのドル建黒字国から

ドル準備，民間の対米投資となってアメリカ経常赤字をファイナンスしているのである（＝「債務決済」）．

iii) 英をのぞくEU・日本の対米ファイナンスの役割は二次的であるものの外貨をドルに換えて行なわれる対米投資 (b) は3000億ドル前後で，逆にドルを外貨に換えて米が行なう対外投資 (d) はそれほど大きな額になっていない．bは後述するように $(\beta-\alpha)$, d, m_1, m_2 を賄っている．

イギリスを除くEUの対米資産（ドル準備を含む）は2790億ドル，逆に米の対EU（イギリスを除く）投資は2808億ドルで，米のイギリスを除く対EU「広義の資本収支」（EUは基本的に為替市場介入を行なわないからドル準備がほとんどなく実質的には「民間資本収支」）は米の18億ドルの赤字になっている（表4-2）．イギリスを除くEU諸国の対米投資の最も大きな部分は米の金融機関から調達したドル資金を原資とするもの (a) であろう．他方，イギリスの対米投資は5201億ドル，米の対英投資は4165億ドルで収支は1036億ドルの黒字である（同表）．イギリスの対米投資には (a) の部分，オイルマネーだけでなく，b_1 が混在していよう．

iv) 前項で見たように，b＝$(\beta-\alpha)$＋(m_1+m_2)＋d であった．諸数値をこの式に導入すると，$(\beta-\alpha)$＝1500，m_1+m_2＝600 であった．また，第1の場合は，d＝700であるから，この式の右辺は2800となる．b＝2600であったから，200億ドルの誤差がある．第2の場合も，d＝1100であり，右辺が3200となり，b＝3000であるから200の誤差がある．しかし，この誤差が200億ドルにとどまっているということは，以上の概算値が恣意性を多く含むものであったが，それらの恣意性が現実と大きく離れたものでなかったことを示すものであろう．

以上のように，2006年のアメリカ国際収支構造は1997年のそれとは大きく変わるものとなった．97年には米経常赤字額も1400億ドル程度と06年と比べると少なかったが，そのファイナンスの大部分はEU・日本による外貨をドルに換えての対米投資によってなされていたが，06年には米経常赤字が8000億ドルと巨額にのぼり，そのファイナンスはオイルマネーと中国等のBRICs，日本を除く東アジア諸国の経常黒字を起因とする「債務決済」によるものとなった．また，06年にはドルの両建の対外取引（米の対外投資と対米投資）が1

兆ドル弱にものぼり，ドルの国際信用連鎖がかつてない規模に達した．

2. 2008年の国際収支の諸項目の概算値

(1) 08年の国際収支構造の諸特徴
① 08年の国際収支の概要と「異常性」

08年のアメリカ国際収支構造は米国発の金融危機に規定された歴史的な構造となった．経常収支赤字は06年以来少し減ってきているが，08年にはなお約6700億ドルの水準にある（表4-1——SCB, July 2010)[27]．構造が大きく変化したのは民間資本の流入と流出である．海外の民間部門の対米投資は前年の1兆6485億ドルから驚くことに960億ドルの赤字，つまり引き揚げになり，米民間部門の対外投資も6905億ドルの黒字，つまり，対外投資の引き揚げとなり，民間資本収支黒字は5945億ドルの黒字で，これが6700億ドル弱の経常赤字の大半をファイナンスしているのである．

ドル準備（「在米外国公的資産」）は例年の規模よりもやや大きい5508億ドルにのぼっているが，08年にはFRBと海外の中央銀行との間にスワップ協定が締結され，その実行によって米政府の外貨保有（SCBライン49）が5298億ドルにのぼっている．「米政府の外貨保有」のような国際収支の項目は08年までにも存在したが，ほとんど金額が現われていなかった（06年は900万ドル）．ドル準備はこの米政府の外貨保有によって相殺されている．「統計上の不一致」は850億ドルの黒字とやや大きな額になっている（表4-1)．

以上から，米経常赤字のファイナンスは海外からの対米投資によってなされ，その「余剰分」（経常赤字を上回る分）とドル準備（「在米外国公的資産」）の合計額が対外投資になっていくという1980年代以来の国際収支構造が「崩壊」していることがわかる．経常収支赤字が7000億ドル弱にのぼっており，そのほとんどすべてがドル建であるから通常であれば「債務決済」額に相当する対米投資が存在するはずである．しかし，08年の対米投資は960億ドルの引き揚げとなっている．「債務決済」は行なわれていないようにみえるのである．このような事態はどのようにして生じているのであろうか．

地域的には（表4-5)[28]，米の対英投資と英の対米投資がともに大きな引き

揚げとなっている．前者は5207億ドル，後者は3145億ドルである．世界全体で米の対外投資の引き揚げが5344億ドルであったから，そのほとんどがイギリスに対する投資の引き揚げである．また，世界全体での対米投資の引き揚げは960億ドルであるから，英の対米投資の引き揚げは際立っている．「その他西半球」（≒バハマ諸島）との取引には大きな数値が出ていない．アメリカの投資は758億ドル，対米投資は21億ドルの引き揚げである．イギリスを除くEUの対米投資は272億ドルの引き揚げであり，米の同地域への投資は引き揚げではなく546億ドルの投資となっている．日本やその他アジアへの米の対外投資は引き揚げとなっており（日本へは472億ドル，その他のアジアへは363億ドル），他方，日本の対米投資が1199億ドルにのぼっているが（このうちには一部ドル準備を含む），この対米投資が何故生じているのか，それらが b_1 であるかどうかについてのちに論述したい．

中国は多額のドル準備を積み重ねている（約4400億ドル）[29]．中東のドル準備は545億ドル，中東の民間対米投資も209億ドルとなっている．「統計上の不一致」はイギリスと中国への流出が大きいが，ヨーロッパ，日本，バハマ諸島（「その他西半球」）からは資金流入となっている[30]．

以上が08年の米国際収支の概要であるが，リーマン・ショックに象徴される金融の大危機によってきわめて「異常」な構造が形成された[31]．第1に，前

表4-5 アメリカの地域別国際収支（2008年）

(億ドル)

	SCBライン	ヨーロッパ	EU	イギリス	アジア・太平洋州	日本	中国	その他の西半球	中東
外国の対米資産	55	−2,738	−3,417	−3,145	6,244	1,199	4,432	−21	754
公的資産[1]	56	−263	n.a.	n.a.	4,303	n.a.	n.a.	n.a.	545
その他の資産[1]	63	−2,475	n.a.	n.a.	1,942	n.a.	n.a.	n.a.	209
対米直接投資	64	2,065	1,688	547	564	357	4	229	14
米の民間対外投資	50	5,487	4,661	5,207	835	472	122	−758	157
直接投資	51	−1,802	−1,468	−218	−467	32	−157	−397	−41
米政府の外貨保有	49	−3,738	−3,444	−331	−1,559	−1,227	0	0	0
米の経常収支	77	−325	−116	88	−4,305	−905	−3,085	243	−714
統計上の不一致	70	1,674	2,640	−1,818	−1,080	562	−1,469	358	−195

注：1) 公的資産が明らかにされていない外国のドル準備はSCBライン69（「在米銀行報告債務」）の中に入れられている．
出所：*S.C.B.*, July 2009, Table 12 (pp. 96-102) より．

述のように「債務決済」が行なわれてないようにみえる．対米投資は960億ドルの引き揚げになっている．第2に，米の対外投資の引き揚げが6905億ドルにものぼっている．つまり，各国が米へ債務（米からみれば債権）の巨額の返済を行なっているのである．この返済のための原資はどこから来たのであろうか．第3に，08年には原油価格が下落したとはいえ，オイルマネーが発生しているはずである．オイルマネーはどこへ行ったのであろうか．第4に，FRBと先進各国の中央銀行とのスワップ協定（米政府のドル資金の供給と外貨資産の保有）はなぜ結ばれたのであろうか．これらのことが明らかにされなくてはならない．

②ドル建対外投資の引き揚げの原資

　08年の米国際収支構造は以下のことに規定されている．07年まで世界各国の金融機関等は，米の金融機関等からドル資金を調達し，その資金でサブプライム・ローンを含む金融商品等やその他の種々の米への投資を行なってきた．ところが，サブプライム・ローン問題の顕在化，リーマン・ショック以降の米金融危機の勃発によって，米の金融機関等はヨーロッパ等の金融機関に対してドル資金の返済を求めることになった．しかし，サブプライム・ローンを含む金融商品等の価格が急落し，ヨーロッパ等の金融機関はそれらを売却することによって全額を返済することができず，また，図4-4に示されているように短期金融市場がリーマン・ショック前後に混乱し，短資市場からドル資金を調達することも困難になった．そこで，ヨーロッパ等の金融機関は多様な方法でドル資金の調達に追われるようになった．一挙に「ドル不足」が世界を覆うようになったのである．

　ヨーロッパ等の金融機関がドル資金の返済に当てる資金は以下の4つの原資から生み出されたと考えられる．第1の原資は，もちろん各国の金融機関等が保有していたサブプライム・ローンを含む諸金融商品等やその他の種々の資産の売却である．この場合には資産と負債の両建の引き揚げが生じる．しかし，これらの資産は急激な価格下落にあっているから，返済の全額を資産売却によって調達することは困難である．また，この中には，以前，EU・日本がドル以外の通貨をドルに転換して対米投資に当てていた部分も含まれる．バランス

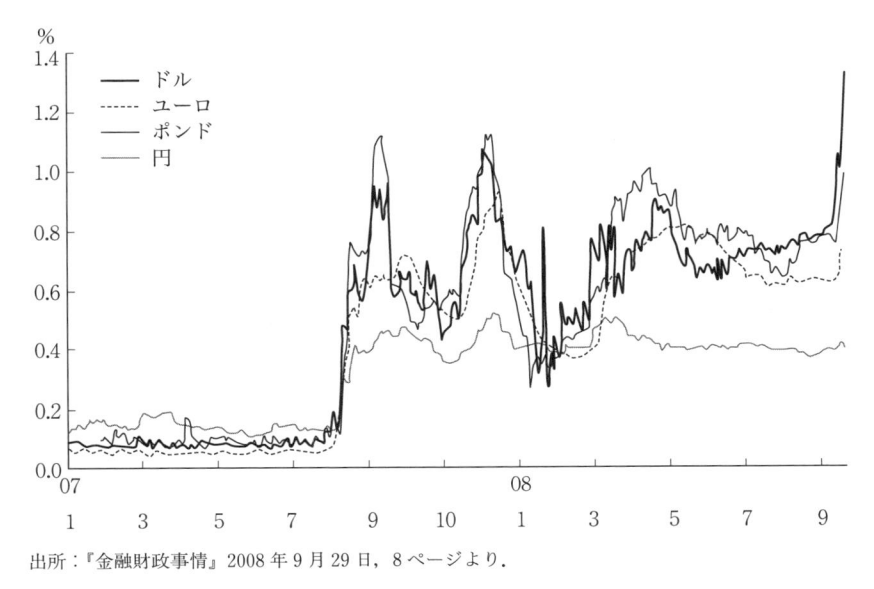

％
1.4 ── ドル
1.2 ---- ユーロ
    ── ポンド
1.0 ── 円

出所:『金融財政事情』2008年9月29日, 8ページより.

図4-4 LIBOR-OISスプレッド（3カ月物）の推移

シートで表わせば図4-5のようになる．a'がドル資産の売却とそれによる米への返済である．第2の原資は，「その他」地域が保有しているドル建経常黒字の一部である．「その他」地域は経常黒字の一部をユーロダラー市場へ運用しており（A_1eとA_2e），イギリス等のオフショア市場は従来その資金で米への投資に当てていた（米への還流，事実上の「債務決済」の一部分となる）．しかし，リーマン・ショックによってオフショア市場，とくに，在英金融機関はユーロダラー資金として流入してきた資金でもって米への返済に当てるよう

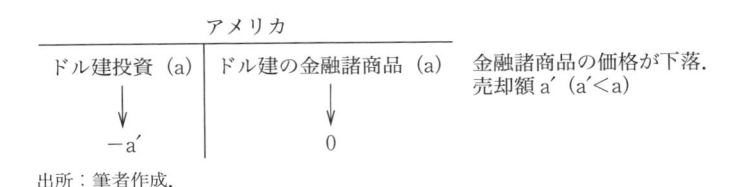

アメリカ	
ドル建投資 (a)	ドル建の金融諸商品 (a)
↓	↓
−a'	0

金融諸商品の価格が下落.
売却額 a' ($a'<a$)

出所:筆者作成.

図4-5 ドル建金融商品の売却による返済

になった可能性がある．バランスシートで表わせば図4-6のようになる[32]．第3の原資は，ユーロ，ポンド，円等の資金をドルに換えての資金が考えられる．この原資による米への債務の返済（米からみれば債権の引き揚げ）は，両建とはならない．米への債務（米からすると債権）だけが減少していく．しかし，各国の金融機関等はサブプライム・ローンを含む金融商品等やその他の種々の資産価格が大きく下落して損失を蒙っており，さらにドル相場が弱含みで進んでいるとはいえ急激な下落が進行していない中で，外貨をドルに換えてのドル債務の返済を行なう事態はほとんど進んでいないと考えられる．また，この事態が進めば逆に急激なドル相場の上昇が生じていたであろう．

以上の3つの原資で6905億ドルにものぼる米の対外資産の引き揚げ（他の国からは債務の返済）は不可能であったろう．そこですぐのちに詳しく論じるが，第4の原資として，FRBと先進各国の中央銀行とのスワップ協定による資金があった．FRBはドル資金を供給し外貨を保有するのである．これは為替市場を通じる取引ではない．スワップ協定によるFRBのドル資金の供給が5298億ドル（SCBライン49）にのぼったのである．

一般的に考えれば，米の金融機関がドル建債権を減少させれば，それと同額のドル建債務も減少していく（両建の減少）．しかし，後掲表4-6に示されているように，在米銀行等とノンバンクのドル建債権は8179億ドルの黒字，ドル建債務は3558億ドルの赤字であった．この差額が小さい通常時であれば非

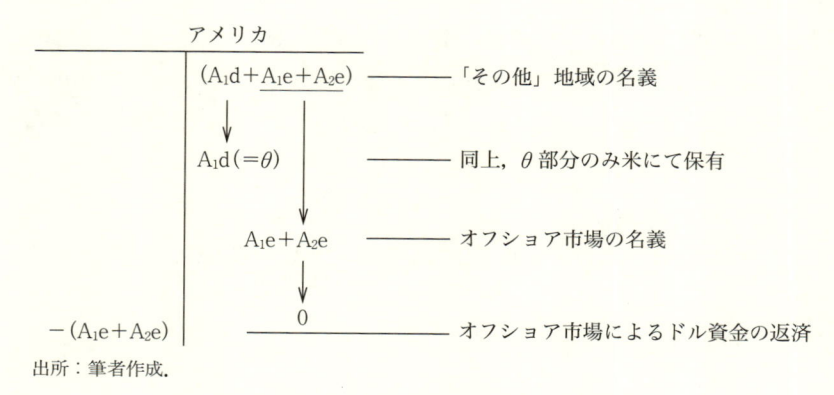

	アメリカ	
	$(A_1d + A_1e + A_2e)$	——「その他」地域の名義
	↓	
	$A_1d (= \theta)$	—— 同上，θ 部分のみ米にて保有
	$A_1e + A_2e$	—— オフショア市場の名義
	↓	
$-(A_1e + A_2e)$	0	—— オフショア市場によるドル資金の返済

出所：筆者作成．

図 4-6　ユーロダラー資金による返済

居住者は外貨をドルに換えてドル債務(米にとっては債権)を返済するであろう。その場合には米のドル債務(海外にとっては債権)に変化は生じない。しかし、差額が4621億ドルにものぼっている08年にはこのような返済は不可能であろう。また、実際にこの事態が生じると前述のようにドル相場が急に上昇するであろう。実際にそのような事態は生まれなかった。

実際に進行したのは、FRBと先進各国の中央銀行とのスワップ協定を経由するヨーロッパなどの金融機関へのドル資金の供給であった。FRBはドルを各国の中央銀行に提供するとともに外貨を受け取る(中央銀行間の為替市場取引を伴わないドルと外貨の交換)。ヨーロッパなどの中央銀行はこのドル資金を自国の金融機関へ融資し、各国の金融機関はそのドル資金で米金融機関へドル資金を返済しているのである。スワップ協定によるFRBのドル資金供給がヨーロッパなどの金融機関による米の金融機関へのドル資金返済を可能にしたのである。つまり、米の民間部門のドル建債権の減少と米通貨当局の外貨保有の増大が同時に進行しているのである。また、スワップ協定によるドル資金で日本などの一部の金融機関は対米投資を行なっている(後述)。

FRBとイングランド銀行の間のスワップ協定の実行額は331億ドルと少額であるが、FRBとイングランド銀行以外のEUの中央銀行とのスワップ協定の実行額は約3100億ドルである(表1-24、表4-5)。このドル資金が各中央銀行によって英以外のEUの金融機関(本店)へ融資され、さらに在英支店などの在英金融機関へ移され、在英金融機関から米へ返済されたのである(図4-7、リーマン・ショック以前にヨーロッパ各国の金融機関等の在英支店は米金融機関等からドル資金を調達していたのである)。

以上の4つの原資で米のドル債権の引き揚げ(海外からみれば米への返済)が行なわれたのであるが、それは、以下の式で示される。$a' + (A_1e + A_2e) + b' + Sw$——式(ア)である。ここで、略号は次のようである。

a'——米以外の金融機関等が保有していたドル資産の売却。それによる返済である。ただし、この中には、以前、EU・日本がドル以外の通貨をドルに転換して対米投資に当てていた部分も含む。$(A_1e + A_2e)$——EU・日本以外の「その他」地域は民間部門が保有するドル建経常黒字($A_1 = A_1d + A_1e$)のうち $\theta (= A_1d)$ を米に残したまま、他の部分(A_1e)をユーロダラー市場へ移すであ

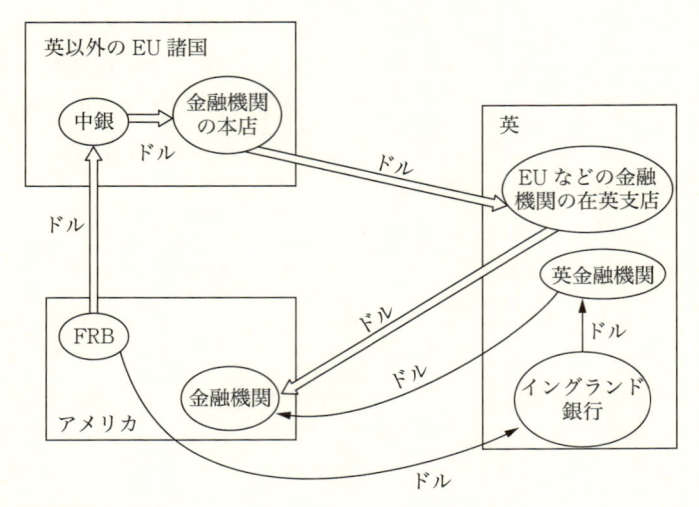

図4-7　スワップ協定とドルの返済

ろう．また，「その他」地域はドル準備の大部分を米に残しながら（A_2d），一部（A_2e）をユーロダラー市場へ移すであろう．オフショア市場は，以前はこれらの資金でもって米への投資に当てていた．したがって，（A_1e+A_2e）も結果的に米へ還流し，事実上の「債務決済」になっていたのである．しかし，リーマン・ショックの年，この資金の大部分は「債務決済」にならず，とりわけ，在英金融機関によって米への返済に当てられた可能性がある．実際にこのような返済額がどれほどの額になったのか，のちにみよう．

b′——EU・日本によるドル以外の通貨をドルに換えての返済部分である．その場合には，両建とはならず，米への債務だけが減少していく．Sw——FRBと先進各国の中央銀行とのスワップ協定によるドル資金の供給である．

③ 08年の投資収支の概念的区分

諸外国の民間対米投資（米からすると「負債項目」）は以下の諸項目から構成されるであろう．第1の構成部分は，「その他」地域のドル建経常黒字のうちの米に置かれるドル準備（A_2d）を除く部分で，しかも民間部門のドル建黒

字のうちの米に置かれる部分である（$A_1d=\theta$）．さらに，このうちからドル以外の通貨での投資のためにドルから他通貨へ転換される部分（m_1）を除く．つまり，「その他」地域のドル建経常黒字を原資とする米民間部門へのドル建資金の流入は $A_1+A_2e-m_1$ であり，また，$A_1=A_1d+A_1e$（A_1e はユーロダラー市場へ移される部分であるが，通常アメリカへ還流する）であるから，A_1d（$=\theta$）$+A_1e+A_2e-m_1$ であった．このうち08年には A_1e+A_2e のユーロダラー市場へ移された部分が再び米へ還流するかどうかである．

　第2の構成部分は，海外部門が保有していたドル建資産（米からすると負債）を売却し，その資金で米への債務（米からすると債権）を返済した部分である．このうちには，先述したように，以前，EU・日本がドル以外の通貨をドルに転換して対米投資に当てていた部分も含まれる．資金源泉は異なるが（一方はドル資金の借入，他方は外貨のドルへの転換），このドル建資産（米からすると負債）の売却による対米投資の引き揚げ（ドル債務の返済）の部分は（a′）であった．この a′ は米のドル建投資の「代わり金」を原資としていた以前の対米投資額を下回るであろう．なぜなら，米の金融諸商品価格が大きく下落しているからである．

　第3の構成部分は米の新規ドル建貸付・融資（a）の「代わり金」である．EU・日本はユーロ，円などをドルに換えて新たな対米証券投資を08年にはほとんど行なっていないと考えられるが，のちに述べるようにこれら地域の対米直接投資は2000億ドル以上にのぼっており，その原資の一定部分は米金融機関等からのドル資金の調達によるものであろう．そうすれば，米のドル建投資の「代わり金」が形成されているはずである．第4の構成部分は b_1 である．EU・日本の対米直接投資の一部はユーロ，円などをドルに換えて行なわれているであろう（b_1）．第5の構成部分は，米への外貨建貸付・投資（c）の引き揚げである．

　他方，米の対外投資（「資産項目」）は以下の構成である．第1は米のドル建資産の変化（08年は後述のように大きな減少，引き揚げ，「a」と示す），第2は非居住者から外貨建資金を調達し，それを対外投資に当てていた部分である（c）．第3はドルを外貨に換えて行なう対外投資（d）である．

④ 08年における対外投資の引き揚げ

　7000億ドル弱の経常赤字があるにもかかわらず，民間対米投資が960億ドルの引き揚げになり「債務決済」がほとんどなされていないことから，経常赤字のファイナンスがどうなっているのかという視点から対米投資の状況を検討しなければならないが，他方の米の対外投資（「資産項目」）の引き揚げを検討する方が，解明すべき諸課題へのアプローチはたやすいであろう．

　ところで，米のドル建資産の減少についてであるが，圧倒的部分は米の対外ドル債権の回収であり，その原資の大部分は海外部門によるドル資産の売却によってなされていようが，その中には以前に海外部門によるユーロ，円などをドルに換えて形成されたドル資産も含まれる．また，のちにみるように海外部門の対米直接投資のために米金融機関等は海外部門へドル建貸付・融資などを行なっている可能性がある．さらに，アメリカも一定額ドルでもって対外直接投資を行なっている．このような種々の構成部分を含みながら全体としての米のドル建資産が減少しているのである．そこで，米のドル建資産の減少を「a」として表記しよう．

　もちろん，米の対外投資の全体についての通貨別区分を示す統計は存在しない．ただ，在米銀行等とノンバンクの対外取引についてはドル建と外貨建の区分を表わす統計があるので，まずはそれを利用したい．表4-6である（SCB, July 2010，カッコはJuly 2009）．

　在米銀行等（自己勘定，顧客勘定）のドル建債権は4261億ドルの黒字（引き揚げ），ノンバンクのドル建債権も3918億ドルの黒字（引き揚げ），合計8179億ドルの黒字（引き揚げ）である．在米銀行等，ノンバンクのドル建債権の黒字がこれほど巨額になったことはこれまでまったくなかったことで，08年の米国発の金融危機をきっかけに起こったことである．米のドル建債権が引き揚げられると，通常はドル建債務も同額減少していく．あるいは，非居住者がドルを借り入れ，それでもってドル建投資を行なっている中で，投資を回収してドル資金の返済を行なうと，米のドル建債権も同額減少していくはずである（両建での同額の減少）．

　しかし，08年の在米銀行等（自己勘定，顧客勘定）とノンバンク（商業項目を含む）のドル建取引は計で債権の引き揚げが8179億ドル，債務の引き揚

表 4-6　在米銀行等とノンバンクの対外取引[1]（2008 年）

(億ドル)

	債権		債務		収支	
アメリカ対外投資，対米投資	6,905[2]	(5,344)[2]	−960[3]	(471)[3]	5,945	(5,815)
在米銀行等(1)	4,226	(4,333)	−4,120	(−3,266)	106	(1,067)
ドル建	4,261	(4,287)	−3,947	(−2,979)	314	(1,308)
自己勘定	3,579	(3,693)	−3,093	(−2,158)	486	(1,535)
顧客勘定	682	(594)	−854	(−821)	−172	(−227)
外貨建	−35	(46)	−173	(−287)	−208	(−241)
自己勘定	−108	(−41)	−105	(−182)	−213	(−223)
顧客勘定	73	(87)	−68	(−105)	5	(−18)
ノンバンク(2)	4,212	(3,723)	−366	(−452)	3,846	(3,271)
ドル建	3,918	(3,791)	389	(402)	4,307	(4,193)
金融項目	3,890	(3,764)	411	(424)	4,301	(4,188)
商業項目	28	(27)	−22	(−22)	6	(5)
外貨建	294	(−68)	−755	(−854)	−461	(−922)
金融項目	284	(−78)	−754	(−853)	−470	(−931)
商業項目	10	(10)	−1	(−1)	9	(9)
在米銀行等とノンバンク (1)+(2)	8,438	(8,056)	−4,486	(−3,718)	3,952	(4,338)
ドル建	8,179	(8,078)	−3,558	(−2,577)	4,621	(5,501)
外貨建	259	(−22)	−928	(−1,141)	−669	(−1,163)
その他部門	−1,533	(−2,712)	3,526	(4,188)	1,994	(1,476)
直接投資[4]	−3,511	(−3,320)	3,283	(3,197)	−228	(−123)
証券投資[5]	1,979	(608)	243	(991)	2,222	(1,599)

注：1）カッコは S.C.B., July 2009, Table 9〜11 より．
　　2）SCB ライン 50．
　　3）同ライン 63．
　　4）債権はライン 51，債務はライン 64．
　　5）債権はライン 52，債務はライン 65, 66, 67．
出所：S.C.B., July 2010, Table 9〜11 より．

が 3558 億ドルで，前者が後者を大きく上回っている（差額は 4621 億ドル）．一般的に考えると，在米銀行等，ノンバンクのドル建債務の赤字 3558 億ドルが両建部分の減少の最高額となろう．したがって，両建取引ではない米のドル建債権の引き揚げ（引き揚げ額の超過分 4621 億ドル）がどのように行なわれているかが問われなければならない．

　上に述べたドル建債権・債務の両建の変化以外に，米のドル建債権（非居住者にとってはドル債務）のみが減少するという事態が生まれるとすると，どの

ような事態が考えられるであろうか．それは，非居住者が外貨をドルに換えてドル建債務を返済する場合しかありえないだろう．この場合には非居住者のドル債権（米にとってはドル負債）には変化が生まれない．しかし，この事態が実際に進行すれば前述のようにドル相場は急激に上昇するだろう．前述のように，実際はそのほとんどはFRBと先進諸国の中央銀行とのスワップ協定によるドル資金の供給だったのである．

次に外貨取引をみよう．米の外貨を借り入れての対外投資（c），ドルを外貨に換えての対外投資（d）の検討である．表4-6によると，外貨建債権（c＋d）は在米銀行等の自己勘定は引き揚げとならず，対外投資が108億ドルとなっているが，顧客勘定では引き揚げで73億ドルとなっている．ノンバンクでは債権が294億ドルの引き揚げになっている．しかし，債務の方は在米銀行等（自己勘定，顧客勘定）では債務の減少が173億ドルあり，収支は208億ドルの赤字，ノンバンクでは債務の減少が755億ドルで，収支は461億ドルの赤字である．在米銀行等とノンバンクの計の収支は669億ドルの赤字である．

08年の外貨取引は，債権では在米銀行等とノンバンクの計で259億ドルの黒字，債務（海外からみると債権）の方は928億ドルの赤字（引き揚げ）となり，収支は669億ドルの赤字（引き揚げ）となっている．つまり，海外部門による対米外貨債権が引き揚げられているのである．これらの事態は次のように考えてよいだろう．

米金融機関が外貨を借り入れ，その外貨で投資（「外貨－外貨」投資）していたところ，外国金融機関が外貨建貸付・投資を引き揚げ，それに伴って米金融機関の投資も引き揚げられた（両建）と考えよう．その部分は928億ドルである．つまり，米の外貨債務が928億ドル減少しているから，それに伴って外貨債権も928億ドル減少している（cの部分）とまずは考え，ところが，08年には米の外貨建投資は259億ドルの引き揚げであるから，ドルを外貨に換えての投資（d）を考慮する必要がある．それは669（928－259）億ドルであると考えられる．両建部分に対応する債権の減少が928億ドルであるのに，ドルを外貨に換えての対外投資が08年には669億ドルあったために，在米銀行等とノンバンクの外貨建債権額は259億ドルの黒字になっているのである（つまり，$c=928$，$d=-669$，＋は引き揚げ，－は投資）．

ところが，上にみたのは在米銀行等とノンバンクの対外取引である．アメリカの全対外投資は在米銀行等とノンバンクの部分がすべてではない．これらの機関以外の「その他」部門の対外投資がある．それを考慮する必要があるのである．在米銀行等とノンバンクの債権の合計は8438億ドルの黒字であるが，全米の対外投資（SCBライン50）は6905億ドルの黒字であったから，在米銀行等とノンバンクを除く「その他部門」の対外投資は1533億ドルの赤字（引き揚げでなく投資）となる．内訳は直接投資（SCBライン51）が－3511億ドル，証券投資（ライン52），＋1979億ドル（引き揚げ）である．他方，在米銀行等とノンバンクの債務の合計は4486億ドルの赤字（引き揚げ）で，全米の対外債務は960億ドルの赤字（引き揚げ――SCBライン63）であったから，「その他」部門の対外債務は3526億ドルの黒字（引き揚げでなく海外からの投資）となる．内訳は直接投資（SCBライン64）が＋3283億ドル，財務省証券投資（ライン65）が＋1614億ドル，その他証券投資（ライン66）が－1665億ドル（引き揚げ），ドル紙幣（ライン67）が＋292億ドルである．

　以上のように，在米銀行等とノンバンクの金融機関の対外取引は債権と債務の両方で投資の「引き揚げ」が行なわれているが，「その他」部門はネットでの対外投資を行なっており投資も受けている．しかし，「その他」部門の対外取引も大部分が直接投資になっている．08年の米の対外直接投資（ライン51）は3511億ドルとほぼ例年の水準にのぼっている．このうちには銀行等の金融機関の直接投資も含まれようが，大部分は「その他」部門によるものだろう．

　在米銀行等とノンバンクのドル建対外投資を「a_1」とすると，「a_1」は引き揚げの8179億ドルである．また，前述のように在米銀行等とノンバンクが外貨を調達し，それを対外投資に当てる部分をc_1とすれば，$c_1 = 928$，さらに，在米銀行等とノンバンクによるドルを外貨に換えて行なう対外投資をd_1とすると，$d_1 = -669$であった．

　さて，「その他」部門の対外債権は引き揚げでなく1532億ドルの投資となっていたが，この通貨別区分を示す統計は *SCB* だけでなく他の米公表資料にも存在しない．そこで，仮定を設け推定額を算出する以外にない．直接投資から検討していこう．直接投資は引き揚げでなく3511億ドルの投資となっている．このうち，とりあえず，ドル建で行なわれる部分（a_2）[33]を40％，外貨を調達

して行なわれる部分（c_2）を30％，ドルを外貨に換えて行なわれる部分（d_2）を30％としよう．そうすると，$a_2=-3511\times0.4=-1404$, $c_2=-3511\times0.3=-1053$, $d_2=-3511\times0.3=-1053$ となる．

次に，対外証券投資は1979億ドルの黒字（引き揚げ）であった．この通貨区分についてはドル部分（「a_3」）[34]を40％，外貨資金の調達分（c_3）を30％，ドルを外貨に転換する分（d_3）を30％とすると，「a_3」$=1979\times0.4=792$, $c_3=1979\times0.3=594$, $d_3=1979\times0.3=594$ となる．これらの比率ははっきりした根拠がないが，一応のものとしておこう．

以上から，「a」$=$「a_1」$+a_2+$「a_3」$=8179-1404+792=7567$, $c=c_1+c_2+c_3=928-1053+594=469$, $d=d_1+d_2+d_3=-669-1053+594=-1128$ となる．もちろん，これらはきわめてラフな数値である．なお，「a」の中には米の対外直接投資のうちドル建部分（約1404億ドル）が含まれており，ドル建対外直接投資1404億ドルに相当する「代わり金」も発生している（後述）．

⑤地域別国際収支表から

それでは，対米投資（米からは「負債項目」）の方を検討していこう．まずは，「その他」地域が最終的に残すドル建経常黒字分 $\{\theta(=A_1d)-m_1\}$ である．米の地域別国際収支表（表4-5）によると，EUの対米直接投資は1688億ドル，日本のそれは357億ドルで，計は2045億ドルである．対米直接投資の全額は3197億ドルであるから，「その他」地域のそれは1152億ドルである．「その他」地域はドル建経常黒字でもって対米投資に当てているはずであるから，この1152億ドルが $\{\theta(=A_1d)-m_1\}$ の下限額になっている（$\{\theta-m_1\}\geq1152$）はずである[35]．

ところが，次のことを考えなくてはならない．米の経常収支赤字（A）は次の式で表わされた．$A=A_1+(A_2e+A_2d+\gamma)+(\beta-\alpha)$ である．$A_2d+\gamma=$「在米外国公的資産」$=5507$であるから，$6700-5500=(A_1+A_2e)+(\beta-\alpha)$，つまり，$(\theta+A_1e)+A_2e+(\beta-\alpha)=1200$ ということである．しかも，$\theta(=A_1d)\geq1152$であるから，少なくとも $A_1e+A_2e+(\beta-\alpha)\fallingdotseq0$ でなければならない．このようなことは考えにくいから，「その他」地域の対米直接投資（1152億ドル）のうち，一定額は「その他」地域が米金融機関等からドル建資金を調達し

て行なっていると考えざるを得ない．すなわち，実際は $\theta \geqq 1152$ ではないのである．

　$(\beta-\alpha)$ の額を検討しよう．$(\beta-\alpha)$ はEU・日本の「統合」されたドル以外の通貨建・経常収支黒字であり，それぞれの国のドル以外の通貨建黒字が合算されたものではない．それら相互の諸国間の黒字，赤字は相殺されている．したがって，$(\beta-\alpha)$ を算出した統計はないが，それほど大きな額にはならないはずである．ユーロ地域の経常収支とその地域区分，日本の経常収支とその地域区分を示す統計があるので，ここではそれらの統計を利用しよう．08年におけるユーロ地域の経常収支は936億ユーロ[36]（約1300億ドル）の赤字である．また，同地域の対日経常収支は432億ユーロの赤字[37]（約600億ドル）で，ユーロ地域の日本を除く地域との経常収支は約700億ドルの赤字となる．一方，08年における日本の経常収支は16兆3798億円の黒字[38]（約1600億ドル）である．また，日本のユーロ地域との経常収支は7兆2203億円の黒字[39]（約700億ドル）で，日本のユーロ地域を除く地域との経常収支は，9兆1595億円（約900億ドル）である．したがって，ユーロ地域・日本の「統合」されたドル以外の通貨での経常収支 $(\beta-\alpha)$ は200億ドルの黒字となる（$\beta-\alpha=-700+900=200$）．

　とすると，$(\theta+A_1e)+A_2e+(\beta-\alpha)=1200$ であったから，$\theta+(A_1e+A_2e)=1000$ となる．「その他」地域は，対米直接投資のために米金融機関等からドル資金を調達しなければならないぐらいであるから，ドル建経常黒字の中からユーロダラー市場へドル資金を移すことはほとんど出来ないはずである．したがって，$(A_1e+A_2e) \fallingdotseq 0$ となるはずであり，$\theta \fallingdotseq 1000$ となり，「その他」地域の対米直接投資が1200億ドルであったから，同地域が対米直接投資のために米金融機関等からドル建資金を調達した額は約200億ドルとなる．それと同時に，その「代わり金」(a) が200億ドル生まれる．

　次は b_1 の検討である．先に，ユーロ，円，ポンド等の外貨をドルに換えて，EU・日本がドル債務の返済 (b') を行なうことはほとんどないと前に指摘した．また，サブプライム・ローン問題の顕在化以降，外貨をドルに換えての対米証券投資も行なわれていないであろう．b_1 が存在するとすれば，対米直接投資のためにユーロ，円，ポンド等がドルに転換されている場合であろう．この検

討のために米の対日国際収支を見よう（表4-5）．日本の対米資産増は1199億ドルであるが，このうちにはドル準備が含まれている．その額は約320億ドル（3兆2000億円）[40]で，それゆえ民間対米投資は880億ドルである．他方，対日投資は472億ドルの引き揚げで，スワップ協定の実行額は1227億ドルになっている．対日投資の引き揚げと日本の対米投資の原資はこのスワップ協定の実行額によるとすれば，前者が1352億ドル，後者が1227億ドルで，前者が125億ドル上回る．したがって，この125億ドルが，357億ドルの対米直接投資のうちの円をドルに換えての分としよう．

米の対EU国際収支が，また，対英国際収支が表4-5に示されているが，この表から対米直接投資に占めるb_1を検討するとっかかりを得ることは難しい．そこで，やむを得ずEUによる対米直接投資のうち半分がユーロ等の外貨をドルに換えて行なわれ，残りの半分が米金融機関等からドル資金を調達して行なわれたことにしておこう．そうすれば$1688 \div 2 = 844$億ドルがb_1となり，日本の分と合わせてb_1は約1000億ドルになる．また，米の金融機関等はドル建投資を行なったことになり，その「代わり金」(a)が844億ドル生まれることになる．「その他」地域の「代わり金」が前述のように200億ドルであったから，「代わり金」(a)の形成は合計で約1000億ドルとなる．さらに，米の対外直接投資のうちドル建部分が約1400億ドル存在したから，「代わり金」は約2400億ドルとなる．米によるドル建資産が約7500億ドル減少していることを先にみたが，ドル建対外投資が約2400億ドルあるのであるから，実際の引き揚げ額はこの約2400億ドルを加算した額（約9900億ドル）になる．

(2) 08年の諸項目の概念的概算値

①暫定値の提示

以上から，米国際収支の概念的区分における諸項目の概算値を提示することができる（表4-7）．米の対外投資の「a」，c，dはすでに算出されている．「a」$=7567$，$c=469$，$d=-1128$であった．

対米投資のうち，b_1（EU・日本による外貨をドルに換えての対米投資）は対米・直接投資でEU・日本の計で約1000億ドルであった．EU・日本による外貨をドルに換えての対米投資については，直接投資以外の対米証券投資等に

表 4-7 2008 年の米国際収支の概念的概算値

(億ドル)

(1)	経常収支（SCB ライン 77）	−6,700
(2)	民間投資収支	5,900
	①対米投資（SCB ライン 63）	−1,000
	ア）$\theta(=A_1d)-m_1$	1,000
	イ）a'	−4,900
	ウ）$a-m_2$	2,400
	エ）b_1	1,000
	オ）c	−500
	②米の対外投資（SCB ライン 50）	6,900
	ア）「a」	7,500
	イ）c	500
	ウ）d	−1,100
(3)	ドル準備（$=A_2d+\gamma$）（SCB ライン 56）	5,500
(4)	スワップ協定の実行額（$=SW$）（SCB ライン 49）	−5,300
(5)	デリバティブ（SCB ライン 70）	−300
(6)	統計上の不一致（SCB ライン 71）	850

出所：*S.C.B.*, July 2010, July 2009 をもとに筆者が作成．

は 08 年は存在しないと考えた．また，EU・日本による外貨をドルに換えてのドル建債務の返済もありえないものとした．米のドル建対外投資は，米の対外直接投資のドル建部分（1404 億ドル）に加えて，EU・日本，「その他」地域による対米直接投資のために約 1000 億ドルあったと考えたから，計で 2400 億ドルの「代わり金」が存在するものとした．米のドル建投資から形成される「代わり金」からの「漏れ」（$=m_2$）は，米のドル建投資が直接投資に関連したものであるから生まれないものと考えられる．

また，対米投資のうち，「その他」地域のドル建投資（$\theta-m_1$）がいくらの金額になるかであるが，$\theta\fallingdotseq 1000$ であったし，$A_1e+A_2e\fallingdotseq 0$ であるぐらいであるから，$\theta(=A_1d)$ からドル以外の通貨へ転換して投資が行なわれることはほとんど考えられないだろう．$m_1=0$ であると考えられる．しかし，ヨーロッパ，日本等のドル建資産の売却高（a'）がいくらになったかはまったくわからない．ところが，対米投資は全額で 1000 億ドルの引き揚げで対米投資の他の諸項目の概算値がでているから，$(\theta-m_1)+a'=-3900$ となる．また，$\theta=1000$，$m_1=0$ であったから，$a'=-4900$ となる．

② 08 年の国際収支構造とドル危機

アメリカによる 08 年のドル債権の引き揚げは式(ア)，つまり，$a'+\{(A_1-\theta)+A_2e\}+b'+Sw=7500$ で表現された．$A_1=A_1d+A_1e$，であり，$A_1d=\theta$ であったから，この式は $a'+(A_1e+A_2e)+b'+Sw=7500$ である．しかし，米のドル建対外投資が新規に約 2400 億ドルあったから，米による実際のドル資産の引き揚げはそれを加算した額，約 9900 億ドルになろう．また，b' はゼロであった．さらに，Sw のうち約 800 億ドルは日本によって対米投資に当てられた．したがって，$a'+(A_1e+A_2e)=7500+2400-(5300-800)=5400$ となる．

また，a'，(A_1e+A_2e) の金額は算出されていた．前者が 4900，後者はほぼ 0 であった．したがって，500 億ドルの誤差があるが，誤差が 500 億ドルにとどまっているということは，これまでの暫定値の算出に大きな誤りがないことを示すものと考えたい．しかし，500 億ドルの誤差はこれまでの暫定値の算出にいくつかの恣意性があったこと，SCB の統計は 2010 年と 2009 年の両者を利用せざるを得なかったこと，さらに，「統計上の不一致」が 850 億ドルにのぼっていること，さらに，03 年のアメリカの輸入におけるドル建比率は 90％[41]であったが，08 年にもアメリカは一定額のドル以外の諸通貨で経常収支赤字をもっているはずである．しかし，本章ではアメリカの貿易はすべてドル建とした．このことも誤差を生み出している一因である．

本章では，米国際収支統計として SCB の 2010 年の号と 2009 年の号を利用した．2010 年の号には 08 年の地域別国際収支が掲載されていないからである．そのために一定の誤差が生まれることは避けられない．そこで，補論 1 を以下に設定し，2009 年の号の統計値を全部使って概算値を示しておきたい．

しかし，その補論について言及する前に，2008 年のアメリカの金融危機時における国際収支構造とドル危機の関連について簡単に論じておきたい．08 年のアメリカの金融危機はアメリカの国際収支構造を劇的に変化させ，米の対外投資，対米投資の引き揚げが行なわれた．ところが，ドル相場の急落＝深刻なドル危機をもたらさなかった．その原因は，ヨーロッパ等の金融機関がリーマン・ショック以前に米の金融機関等から多額のドル資金を調達しており，リーマン・ショック直後にその返済に迫られたからである．一挙にヨーロッパを中心に「ドル不足」が発生し，ドル相場の急落は生じなかったのである．ヨー

ロッパ等の金融機関は米へのドル債務の返済のために経営状態が悪化し，結局，そのドル資金のかなりの部分が急遽スワップ協定を通じてFRBによってヨーロッパなどへ供給されることになった．

第3章で論じたように，米経常収支赤字が「広義の資本収支」の黒字によってファイナンスされるということは，$(b_1+b_2)=(\beta-\alpha)+(m_1+m_2)+d$であった．しかし，EU・日本の為替市場介入がない場合（b_2ではなくγの場合），この式の左辺はb_1となる（前述）．ドル危機が発生するとしたら，(b_1+b_2)が発生せず，$(\beta-\alpha)$，またm_1がかなりの額になること，したがって，dがかなりの額の引き揚げになる事態である，さらに，ドル危機の発生時には米のドル建対外投資が抑制され，したがって，その「代わり金」からの「漏れ」（＝m_2）も小さくなる．本論で論じてきたように，08年にはb_1が約1000億ドルに達し，また，dも約1100億ドルの赤字になっている．また，$(\beta-\alpha)$も約200億ドルと少額にとどまり，ドル危機が発生する国際収支構造になっていない．08年には日本による為替市場介入はなかったから，$b_1=(\beta-\alpha)+(m_1+m_2)+d$に08年の数値を挿入していくと，左辺が1000，右辺が，1300（＝200＋0＋1100）であった．差が300億ドルほどあるが，これは誤差であろう．しかし，ドル危機を生み出すほどのものになっていないと考えられる．08年のアメリカ発の世界的な金融危機は，以上のような次第で本格的なドル危機を発生させるには至らなかったのである．

補論1：*SCB* 2009年7月号の統計値を使った概算値の算出

(1) 08年の「a」，c，dの算出

表4-6（2009年の*SCB*）より，「a_1」＝8078，c_1＝1141，d_1＝－1163である．算出の方法は本論と同じである．また，米の対外直接投資が3320億ドルであり，それらの通貨構成は本文と同じように，ドル建部分（「a_2」）を40％，外貨を調達して行なわれる部分（c_2）を30％，ドルを外貨に換えて行なわれる部分（d_2）を30％としよう．そうすると，$a_2=-3320\times0.4=-1328$，$c_2=-3320\times0.3=-996$，$d_2=-3320\times0.3=-996$である．また，米の対外証券投資は608億ドルの引き揚げである．本文と同様に，この通貨構成をドル部分（「a_3」）を

40%, 外貨資金の調達分 (c_3) を 30%, ドルを外貨に転換していた分 (d_3) を 30% とすると,「a_3」=243, c_3=182, d_3=183 となる. したがって,「a」=「a_1」+a_2+「a_3」=8078−1328+243=6993, c=c_1+c_2+c_3=1141−996+182=327, d=d_1+d_2+d_3=−1163−996+182=−1977 である.

(2) 対米投資における a (「代わり金」を原資とする投資), b_1 の算出

対米直接投資の地域区分は 09 年の *SCB* の統計値であるから本文の統計値と変わらない. すなわち, 外貨をドルに換えて行なわれる対米直接投資の部分 (b_1) が 1000 億ドル, アメリカの金融機関等からドル資金を調達して行なわれる対米直接投資分が 800 億ドルである. しかし, 米の対外直接投資のうち, ドル部分 (a_2) が 1328 億ドルであるから, 米のドル建対外投資 (a) は計で約 2100 億ドルとなり, それに相当する「代わり金」(約 2100 億ドル) が生まれている. a は直接投資に関連するものであったから, それからドル以外の外貨に換えられる部分はないものとした (m_2=0).

(3) θ, m_1, a', (A_1e+A_2e) の仮定値と誤差について

以上から 08 年の米国際収支の諸項目の概算値は補表のようになる. 諸項目の構成は本文と同じである. ($\theta-m_1$)+a'=−2300, a'=−2300−θ+m_1 であり, $\theta \geq 1200$ である. また, A=A_1+($A_2d+A_2e+\gamma$)+($\beta-\alpha$) であり, A=7000, $A_2d+\gamma$=4870 であるから, $A_1+A_2e+(\beta-\alpha)$=7000−4870=2130 であり, また, ($\beta-\alpha$) は本文と同じで 200 であるから, A_1+A_2e=1930 となる. $A_1=A_1d(=\theta)+A_1e$ であるから, $\theta+A_1e+A_2e$=1930 である. $\theta \geq 1200$ であったから, θ=1400 とすれば, A_1e+A_2e=530 となる. また, a'=−2300−$\theta+m_1$ で, 仮に m_1=200 とすれば a'=−3500 となる. これらはきわめてラフな値である.

ドル債権の引き揚げは式(ア)によって, a'+{($A_1-\theta$)+A_2e}+b'+Sw で, $A_1=A_1d(=\theta)+A_1e$ であるから, この式は a'+(A_1e+A_2e)+b'+Sw となる. b'=0 であり, スワップ協定の実行額 (Sw) は 5300 億ドルであったが, このうち, 対米投資に当てられた部分が 800 億ドルあった. また, 補表の概算値では「a」は 7000 億ドルであるが, この中には米のドル建対外投資が 2100 億ド

補表 2008年の米国際収支の概念的概算値

(億ドル)

(1)	経常収支（SCB ライン 77）	$-7{,}000$
(2)	民間投資収支	$5{,}800$
	①対米投資（SCB ライン 63）	500
	ア）$\theta(=A_1d)-m_1$	$1{,}200$
	イ）a'	$-3{,}500$
	ウ）$a-m_2$	$2{,}100$
	エ）b_1	$1{,}000$
	オ）c	-300
	②米の対外投資（SCB ライン 50）	$5{,}300$
	ア）「a」	$7{,}000$
	イ）c	300
	ウ）d	$-2{,}000$
(3)	ドル準備（$=A_2d+\gamma$）（SCB ライン 56）	$5{,}000$
(4)	スワップ協定の実行額（$=SW$）（SCB ライン 49）	$-5{,}300$
(5)	デリバティブ（SCB ライン 70）	-300
(6)	統計上の不一致（SCB ライン 71）	$2{,}000$

出所：*S.C.B.*, July 2009 をもとに筆者が作成.

ル含まれていたから，米の実際のドル資産の引き揚げ額は7000億ドルに2100億ドルを加えた9100億ドルなる．

　式(ア)にそれぞれの数値を挿入すると，$3500+530+(5300-800)=8530$ となる．したがって，570億ドルの誤差（$9100-8530$）がある．また，$b_1=(\beta-\alpha)+(m_1+m_2)+d$ であったが，$b_1=1000$，$(\beta-\alpha)=200$，$(m_1+m_2)=200$，$d=2000$ であったから，左辺が小さく，右辺が大きい．これはドル危機が発生するパターンである．典型的なドル危機時のパターンは b_1 が小さく，m_1 が大きくなり，それを補完するように d が引き揚げになるパターンである．08年にはそこまでは至ってないであろう．むしろ，上記の数値には誤差が含まれていると考えるのが適当である．これらの誤差は，算定に際して多くの恣意性が含まれていたこと，「統計上の不一致」が09年7月号の *SCB* では2000億ドルとかつてない規模になっているからであろう．さらに，本文で記したようにアメリカは一定額のドル以外の諸通貨で貿易赤字をもっているが，本章ではアメリカの貿易のすべてがドル建で行なわれているとした．これも誤差を生み出す1つの要因である．

　しかし，$A_1e+A_2e=530$ であった（本文ではゼロであった）．ということは，

第4章　資本収支の概念上の区分と諸項目の概算値

「その他」地域がもつドル建経常黒字のうち 530 億ドルがオフショア市場へ移され，イギリス等の金融機関はその資金で以前のドル債務を返済しているということを表現している．

補論 2：2009-10 年の国際収支とドル危機時の構造

2009 年，2010 年の米国際収支構造についてごく簡単に述べ，そのあとドル危機時発生時の国際収支はどのような構造になるのかを再度確認しておきたい．
まず，2009 年の国際収支である．表 4-1 に示されているように「米政府の外貨保有」（ライン 49）が 5433 億ドルの黒字になっている．つまり，スワップ協定に基づく FRB のドル資金供給が海外中央銀行より返済され，FRB による外貨保有も返却されている．他方，米の対外投資は 6284 億ドルにものぼり，このドル資金の返済の原資は米民間部門によって供給されていることがわかる．さらに，対米投資も 1444 億ドルが引き揚げられ，ヨーロッパ等の金融機関はその資金で自国の中央銀行へ前年の借入を返済していることがうかがい知れる．08 年とまったく逆のことが生じているのである．また，米の経常収支赤字は金融危機によってアメリカにおける消費が落ち込み，07 年水準の約半分に減少している．そのファイナンスは在米外国公的資産（ドル準備）によってなされている．さらに，統計上の不一致が 1308 億ドルになっている．その額は米の対外投資と米政府の外貨保有の差額である．おそらく，これまでと同じように，SCB ののちの号は以上の統計値を改定し，統計上の不一致は半分ぐらいに縮減されるだろうと思われる．
2010 年は統計上の不一致が 2168 億ドルにもなっている．重要なのは 2010 年には経常収支赤字（4709 億ドル）が再び増加し始め，そのファイナンス問題がなくなっていないことが確認できることである．そのファイナンスの半分以上がドル準備（3498 億ドル）によって行なわれている．中国等のドル準備が依然としてファイナンスに重要な役割を果たしている．さらに，対米投資が 8960 億ドルの黒字となり 07 年以来再び復活している．2007 年以前の国際収支構造に戻りつつある．
今後，ドル危機が生じるのかどうか．そのときには，どのような概念的国際

収支構造が現われるのか．それを簡単に述べておこう．中国等のドル建経常黒字を保有している「その他」地域はその黒字の大部分を結局はドル準備等のかたちで「債務決済」として受け入れざるを得ない．前章と本章はそのことを示してきた．また，米経常収支赤字が「広義の資本収支」の黒字によってファイナンスされるということは，EU・日本による為替市場介入が行なわれている場合，$(b_1+b_2)=(\beta-\alpha)+(m_1+m_2)+d$ となることであった[42]．

しかし，この式は，アメリカの公的準備資産，準備資産以外のアメリカ政府対外資産を含まないものであった．その理由は08年や09年のような年以外にはそれらは少額で無視するほどのものであったからである．しかし，ドル危機が発生しうるような時期にはそれらを無視することはできないであろう．そこでそれらの項目を式に導入しよう．その式は第3章の注14に記されていた．「広義の資本収支」$=(A_1+A_2)+(b_1+b_2)-(m_1+m_2)-(d+X)$（Xはアメリカの公的準備資産，準備資産以外のアメリカ政府の対外資産の変化），である．また，$A_1+A_2=A-(\beta-\alpha)$ であったから，「広義の資本収支」$=A-(\beta-\alpha)+(b_1+b_2)-(m_1+m_2)-(d+X)$ となる．経常赤字が「広義の資本収支」でファイナンスされる条件は，したがって，$-(\beta-\alpha)+(b_1+b_2)-(m_1+m_2)-(d+X)=0$ となること，つまり，$(b_1+b_2)=(\beta-\alpha)+(m_1+m_2)+(d+X)$，となることである．

この式を基準にドル危機の可能性を考えよう．ドル危機を生み出す諸条件は第1に一定額の b_1（EU・日本のユーロ，円等をドルに換えての対米投資）が生まれず，第2に $(\beta-\alpha)$ と m_1 がかなりの額になることである（ドル危機発生時にはアメリカのドル建対外投資が抑制され m_2 も小さくなろう）．このような事態の時にはドル相場が下落しているであろうから，数カ月以上の期間の b_1 は為替スワップを利用できないからさらに減少していく（為替リスクの増大のために）．したがって，ドル危機的状況が生まれてきたときにアメリカのドルを外貨に換えての対外投資の引き揚げ（dがマイナス）がなければ，b_2（ドル建黒字をもたない日本・EUによる為替介入）の増大が必須となる．しかし，EUは例外的にしか為替介入を行なわないから，b_2 は日本当局の意図に負うところが大きくなろう．

また，ドル危機的状況を阻止するためにアメリカ当局は準備資産等を使った

ドル支持を行なわざるを得ないが（Xがマイナスへ，アメリカの公的準備資産，準備資産以外のアメリカ政府の対外資産の減少），アメリカ当局は多額の準備資産等の対外資産をそれほど多く保持していないから，中央銀行間のスワップ協定を結ぶか，IMFの準備的資金を利用するかになっていくであろう．

注
1) 06年を分析する第1節においては，米国際収支表は基本的に09年7月号の *SCB* を利用した．この号においては06年の国際収支諸項目の統計値を07年7月号の統計値から大幅な改定を行なっているからである．しかし，06年の地域別の国際収支は09年7月号には記載されていなく07年7月号を利用せざるを得ない．
2) 拙稿「ドル建貿易赤字，投資収益収支黒字，「その他投資」の増大──2005年〜07年の日本の国際収支構造」『立命館国際研究』21巻3号，2009年3月，とくに，162ページ参照．
3) 日本の外貨準備の保有状況については拙書『円とドルの国際金融』ミネルヴァ書房，2007年，186ページに示されている．
4) ユーロ地域の外貨準備は06年には15億ユーロにとどまっている（ECB, *Monthly Bulletin*, May 2007, p. S 55）．この増加も「利息等」である．
5) SCBは2006年からデリバティブの項目（SCBライン70）を新しく提示し，これも経常収支赤字のファイナンス項目に加えられた（後述）．
6) これが，世界各国の経常赤字と経常黒字を合算してもゼロにならない1つの理由である．
7) b_2eの「利息等」はオフショア市場から米民間部門への資金流入となる．
8) 石油価格が上昇していった05年以降，日本のドル建貿易赤字の増大と国際収支構造の変容があった．前掲拙稿「ドル建貿易赤字，投資収益収支黒字の増大，「その他投資」の増大」を参照されたい．
9) オフショア市場は，流入してきたオイルマネーの一部を米以外の地域へ投資するであろうが，06年にはその部分は少ない額と推定される．というのは，06年はサブプライム・ローン問題が顕在化する前年でアメリカの金融バブルが最高潮に達した年であり，流入してきたオイルマネーのほとんどをアメリカへの投資に回したものと考えられる．
10) ここでアルファベットにダッシュをつけているのは，これら地域へのドル建対外投資，「外貨−外貨」投資，ドルを外貨に換えての対外投資，ユーロ，円等をドルに換えての対米投資を示している．
11) この式でアルファベットにダッシュをつけているのは，前注と同じである．
12) 米，EU・日を除く「その他」地域が全体でドル建経常黒字をもっているということ（前章図3-1参照）は，その黒字が米に対するものかどうかにかかわらず，そのドル建黒字が米における「ドル預金」としていったん積まれるということであり，アメリカはその「ドル預金」をまずは「自由」に使えるということである（前章の注6）

をみられたい).
13) 日本の投資では自国通貨をドル等の外貨に換えて行なう対外投資がかなりの額になる.円建対外投資が伸びにくいからである.海外諸国が円での借入を敬遠するからであり(為替リスクの発生),世界全体での円建投資の環境が整っていないからである.それゆえ,日本の経常黒字は円建であるが,それを外貨に換えての投資がかなりの額にならざるを得ない.しかし,円高になれば投資家の為替リスクが大きくなり,「円投」は伸びにくくなり,さらなる円高が生じ,当局の為替介入が行なわれる.
14) 財務省「外国為替平衡操作の実施状況」より.
15) 日銀『国際収支統計季報』より.
16) 本章では06年の国際収支の各項目の統計値について09年の6月号の *SCB* を用いたが,06年の米の地域別国際収支については *SCB* の07年6月号を用いた.09年6月号の *SCB* に記載されているのは08年の地域別収支であり,06年については記載されていないからである.地域別収支については07年6月号を用いたために06年の概算値の算出には「誤差」を伴うが,概算値の算出そのものに恣意性を免れ得ないから致し方ない.
17) 地域ごとの「統計上の不一致」については注意が必要である.表4-2では①〜③欄に参考の「統計上の不一致」を加えるとゼロに近くなる.アメリカが各地域ごとに国際収支の各項目の合計がゼロになることは実際にはない.全世界的にはゼロになるが.
18) もちろん,米のドル建取引は在米銀行の統計値に顧客勘定が含まれていたが,顧客の直接投資,証券投資が含まれていないから,表4-3に含まれている額がすべてではない.
19) IMF, *International Financial Statistics*, *Yearbook 2008*, p. 220 より.
20) *SCB*, July 2007, Table 11 より.
21) 前章でも論じたがEU・日本の経常黒字は各国の黒字の合計ではなく,EUと日本の間の黒字,赤字の相殺,EU諸国間の黒字,赤字の相殺を経た「統合された」黒字であることに注意が必要である.
22) 概念的には表4-4の(6)欄を除く(2)〜(5)欄である.しかし,06年には(4)(5)(6)欄は少額で実質的には(2)(3)欄である.
23) ユーロ地域の外貨準備の変化は15億ユーロの増加(ECB, *Monthly Bulletin*, May 2007, p. S 55)であるから,ほとんどゼロに近い.
24) *Ibid*., p. S 61.
25) 06年における日本の通貨別経常収支については,前掲拙稿「ドル建貿易赤字,投資収益黒字,「その他投資」の増大」を参照されたい.とくに162ページ.
26) 日本銀行『国際収支統計季報』2006年10-12月,46ページ.『季報』で示されているユーロ地域の国とはドイツ,フランス,オランダ,イタリア,ベルギー,ルクセンブルク,スペインである.
27) 本章では08年の国際収支表については2010年7月号の *SCB* を用いる.2010年の号は前年の号の統計値をかなり大きく改定しているからである.しかし,2010年の号には08年の地域別国際収支は記載されておらず,09年の地域別国際収支の統計値しか掲載していない.本章における08年の地域別国際収支分析には2009年7月号の

28) 　前注参照．
29) 　SCB ライン 55 は民間部門とドル準備を含むが，中国の対外投資規制はかなり厳重であるから大部分はドル準備と考えられる．
30) 　「統計上の不一致」の額が大きいばかりでなく，(＋)(－)がやや極端になっている．ヨーロッパ，EU 全体では(＋)，中国では(－)である．
31) 　この年，米国発の深刻な金融危機が発生しているにもかかわらずドルの相場は大きく下落していない．
32) 　「その他」地域がもつドル建経常黒字（$A_1+A_2=A_1e+A_1d+A_2e+A_2d$）のうちの民間部門が保有する分のうち一部（$A_1e$，民間部門が保有するドル建経常黒字のうち残り $A_1d=\theta$ は米に置かれる）とドル準備の一部（A_2e，残ったドル準備は A_2d）をオフショア市場へ移す可能性がある．つまり，（A_1e+A_2e）が移されると，その部分はオフショア市場の諸金融機関が米民間金融機関に所有する米資産となる（オフショ市場名義）．「その他」地域の民間部門が米民間金融機関に所有する資産は A_1d（$=\theta$）となり，A_2d は在米外国公的資産となる．さて，オフショア市場，とりわけイギリスの金融機関等は流入してきたドル資金（A_1e+A_2e）でもって以前のドル建負債を返却する可能性がある．そうすると，オフショア市場の諸金融機関が米民間金融機関に所有する米資産はなくなっていく（オフショア市場名義分がゼロに）．
33) 　この中には引き揚げは含まれず，それゆえカッコをつけない a_2 であろう．「代わり金」が発生する．
34) 　米のユーロダラー債，ドル建外債などへの投資の引き揚げであり，在米銀行等，ノンバンクのドル建債権の回収と同じで，カッコをつけて表記する．海外部門はドル資金の手当をしなければならず，ドル資産の売却などを伴うであろう．
35) 　本文では地域別国際収支の統計値および対米直接投資の全額については *SCB*, July 2009 の号を用いたが，July 2010 の号によると対米直接投資の全額は 3283 億ドルで改定の幅は 86 億ドルにすぎない．09 年の統計値を用いても大きな誤差は生まれないだろう．
36) 　ECB, *Monthly Bulletin*, May 2009, p. 62.
37) 　*Ibid*., p. 62.
38) 　日本銀行『国際収支統計季報』より．
39) 　同上．この統計におけるユーロ地域とは，ドイツ，フランス，オランダ，イタリア，ベルギー，ルクセンブルク，スペイン．
40) 　日本銀行『国際収支統計季報』より．
41) 　拙稿「ユーロ建貿易の広がりについて」『立命館国際研究』20 巻 1 号，2007 年 6 月，14 ページ，本書第 7 章参照．
42) 　$A=(A_1+A_2)+(\beta-\alpha)$，つまり，$(\beta-\alpha)=A-(A_1+A_2)$ であったから，この式は以下となる．$(b_1+b_2)=A-(A_1+A_2)+(m_1+m_2)+d$，すなわち，$A=(A_1+A_2)+(b_1+b_2)-(m_1+m_2+d)$ である．

第 2 部　ヨーロッパにおけるユーロの基軸通貨化とユーロ体制

第2部の第5章では，ユーロがイギリス，ロシアを除くほぼヨーロッパ全域において基軸通貨として機能していること，さらに，そのユーロでもって中長期の信用連鎖が形成され，ユーロ体制が形成されてきていることを示したい．ユーロは1990年代のマルクの直物為替取引における為替媒介通貨機能を西ヨーロッパで引き継ぐとともに，地域が外延的に中東欧にも及び，ロシア以外のほぼ全ヨーロッパに広がった．しかも，ユーロは同地域においてユーロの基準通貨機能，介入通貨機能，準備通貨機能を2000年代の早い時期に確実なものにし，国際信用の連鎖を深めてきた．いくつかの国では「ユーロ化」も進行している．ユーロ体制が成立しているといえよう．

　第6章では，ユーロの決済機構を論じる．ヨーロッパの諸通貨がユーロに統合されるということは，通貨統合以前のコルレス勘定，本支店勘定による決済機構に代わってユーロの決済制度が統一化され，そのことによって決済費用の単一化がほぼ実現されて為替相場が消失されるということである．ユーロの各地域における決済費用が大きく異なれば，通貨統合は意味をなさない．そのような意味で，第6章の課題はユーロ体制の形成の根幹に関わる分析となる．

　以上の第5章，第6章を受けて第7章では，ヨーロッパを中心にユーロ建貿易の広がり，とくに，中東欧においてはユーロが「第三国間貿易通貨」として利用されていることを示したい．さらに第8章では，ロンドン市場を中心に，ユーロとポンド，スイス・フラン，円との間の短期資金移動がどの程度進展しているかの検討を行なう．その結果，ロンドン市場においてはユーロとドル以外の諸通貨との短資移動は，ドルとユーロ，ドル以外の諸通貨の間の短資移動と裁定が図られながら一定の規模に達しているが，現時点では，なお，後者が主流であることを示し，ユーロ体制の形成は完結していないといえよう．とはいえ，第5章の諸表で示されているように，北欧，中東欧の外為市場では北欧・中東欧通貨とユーロのスワップ取引額が，それら通貨のドルとの取引額に迫り，北欧・中東欧諸通貨とユーロとの短資移動がかなり活発になってきていることがしれよう．

　なお，本書執筆時の制約からギリシャからはじまったヨーロッパ経済危機については本格的に論じられていない．第5章でユーロ信用連鎖の脆弱性，第6章でTARGET Balancesの累積が記されているにとどまる．

第5章

ユーロの基軸通貨化とユーロ体制の成立

　本章では，イギリス，ロシアを除くヨーロッパのほぼ全域においてユーロが基軸通貨としての地位を獲得していること，さらに，そのユーロでもって国際信用連鎖が形成され，ユーロ体制なるものが形成されてきていることを再確認したい[1]。

　そのためには中東欧を含むヨーロッパのほぼ全地域においてユーロが直物・外為市場において為替媒介通貨として機能していること，イギリス市場以上にその他の欧州外為市場においてユーロとヨーロッパ諸通貨とのスワップ取引が増加してきていること，また，北欧，中東欧の諸通貨にとってユーロが基準通貨，介入通貨，準備通貨として機能していること，したがって，ユーロが為替媒介通貨，基準通貨，介入通貨，準備通貨の国際通貨諸機能をあわせもっていることを明らかにしなくてはならない．また，ユーロ建債務証券・銀行借入などの国際信用連鎖形成の状況を把握しなければならない．

　本章では以上のように，ユーロの基軸通貨としての地位とユーロ体制の形成を確認し，そのあと，リーマン・ショックとその後のギリシャ，イタリア，スペインなどの財政・金融危機によるユーロの「不安定化」について簡単に触れたい．しかし，ギリシャ，イタリア，スペインなどの財政・金融危機の全面的な分析は，国際通貨論的分析だけでは収まらない．したがって，本著でのユーロの動揺の議論は限定されている．そうはいえ，現時点におけるヨーロッパにおけるユーロ体制はどのような状況にあるのだろうか．このことの解明も本章の重要な課題である．

1. ヨーロッパの外為市場におけるユーロの地位[2]

(1) イギリス市場

　まず，イギリスの外国為替市場での取引をみることにしよう．ここでは，紙幅の関係上 2010 年のみを示すにとどめたい[3]．表 5-1 である．

　直物取引においてドル/ユーロの取引（2261 億ドル）が全体（6423 億ドル）の 35.2% であり，ドル/ポンド，ドル/円もそれぞれ 769 億ドル（12.0%），674 億ドル（10.5%）と 3 つの取引で全体の 57.7% に達している．円を除く「ドル圏」の諸通貨（オーストラリア・ドル，カナダ・ドル，ニュージーランド・ドル，メキシコ・ペソ，シンガポール・ドル，韓国ウォンなど）とドルの取引は，2010 年にもそれら諸通貨とユーロの取引を圧倒している．ユーロ/カナダ・ドルの取引は 18 億ドル，ユーロ/オーストラリア・ドルの取引は 14 億ドルにすぎない．また，南アフリカ・ランド，トルコ・リラ，ロシア・ルーブルとドルの取引も一定額に達しており，これら諸通貨が「ドル圏」に属していることがわかる．

　しかし，ポンド，スイス・フランを除くヨーロッパ諸通貨とドルの取引額は，それらの諸通貨とユーロの取引額を下回っている．スウェーデン・クローナの対ユーロ取引は 43 億ドルに対して，同通貨の対ドル取引は 30 億ドル，ノルウェー・クローネの対ユーロ取引は 30 億ドルに対して，対ドル取引は 21 億ドル，ポーランド・ズロティの対ユーロ取引は 35 億ドルに対して，対ドル取引は 11 億ドルである．スイス・フランも対ユーロ取引（190 億ドル）が対ドル取引（278 億ドル）に近づいてきており，ユーロ/ポンドの取引も 280 億ドルに達してきている．

　ロンドン市場においてロシア・ルーブルを除くヨーロッパ諸通貨の交換ではドルよりもユーロがより多く為替媒介通貨として利用されていることがわかる．ユーロ/円の取引（402 億ドル）はユーロ/ポンドの取引（280 億ドル）を上回り，円からヨーロッパ諸通貨への転換の際にはドルよりも，ユーロが為替媒介に使用される頻度がやや高いといえよう．さらに，ポンド/円，ポンド/スイス・フランの取引額も一定額になってきていることを忘れないでおこう．

表5-1 イギリス外国為替市場 (2010年4月中の1日平均)

(億ドル)

	直物取引					スワップ取引				
	報告銀行	その他の銀行	その他の金融機関	非金融機関	合計	報告銀行	その他の銀行	その他の金融機関	非金融機関	合計
①ドル/ユーロ	923	694	455	189	2,261	1,144	872	419	119	2,554
②ドル/ポンド	358	211	149	51	769	527	401	155	35	1,118
③ドル/円	287	164	156	67	674	443	242	112	20	816
④ドル/スイス・フラン	89	92	65	33	278	155	151	49	23	378
⑤ドル/オーストラリア・ドル	157	89	70	22	338	254	152	64	14	483
⑥ドル/カナダ・ドル	98	67	47	14	225	143	88	43	7.8	283
⑦ドル/メキシコ・ペソ	36	10	14	6.8	67	22	12	7.1	1.5	42
⑧ドル/ニュージーランド・ドル	31	17	14	3.0	65	70	33	16	3.3	122
⑨ドル/トルコ・リラ	25	14	14	0.2	53	35	27	10	0.6	72
⑩ドル/シンガポール・ドル	25	13	10	1.7	50	33	35	10	2.0	81
⑪ドル/南ア・ランド	20	16	5.7	1.0	43	22	23	13	1.7	59
⑫ドル/スウェーデン・クローナ	10	16	3.3	1.5	30	67	93	25	11	197
⑬ドル/ロシア・ルーブル	14	6.3	5.0	0.3	26	23	32	2.4	0.5	58
⑭ドル/韓国ウォン	2.5	12	7.6	0.1	22	3.7	0	0	0	3.7
⑮ドル/ノルウェー・クローネ	8.7	9.0	3.2	0.7	21	59	67	16	5.3	148
⑯ドル/ポーランド・ズロティ	6.5	3.0	1.5	0.3	11	44	26	7.1	3.8	81
⑰ドル/ブラジル・レアル	2.2	2.7	3.5	0.2	8.5	7.1	0	0	0	7.1
⑱ドル/人民元	1.9	2.5	1.5	0.2	6.0	11	0	0	0	11
⑲ドル/インド・ルピー	1.8	2.2	2.0	0.1	6.0	2.5	0	0	0	2.5
⑳ユーロ/ポンド	112	83	53	31	280	72	79	56	35	243
㉑ユーロ/円	123	120	107	52	402	15	27	16	8.6	66
㉒ユーロ/スイス・フラン	72	58	42	18	190	17	70	17	5.9	110
㉓ユーロ/スウェーデン・クローナ	17	18	6.1	2.7	43	2.6	6.0	5.4	4.9	19
㉔ユーロ/ノルウェー・クローネ	11	13	3.8	1.8	30	1.0	3.5	3.5	1.8	10
㉕ユーロ/ポーランド・ズロティ	19	11	4.0	1.1	35	3.4	3.9	2.5	2.1	19
㉖ユーロ/カナダ・ドル	8.4	5.8	2.4	0.9	18	2.6	4.8	2.9	1.8	12
㉗ユーロ/オーストラリア・ドル	6.0	4.0	3.2	1.1	14	4.1	6.9	5.4	3.1	20
㉘ポンド/円	26	11	15	6.6	59	8.9	5.7	5.1	1.7	21
㉙ポンド/スイス・フラン	3.9	3.8	2.8	0.7	11	2.1	2.1	2.2	0.7	7.0
㉚ポンド/オーストラリア・ドル	4.5	1.6	2.0	0.2	8.3	1.0	4.0	3.6	0.8	9.4
㉛ポンド/カナダ・ドル	2.4	3.1	1.0	0.1	6.6	1.2	0.3	0.8	1.0	3.2

出所: Foreign Exchange Joint Standing Committee, *Semi-Annual Foreign Exchange Turnover Survey, April 2010*, 26 July 2010, Table 1a, 1d より.

スワップ取引では，ドルを一方とする取引（6912億ドル）が全体（7562億ドル）の91.4％であり，ドルが圧倒的である．しかし，ユーロ/ポンド，ユーロ/スイス・フラン，ユーロ/円の取引が少しずつであるが増加してきている．ユーロ/ポンドは243億ドル，ユーロ/スイス・フランは110億ドル，ユーロ/円は66億ドルになっている．ユーロとこれら諸通貨の間の短資移動もある程度行なわれてきているといえよう．

ロンドン市場は世界で最も大きなハブ市場であるが，直物，スワップを問わずヨーロッパ諸通貨との取引が相対的に少なく，前述のように「ドル圏」に属している諸通貨との取引が相対的に多い．ユーロとヨーロッパ諸通貨との取引の状況は，以下に記されるヨーロッパ諸市場をみることによってより鮮明になるであろう．

(2) スイス，フランス，イタリア，スペインの各市場

ヨーロッパにおいて格段の差があるが，ロンドン市場に次いでグローバルな市場がスイス市場である（表5-2）．直物取引は578億ドルで，うちドル/ユーロの取引が37.6％（217億ドル）を占めている．スイス・フランの対ユーロ取引が対ドル取引をやや上回っているが，ドルの対ポンド，対円の取引は，ユーロの対円，対ポンドの取引が一定の規模に達しているとはいえ，前者が後者よりも多い．したがって，スイス市場における直物取引ではこれら諸通貨に関す

表5-2 スイス市場（2010年4月中の1日平均）

（億ドル）

	直物	スワップ
ドル/ユーロ	217	444
ドル/スイス・フラン	40	460
ユーロ/スイス・フラン	52	118
ドル/円	47	162
ドル/ポンド	63	141
ユーロ/円	21	12
ユーロ/ポンド	18	30
総計	578	1,729

出所：Swiss National Bank, *Turnover in foreign exchange and derivatives market*, 1 Sep, 2010, Annex to the Press release, p.5 より．

る限り，ドルとユーロの両者が為替媒介通貨として機能しているが，ドルの方が優位であるといえよう．

スワップ取引においてはドルが一方となる取引が圧倒的で，ドル/スイス・フラン，ドル/ユーロ，ドル/円，ドル/ポンドの4つのペアだけで1206億ドルにのぼり，全体（1729億ドル）の69.8%になっている．しかし，ユーロ/スイス・フランの取引はドル/スイス・フランの取引の25.6%，ユーロ/ポンドの取引はドル/ポンドの取引の21.2%になり，ユーロとスイス・フラン，ポンドとの短資移動に伴うスワップ取引が部分的に行なわれてきているといえよう（ユーロ/円の取引はドル/円の取引の7.3%であり，まだまだ低位である）．

次にユーロ地域のフランス市場，イタリア市場，スペイン市場の為替取引の状況をみよう．フランス市場はドイツ市場を上回ってユーロ地域で最大規模であり[4]，ドイツ市場についてはブンデスバンクの資料が限定的なので小論では残念ながら割愛せざるを得ない．フランス市場の取引が表5-3に示されている．

直物取引では総計（271億ドル）のうち，117億ドル（43.2%）がユーロ/ドルの取引，ユーロ/その他が56億ドル（20.7%）と合計で173億ドル（63.9%）

表5-3　フランス市場（2010年4月中の1日平均）

(億ドル)

	直　物	スワップ
ユーロ/ドル	117	447
ドル/ポンド	27	73
ユーロ/ポンド	18	59
ドル/スイス・フラン	7	66
ユーロ/スイス・フラン	11	14
ドル/円	16	155
ユーロ/円	1	9
ドル/オーストラリア・ドル	16	34
ドル/カナダ・ドル	7	35
参考		
ユーロ/ドル	117	447
ユーロ/その他	56	104
ドル/その他	88	486
総　計	271	1,043

出所：Banque de France, *Statistiques d'activité changes et dérivés* (*avril 2010*) *de l'Enquête triennale BRI*, 1 Sep. 2010, Tableau 5, 7 より．

である.ドル/ユーロの取引とドル/その他の取引(88億ドル)は合計で205億ドル(75.6%)となり,ドルが一方となる取引がやや大きな額になっている.詳細をみると,ポンドの対ドルの取引(27億ドル)は対ユーロの取引(18億ドル)を上回っているが,後者の取引額も前者に迫っている.他方,スイス・フランの対ユーロの取引(11億ドル)は対ドルの取引(7億ドル)を上回っている.しかし,円,オーストラリア・ドル,カナダ・ドルの取引はほとんどが対ドル取引である.

スワップ取引では総計(1043億ドル)のうち,ユーロ/ドルの取引が447億ドル(42.9%)でドル/その他の取引が486億ドル,ユーロ/その他の取引が104億ドルで,ドルを一方とする取引が大きく上回っている.しかし,ポンドの対ユーロの取引(59億ドル)は対ドルの取引(73億ドル)に迫ってきてほぼ互角になっており,フランス市場を利用したユーロとポンドの短資移動が顕著に現われている.しかし,スイス・フランの対ユーロ取引額はポンドの対ユーロ取引額と比べると少額であり,円,オーストラリア・ドル,カナダ・ドルなどの「ドル圏」に属している諸通貨の対ユーロの取引は低位である.

イタリア,スペイン市場については表5-4である.両市場の特徴はフランス市場とほぼ同じであるが,イタリア市場の方がユーロ取引の比重がやや高くなっている.イタリア市場における直物ではユーロが一方となる取引がドルを一

表5-4 イタリア市場,スペイン市場(2010年4月中の1日平均)

(億ドル)

	イタリア市場[1]	スペイン市場
直物	90	83
ユーロ/ドル	51	35
ユーロ/その他	20	15
ドル/その他	15	28
スワップ	177	168
ユーロ/ドル	111	68
ユーロ/その他	16	14
ドル/その他	50	80

注:1) 原表は4月中の取引額,1日平均に換算(営業日数は21日).
出所:Banca D'Italia, *Foreign Exchange and Derivatives Market Turnover in Italy*, 1 Sep. 2010, Table 2, Banco de España, *Foreign exchange and OTC derivative market turnover in Spain in April 2010*, 1 Sep. 2010, Table 4.6 より.

方となる取引を上回っている．しかし，スワップではユーロ/ドルの取引が全体の 62.7% になっている．スペイン市場ではそれは 40.5% とやや低い．残念ながら，両市場のユーロとポンド，スイス・フランなどの各通貨との取引の状況は公表されていない．

(3) デンマーク，スウェーデンの各市場

さらに，デンマーク市場，スウェーデン市場であるが，両国は早い時期から EU に属しながらユーロに参加していない国である．デンマーク市場（表5-5）は世界第 9 位の規模をもち，スウェーデン市場（表5-6）は第 12 位の規模をもっている．デンマーク市場における直物では，デンマーク・クローネの対ユーロの取引（24.9 億ドル）は対ドルの取引（3.5 億ドル）を圧倒（7.1 倍）し，デンマーク市場におけるユーロ/スウェーデン・クローナの取引（11.8 億ドル）

表5-5 デンマーク市場（2010 年 4 月中の 1 日平均）[1]

(億ドル)

	直 物	スワップ
ドル/ユーロ	151.5	186.8
ユーロ/デンマーク・クローネ	24.9	51.0
ドル/デンマーク・クローネ	3.5	101.4
ドル/ポンド	28.6	19.7
ユーロ/ポンド	10.6	2.8
ドル/円	19.1	7.1
ユーロ/円	20.4	0.1
ユーロ/スウェーデン・クローナ	11.8	113.4
ドル/スウェーデン・クローナ	1.0	56.9
ドル/スイス・フラン	5.2	116.0
ユーロ/スイス・フラン	8.5	2.6
ユーロ/その他[2]	9.5	4.6
ドル/その他[3]	7.1	57.7
総 計	335.8	736.8

注：1) 原表は 4 月中の取引額．1 日平均に換算（営業日数は 18 日）．
  2) ドル，ユーロ，デンマーク・クローネ，ポンド，円，スウェーデン・クローナ，スイス・フラン，カナダ・ドル，オーストラリア・ドルを除く．
  3) 上記の諸通貨に，さらに香港ドルを除く．
出所：Danmarks Nationalbank, *Survey of the Danish foreign-exchange and derivatives market turnover in April 2010*, Table A 2, A 3 より．

第 5 章 ユーロの基軸通貨化とユーロ体制の成立

表 5-6 スウェーデン市場（2010 年 4 月中の 1 日平均）

(億クローナ)

	直 物	スワップ
ユーロ/ドル	239	521
ユーロ/クローナ	216	281
ドル/クローナ	79	761
ユーロ/ポンド	23	n.a.[1]
ドル/ポンド	20	60
ユーロ/円	20	n.a.
ドル/円	20	28
ユーロ/スイス・フラン	11	n.a.
ドル/スイス・フラン	n.a.	48

注：1) ポンド/クローナは 27 億クローナ.
出所：Sweden Riksbank, *The Riksbanks survey of turnover in the foreign exchange and fixed-income market in Sweden*, 1 Sep, 2010, Table 2 より.

は，ドル/スウェーデン・クローナの取引（1.0 億ドル）を大きく上回り，さらに，ユーロ/円の取引（20.4 億ドル）はドル/円の取引（19.1 億ドル）をわずかであるが凌駕し，ユーロ/スイス・フランの取引（8.5 億ドル）もドル/スイス・フランの取引（5.2 億ドル）を上回っている．また，ユーロ/その他[5]の取引（9.5 億ドル）がドル/その他[6]の取引（7.1 億ドル）を上回っている．デンマーク市場での「その他」諸通貨の多くは北中東欧諸通貨であると考えられ，北中東欧諸通貨のあいだの交換に際し，ユーロが為替媒介通貨として利用されていると想像できよう．デンマーク市場（規模は第 9 位で近年取引額が増加してきている）は北欧，中欧の各市場との外為取引を繋いで「ハブ」市場的な要素を一部もってきている．そのことを通じてデンマーク市場におけるユーロの地位はこれまでにみてきたロンドン市場，フランス市場，イタリア市場，スペイン市場におけるよりもかなり高くなっている．

デンマーク・スワップ市場においては，ユーロ/スウェーデン・クローナの取引が 113.4 億ドルとなり，ドル/スウェーデン・クローナの取引（56.9 億ドル）の 2 倍となり，また，ユーロ/デンマーク・クローネの取引（51.0 億ドル）はドル/デンマーク・クローネの取引（101.4 億ドル）の半分となり，ドルとだけでなくユーロとスウェーデン・クローナ，デンマーク・クローネの短資移動に伴うスワップ取引が日常的に活発に行なわれていると考えられる[7]．しかし，

ユーロ/ポンドの取引 (2.8億ドル) はドル/ポンドの取引 (19.7億ドル) に及ばないし, ユーロ/スイス・フランの取引も2.6億ドル, ユーロ/円の取引は0.1億ドルにとどまり, ドル/スイス・フランの取引 (116.0億ドル), ドル/円の取引 (7.1億ドル) と大きな差を開けられている.

　スウェーデン市場 (表5-6) においても, 直物ではスウェーデン・クローナの対ユーロの取引 (216億クローナ, 直物取引全体850億クローナの25.4％) が, 対ドルの取引 (79億クローナ, 9.3％) の2.7倍になっており, ユーロとポンド, 円, スイス・フランの取引もドルとそれら諸通貨の取引をやや上回るか同じ額になっている. 同市場における直物取引ではユーロの方がドルよりも為替媒介通貨機能が高いと言えるだろう. スワップ取引では, ドル/スウェーデン・クローナの取引 (761億クローナ) が最大であるが, ユーロ/スウェーデン・クローナの取引 (281億クローナ) もその3分の1を少し上回る規模になっていて, ドルとスウェーデン・クローナだけでなく, ユーロとスウェーデン・クローナの短資移動も進展してきている[8].

(4) チェコ, ポーランド, ロシアの各市場

　最後に中東欧のチェコ市場 (表5-7), ポーランド市場 (表5-8), ロシア市場 (表5-9) をみよう. 直物取引においてチェコ, ポーランド両市場とも自国通貨とユーロの取引がドルとの取引を大きく上回り, 中東欧の市場においてユーロが唯一の為替媒介通貨として機能していることが改めて確認できた. スワップ市場においても, ユーロとの取引が増加している. チェコ市場ではドル/コロナの取引が17億ドルに対し, ユーロ/コロナが12億ドルになっており, ポーランド市場においてもズロティの対ドル取引が56％, 対ユーロ取引が16％に, さらに, チェコ市場でポンドの対ドル取引と対ユーロの取引が同額になっている (金額的にはポンドのスワップ取引は少額であるが).

　しかし, ロシア市場では直物でもスワップでもドル/ルーブルの取引がユーロ/ルーブルの取引を大きく上回っている. ロシアはヨーロッパの中でも「ドル圏」に属しているといえよう. ロシアの主要輸出産物が天然ガス, 原油であるためである.

　以上, ヨーロッパ外為諸市場についてみてきたが, 以下のようにいえるであ

表 5-7 チェコ市場[1]（2010 年 4 月中の 1 日平均）

(100 万ドル)

	直物	スワップ
ユーロ/チェコ・コロナ	487	1,242
ドル/チェコ・コロナ	213	1,705
ドル/ユーロ	226	907
ドル/円	12	8
ユーロ/円	40	1
ドル/ポンド	6	10
ユーロ/ポンド	9	10
ユーロ/その他[2]	87	119
ドル/その他[3]	15	42
総　計	1,126	4,093

注：1) 原表は 4 月中の取引．1 日平均に換算（営業日数は 21 日）．
　　2) ドル，チェコ・コロナ，円，ポンド，スイス・フラン，カナダ・ドル，オーストラリア・ドル，スウェーデン・クローナを除く．
　　3) ユーロ，チェコ・コロナ，円，ポンド，スイス・フラン，カナダ・ドル，オーストラリア・ドル，南ア・ランドを除く，スウェーデン・クローナはゼロ．
出所：Czech National Bank, *Triennial Central Bank Survey of Foreign Exchange and Derivatives Market Activity* (*2010*), 1 Sep. 2010, Table A 1～A 3 より．

表 5-8 ポーランド市場（2010 年 4 月中の 1 日平均）

(%)

	直物	スワップ
ユーロ/ポーランド・ズロティ	59	16
ドル/ポーランド・ズロティ	10	56
ドル/ユーロ	19	14
ユーロ/その他・不明	9	12
ポーランド・ズロティ/その他	3	1
取引額の総計[1]	1,955	5,368

注：1) 単位は 100 万ドル．
出所：Narodow Bank Polski, *Turnover in the Polish Foreign Exchange and OTC Derivatives Marketes in April 2010*, (1 Sep. 2010), Figure 1 より．

ろう．ロンドン市場は世界で最も大きなハブ市場であるが，直物，スワップを問わずヨーロッパ諸通貨の取引が相対的に少なく，「ドル圏」に属している諸通貨の取引が相対的に多い．そのことから，ロンドン市場においてはヨーロッパ諸通貨間の直物の交換に際してユーロの為替媒介通貨機能が相対的に低くみ

表 5-9　ロシア市場[1)2)]（2010 年 4 月中の 1 日平均）

(億ドル)

	直物		スワップ	
ドル/ロシア・ルーブル	194	(227)	126	(77)
ユーロ/ロシア・ルーブル	10	(9)	7	(3)
ドル/ユーロ	54	(136)	72	(63)
ドル/ポンド	7	(29)	3	(18)
ユーロ/ポンド	0.5	(0.7)	0.1	(0.9)
ドル/円	1	(8)	2	(14)
ユーロ/円	0.7	(2)	0.1	(1)
総計	271	(419)	214	(183)

注：1）原表は 4 月中の取引．1 日平均に換算（営業日数は 2010 年 4 月は 22 日，2007 年 4 月は 21 日）．
　　2）カッコは 2007 年 4 月
出所：The Central Banks of the Russian Federation, *Central Bank Survey of Foreign Exchange and Derivatives Market Activity, in April 2010, in April 2007,* Table A 1〜A 3 より．

える．デンマーク市場，スウェーデン市場，チェコ市場，ポーランド市場においては，それぞれの自国通貨の対ユーロの取引が対ドルの取引を大きく上回っていた．直物取引におけるユーロの為替媒介通貨機能はロンドン市場だけでなく，北欧，中東欧の諸市場をみることによってより確かな位置づけが出来よう．さらに，ロンドン市場においてはユーロとヨーロッパ諸通貨のスワップ取引が相対的に低位にみえたが，デンマーク市場，スウェーデン市場，チェコ市場，ポーランド市場の状況をみることにより，ロンドン市場の分析では明確に把握できなかったユーロとヨーロッパ諸通貨との短資移動がかなりの程度進展してきていることが把握出来た．しかし，ロシア市場においては直物でもスワップでもドルの取引が圧倒的であることが再確認できた．

2. ユーロの基準通貨，介入通貨，準備通貨としての地位

ヨーロッパ全域の外為市場におけるユーロの地位が以上で把握できたので，次に同地域におけるユーロの基準通貨としての地位を明らかにしよう．非ユーロ・欧州諸国の為替制度は表 5-10 のようになっている．これは，05 年のものであるが，その後，スロヴェニア，キプロス，マルタ，スロヴァキアがユーロ

表 5-10 ユーロになんらかの方法でリンクしている各国の為替制度
（2005 年 12 月 1 日現在）

EU 諸国	ERM II	キプロス，デンマーク，エストニア，ラトヴィア，リトアニア，マルタ，スロヴェニア，スロヴァキア
	ユーロに対するペッグ制度	ハンガリー
	ユーロを参考通貨とする管理変動相場制	チェコ
	変動相場制	スウェーデン，イギリス，ポーランド
EU 加盟交渉国	ユーロ化した国	コソボ，モンテネグロ
	ユーロをベースにしたカレンシー・ボード制	ブルガリア，ボスニア・ヘルツェゴヴィナ
	ユーロに対するペッグあるいはユーロを参考通貨とする管理変動相場制	クロアチア，マケドニア，ルーマニア，セルビア
	変動相場制	アルバニア，トルコ
その他	ユーロ化した国	サンマリノ，バチカン，モナコ
	ユーロに対するペッグ制度	CFA フラン地域など
	SDR，その他通貨（ユーロを含む）のバスケット制	ロシア，リビア，ボツワナ，モロッコ，チュニジア，バヌアツ

出所：ECB, *Review of the International Role of the Euro*, Dec. 2005, p. 50.

に参加し，また，多くの国が為替制度を変えてきている[9]．それゆえ，本章では中東欧のいくつかの諸国がユーロを導入したり，「ユーロ化」が本格的に進展する以前の非ユーロ・欧州地域におけるユーロの基準通貨としての機能を明確にするために 04 年の状況を検討したい．外為制度ごとに為替政策が異なる．順次，以下にみていこう．

(1) デンマーク，スロヴァキア，スウェーデン

ERM II に属している諸国は，ユーロに対して自国通貨の相場変動を上下 15％ 内にとどめるべく為替政策を行なっている．その代表がデンマークである．デンマークはイギリスと異なり ERM にとどまり，また，マーストリヒト条約も批准しながら今もなおユーロに参加していない．しかし，ユーロの登場後，ERM II に参加している．ERM II では参加国は対ユーロで中心相場を定め，変動幅は 93 年以後の ERM と同じ上下 15％ であるが，デンマークは 92，93 年の欧州通貨危機以前の変動幅上下 2.25％ でもって ERM II に参加している．

以上のように，デンマークはERMⅡに参加しているのであるから，当然，ユーロを基準に自国の為替相場を維持している．ユーロが基準通貨なのである．デンマーク・クローネの対ユーロ相場，対ドル相場を確認しておこう．表5-11によれば，04年の月平均相場は対ユーロ相場でクローネが最高になったのは11月で743.133クローネ，最安になったのが2月で745.112クローネである．その差，1.979クローネである．それに対して，対ドル相場でクローネ

表5-11 デンマーク・クローネの対ユーロ相場[1)]，対ドル相場[1)]（直物）

	ユーロ	ドル
2004. 1	744.811	590.553
2	745.112	589.249
3	744.930	607.564
4	744.346	621.429
5	744.057	620.236
6	743.422	612.493
7	743.549	606.257
8	743.650	610.809
9	743.809	608.822
10	743.785	595.651
11	743.133	572.110
12	743.322	555.131

注：1)　月平均相場．
出所：http://212.130.50.152/DNDK/Onlinestat.msf/vw.DN.Look Files

が最高になったのは12月で555.131クローネであり，最安になったのは4月の621.429クローネである．その差は66.298クローネである．明らかに，デンマーク通貨当局はドルに対してではなく，ユーロに対してクローネ相場を維持している．ユーロが基準通貨なのであり，介入通貨，準備通貨なのである．

　同じくユーロを導入する前，ERMⅡに属していたスロヴァキア・クラウンの相場変動をみよう．スロヴァキアは1994年7月以来98年10月まで，ドルとマルクの通貨バスケット制を採用していた．その比率はドル60％，マルク40％である[10]．ところが，98年10月に通貨バスケット制は廃止され，変動相場制に移行した．しかし，西欧主要国がユーロを導入した99年1月以来，スロヴァキア通貨当局は対ユーロ相場をアンカーとして設定してきた[11]．ユーロが基準通貨なのである．このことを表5-12によって確認しよう．この表はスロヴァキア・クラウンの対ユーロ相場，対ドル相場の最安値（①）と最高値（②），及びその開き（③）を示している（04年7-12月）．これによると，いずれの月も，クラウンの最安値と最高値の開きは対ユーロの方が対ドルよりも小さいことがわかる．すなわち，スロヴァキア当局は，クラウンの相場をユーロに対して維持してきたのが確認できよう．

表5-12 スロヴァキア・クラウンの対ユーロ,対ドル直物相場の最安値と最高値 (2004年)

(スロヴァキア・クラウン)

	7月		8月		9月		10月		11月		12月	
	ユーロ	ドル	ユーロ	ドル	ユーロ	ドル	ユーロ	ドル	ユーロ	ドル	ユーロ	ドル
①クラウンの最安値	40.138	33.370	40.258	33.410	40.219	33.281	40.079	32.606	39.941	31.422	39.273	29.678
②クラウンの最高値	39.753	32.073	39.912	32.475	39.895	32.492	39.944	31.234	39.239	29.627	38.620	28.469
③①-②	0.385	1.297	0.346	0.935	0.324	0.789	0.135	1.372	0.702	1.795	0.653	1.209

出所:http://www.nbs.sk/KL/ARCHIV/HIEN 0407~0412.HTM より。

次に,変動相場制を取っているスウェーデンをみよう。スウェーデンは古いEU加盟国でありながら,ERMⅡに参加せずに変動相場制のまま今日に至っている。表5-13をみよう。04年下期のスウェーデン・クローナの対ユーロ相場と対ドル相場の月平均相場,最クローナ安,最クローナ高,相対標準偏差が示されている。これによると,いずれの月もユーロの方が偏差値が小さくなっているばかりでなく,最クローナ安と最クローナ高の開きがユーロよりもドルの方が大きくなっている。スウェーデン通貨当局はドルよりもユーロを基準にクローナ相場を操作していることが窺い知れる。ユーロが基準通貨であり介入通貨となっているのである。また,スウェーデンの外貨準備は収益の向上を考慮して6つの通貨で構成されている。その比率はドルが37%,ユーロ37%,ポンド11%,円8%,カナダ・ドル4%,オーストラリア・ドル3%となっている[12]。ドルとユーロは同じ比率である。しかし,表5-13のようにスウェーデン当局はユーロを介入通貨として利用しながら自国通貨をユーロに対して安定させている。

表5-13 スウェーデン・クローナの対ユーロ,対ドル直物相場(直物)

(クローナ)

	2004年7月		2004年8月		2004年9月		2004年10月		2004年11月		2004年12月	
	ユーロ	ドル	ユーロ	ドル	ユーロ	ドル	ユーロ	ドル	ユーロ	ドル	ユーロ	ドル
平均相場	9.1954	7.4931	9.1912	7.5444	9.0954	7.4484	9.0610	7.2557	9.0036	6.9390	8.9786	6.7030
最クローナ安	9.2325	7.6625	9.2365	7.6625	9.1320	7.5650	9.1100	7.3725	9.1150	7.3175	9.0430	6.8275
最クローナ高	9.1660	7.3975	9.1250	7.4475	9.0430	7.3550	9.0090	7.0675	8.9130	6.7250	8.8920	6.5825
相対標準偏差	0.18%	1.11%	0.35%	0.90%	0.32%	0.89%	0.32%	1.44%	0.75%	1.87%	0.43%	0.92%

出所:http://www.riksbank.com/upload/Dokument_riksbank/kat_statistik

(2) チェコ,ハンガリー

　さらに,チェコの為替政策を見よう.チェコは「ユーロを参考通貨とする管理変動相場制」を採用しているとされる.同国はいくつかの指標からユーロを基準に為替政策を実施していることがわかる.

　表5-14を見られたい.これは,チェコ・コロナの対ユーロ,対ドル相場の月平均相場の最安値(①)と最高値(②),およびその開き(③)を示したものである.例えば,04年におけるコロナの対ユーロ,対ドル最安値はそれぞれ32.984コロナ,27.117コロナであり,最高値はそれぞれ30.647コロナ,22.870コロナであり,最安値と最高値の開きは,それぞれ2.337コロナ,4.247コロナであった.1999年のユーロ導入以後2004年までずっと対ユーロ相場の方が対ドル相場より最安値と最高値の差(③)が小さいことがわかる.ということは,通貨当局はユーロを基準としてチェコ・コロナ相場政策を実施していたものと考えられる.さらに,そのことは,為替介入の状況を調べることにより補強されるであろう.

　表5-15を見られたい.これは,Czech National Bankが行なった直物為替取引額をドル表示とユーロ表示で示したものである.この表はドル,ユーロ,それぞれの通貨での取引額を示したものではないということに注意が要るが,面白いことがわかる.それは,ドルでの表示では端数が出ているのに,ユーロでの表示では端数が出ていないということである.ユーロ表示で端数が出ていないということは,実際の取引がユーロで行なわれており,そのユーロでの取

表5-14　チェコ・コロナの対ユーロ,対ドル直物相場の最安値と最高値[1]

(チェコ・コロナ)

	1999		2000		2001		2002		2003		2004	
	ユーロ	ドル	ユーロ	ドル	ユーロ	ドル	ユーロ	ドル	ユーロ	ドル	ユーロ	ドル
①チェコ・コロナの最安値	37.989	35.630	36.555	41.125	35.139	39.777	32.078	36.539	32.354	29.653	32.984	27.117
②チェコ・コロナの最高値	36.054	30.656	34.817	35.450	32.592	36.475	29.749	29.959	31.391	26.320	30.647	22.870
③①-②	1.935	4.974	1.738	5.675	2.547	3.302	2.329	6.580	0.963	3.333	2.337	4.247

注:1)　月平均相場の最安値と最高値.
出所:Czech National Bankより (http:wdb.cnb.cz/cnbeng/kurzy.k_prum_eng?mena = EUR および USD)

第5章　ユーロの基軸通貨化とユーロ体制の成立

表5-15 チェコ・ナショナル銀行の直物為替取引 (1)

(100万)

	ドル表示	ユーロ表示
2004.11	−45.040	−34.000
10	−68.774	−54.000
9	−45.917	37.000
8	−111.412	−92.000
7	−66.214	−55.000
6	−82.620	−68.000
5	−70.755	−58.000
4	−44.200	−37.000
2004.3〜2002.10	0.000	0.000
2002. 9	437.784	444.000
8	102.284	104.000
7	397.271	406.000
6	0.000	0.000
5	0.000	0.000
4	908.062	1,008.500
3	0.000	0.000
2	0.000	0.000
1	263.337	305.000

出所: Czech National Bank
(http://wdb.cnb.cz/cnbeng/docs)

表5-16 チェコ・ナショナル銀行の直物為替取引 (2)

(100万)

	ドル表示	ユーロ表示
1999.12	231.376	228.500
11	15.461	15.000
10	1,038.091	966.200
9	60.153	57.500
8	10.802	10.802
7	4.200	4.105
6	33.690	32.347
5	63.527	60.381
4	38.800	36.406
3	34.100	31.218
2	2.100	1.862
1	2.750	2.371
1998.12	30.414	25.874
11	32.200	27.486
10	19.800	16.465
9	29.900	25.955
8	11.000	9.976
7	403.377	367.003

出所: 前表と同じ.

引額をドル/ユーロ相場で換算して, ドル表示額が算出されているのだと考えられる. Czech National Bankによる直物為替介入はユーロで行なわれているのである.

しかし, そのようにユーロで介入が行なわれるようになったのは1999年の秋以降であり, ユーロ導入後もしばらくはユーロとドルの両者によって介入が行なわれていたようである. それを示したのが表5-16である. ユーロ表示で端数がなくなるのは99年の9月以降であり, それ以前はドル表示, ユーロ表示のどちらも端数が出ており, 両通貨で為替介入が行なわれていたことが推測される. しかも, 月によってはドルによる介入のみが行なわれていた. ドル表示で端数が出ていない月があるからである. 99年7月, 4月, 3月, 2月などである. ユーロの登場 (99年1月) 以後99年9月までの介入政策は, ユーロ導入以前からの政策を引き継いでいると考えられ, ドルのみによる介入も頻繁

に行なわれていたことが知れる.

　Czech National Bank は国際準備（international reserve）についての統計も公表している．表5-17 である．この表も国際準備の全体額をドル，チェコ・コロナ，ユーロで表示されており，ドル準備，ユーロ準備が示されているのではない．しかし，その変化の推移を辿ると，外貨準備がどの通貨で構成されているか，そのおおよそがわかるであろう．ユーロ表示とコロナ表示が大体同じ変化を示し，ドル表示がそれらとは異なる変化を示している．例えば，04年3月末に3つの通貨での表示額はともに1つのピークを作っているが，それ以後，ユーロ表示とコロナ表示は準備額が同じように減少しているのに，ドル表示では04年9月から額が増加している．このことは，実際の外貨準備の大部分はユーロで保持されていることを意味しないだろうか．また，先に見たように，04年における Czech National Bank による為替売買はユーロであると推測された．このことからも，外貨準備の大部分がユーロで構成されていると考えら

表5-17　チェコの国際準備の推移

	100万ドル	100万コロナ	100万ユーロ
2003. 7	25,196	717,485	22,261
8	24,654	731,915	22,562
9	25,723	702,977	22,078
10	25,619	705,989	22,042
11	26,032	696,652	21,703
12	26,955	691,515	21,340
2004. 1	26,645	716,503	21,517
2	26,846	701,203	21,619
3	26,988	724,879	22,076
4	26,264	715,436	21,986
5	26,600	689,582	21,805
6	26,469	691,869	21,784
7	26,346	693,636	21,885
8	26,487	697,175	21,872
9	26,797	683,641	21,593
10	27,307	676,128	21,441
11	28,050	653,762	21,096
12	28,449	636,262	20,885

出所：http://wdb.cnb.cz/cnbeng/docs/STATISTICS/DRS_RADA_EN.HTM

れる．

　以上に見てきたように，チェコにおいてユーロは基準通貨であり，あわせて介入通貨，準備通貨となっているのである．

　最後に，ハンガリーの為替政策を見よう．ハンガリーは90年代に通貨バスケット制を採用してきた．91年3月，通貨バスケット諸通貨の比率はドル50.9％，マルク23.1％，オーストリア・シリング8.1％，スイス・フラン3.9％，イタリア・リラ3.5％，フランス・フラン3.6％，イギリス・ポンド2.7％，スウェーデン・クローナ1.5％であった．それが，91年12月にはドル50％，ECU50％となり，また，93年8月にドル50％，マルク50％，94年5月には

表5-18　ハンガリー・フォリント相場の変化（直物）

		市場相場	上限	セントラル・パリティ	下限
2003.	1	243.93	234.69	276.10	317.52
	2	243.33	234.69	276.10	317.52
	3	246.84	234.69	276.10	317.52
	4	245.82	234.69	276.10	317.52
	5	249.38	234.69	276.10	317.52
	6	266.30	240.01	282.36	324.71
	7	264.41	240.01	282.36	324.71
	8	257.16	240.01	282.36	324.71
	9	254.61	240.01	282.36	324.71
	10	259.13	240.01	282.36	324.71
	11	265.03	240.01	282.36	324.71
	12	262.23	240.01	282.36	324.71
2004.	1	265.05	240.01	282.36	324.71
	2	257.86	240.01	282.36	324.71
	3	248.92	240.01	282.36	324.71
	4	252.19	240.01	282.36	324.71
	5	251.28	240.01	282.36	324.71
	6	253.23	240.01	282.36	324.71
	7	247.93	240.01	282.36	324.71
	8	249.28	240.01	282.36	324.71
	9	247.02	240.01	282.36	324.71
	10	246.12	240.01	282.36	324.71
	11	246.67	240.01	282.36	324.71
	12	245.93	240.01	282.36	324.71

出所：http://english.mnb.hn/resource,aspx?resourceID = mnbfile&resourcename = en 0303-say より．

ドル30%，ECU 70%となった．それ以後，97年1月にはドル30%，マルク70%，そして，ユーロ導入の99年1月にドル30%，ユーロ70%になった．そして，2000年1月にはユーロが100%となり，通貨バスケット制からユーロ・ペッグになった[13]．表5-18を見られたい．03年6月以降のセントラル・パリティは1ユーロ＝282.36フォリントであり，その上下15%の範囲内にフォリント相場は維持されることになっている．しかし，実際の市場相場はパリティと上限の中間にあり，フォリントが強含みで推移していることがわかる．いずれにしても，ハンガリーにおいてユーロは基準通貨であり，介入通貨になっている．

(3) 小結

以上，本節ではEUに加盟している5カ国——デンマーク，スロヴァキア，スウェーデン，チェコ，ハンガリーの5カ国の為替政策を見てきた．この5カ国においてユーロは各国通貨の相場の基準になっており，介入通貨になっていることが確認された．5カ国以外にも表5-10にみられるようにEUに加盟していないヨーロッパ諸国（05年12月時点）も，ロシアを除いてほとんどの国

表5-19 各国の外貨準備に占めるユーロの比率

(%)

		2006	2009	2010
(1)	非ユーロ・EU諸国	…	70.1	67.15
	ブルガリア	99.4	…	…
	チェコ	55.3	64.1	54.5
	ラトヴィア	46.4	63.1	58.3
	リトニア	100.0	90.8	92.1
	ポーランド	40.0	36.7	35.4
	ルーマニア	68.8	61.5	59.1
	スウェーデン	50.0	48.1	50.0
	イギリス	66.8	63.3	59.0
(2)	その他			
	クロアチア	85.5	71.7	73.7
	セルビア	71.3	71.9	…
	トルコ	…	48.4	50.6
	スイス	47.0	55.6	54.9

出所：ECB, *The International Role of the Euro*, July 2011, p. S4 より．

が何らかの方法でユーロにリンクした為替制度を採用していてユーロが基準通貨になっている．また，EU 加盟候補のいくつかの国，さらに，バチカン，モナコなどは事実上自国通貨を「ユーロ化」している．

また，チェコについては前にもみたが，非ユーロ地域の EU 加盟国，加盟候補国の外貨準備に占めるユーロの比率が表 5-19 に示されている．ポーランドにおいて比率がやや低く，スウェーデンが 50% であるが，その他の諸国は 50% 以上になっている．スイスの外貨準備の保有状況は図 5-1 に示されている．外貨準備に占めるドルの部分は 500 億スイス・フランにとどまっており（2010年），ユーロ部分はドルの 3 倍近くになっている．

かくして，ユーロはイギリス，ロシアを除くヨーロッパにおいて基準通貨，

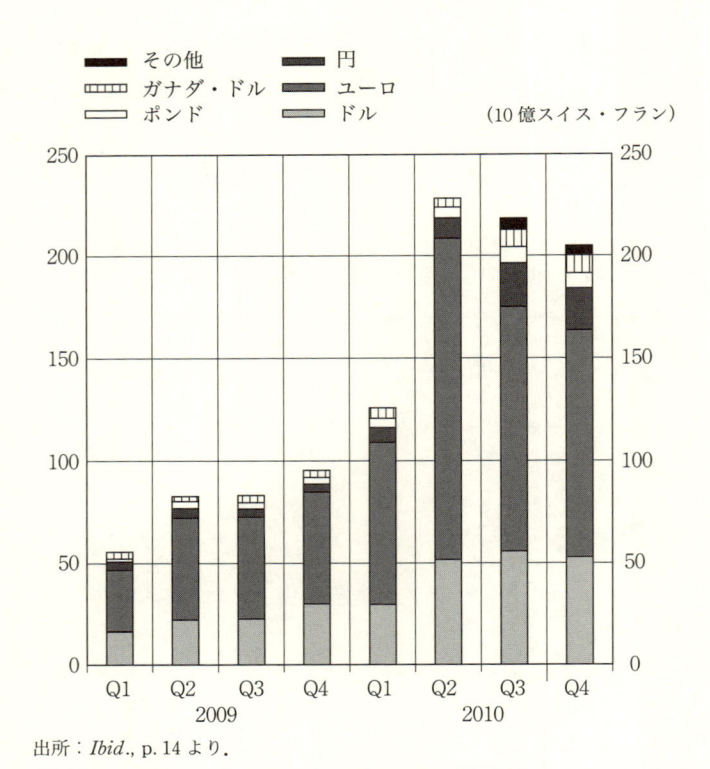

図 5-1　スイスの外貨準備

出所：*Ibid.*, p. 14 より．

介入通貨,準備通貨の諸機能をあわせもっていることが確認された.つまり,イギリス,ロシアを除くヨーロッパ全域においてユーロは為替媒介通貨,基準通貨,介入通貨,準備通貨という国際通貨の諸機能をあわせもって基軸通貨になっているのである.

3. ユーロによる信用連鎖の形成

それでは,全ヨーロッパにおいてユーロによる信用連鎖の形成はどれほどの水準になってきているのであろうか.

(1) 債務証券等におけるユーロ建の比重

債務証券 (debt securities),すなわち,債券 (bonds),ノート (notes),短期金融市場商品 (money market instruments) の取引のうち,どこまでが国際取引であるかについて明確に区分することは難しい.ある通貨の債務証券の発行者あるいは投資家の一方がその通貨の非居住者である場合,その取引は国際取引である.一方,債務証券が発行者の国内通貨で発行され,投資家もその国の居住者である場合,その取引は国内取引である.しかし,発行者と投資家についての区分が明確にされている債務証券の統計類は限られているし,国内取引と国際取引の厳密な区分はのちにも触れるように困難である[14].

そこで,欧州中央銀行 (ECB) は,narrow concept と global concept を区分し,多くの場合,narrow measure で債務証券の「国際取引」の諸統計を示している.narrow concept とは,債務証券の発行者が自国通貨以外の通貨で発行した場合である.それに対して,global concept とは,国内市場向けに発行された国内通貨で発行された債務証券の取引を含むすべての取引である.しかし,前者の narrow concept には国際取引のすべてが含まれているわけではない.例えば,ユーロ地域のある国の居住者が発行したユーロ建証券等を他のユーロ諸国や非ユーロ地域の居住者が購入した場合,これは国際取引であるが narrow measure で示された統計類には含まれていない.また,後者の global concept においては多くの場合には国内取引となるが,債務証券が非居住者によって購入された場合などの場合には国際取引になる[15].

以上のことを踏まえて，2009年末，2010年末における narrow measure, global measure のそれぞれの通貨別債務証券発行残高が表5-20に示されている．この表によって，ユーロの比率はドルの比率よりも低いが，きわだつほどの大きな差がないことがわかる．narrow measure でユーロ建の比率は31.4%（09年），27.4%（10年）ドル建が45.8%（09年），48.7%（10年），円建が5.8%（09年），6.3%（10年）となっており，global measure ではユーロ建の比率は29.8%（09年），26.7%（10年），ドル建の比率は38.2%（09年，10年），円建の比率は13.4%（09年），15.3%（10年）となっている．ユーロとドルの比率が narrow measure, global measure の両者においてそれほど違わないが，円の比率は global measure において高くなっている．これは，円建債務証券の国内取引が多いからである．また，10年にユーロの比率が下がっているのはギリシャ等の財政危機によるものであろう．

　ユーロ建債務証券の発行者と投資家の状況が表5-21に示されている．「国内取引」，つまり，ユーロ地域の居住者によって発行され，同居住者によって保有されている比率は全体の68%（2010年6月，以下も同じ）であり，国際取引はそれ以外の32%であるが，narrow measure では14%にとどまっている．この部分はユーロ以外の地域で発行された分である．18%はユーロ地域の居

表5-20　通貨別・債務証券の発行残高[1]

(10億ドル)

	総額	ユーロ	ドル	円
Narrow measure				
2009	10,337 (100.0)	3,248 (31.4)	4,773 (45.8)	598 (5.8)
2010	10,567 (100.0)	2,900 (27.4)	5,145 (48.7)	666 (6.3)
Global measure				
2009	91,230 (100.0)	27,152 (29.8)	34,811 (38.2)	12,229 (13.4)
2010	94,815 (100.0)	25,289 (26.7)	36,185 (38.2)	14,518 (15.3)

注：1）カッコは比率（%）．
出所：ECB, *The International Role of the Euro*, July 2010, p.16, July 2011, p.19 より．

表 5-21　ユーロ建債務証券の発行別，保有別区分

(10 億ユーロ)

	居住者による保有	非居住者による保有	合　計
居住者による発行			
2009 年 6 月	10,280(68%)	2,602(17%)	12,882 (85%)
2010 年 6 月	11,026(68%)	2,870(18%)	13,896 (86%)
非居住者による発行			
2009 年 6 月	1,405 (9%)	857 (6%)	2,262 (15%)
2010 年 6 月	1,430 (9%)	830 (5%)	2,259 (14%)
総　計			
2009 年 6 月	11,684(77%)	3,459(23%)	15,143(100%)
2010 年 6 月	12,456(77%)	3,699(23%)	16,155(100%)

出所：*Ibid.*, July 2011, p. 18.

住者によって発行され，非居住者によって保有されている．

　次に世界の各地域，また，ヨーロッパ各地域の債務証券等の発行における通貨区分をみよう（narrow measure）．表 5-22 である．アジア・太平洋地域におけるユーロの比率は 16.7%（2010 年末，以下でも同じ）にとどまり，ドルの比率が 66.6% になっている．中東，ラテン・アメリカ，カナダ，オフショアセンターではドルの比率がもっと高く，85% 近くから 70% 強になっている．それに対して，デンマーク，スウェーデン，イギリスを除く非ユーロ・EU 諸国はユーロの比率が 80% 弱，ドルの比率が 10% 前後にとどまっている．デンマーク，スウェーデン，イギリスでもユーロの比率は 58%（09 年）から 54%（10 年），ドルの比率は 35% 前後になっている．非 EU 先進諸国（アイスランド，ノルウェー，スイス等）ではユーロの比率が 49%（09 年）から 43%（10 年），ドルの比率が 25% 前後である．

　以上のように，非ユーロの欧州地域においてはドルよりもユーロの比率がかなり高く，同地域においてユーロによる国際信用連鎖が形成されていることがわかる．また，narrow measure には含まれないが，ユーロ地域の各国で発行されたユーロ建債務証券が他のユーロ諸国や非ユーロ諸国で保有された部分がある．それを示したのが図 5-2 である．ユーロ地域の各国で発行されたユーロ建債務証券のうち，他のユーロ諸国によって保有されている部分が最も多い国が，アイルランド，ギリシャ，ポルトガル，オランダ，フィンランド等であり，

表 5-22　国際債務証券の発行残高と通貨別比率[1]

		残高(10億ドル)		ドル (%)		ユーロ (%)		円 (%)		その他(%)	
		2009	2010	2009	2010	2009	2010	2009	2010	2009	2010
(1)	アフリカ	31	39	53.4	62.0	40.8	33.7	5.2	3.7	0.6	0.6
(2)	アジアなど	742	808	64.4	66.6	19.9	16.7	6.1	7.0	9.6	9.7
	日本	60	68	62.4	68.4	27.6	20.5	…	…	10.0	11.0
(3)	ヨーロッパ	4,952	5,016	41.0	43.5	34.2	30.7	5.5	6.2	19.2	19.7
	ユーロ地域	1,977	2,064	54.7	55.7	…	…	7.9	7.7	37.5	36.6
	デンマーク，スウェーデン，イギリス	2,532	2,476	32.4	35.2	58.4	53.7	3.4	4.5	5.8	6.6
	その他非ユーロ EU	145	159	9.9	13.7	79.3	76.4	4.6	4.3	6.1	5.6
	EU 27	4,654	4,699	41.1	43.5	33.9	30.4	5.4	5.9	19.6	20.2
	非 EU 先進国	219	229	24.7	28.0	48.5	43.4	11.3	14.1	15.5	14.5
	非 EU 途上国	86	94	74.5	77.8	20.2	16.7	0.3	0.0	5.1	5.5
(4)	国際機関	794	881	34.5	35.6	30.1	27.5	5.6	5.6	29.9	31.3
(5)	L.A.	323	381	83.5	84.8	13.5	11.5	1.4	1.8	1.5	2.0
(6)	中東	138	144	85.7	84.9	11.2	12.0	0.2	0.3	2.9	2.8
(7)	北アメリカ	1,342	1,273	17.7	23.3	52.7	47.1	7.6	8.1	21.9	21.6
	カナダ	337	383	70.3	77.4	18.7	12.7	2.5	2.5	8.4	7.3
	アメリカ	1,004	891	…	…	64.2	61.8	9.4	10.5	26.5	27.7
(8)	オフショアセンター	1,456	1,493	70.9	72.7	15.2	12.7	7.6	8.0	6.3	6.6
	総計	9,778	10,035	45.6	48.7	31.5	27.7	6.0	6.5	16.9	17.2

注：1)　narrow measures.
出所：*Ibid*., July 2010, p. S 1, July 2011, p. S 11.

少ない国がドイツ，フランス，イタリア等である．ユーロ地域全体では他のユーロ諸国によって保有されている部分は40％弱である．多い国，少ない国，いずれにしても，ユーロ地域諸国によって発行された債務証券のうちかなりの部分が他のユーロ諸国によって保有されており，それらは「国際取引」とみなされるべきであろう．

以上のように，ロシア等の一部を除くが，ユーロ地域も含んだほぼ全ヨーロッパにおいてユーロ建の債務証券の信用連鎖が形成されてきていることが把握できた．

(2)　銀行ローンにおけるユーロ建の比率

次に，銀行のローンにおけるユーロ建信用連鎖の形成についてみることにし

凡例:
- 国際機関
- その他
- EU以外の諸国
- その他のEU諸国
- その他のユーロ諸国
- 国内

AT：オーストリア
BE：ベルギー
CY：キプロス
FI：フィンランド
FR：フランス
DE：ドイツ
GR：ギリシャ
IE：アイルランド
IT：イタリア
NL：オランダ
PT：ポルトガル
SK：スロヴァキア
ES：スペイン

出所：*Ibid*., July 2011, p. 24.

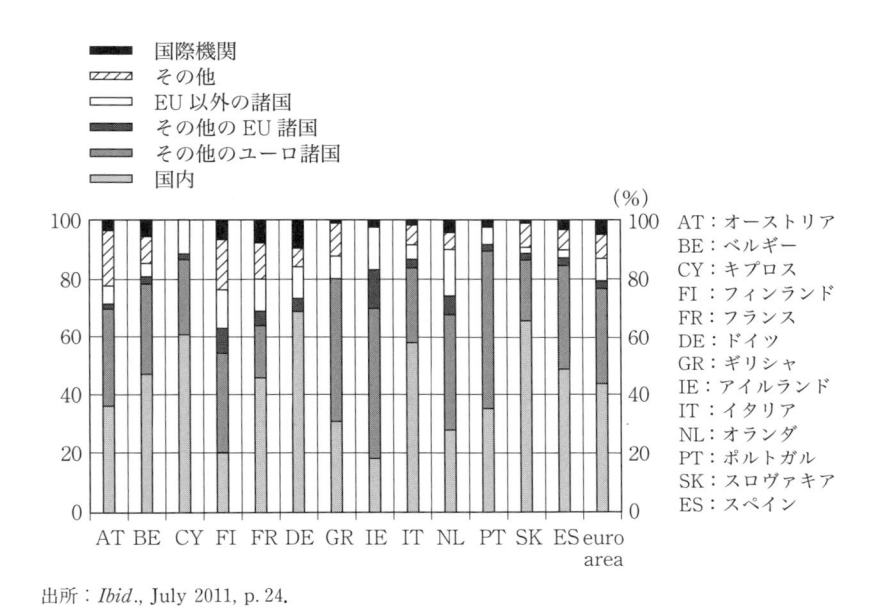

図 5-2　ユーロ地域各国の発行の債務証券の保有状況（2009年末残高）

よう．表5-23に非ユーロ・ヨーロッパ諸国における全銀行借入残高（国内借入，自国通貨を含む全通貨）とそのうちに占めるユーロの比率，外貨建借入残高に占めるユーロ建残高の比率が示されている．例えば，デンマークの自国通貨建も含む全銀行借入残高は2010年末に582億ユーロであり，うち，ユーロ建残高は11.7%であり，外貨建残高に占めるユーロ建残高は78.2%になっている．

いくつかの諸国では，銀行からの全借入残高の半分以上が自国通貨建ではなく，ユーロ建になっている．EU加盟国では，ラトヴィア（89.3%），リトアニア（71.8%），ブルガリア（59.2%），ルーマニア（54.5%）であり，その他のヨーロッパ諸国では，ボスニア・ヘルツェゴヴィナ（71.0%），クロアチア（57.9%），アルバニア（55.6）などである．これらの諸国では，実質上の「ユーロ化」が進行している．しかし，チェコで7.6%，ポーランドで8.7%，ハンガリーで23.8%，また，デンマークでは11.7%，イギリスで8.8%，スウェー

表 5-23　非ユーロ地域のユーロ建借入残高の比率

		総借入残高[1)] (100万ユーロ)		総借入残高に占める ユーロ建の比率(%)		外貨借入残高に占める ユーロ建の比率(%)	
		2009	2010	2009	2010	2009	2010
(1)	非ユーロ EU 諸国						
	ブルガリア	14,730	15,605	56.5	59.2	96.8	96.8
	チェコ	5,678	5,962	7.9	7.6	90.9	92.8
	デンマーク	53,889	58,234	11.0	11.7	73.8	78.2
	ラトヴィア	16,984	15,610	89.1	89.3	96.9	96.9
	リトアニア	12,790	12,332	69.5	71.8	95.8	96.6
	ハンガリー	15,742	15,355	24.6	23.8	38.3	37.2
	ポーランド	12,886	15,877	7.9	8.7	25.1	26.8
	ルーマニア	24,526	26,774	52.0	54.5	86.5	86.4
	スウェーデン	7,590	7,068	1.9	1.5	41.0	38.9
	イギリス	230,440	258,758	8.2	8.8	46.2	47.8
(2)	その他諸国						
	アルバニア	1,939	2,082	54.1	55.6	83.1	82.8
	ボスニア・ヘルツェゴヴィナ	4,932	5,292	68.4	71.0	93.2	93.5
	クロアチア	19,851	21,224	57.7	57.9	79.0	78.5
	マケドニア	604	766	20.8	24.9	95.2	98.1
	イスラエル	3,518	3,322	3.0	2.3	20.2	17.3
	モルドヴァ	355	404	28.0	25.7	57.5	55.2
	南アフリカ	1,043	2,524	0.5	1.0	6.9	14.1
	スイス	26,002	28,921	3.7	3.4	24.4	22.7
	トルコ	38,081	51,272	20.8	20.0	65.5	63.0

注：1)　各国における国内借入，自国通貨借入を含む．
出所：*Ibid.*, July 2011, p. S 17.

デンでは 1.5% などとなっている（いずれも 2010 年末）．

　また，外貨借入残高に占めるユーロ建の比率も「ユーロ化」が進行している諸国では 80% 以上と高く，ラトヴィア，ブルガリア，リトアニアなどで 96% 以上になっている．その他の諸国でも，デンマークで 78.2%，チェコで 92.8%，トルコで 63.0%，イギリスで 47.8% などとなっている（いずれも 2010 年末）．ユーロ建ローンの連鎖がロシアを除く非ユーロ・ヨーロッパの全地域において広まっていると考えてよいだろう．

　以上は非ユーロ地域のローンであったが，ユーロ地域の銀行から他のユーロ地域へのローンもかなりの額になってきている．それを示したのが表 5-24 である．この表では Foreign claims と Cross-border claims の両者を示してい

表 5-24　BIS 報告銀行の各地域に対する債権（2010 年 9 月）

(10 億ドル)

	先進諸国				オフショア市場	エマージング市場					総計
	合計	アメリカ	ユーロ地域	日本		合計	アフリカ	アジア	ヨーロッパ	L.A	
	Foreign claims										
報告銀行の国籍	19,967	5,292	8,377	876	1,723	4,415	566	1,471	1,311	1,607	26,186
1) ユーロ地域	9,561	1,747	5,082	277	388	2,120	223	298	1,055	545	12,106
フランス	2,938	572	1,666	170	130	451	124	121	164	43	3,528
ドイツ	2,633	516	1,315	61	148	332	50	88	159	35	3,121
イタリア	688	41	567	0	16	219	12	18	183	6	930
スペイン	909	211	249	1	21	443	5	9	10	418	1,374
2) スイス	1,448	722	372	82	120	137	19	65	19	35	1,712
3) イギリス	2,621	1,071	1,105	161	508	823	223	412	52	136	3,972
4) 日本	1,985	1,080	520	…	263	264	26	159	22	56	2,512
5) アメリカ	2,259	…	835	331	270	673	53	336	65	219	3,202
6) その他	2,093	673	462	25	174	398	22	202	99	75	2,682
	Cross-border claims										
報告銀行の国籍	11,122	2,456	5,739	341	1,097	1,935	328	755	516	336	14,231
1) ユーロ地域	5,415	804	3,223	113	310	868	165	201	374	127	6,631
フランス	1,582	217	896	71	95	250	82	81	58	29	1,936
ドイツ	1,932	349	1,139	23	128	245	48	59	107	32	2,313
イタリア	301	26	208	0	15	48	6	10	26	6	370
スペイン	204	25	125	1	14	55	5	9	4	37	276
2) スイス	676	163	354	38	95	117	16	53	18	31	895
3) イギリス	1,253	403	648	65	174	263	67	135	31	30	1,709
4) 日本	1,707	882	495	…	223	190	26	88	21	55	2,121
5) アメリカ	1,365	…	753	113	214	320	35	179	34	72	1,899
6) その他	706	204	266	12	80	177	19	100	37	20	976

出所：BIS, *Quarterly Review*, March 2011, Table 2B より．

る．前者にはクロスボーダーの債権に加えて，報告銀行の海外所在の支店，現地法人の債権を含むものである．

　債権額が最高額を記録した 2010 年の 9 月末[16)]にユーロ地域への BIS 報告全銀行の貸付は前者では 8 兆 3770 億ドル，後者では 5 兆 7390 億ドルになっており，ユーロ地域の銀行からのローンは，前者では 5 兆 820 億ドル，後者では 3 兆 2230 億ドルになっている．

　前者の Foreign claims で示すと，ユーロ地域は BIS 報告銀行から 8 兆 3770

億ドルの借入残高があるが，ユーロ地域の銀行からは5兆820億ドルを借り入れている (60.7%)．うち，フランスの銀行からは1兆6660億ドル，ドイツの銀行から1兆3150億ドル，イタリアの銀行から5670億ドルを借り入れている．フランスの銀行は全世界への債権 (3兆5280億ドル) のうちユーロ地域への債権が47.2%，ドイツの銀行の全世界への債権 (3兆1210億ドル) のうち，ユーロ地域への債権は42.1%，イタリアの銀行は全世界への債権 (9300億ドル) のうちユーロ地域への債権が61.0%になっている．ユーロ地域の3つの大国の銀行が他のユーロ地域諸国へ多額の融資等を行なっていることがはっきりした．これらユーロ地域の銀行のユーロ地域への融資等がどの通貨で行なわれているか，BIS統計からは把握できないが，大部分がユーロ建であることはほぼ自明であろう．

さらに，この表にはユーロ地域の報告銀行からヨーロッパのエマージング市場国に対する債権も表示されている．Foreign claims でみると，ヨーロッパのエマージング市場国に対する全報告銀行の債権額は1兆3110億ドルであるが，ユーロ地域の報告銀行の債権額は1兆550億ドルと全体の80%以上にもなっている．

以上から，フランス，ドイツ，イタリアなどの銀行からユーロ地域へ，さらには非ユーロ・ヨーロッパ諸国へ多額のユーロ建の銀行ローンが行なわれ，ユーロ建信用連鎖の重要な契機が形成されてきたのである．

(3) ユーロ建信用連鎖の形成：ユーロ体制の構築と脆弱さ

以上のように，ロシアを除くほぼ全ヨーロッパ地域においてユーロ建国際信用連鎖が形成されてきたのであるが，この信用連鎖形成のもつ意味を改めて検討しよう．

前項でみたようにユーロは，ロシアを除くほぼヨーロッパ全域において為替媒介通貨として機能し，また，基準通貨，介入通貨，準備通貨としての機能をあわせもって基軸通貨になっている．そのユーロでもって，ロシアを除くほぼヨーロッパ全域において国際信用連鎖が形成されてきている．したがって，この地域において「ユーロ体制」が構築されてきているといえよう．また，欧州中央銀行 (ECB) は「ユーロ体制」を維持すべく機能してきているといえよう．

とはいえ,「ユーロ体制」がドル体制と異なるのは,ドルがアメリカの通貨であるのに対して,ユーロは統合通貨であるということである.その統合通貨によってほぼ全ヨーロッパ規模で形成される国際信用連鎖も種々の様相を形成している.第1に,ユーロ地域内においてユーロ建債権をもつ国とユーロ建債務をもつ国に分離してきている.ギリシャ,スペイン,ポルトガルなどのユーロ諸国にとってユーロへの参加がドイツ,フランスなどの他のユーロ諸国から低利での大量のユーロ資金を取り入れるきっかけになった.そのことが2000年代前半期のそれら諸国の成長を可能にしたのであるが,それはアジアNIEsにおいて80年代末から90年代前半にかけての対外資本取引の「自由化」によって大量の外国資本が流入してきて「東アジアの奇跡」[17]を招来させたのと同じようなものであるといえるかもしれない.また,東アジア通貨危機において問われた「構造問題」がギリシャ,スペイン,ポルトガルなどのユーロ諸国にも残存しているであろう[18].

第2に,非ユーロ・EU諸国,非EU・ヨーロッパ諸国に形成されている全

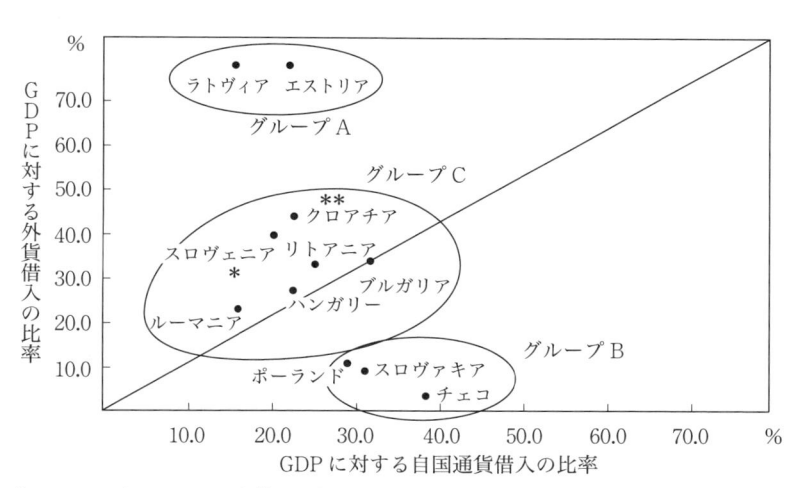

注: * 2006年, ** 2007年第3四半期.
出所: C.B.Rosenberg and M. Tirpák, *Determinants of Foreign Currency Borrowing in the New Member States of the EU*, July 2008, p.5, IMF Working Paper, wp/08/173.

図 5-3　自国通貨借入と外貨借入のGDPに対する比率（2007年）

信用連鎖のうち自国通貨以上にユーロで形成されている諸国と自国通貨で形成されている諸国に分離が進んでいる．図5-3をみられたい．グループAの諸国においては外貨借入（＝ユーロ借入）が急速に進展し，「ユーロ化」が進行している．他方，グループBの諸国は，国内諸通貨で国内信用連鎖が形成されながら，国際信用連鎖ではユーロが主体になっている諸国である．グループAとグループBの中間にある諸国がグループCである．

「ユーロ体制」下にある諸国の財政・金融危機の勃発も，上にみた信用連鎖の諸様相の差異によって異なる．第1はユーロ地域の諸国の財政・金融危機の場合である．第2は，「ユーロ化」が進行している非ユーロ地域の財政・金融危機の場合である．第3は，「ユーロ体制」の中に包摂されながら「ユーロ化」されていないその他の非ユーロ地域の財政・金融危機の場合である．後者の2つの場合においても今後看過できない事態が生じる可能性があるが，現在，ギリシャ，イタリア，スペイン等のユーロ地域において財政・金融危機が生じ，それがユーロへの不安を引き起こしているので，ユーロ地域の危機について次項で簡単にみることにしよう．

4．ギリシャ等の危機とTARGET Balances，救済計画

ユーロ地域の諸国が発行した債務証券の保有状況が図5-2に示されていた．居住者，他のユーロ諸国，他のEU諸国，EU外の居住者等への区分である．居住者に保有されている比率が高いのが，スロヴァキア，イタリア，ドイツ，フランスであり，他のユーロ諸国で保有されている比率が高いのがアイルランド，ギリシャ，ポルトガル，オランダ，フィンランドなどであった．他のEU諸国，EU外の居住者によって保有されている比率は全体的にそれほど高くない．

次に，ギリシャ，スペイン，イタリア，ポルトガルのBIS報告銀行からの債務状況を示したのが表5-25である．ギリシャへの債権額が最も多いのはフランスの銀行，次いでドイツの銀行などとなっており，両国の銀行でギリシャへの債権総額の54％に達している．イタリアへの債権額が最も大きいのはフランスの銀行，次いでドイツの銀行，スペインに対してはドイツの銀行，フラ

表5-25 報告銀行の対外債権(foreign claims, 2010年末)

(億ドル)

	総計	ヨーロッパの銀行	フランス	ドイツ	イタリア	デンマーク	オランダ	イギリス	日本	アメリカ
ギリシャ	1,609	1,301	530	340	42	1	45	131	14	74
アイルランド	6,502	4,628	368	1,182	142	168	191	1,524	267	654
イタリア	10,966	7,834	3,891	1,623	…	4	454	667	393	360
ポルトガル	2,255	1,943	270	364	41	3	53	244	22	54
スペイン	8,464	6,416	1,415	1,819	299	20	770	1,121	226	411

出所：BIS, *Quarterly Review*, March 2011, Table 9B より．

ンスの銀行，ポルトガルに対してもドイツ，フランス銀行となっている．

　さて，ギリシャ，イタリア，スペイン等のユーロ地域各国の財政危機によってそれらの国の国債等の格付けが下げられ，それらが大量に売られる事態が生まれた場合，国債等をどの地域の投資家が保有しているかによって状況が異なる．1) 国債等がその国の金融機関等によって保有されている場合には，その国の金融機関等の経営悪化と全般的な経済危機が進行する．2) ユーロ地域外の保有者が国債等を売払い，資金逃避が進行した場合には，ユーロからドル，ポンド，円等へ資金が動き，ユーロ相場が下落しようが，ユーロは統合通貨であるから財政危機が経済規模の小さい1つの国，あるいは数カ国にとどまっている限り，相場下落は大きくはないであろう．もし，ギリシャがユーロに参加していなければ，東アジアおいて生じたような通貨危機から全般的な経済危機へと進行したであろう．3) ギリシャ等の国債等が他のユーロ地域の金融機関等に保有されている場合，その売払いと資金逃避はギリシャから他のユーロ地域への資金移動となり，それはギリシャのユーロ建・投資収支赤字の増大，その他ユーロ地域のユーロ建・投資収支の黒字となって，最終的にはTARGET Balancesに現われることになる（TARGET Balancesについては次章で詳しく論じる）．

　つまり，その他ユーロ諸国の中央銀行のギリシャ中央銀行への債権の累積となる．これと同じこと（TARGET Balancesの累積）がフランスの銀行，ドイツの銀行のギリシャからのローン引き揚げについても生じる．ギリシャがユーロにとどまる限り，ギリシャのユーロ建投資収支赤字は，ギリシャへのTARGET Balancesの累積となっていくだけである．これにギリシャの経常

表 5-26 ギリシャの対外ファイナンスに必要な額とその資金源泉

(10億ユーロ)

	2009[3]	2010[4]	2011[4]	2012[4]
1) 対外ファイナンスに必要な額	166.3	180.5	201.8	193.3
経常収支赤字	25.8	24.0	18.5	16.2
中長期債務償還	28.2	22.8	32.2	38.0
公的部門	15.8	15.6	21.1	28.7
銀行	11.3	6.8	8.7	9.1
企業	1.1	0.3	2.3	0.2
短期債務償還	112.2	133.7	151.1	139.0
公的部門, 中央銀行	40.8	57.2	93.7	93.1
ギリシャ中央銀行[1]	35.3	49.0	90.5	93.3
公的部門[2]	5.5	8.2	3.2	−0.2
銀行	70.2	75.8	56.9	45.5
企業	1.3	0.6	0.5	0.4
2) 資金の源泉	166.3	174.3	155.3	169.3
その他資本収支（ネット）	2.0	2.1	2.9	2.8
直接投資（ネット）	0.3	0.7	1.4	1.9
株式（ネット）	−0.2	−2.4	−0.8	0.8
資産引き揚げ	−26.1	19.7	2.8	−17.2
新規借入・ロールオーバー	191.8	154.3	149.0	181.1
中長期借入	58.1	3.2	9.9	35.3
公的部門	39.8	−3.3	0.0	25.1
銀行	7.9	6.1	7.9	10.0
企業	10.3	0.3	2.1	0.2
短期借入	133.7	151.1	139.0	145.7
公的部門, 中央銀行	57.2	93.7	93.1	70.2
ギリシャ中央銀行[1]	49.0	90.5	93.3	70.3
公的部門[2]	8.2	3.2	−0.2	−0.2
銀行	75.8	56.9	45.5	75.1
企業	0.6	0.5	0.4	0.5
その他	−1.5	0.0	0.0	0.0
3) 救済計画	−1.5	31.5	46.5	24.0
EU	…	21.1	35.6	17.5
IMF	…	10.4	10.9	6.5

注：1) TARGET 関連のユーロシステムに対する債務を含む.
　　2) 短期金融市場商品，貿易信用を含む.
　　3) 実態.
　　4) 予測.
出所：IMF, *Greece : Third Review Under the Stand by Arrangement-Staff Report*, March 2011, IMF Country Report No. 11/68, p. 51 より.

収支赤字が付け加わる．経常収支赤字の大半はその他ユーロ地域に対してのものであるから，ドイツ，フランス等のギリシャへの TARGET Balances の累積はさらに大きくなる．これらのことは，次章の分析から明らかにされる．表6-7 にドイツ・ブンデスバンクのユーロシステムに対する債権額（TARGET Balances）の推移が示されている．債権額は 2007 年から急増し，06 年末の 183 億ユーロから 07 年末に 841 億ユーロ，08 年末には 1287 億ユーロ，2010 年 9 月には 3220 億ユーロにもなっている．もちろん，この TARGET Balances の増大にはギリシャだけにとどまらず，スペイン，ポルトガル，イタリア等の全ユーロ地域の経済不安定が反映している．

参考のために，IMF スタッフが算定しているギリシャへの救済計画を示そう．表 5-26 である．2011 年にギリシャが必要とする対外資金は 2018 億ユーロにのぼっている．その資金手当てのうち，1490 億ユーロが新規借入と債務のロールオーバーであり，ギリシャへの EU ならびに IMF による支援計画が 465 億ユーロに達している．また，新規借入と債務のロールオーバーのうち，ギリシャ中央銀行の TARGET に付随するユーロシステムへの債務が 933 億ユーロの巨額になっている．

しかも，TARGET Balances の累積には制限が課せられない．TARGET（ユーロ決済機構）にはユーロ建「総合収支」赤字の自動的ファイナンスがビルトインされているのである．これがユーロ決済（TARGET）の「宿命」である．したがって，ドイツ，フランスは制限のない TARGET Balances の累積から，ギリシャの財政，金融に対して何らかの統制，規制が付随する「欧州金融安定ファシリティ」（EFSF），その後の「欧州安定メカニズム」（ESM）等の「救済案」を提示して TARGET Balances を縮小させることが緊急の課題となってくる．ドイツ，フランス等は税的資金であるか，金融機関等の資金であるかは問わず，何らかの資金をギリシャなどに提供せざるを得ないのである．

注
1) 2000 年代前半期における「ユーロ体制」については，拙稿「欧州におけるユーロの地位とドル，ユーロによる重層的信用連鎖――「ユーロ体制」論構築に向けて」『立命館国際研究』18 巻 1 号，2005 年 6 月をみられたい．
2) 詳細については拙稿「2010 年の世界の外為市場における取引の諸特徴」『立命館国

際研究』23巻2号，2010年10月をみられたい．
3) 07-09年のイギリス外為市場の状況については拙稿「基軸通貨ドルとドル体制の行方」『立命館国際研究』22巻3号，2010年3月，第6，7，8表をみられたい．
4) 2010年4月の1日平均でフランス市場の取引額（すべての為替取引）は1516億ドルで世界第8位，ドイツ市場の取引額は1086億ドルで第10位である（BIS, *Triennial Central Bank Survey, Foreign exchange and derivatives market activity in April 2010*, 1 Sep. 2010, Table 5）．前掲拙稿「2010年の世界の外為市場における取引の諸特徴」第5表参照．
5) ドル，円，ポンド，スイス・フラン，カナダ・ドル，オーストラリア・ドル，デンマーク・クローネ，スウェーデン・クローナを除くその他諸通貨．
6) 同上の諸通貨と香港ドルを除外した諸通貨．
7) ロンドン市場での短資移動を分析した第8章では把握できないことである．
8) 前注と同じである．
9) 変化の様子については，ECB, *The International Role of the Euro*, July 2009, p. S 8, July 2011, pp 15-16をみられたい．
10) http://www.nbs.sk/KL/INDEX.HTM
11) 同上．
12) http://www.riksbank.com/templates/Page.aspx?id = 12468, Gold and foreign exchange reserve.
13) http://english.mnb.hu/Engine.aspx?page = mnben_exchange_rates&ContentID = 3396
14) ECB, *The International Role of the Euro*, July 2010, p. 15 より．
15) *Ibid*., p. 15.
16) 2010年9月末に債権額の最高額を示したので，この時点の統計値を示したい．
17) 拙書『ドル体制とユーロ，円』日本経済評論社，2002年，第9章「エマージング市場の登場とドル体制」，『円とドルの国際金融』ミネルヴァ書房，2007年，第9章「世界銀行の「資本取引自由化」戦略と日本政府のスタンス」参照．
18) スペイン，ポルトガル，アイルランド，ギリシャなどのユーロ諸国がユーロへの参加を契機として大量の資金をフランス，ドイツ等から借り入れ，それが如何にしてバブル的事象を生み出していたかについては別途論じられる必要がある．その際，ドイツ，フランスなどの債権側の諸国の諸事情（ユーロ安の進行，経常黒字の増大，諸金融機関の投資銀行的役割の高度化など）も論じられる必要があろう．

第6章
ユーロ決済機構の高度化とギリシャ等の危機

　前章ではユーロ体制の形成について論じたが，ユーロの単一通貨の導入はユーロの統一的決済制度が新たに創設されて実現されるものである．統一的決済制度（TAEGET）が設立されてはじめて短期金融市場の統合が進み，欧州中央銀行（ECB）の金融政策も実施されるのである．したがって，本書の分析は前章で論じたユーロ体制形成の根幹につながるものであり，前章で論じたユーロ体制形成の分析は本章の分析でもって完成するといえる．

　筆者は以前の論稿[1]においてユーロの決済制度（TARGET）について検討を行なった．しかし，TARGETはその後高度化されTARGET2となった．その高度化の状況，意味を明らかにする必要があろう．以前の稿でも明らかにしたように，TARGETを用いたユーロ決済ではユーロ地域の中央銀行間にTARGET Balancesが形成される．この意味合い，意義について言及した研究はほとんどみられない．本章において，TARGET Balancesの意味合い，意義について再度強調したい．そのことを論じることによって，ギリシャ危機，アイルランド危機，イタリア，スペイン危機等がユーロへいかなる影響を与えるのか，また，TARGET Balancesの累積の矛盾が「欧州安定メカニズム」（＝「欧州版IMF」）につながっていかざるを得なかったことなども明らかになるだろう．本章の最後の節で論じよう．

　さらに，通貨統合に参加しなかったイギリス，スウェーデンはTARGETには参加していたが，TARGET2から離脱した．両国のTARGETへの参加の意味，TARGET2からの離脱は何故なのかについても考察される必要がある．それは，第2節において論じたい．

1. ユーロ建・EU 域内決済と TARGET

(1) TARGET による国際決済

　欧州通貨統合前の EU 域内決済の基本様式は，もちろん，国際決済のそれである．つまり，外国為替を使い，銀行間の国際決済は銀行が相互に保有しているコルレス口座，本支店勘定の振替によってなされてきたのである．貿易決済を例に，簡単に述べると，A 国の輸出業者は A 国通貨建の輸出手形を A 国所在の銀行（a 銀行）において割り引いてもらい，a 銀行はその手形を B 国のコルレス銀行（b 銀行）へ送り，b 銀行はその手形を輸入業者に呈示して，その時の A 国通貨と B 国通貨との為替相場で換算して B 国通貨で貿易代金を回収する．a 銀行と b 銀行の間の国際決済は b 銀行が a 銀行に置いている A 国通貨建のコルレス口座から資金を引き落とすことで行なわれる．これは貿易決済の例であるが，資本取引でも国際銀行間決済はコルレス口座を利用して行なわれることには変わりない．a 銀行が b 銀行へ A 国通貨建で送金するとき，その決済は b 銀行が a 銀行に保有しているコルレス口座に資金が振り込まれることによりなされるのである．

　通貨統合後も以上の決済様式がなくなったわけではない．依然として統合後も一部はコルレス関係を維持し，それを使って決済がなされている（もちろん，コルレス口座はユーロ建であるが）．しかし，通貨統合によって新たな統一的決済制度が導入された．それが欧州中央銀行（ECB）と EU 各中央銀行が作成した TARGET である（ECB が TARGET の管理・運営を行なう）．これによって，ユーロ地域内の決済がこれまでの国内決済とほぼ同じように行なわれるようになるのである．単一通貨ユーロの導入とはそのことが根本である．これによって 1999 年 1 月に為替相場がなくなり，実質的に各国通貨がなくなるのである．言い換えれば，ユーロ地域内の統一的決済制度が設立されないと為替相場は消滅しない．さらに言えば，ユーロ地域内の決済費用が国ごとに大きく異なれば為替相場は消滅しないのであるが，統一的な決済制度の創設によって決済費用に大きな差異がなくなって為替相場が消滅し，通貨統合が実現するのである．このことは理論的な原理であったし[2]，これが欧州通貨統合にも当

てはまるのである.2001年末までマルクやフランやギルダーといった通貨名が残ったとしても,統一的決済制度ができて以後はそれらは単なる「呼称」にすぎなく,実質的にユーロに統合されているのである.

それでは,TARGETとはどのようなものであろうか.TARGET (Trans-European Automated Real-time Gross Settlement Express Transfer System) については図6-1に示されている.EU 15カ国のRTGS (Real-time Gross Settlement) システム(各国の即時グロス国内決済システム[3]——各国のRTGSの名称については表6-1参照)どうし,および,これらと欧州中央銀行の支払システム (ECB Payment Mechanism) をバイラテラルにつなぐインターリンキング・システムから成り立っている.技術的な論述を避けてTARGETによる決済制度を説明すると,以下のようである.

TARGETが導入されることによりユーロ域内の国際決済はコルレス関係の設定がなくともTARGETによりユーロ地域内の国際決済は国内決済のようにできるようになった(イギリス等の統合未参加EU国も限定つきであるがTARGETを使ってユーロ建決済ができた——これについては後述).先ほどの貿易決済の例で説明しよう.

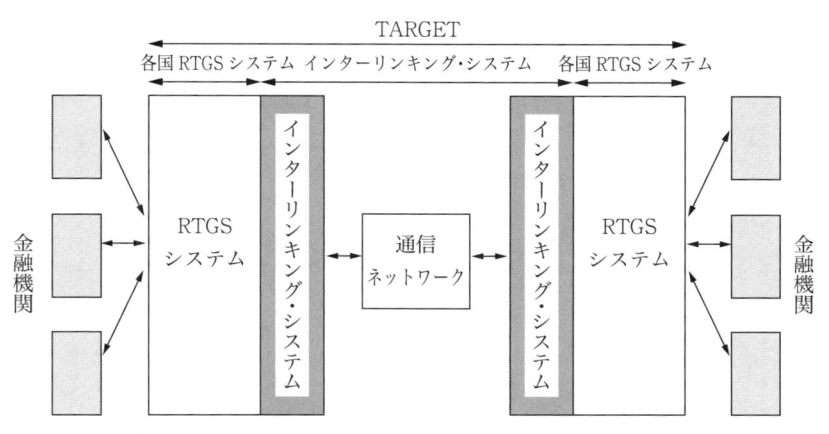

出所:大橋千夏子「通貨統合後の欧州ペイントシステムについて」『日本銀行調査月報』1998年8月号,77ページより.原資料はEMIの報告書.

図6-1 TARGETの機構

表6-1 EU諸国のRTGS

ベルギー	ELLIPS
デンマーク	DEBES
ドイツ	ELS
ギリシャ	HERMESeuro
スペイン	SLBE
フランス	TBF
アイルランド	IRIS
イタリア	BI-REL
ルクセンブルグ	LIPS-Gross
オランダ	TOP
オーストリア	ARTIS
ポルトガル	SPGT
フィンランド	BOF-RTGS
スウェーデン	ERIX
イギリス	CHAPSeuro
ECB	EPM

出所:European Central Bank, *TARGET* (Trans-European Automated Real-Time Gross Settlement Express Trasfer System), July 1998, p. 12.

A国の輸出業者とB国の輸入業者がユーロ建で貿易を行なう(A, B両国は欧州通貨統合の参加国). 輸出業者はa銀行で輸出手形を割り引いてもらい, a銀行はその手形をb銀行に送り, b銀行はその手形を輸入業者に呈示する. 輸入業者は輸入代金をユーロでb銀行に支払う. 残るは銀行間決済であるが, もちろん, a銀行, b銀行がコルレス関係を維持して(と言ってもコルレス残高はA, B国の通貨建ではなくユーロ建であるが)決済を行なうこともできる. しかし, TAEGETの導入によりコルレス関係がなくとも国際決済ができるのである. a銀行, b銀行はそれぞれの中央銀行にこれまで国内決済用に「預け金」をもっていたが, それを使ってユーロ域内の国際決済ができるようになったのである. b銀行がa銀行に対して決済する際, それぞれの国のRTGSを経由するTARGETを使ってB国中央銀行にあるb銀行の「預け金」が引き落とされ, A国中央銀行にあるa銀行の「預け金」がふやされるのである. 最後に, 2つの中央銀行間にTARGET Balancesが形成される. つまり, B国中央銀行はA国中央銀行に対して債務を, 逆に言えば, A国中央銀行はB国中央銀行に対して債権をもつのである (TARGET Balances)[4].

ところで, 金融機関がTARGETを利用する際の料金であるが, もちろん, それはTARGETにつなげられている諸国においては一律である. つまり, 仕向地(送金国)に関係なく, クロスボーダーのTARGET利用は全金融機関に対して同一料金が課せられるのである(仕向金融機関が料金を負担)[5]. ただ, TARGETの利用度に応じて料金が異なっている. つまり, 1カ月間におけるクロスボーダー決済件数が多い金融機関には逓減的に料金が課せられるのである. 表6-2によれば, 1000件を超える場合は1001件から1件当たり

表 6-2 TARGET の利用料金

①月に100件までの利用	1件当たり1.75ユーロ
②月に1,000件までの利用	100件までは①と同じ 残りの900件は1件当たり1.00ユーロ
③月に1,000件を超す利用	1,000件までは②と同じ 1,001件からは1件当たり0.80ユーロ

出所:European Central Bank, *Third Progress Report on the TARGET Project*, Nov. 1998, p. 7.

0.80 ユーロである.

　各国ごとにユーロ地域のクロスボーダー決済費用が異なれば為替相場は消滅しないので通貨統合は実現しないのであるが,かくして,TARGET へリンクしているユーロ地域においてはクロスボーダーのユーロ決済の費用は同一のものとなり,為替相場が成立する根拠が消滅したのである.言い換えれば,このように欧州通貨統合とは,銀行どうしの国際間決済を各国の RTGS を通じた TARGET の利用によりユーロ域内各国中央銀行にある「預け金」を使って同一コストでもって域内国際決済ができるようになったことをいうのである.しかも,統合参加の各国中央銀行は民間金融機関に対して融資を行なうから,中央銀行の融資が国際決済資金を補充することにもなるのである.中央銀行の融資によって銀行の「預け金」が増加するからである.つまり,対外決済用の資金をユーロ域内中央銀行が貸出という形で供給するのである(このことについての詳細は後述).

　なお,TARGET は RTGS のグロス決済(決済案件の1件ごとの決済)であるから,参加銀行にとっては流動性管理が重要になる.TARGET 参加銀行は流動性が不足する場合には,各国中央銀行から有担保貸付あるいは日中レポの方式により日中流動性を受けることができる.この流動性供給は自動的に翌日まで延長させることは出来ないが,担保があれば無制限であり,無料である[6]).

　さて,TARGET の利用は通貨統合に参加した諸国だけでなく,イギリス,デンマーク,スウェーデン等の通貨統合に参加しなかった EU 諸国にまで広げられた.1995 年の EMI(欧州通貨機構)の理事会において EU の全中央銀行

がTARGETにつなげられることが決められていたからである．通貨統合への参加決定前にEUの全中央銀行がTARGET設立のために資金を提出したというのが，一応の理由である[7]．理由はともあれ，そのことによって，例えば，在英銀行はイングランド銀行にユーロ建の「預け金」を設定し，それによってコルレス関係がなくとも，ユーロ建であるならEU諸国間の国際取引の決済ができるようになったのである（イギリスの場合はCHAPSeuroを通じて）．

　もちろん，これにはいくつかの条件が設定された（詳しくは後述）．1) EMU未参加国の中央銀行は他の中央銀行との間で，オーバードラフト（当座貸越，当座借越）が禁止される，2) EMU未参加国の中央銀行はESCBに一定額（イングランド銀行は30億ユーロ，その他の中央銀行は10億ユーロ）を積むことを条件に自国内の金融機関に日中流動性を供与する，3) EMU未参加国の金融機関が受けられる日中流動性の上限（10億ユーロ）を設ける，4) EMU未参加国の金融機関がTARGET終了時までに日中流動性を返済できない場合，ECBの「限界貸付金利」（後述）に5％を上乗せしたペナルティ金利を支払う，などである[8]．

　このことがロンドン市場におけるユーロ取引（ユーロ・ユーロ取引）の進展にどのような影響を与えたかについては後に論じよう．

　以上にみてきたように，TARGETが通貨統合後の統一的・包括的な決済機構であるが，同時に，ユーロ導入以前に存在していた民間機関や中央銀行が運営するネットベースの非RTGS決済機構も，ユーロ導入にあわせて編成替えを行ない，ネットベースでのユーロ・クロスボーダー決済を続けることになった．1985年以後民間ECUの決済を行なってきた「EBA・ECUクリアリング」はユーロ発足に合わせて「EBA・euroクリアリング」（EURO 1）に編成替えすることを決め，ドイツのヘッセン中央銀行が運営してきた決済機構もユーロ導入後，ユーロのクロスボーダー決済を行なうことを決定した（EAF）．その他，フランスのPNS等も同様である[9]．ただし，それらの決済機関も最後の収支尻についてはTARGETを使って決済することになった[10]から，つまり，EBA等がECB，もしくはユーロ域内中央銀行に決済口座を開設し，ネットベースで行なってきたその日のユーロ建クロスボーダー決済の最終尻を

通貨統合前

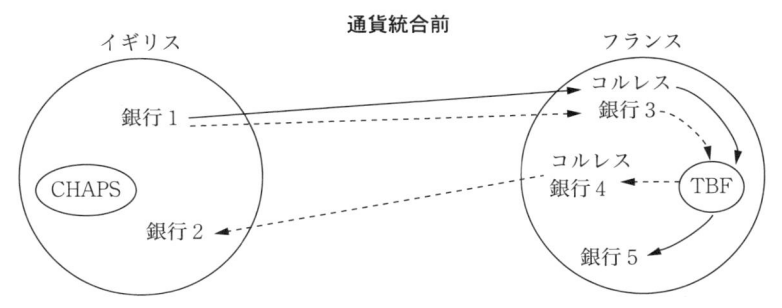

──▶ 在英銀行1は在仏銀行5へコルレス銀行を経由して(TBFを利用しながら) フラン資金を支払う

---▶ 在英銀行1が在英銀行2へ, それぞれのコルレス銀行3,4を経由して(TBFを利用しながら) フラン資金を支払う

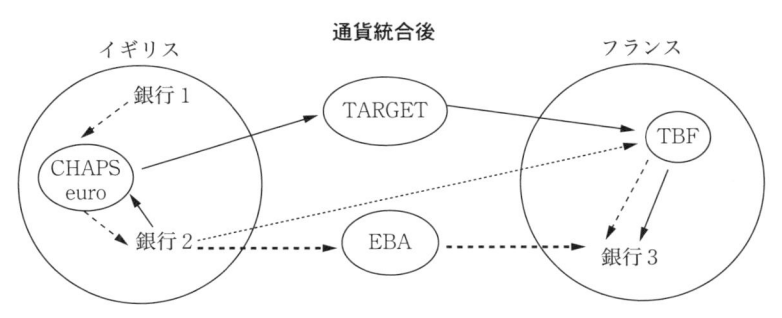

通貨統合後

---▶ CHAPSeuroを利用して在英銀行1から在英銀行2へユーロ資金を支う

──▶ 在英銀行2が在仏銀行3へ,CHAPSeuro,TARGET・インターリンキング, TBFを利用してユーロ資金を支払う

······▶ 在英銀行2がTBFのリモート・アクセスのメンバーとなり, 在仏銀行3へ直接ユーロ資金を支払う

········▶ 在英銀行2がEBAを通じて在仏銀行3にユーロ資金を支払う
(この図の場合は両銀行ともEBAのメンバー)

出所: Bank of England, *Practical Issues Arising from the Introduction of the Euro*, 14 Dec. 1998, p. 81 より.

図 6-2 通貨統合に伴う決済の変化

第6章 ユーロ決済機構の高度化とギリシャ等の危機　　175

TARGET を用いて決済することになったから，TARGET が通貨統合に伴う決済機関としては最高のものである[11]．

以上の決済について，通貨統合前と後における様式の変化を図 6-2 によって示そう（この図ではユーロに未参加であるが，TARGET に接続されたイギリスの例が示されている）．ただこの図に関して注意しなければならないことは，通貨統合後もコルレス関係を使った決済はなくなっていないということである[12]．そこで，図 6-3 を示しておこう．統合後，実に多くの決済方式のルートがあることが知れよう．TARGET のほかに EBA（EURO 1），コルレス関係があり，しかも，コルレス関係から TARGET へ，また，EBA へ，EBA からコルレスへ，リモート・アクセス等々である．各金融機関はこれらのルートのうちから効率性，ビジネスチャンス等々を考慮して決済するのである．

通貨統合から間もない 1999 年 1 月以降における各決済機構の利用の様子は図 6-4 に示されている．ユーロ決済の大部分が TARGET によりなされていることがわかろう．もちろん，この図における TARGET による決済は国内

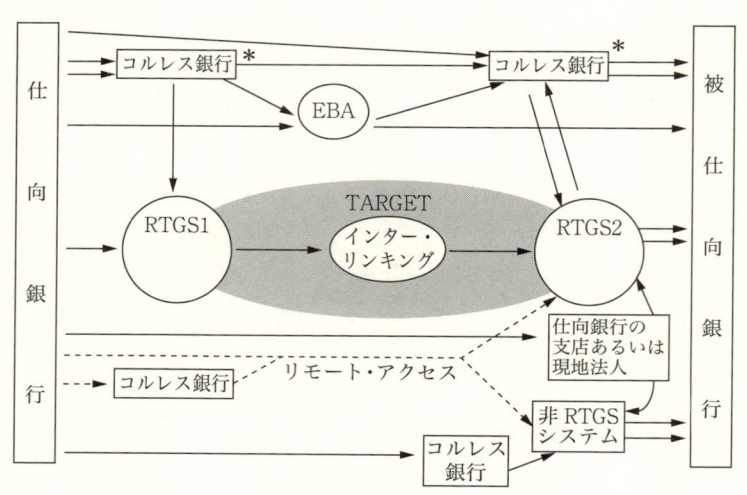

注：＊決済システムの直接の会員でない仕向銀行あるいは被仕向銀行は会員であるコルレス銀行を利用する．
出所：Bank of England, *Practical Issues Arising from the Introduction of the Euro*, 17 Sep. 1998, p. 86.

図 6-3　ユーロ決済の多様性

(10億ユーロ)

図6-4 各決済機構の利用額（毎日の平均）

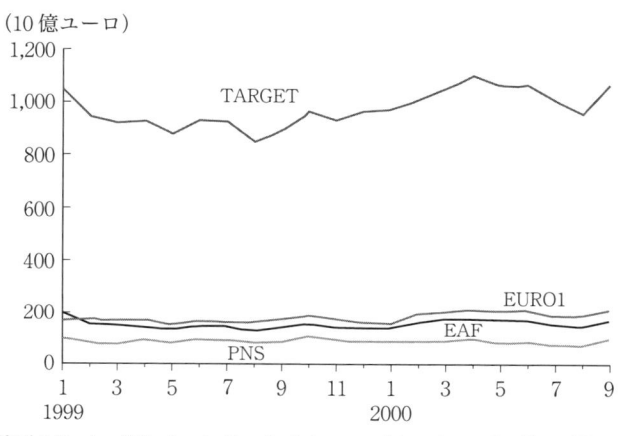

出所：Bank of England, *Practical issues arising from the Euro*, Nov. 2000, p.44, 原資料はECB.

決済を含んでおり，EURO 1 (EBA) 等の他の決済機構による決済は大部分がクロスボーダーの決済であるから，クロスボーダーだけを取り出すとTARGETの比重は低くなる（表6-3）．クロスボーダーでの件数はEURO 1が最大となっている．それでも，額においてクロスボーダーのTARGETはEURO 1の2倍以上になっていることがわかろう．つまり，TARGETクロス

表6-3 諸ユーロ決済システムの状況（1日平均）

(単位：10億ユーロ)

	1999		2000	
	額	件数	額	件数
TARGET	925	163,157	1,033	188,157
クロスボーダー	360	28,777	432	39,878
国内	565	134,380	601	148,279
Euro1 (EBA)	171	68,132	195	96,830
EAF	151	46,706	163	50,933
PNS	93	20,066	86	21,629
SEPI	4	4,254	2	3,833

出所：ECB, *TARGET Payment Statistics* より．

第6章 ユーロ決済機構の高度化とギリシャ等の危機

図6-5 TARGETの決済額

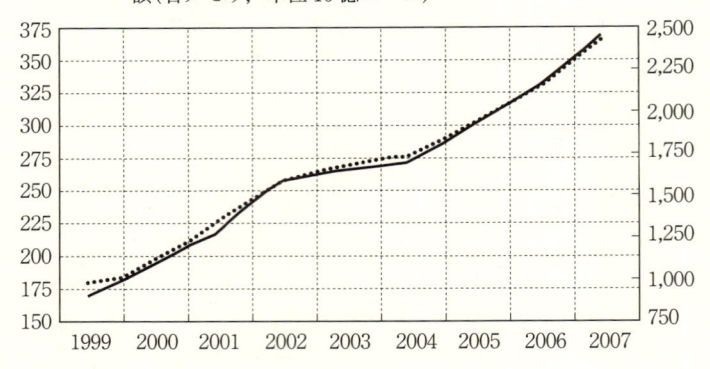

出所：ECB, *Monthly Bulletin*, Nov. 2008, p. 100 より．

ボーダーは1件あたりの決済額が1000万ユーロを超え，EURO1の200万ユーロの約5倍になっているのである．また，量的な面だけからではなくEURO1（EBA）等の他の決済機構がもつ最終尻の決済はTARGETを利用して行なわれることから，種々の決済システムの頂点としてのTARGETを把握する必要がある．1999年以後のTARGETの取引額は図6-5に示されている．順調に成長してきたことが知れよう[13]．

(2) 短期市場における決済資金の補充

前項でみたようにTARGETがユーロ決済の最高機構であるから，以下ではしばらくもっぱらTARGETを用いた決済の例を示そう．先ほどの貿易取引の例において，b銀行は「中央銀行預け金」を減少させているから，それを補充する必要が出てくる．もちろん，「中央銀行預け金」は国際決済用だけでなく，国内決済用により多く充当されているだろう．さらに，「中央銀行預け金」は中央銀行信用，納税や財政支出による財政資金の変動，ユーロ銀行券の発行等によっても変動する．中央銀行信用については後述するが，財政資金の変動，ユーロ銀行券の発行による変動については割愛し，ここでは国際決済用の「中央銀行預け金」の補充について述べていきたい．

ともかくも，b銀行はユーロ域内国際決済用の「預け金」を補充しなければならない．通貨統合に際して，統合参加国の金融機関は準備率規制を受けることになったことからその補充は不可欠である（後述）．補充の仕方は2つである．1つは，短資市場からの補充である．もう1つは，中央銀行からの借入である．

　それでは，b銀行はどの市場からそれを補充するであろうか．ユーロ建短資市場はユーロ域内各国に存在している．また，イギリスは通貨統合に参加していないが，ロンドンにはユーロ建の大きな短資市場（ユーロ・ユーロ市場）が存在する（後述）．b銀行は裁定を働かせて，最も有利な市場においてユーロ資金を補充するであろう．したがって，裁定が働くことによってユーロ域内短資市場は実質的に統合されていき，域内金利の統一が図られることになろう．以上のことを踏まえ，b銀行が資金補充をどのように行ない，その補充の仕方の違いによって中央銀行間のTARGET Balancesがどのように変化するかをみていこう．

　b銀行の資金補充として，まず第1に考えられる市場は自国のB国短資市場である．b銀行が同国にあるc銀行から資金調達した場合，B中央銀行にあるc銀行の預け金が減少し，b銀行の預け金が増加する．もちろん，この場合，この時点ではB中央銀行のTARGET Balancesは変化しない．同じ「中央銀行預け金」の口座間で資金の付け替えが行なわれるだけである．しかし，B国が輸入超過である場合，B国短資市場は次第に窮屈になるであろうから（B国市場での金利上昇がみられるであろう），b銀行は他の短資市場から資金調達を行なう可能性が出てくる．裁定が働くのである．

　したがって，次にb銀行が資金調達する市場としては輸出超過国のA国市場が考えられる．b銀行がA国のd銀行から借り入れたとしよう．この場合，A中央銀行におけるd銀行の「預け金」が減少し，B中央銀行におけるb銀行の「預け金」が増加する．と同時に，2つの中央銀行間のTARGET Balancesが変化する．先ほどの貿易取引で生じたA中央銀行のB中央銀行に対する債権が減少し，貿易額とb銀行の借入額が同じであればその時点でTARGET Balancesは相殺されてしまう．

　しかし，B国全体のユーロ建・経常収支と非銀行部門のユーロ建・資本収支

の合計での赤字額よりも,B国の銀行全体による他の市場からのユーロ資金の調達額が下回った場合,B国の金融機関は「中央銀行預け金」を補充するためにB中央銀行から借入を行なわなければならないであろう.B中央銀行が同国の金融機関に対して貸付を行ない,金融機関は「中央銀行預け金」を補充できるのであるが,その場合,B中央銀行のバランスシートは,資産側に国内金融機関向けの貸付(担保あり)が形成され,負債側では金融機関の「中央銀行預け金」が増加するとともに,域内の他の中央銀行に対するTARGET Balances債務は残ったままである.すなわち,国際収支レベルでは,B国のユーロ建・「総合収支」赤字(経常収支と資本収支を合わせた収支赤字)は,B中央銀行の他の域内中央銀行に対する債務で埋め合わされたのである.したがって,ユーロ建の部分の国際収支は次のような式に表現することができる.経常収支+資本収支+TARGET Balances=0である.

ということは,中央銀行による同国の金融機関への信用供与は,そのまま当該国のユーロ建・「総合収支」赤字のファイナンスにつながっているということである.もちろん,B国の金融機関が他のユーロ地域の短資市場からではなく,中央銀行から資金供与を受けようとするのには高いコストが必要であり,市場からの調達との裁定が働く.

上の論述はユーロ建・経常収支の赤字国であるが,黒字国の場合,黒字額に相当する各種のユーロ建・対外投資がなければ,TAEGET Balancesが債権超過となり,当該国の市場に資金が過剰となって(金融機関の「中央銀行預け金」が増加),金利が下落するであろう.その時点で裁定が働き,資金が流出し(高金利を求めて他市場へ資金が移動,あるいは低金利のため他市場からの借入が行なわれる),TAEGET Balancesは均衡していく.このように,ユーロ建の国際収支が赤字であろうが,黒字であろうが,ユーロ短期市場が統合していけば,TARGET Balancesは時間を経て均衡していく傾向が存在する.

ユーロの導入以後,ユーロ短期貨幣市場の統合が進み,市場が安定していくにつれ,裁定が働き種々の市場からのユーロ資金の調達が進行して,TARGET Balanceは均衡していく傾向にあるといえるが,中央銀行の民間銀行への信用供与(限界貸付ファシリティ―後述)はその国の「総合収支」赤字に対する決済の手段になっていることを忘れてはならない[14].

(3) ユーロ短期市場の統合

第1項でみたようにEU地域におけるユーロ決済機構としてTARGETが成功裏に機能している．このことによりユーロ地域における短期市場の統合が速やかに進展していった．ドイツ・ブンデスバンクがいうごとく[15]，TARGETは短期市場の統合に不可欠であり，それに貢献したのである．

表6-4にみられるようにユーロ導入によって短期市場における取引はかなり増加した．98年第4四半期に比べて99年第2四半期にドイツでは38%，全ユーロ地域では16%の増加である．とくに，期限の短い取引において増加の率が大きい[16]．しかも，ブンデスバンクによると，短期市場における取引の半分以上が国境を越えた取引であり，それは1日に決済額が3500億ユーロにも達しているTARGETによって知れるという[17]．つまり，TARGETによる決済制度によりクロスボーダー短期市場取引が増加し，それによってユーロ地域における短資市場が急速に統合していったというのである．各市場間に裁定が生じ，99年にはオーバーナイト金利はユーロ地域の諸市場間で2-3ベイシスポイント以上の差は見られなくなったとブンデスバンクはいう[18]．ユーロ・オーバーナイト金利が単一なものへ収束していき，まさに，短期市場は統合されていったのである．そして，短期市場の急速な統合は，オーバーナイト金利指標としてEONIA，銀行間・定期預金金利指標としてEURIBORを速やかに成立させた．

このように，ユーロ導入とともにTARGETが成功裏に機能することによってユーロ地域の短期市場が統合されていったのである．しかし，通貨統合が実施される1999年の初めに，欧州中央銀行（ECB）とユーロ地域の中央銀行（Eurosystem）は多額のstanding

表6-4 短期市場における取引の増加（1998年第4四半期に対する99年第2四半期の増加）

(単位：%)

満期	ドイツ	ユーロ地域
オーバーナイト	64	43
翌々日	52	3
1週間	59	−24
2週間	68	3
1カ月	−7	−18
3カ月	−57	−38
6カ月	−68	−55
9カ月	−84	−66
1年	150	−10
総計	38	16
メモ：ドイツ市場の比率		28

出所：Deutsche Bundesbank, *Monthly Report*, Jan. 2000, p. 24.

facilities を供与することによって短期貨幣市場の安定化を図ろうとしたことも事実である．これが成功しなかったら，もちろん，市場の統合には時間がかかっただろうし，通貨統合は混乱した可能性がある．

ECB による信用供与は準備率制度の導入によって不可避となり，ECB の金融政策が機能しやすい環境がつくられた．通貨統合前，ドイツ，フィンランド，オランダ等には準備率制度があったが，ベルギー，ルクセンブルグ等にはなかった．また，ドイツとフィンランドでは準備金は無利子であったが，オランダには利子がつけられていた[19]．通貨統合によって準備率制度が導入され，準備預金には main refinancing operation（後述）と同じ金利がつけられるのである[20]．この制度の導入によって金融機関の Eurosystem の信用供与への依存が高くなり，ECB の金融政策がやりやすくなったとブンデスバンクは言っている[21]．金融機関の中央銀行預け金が最低準備額を上回る時に，市中のオーバーナイト金利は下がり，それよりも下回る時，オーバーナイト金利は上昇するのである．なお，2004 年 3 月までは当月の 24 日から翌月の 23 日までの期間の平均で準備額が決定されるから[22]，各月の 23 日に近い日々に金融機関の中央銀行からの借入が増加する傾向があった．

準備率制度によって金融機関の Eurosystem の信用供与に対する依存が高まったのであるが，図 6-7 は 1999 年初めの standing facilities の状況を示している．99 年 1 月の通貨統合当初，EONIA がリファイナンス金利[23]から遊離し，限界貸付金利に張り付いているが（図 6-6），これは一部の金融機関の「中央銀行預け金」の不足を短資市場から取り入れることが十分に出来ず（このことは市場が十分に機能していないことを示すもの），中央銀行からの借入に依存していることを示している．

図 6-7 を見ると 1999 年のはじめに，「限界貸付ファシリティ」と「預金ファシリティ」が増大していることがわかる．これは「中央銀行預け金」の不足をきたしている金融機関が「限界貸付ファシリティ」によって借入を行ない，他方，「中央銀行預け金」が過剰になった金融機関が「預金ファシリティ」によって中央銀行に運用を増大させていることを示す．市中の短資市場を通じて金融機関どうしの「中央銀行預け金」の融通ができていないのである．

かくして，通貨統合実施の不安定な時期に金融機関は Eurosystem から多め

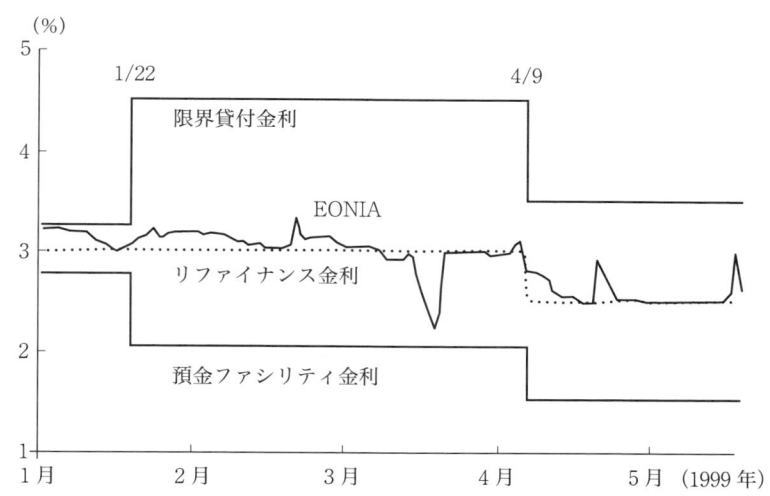

出所：Bank of England, *Practical issues arising from the Euro*, June 1999, p. 23. 原資料はECB, EBF.

図6-6 ユーロシステムの諸金利とEONIA（1999年）

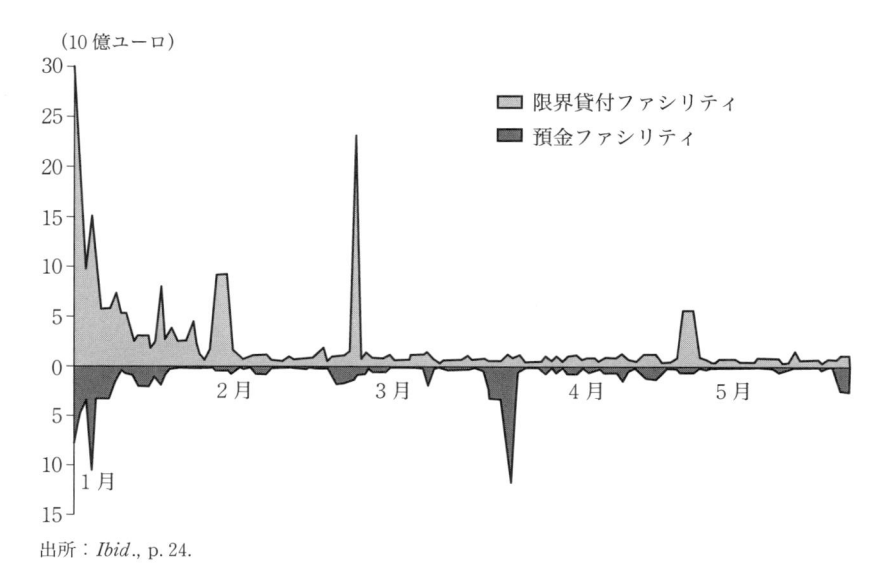

出所：*Ibid*., p. 24.

図6-7 ユーロシステムの常設ファシリティの利用（1999年）

第6章　ユーロ決済機構の高度化とギリシャ等の危機

の流動性を受けたのであるが，短資市場が徐々に統合されていき安定化していくにつれ，EONIAはリファイナンス金利に近づいていき，それに伴いstanding facilitiesの供与も次第に減少していった[24]．ユーロ地域の短期貨幣市場は通貨統合に見合った新しい短期貨幣市場として編成替され自立していったのである．

(4) TARGET 2 へ

TARGETはユーロの統一的な決済制度として構築され，ユーロの通貨統合を成功に導いたばかりでなく，ユーロの短資市場の統合，ECBの金融政策の実施の素地を作ったのであるが，旧来のTARGET（TARGET 1）は次第に不十分なことがわかってきた[25]．その不十分の中心はTARGET 1が分散型のシステムになっていたことにある．つまり，EU各国のRTGSとECBのEPMがバイラテラルにリンクしあっており，各RTGSの機能が少しずつ異なっていることに起因している．そのことから，各RTGSが提供するサービスが異なり，また，注5でみたようにRTGSごとに利用コストが若干異なるのである．また，各国が個別にRTGSのインフラ整備を行い運営していくのが非効率であること，しかも，EU参加国が増加していくとRTGSの数は増加していく．したがって，ユーロ地域全域における統一的な決済サービスを同一のコストで提供するには旧来のTARGETを改革せざるをえなくなり，2002年からTARGETの改革論議がはじまった．

改革論議の詳しい経過は本章では省くが，ドイツ，フランス，イタリアの中央銀行が「共通プラットフォーム」（SSP, Single Shared Platform）（図6-8）の構築を行なうことになり（2004年12月），2007年の11月から2008年5月にかけて，段階的に新しいTARGET（TARGET 2）に移行することになった[26]．

TARGET 2は以下の特徴をもつ[27]．第1，「共通プラットフォーム」を設立し，各国のRTGSがもっていた決済業務の技術的処理をSSPに移行させる．ただし，各中央銀行のTARGET 2への参加後4年間については過渡期が設けられ，いくつかのサービスについては従来の処理を継続させることができることとした．しかし，いくつかの中央銀行は，TARGET 2への移行後RTGS

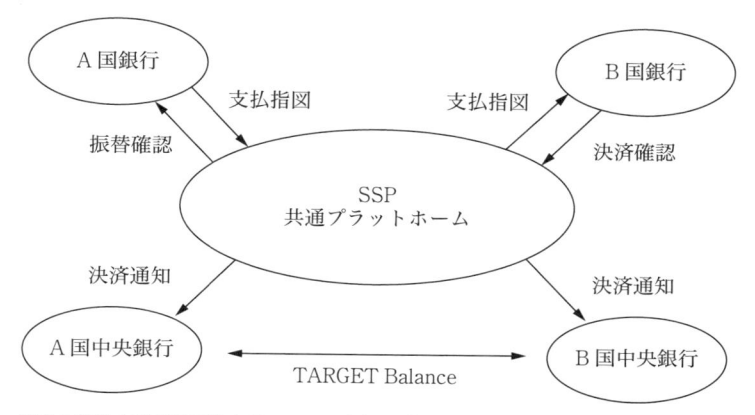

```
                    支払指図        支払指図
    A 国銀行 ←――――→     ←――――→ B 国銀行
                   ↗          ↖
    振替確認                          決済確認
              ↙    SSP        ↘
              共通プラットホーム
              ↖              ↗
    決済通知                          決済通知
              ↘              ↙
    A 国中央銀行 ←―――― TARGET Balance ――――→ B 国中央銀行
```

出所：前掲大橋千夏子論文 Box 4，日本銀行『決済システムレポート，2007-2008』
　　　55 ページなどを参考に筆者が作成．

図 6-8　TARGET 2 の機構

のサービスを SSP への移行をさせた[28]．

　第 2，各国ごとに異なっていた RTGS システムの機能が共通化され，従来は RTGS に伴うサービスが各国ごと異なっていたが，SSP の設立により TARGET 2 では共通のコア・サービスが提供されることになった[29]．「待ち行列機能」「複数指図同時決済機能」などである．また，RTGS システムの機能が共通化されたことにより手数料の体系も共通化がはかられることになった．

　第 3，SSP の設立にもかかわらず，銀行等の金融機関は ECB ではなく従来どおり各国中央銀行に決済口座を開設し，各中央銀行がそれぞれの金融機関との関係を維持する[30]．つまり，TARGET 2 においても参加金融機関の決済口座は ECB において集中的に管理されていないのである．

　第 4，銀行等の金融機関の TARGET 2 への参加形態は，旧 TARGET と同じで，直接参加と間接参加の 2 形態がある．前者は SSP の Payment Module に RTGS 口座をもち，支払指図の送信，資金決済を自ら行なう．後者ではそれらを直接参加の銀行等に委託する．ともに「欧州経済領域」(EEA，EU 加盟国にアイスランド，ノルウェー，リヒテンシュタイン) に所在する銀行等であればどちらかの形態で TARGET 2 へ参加できる[31]．つまり，EEA 地域にあればユーロ参加国以外の銀行等も TARGET 2 へ参加できるということであ

る．EEA 以外の地域の銀行等は直接参加の銀行等とのコルレス関係によって資金の受払いを行なうしかない（ただし，この場合でも TARGET 2 のディレクトリに銀行コード情報を掲載可能——Addressable BIC）．

　第 5，参加銀行等がユーロ地域に本店・支店やグループ会社等をもっており複数の中央銀行に当座預金を開設している場合，2 つの方法で流動性をプールすることが可能となった．1 つは，本店・支店，グループの口座残高をまとめる方法（Aggregated liquidity），もう 1 つは，複数の口座を 1 つの口座に見立てられる方法（Consolidated information）である．どちらかの方法をとることにより，グローバルな活動を行なっている銀行等は流動性を集中的に管理することができ，流動性の節約をすすめることができることになった．

　以上，TARGET 2 へのユーロ決済機構の高度化を見てきた．これによって決済機構としては完成の域に一歩近づき，ユーロの単一通貨制度は強化されたといえよう．しかし，国家統合が果たされないままの（＝各国の経済主権がほとんど維持されながらの）単一通貨制度の決済機能の高度化は，単一通貨制度に固有に存在する問題を解決することにはつながらず，それをより鮮明にすることになろう．その固有問題とは，各国のユーロ建「総合収支」赤字，黒字が出ても収支が「自動的に」ファイナンスされるということである．つまり，ユーロ参加国どうしの中央銀行の間では当座貸越，当座借越（TARGET Balances）が常に形成されているという事態である．平時には，この事態はユーロの単一通貨制度が円滑に機能するに資するのであるが，単一通貨制度への参加国が経済危機を引き起こした場合，問題の焦点がこの点に現われることになる（詳しくは後述）．

2. イギリスとユーロ・ユーロ取引

(1) 通貨統合不参加 EU 国の TARGET 1 へのリンク

　すでに述べたように 1999 年 1 月以来，イギリス，スウェーデン，デンマークのユーロに未参加の EU・中央銀行も TARGET に参加していた．その後，EU 加盟国が増加したが，2002 年 10 月に ECB は新しい EU 諸国にもこれら 3 国と同様の条件で TARGET への参加を認めた[32]．

この項では通貨統合未参加 EU 国の RTGS が TARGET にリンクしユーロ決済ができるということの内容と意義とについて論述しよう．通貨統合未参加国の RTGS が TARGET にリンクしユーロ決済ができるということは，ECB がいうように[33]，これまでにない全く画期的なことである．どの国がこれまで自国通貨の決済機構への参加を他国の中央銀行，金融機関に許したことがあろうか．

　通貨統合未参加国の RTGS が TARGET につなげられてユーロ決済ができるということは，それらの諸国の金融機関がそれらの国の中央銀行にユーロ建の「預け金」をもち，それがユーロ建の国際決済資金に用いられるということであり，さらに，通貨統合未参加国の中央銀行がユーロ地域の他の中央銀行に対して TARGET Balances をもちうるということを意味する．また，TAEGET がグロス決済方式をとっていることから，先にみたように中央銀行による「日中流動性」の供給が不可避であり，イギリス，スウェーデン，デンマークのユーロに未参加の EU 諸国の中央銀行もユーロ資金で「日中流動性」の供給を行なうことになる．しかし，ユーロ地域の銀行および中央銀行と同等の条件が未参加国の金融機関，中央銀行に与えられたら通貨統合の意義がなくなってしまう．そこで後に述べるようないくつかの条件が課せられることになる．とはいえ EU 諸国の通貨統合未参加国に所在する金融機関が同国の中央銀行にユーロ建の「預け金」をもち，ユーロの決済を可能にすることが最終的に 98 年の 7 月の ECB 理事会において認められたのである．

　例を出してそのことを説明しよう．イギリス，スウェーデン，デンマーク等の未参加国もユーロ建で貿易や資本取引を行なうだろう．そういうときに，それらの諸国は各 RTGS，TARGET を経由してユーロ決済ができる．例えば，イギリスの輸入業者がユーロ建で輸入した場合，在英銀行はユーロ建のイングランド銀行「預け金」を減少させ，イングランド銀行は他のユーロ域内の中央銀行に対して資産の減少あるいは債務の増加をもたらすであろう．この決済はグロス決済であるから，在英銀行は流動性不足になることが多く，短資市場からユーロ資金を補給するか，イングランド銀行から「日中流動性」を受けることになろう．その日のあとの時間において，この在英銀行が被仕向銀行になる別の決済があれば，それによってこの銀行は短資市場あるいはイングランド銀

行からの資金調達の返済ができ,イングランド銀行「預け金」を回復することができよう.しかし,この銀行が被仕向銀行になる決済額が少なければ,この銀行は「預け金」の減少分を補うために,ロンドン短資市場で不足分のユーロ資金を補充するか,イングランド銀行から「日中流動性」を受けなければならない.

ロンドン市場でユーロ資金が調達できるということは,イギリスが輸出等のユーロ建・経常取引で黒字があるか,もしくは資本収支レベルでイギリスへ何らかのユーロ資金が流入しているからである.それらが少なければ在英銀行はロンドンのユーロ短資市場からユーロ資金を補充できない.在英銀行による短資市場からの資金調達が難しい場合,ポンド資金であればイングランド銀行がポンド資金を供給するのであるが,イングランド銀行が在英銀行に対してオーバーナイトでのユーロ資金を供与することにECBは制限をつけた.ユーロについてはイングランド銀行等のユーロ未参加国の中央銀行はユーロ地域の他の中央銀行との間でのオーバードラフト(当座貸越,当座借越)が禁止されることになった.つまり,これらの中央銀行は民間銀行へのユーロ貸付をオーバーナイトではできないことになったのである.これが認められれば,イングランド銀行もユーロに関して「最後の貸し手」になるからである.また,もし,オーバーナイトでこれができれば,統合未参加国もユーロ建・国際収支(経常収支と銀行の資本取引を含む資本収支の合計)赤字ファイナンスをTARGET Balancesによって受けられ,通貨統合参加国と未参加国との差異がなくなり,未参加国にとってきわめて有利になる.当然,これは認められないことになった.

したがって,先の例でいえば,在英銀行はユーロ地域の他の市場からユーロ資金を調達しなければならない.つまり,未参加国のRTGSをTARGETに連結させることを認める以上,未参加国の中央銀行は金融機関に対して「日中流動性」の供給は避けられず,一時的にであれTARGET Balancesをもつことは避けられない.そこで,未参加国中央銀行が金融機関に対してその日のTARGET稼働時間内に限って信用(=「日中流動性」)を供与することは認められたが,それがオーバーナイトにはならないことが厳守されることになった.しかも,すぐのちに見るように日中流動性に対しても条件をつけることで

ECB政策理事会において統合参加諸国と未参加諸国の合意をみた（1998年7月）[34]．信用供与が「日中流動性」に限定されるということは，未参加国金融機関がユーロ建・「中央銀行預け金」を減少させた場合，金融機関はその日のうちにユーロ資金の手当てをしなければならないということであり，在英銀行であればロンドン市場でその手当てができなければ，その日のうちにユーロ地域の他の市場から資金調達してこなくてはならないということである．その結果，未参加中央銀行のTARGET Balancesはオーバーナイトになることが防止される．

さらに，未参加国・中央銀行の「日中流動性」の供与に対して，98年7月のECB政策理事会は，それらの中央銀行がESCB（欧州中央銀行制度）に預金を積むことを義務つけた．イングランド銀行は30億ユーロ，その他のEUの未参加中央銀行は10億ユーロである．したがって，イングランド銀行がいうように，未参加国の中央銀行が日中流動性を供与することができるといっても，それは他の域内中央銀行からの融資ではなく，ESCBに預金として積まれた自己資金の引出しという性格をもつということ[35]，換言すれば，未参加中央銀行は他の中央銀行に対して債権をいつも保持しているのである[36]．つまり，未参加国中央銀行がESCBから信用供与を受けて，それでもって国内金融機関に対して日中流動性を供与することは認められなかったのである．

また，未参加国中央銀行の金融機関への「日中流動性」に対しては，1銀行当たり10億ユーロの上限が課され，その日のTARGET終了時までに返済できなかった場合は，ECBの限界貸付金利（marginal lending rate）に加えて5％のペナルティ金利が課せられるばかりでなく，繰り返されると「日中流動性」の供与そのものが拒否され，TARGETシステムの利用から排除されることになった[37]．ECBの限界貸付金利は，ユーロのオーバーナイト市場金利の上限であるから，限界貸付金利に加えて5％のペナルティが課せられるということは，未参加国の金融機関にとっては非常に厳しいものである．さらに，度重なる返済の遅延はTARGETシステムからの排除にもつながるという厳罰が課せられたのである．

もちろん，ユーロ地域の金融機関は各国中央銀行からオーバーナイトでの融資を受けられるだけでなく，無制限の「日中流動性」の供与を受けることがで

きるから[38]，以上のように未参加国に対しても「日中流動性」の供与が認められたといっても，それに対して厳しい条件が課せられたことからその立場の相違は歴然としている．

(2) ロンドンにおけるユーロ・ユーロ取引

さて，以上のように「限定」がつけられながらであれ，イギリス等の統合未参加のEU諸国がTARGETにつなげられて，それら諸国のユーロ建取引の国際決済は容易になり，ユーロの国際通貨としての地位を高める条件が整ったのである．また，このことは，とくにロンドン市場においてユーロ・ユーロ取引の活発化をもたらした．しかも，EU諸国におけるユーロ・ユーロ取引の場合は，以前のユーロカレンシー取引とは違う性格をもつ．というのは，以前のユーロカレンシー取引は，その決済がコルレス関係を利用して，その通貨当該国の銀行制度内においてなされてきたのであるが[39]，ユーロ・ユーロ取引についてはEU諸国であれば，中央銀行における「預け金」によっても決済ができるからである．例えば，ロンドン市場におけるユーロ・ユーロ取引はイングランド銀行に置かれているユーロ建・「預け金」の付け替えによって決済できるのである．また，在英銀行が通貨統合参加国の銀行に貸し付けるクロスボーダーでのユーロ・ユーロ取引であれば，その在英銀行のイングランド銀行にあるユーロ建「預け金」が減少し，借入銀行の「中央銀行預け金」が増加し，イングランド銀行と借入銀行の中央銀行間にTARGET Balancesが形成されることにより決済されるのである（前述のように，このTARGET Balancesが当座借越，当座貸越になることは禁止されており，イギリスの経常収支レベルあるいは資本収支レベルにおけるユーロ資金の流入によってTARGET Balancesが解消されることが必要である）．もちろん，ユーロ・ユーロ取引はコルレス関係を以前のように維持して決済できることはいうまでもない．しかし，ユーロ・ユーロ取引の新たな決済様式をロンドン市場等の未参加国のEU各市場は得たのである．しかも，それらの市場はユーロ・ユーロ取引の「日中流動性」の便宜も得たのである．

ロンドン市場におけるユーロ・ユーロ取引の状況については後に再びふれることにして，先ほどの例に戻り，B国（ユーロ地域）のb銀行がロンドン市

場からユーロ資金を取り入れる事例（ユーロ・ユーロ取引）を考察することにしよう．b銀行がロンドンにあるe銀行からユーロ資金を借り入れた場合，各口座の変化は次のようになろう（TARGETを利用）．b銀行の「中央銀行預け金」が増加し，e銀行のイングランド銀行にあるユーロ建・「預け金」が減少するだろう．同時に，イングランド銀行のB中央銀行に対するTARGET Balances（債権）が減少し，B中央銀行のイングランド銀行に対するBalances（債権）が増加する．

ロンドンのe銀行はb銀行への貸付のためにユーロ資金が足らなくなり，ロンドンのf銀行から資金調達するかもしれない．その場合には，イングランド銀行に置かれているユーロ建の「預け金」の間で口座振替が行なわれるだけで，TARGET Balancesには変化が生じない．ところが，イングランド銀行からはユーロ建では融資がその日の期間（＝「日中流動性」）しか与えられないために，f銀行はe銀行への貸付を渋るかもしれない．そこで，e銀行が資金補充をA国（ユーロ地域）のg銀行から行なえば（A国が輸出超過のため資金が潤沢でありコストが低い），g銀行のA国中央銀行における「預け金」が減少し，同時にイングランド銀行のA中央銀行に対するTARGET Balances（債権）が増加し，e銀行のイングランド銀行にある「預け金」が増加する．この場合には，B国のA国からの輸入のために最初に生じたA中央銀行のB中央銀行に対するTARGET Balancesはイングランド銀行のそれも含めて相殺されてしまう．

かくして，ロンドン市場におけるユーロ・ユーロ取引は活発であるが，イングランド銀行による「日中流動性」の供与は限定されているために，ロンドン市場はネットでのユーロ資金の供与はできないのであり，仲介市場のままである．そうはいっても，イギリスがTARGETにつなげられ，「日中流動性」の便宜を獲得したことにより，ロンドン市場はユーロ・ユーロ取引に関しては他のユーロカレンシー市場に比してはるかに有利な市場になった．

以上はすべて，イギリスのRTGS（CHAPSeuro），TARGETを用いた決済である．しかし，在英銀行がイングランド銀行からユーロ資金の供与を受けるには前にみたように限度があり，他方で，EBA等のnon-RTGSの決済機構やコルレス関係も残っていることから，在英銀行はそうした決済機構も使っ

てユーロ・ユーロ取引を行なうであろう．ここでは，コルレス関係を使った場合を例にとろう．

　先ほどのb銀行がロンドンのe銀行からユーロ資金を調達する場合，e銀行がユーロ地域にコルレス網を保持しており，e銀行のユーロ地域にある現地法人銀行（h銀行）を決済機関として利用するとしよう（簡単化のために，以下の全ての銀行がh銀行にユーロ建・コルレス口座をもっているとする）．e銀行が貸し付けた資金はh銀行にあるb銀行の口座に振り込まれ，同じくh銀行にあるe銀行の口座から資金が引き落とされる．e銀行のバランスシートはh銀行への債権が減少し，b銀行への貸付に変わるだけで，ネットではイギリスからの資金フローはない．e銀行が資金を補充しようとしてロンドンのf銀行から借入を行なえば，f銀行がh銀行にもっていたコルレス残高から資金が引き落とされ，h銀行にあるe銀行の口座に振り込まれる．そのかわり，f銀行のe銀行に対する債権が増加する．ここでもネットのイギリスの資金フローは生じない．

　さらに，f銀行がA国のg銀行から借り入れて資金補充を行なったとしよう．この場合も，h銀行にあるg銀行の口座から資金が引き落とされて，f銀行の口座に振り込まれ，f銀行のバランスシートは債務がg銀行からの借入へ，債権がh銀行への預金と変化してネットでは変わりがない．

　いずれにしても，コルレス関係を利用したユーロ・ユーロ取引ではイギリス市場からネットでの資金の移動は生じない．しかし，TARGETを利用すれば，イングランド銀行からの「日中流動性」が供与されることがあり，ネットで資金の移動が生じるが，その日限りということである．在英銀行がユーロ・ユーロ取引においてイングランド銀行からの「日中流動性」を利用するのは，インターバンク取引での相手が直ちに見つけられないときに，その営業日内において一時的に利用するのに限られるであろう．それでも，インターバンク取引の相手がすぐにみつけられないときに，イングランド銀行から「日中流動性」が供与されるのは在英銀行にとってユーロ・ユーロ取引を行なっていく上で，他のユーロカレンシー市場と比べてきわめて有利な条件といえよう．

　以上で，イギリスにおけるユーロ・ユーロ取引の決済がおおよそつかめた．ロンドンにおけるユーロ発足間もない時期のユーロ・ユーロ取引が表6-5に掲

げられている．ユーロ・ユーロ取引は額においてユーロダラー取引に近いものになっている．ユーロ導入後もユーロダラー取引が最大であることに変わりがないが，ロンドンは最大のユーロ・ユーロ市場なのである．2000年6月時点で全ユーロカレンシー取引（ポンド以外の通貨の対外債権）の45％がユーロダラーであり，35％がユーロ・ユーロとなっており[40]，その差はそれほどではない．ロンドン市場におけるユーロ・ユーロ取引の比重の大きさが知れよう．ユーロ・ユーロ取引の市場ごとの規模を示す統計は存在しないが，ロンドン市場が最大規模を誇るであろう．

それは，通貨統合未参加国・EU諸市場の中でロンドン市場が最大の金融市場であることに加えて，これまでにみてきたように統合未参加EU国でもTARGETにつなぐことが許され，在英金融機関はユーロ建の「中央銀行預け金」の設定が行なわれるという従来のユーロカレンシー市場にはかつてない有利な条件を与えられたことに起因する．それにロンドン市場でユーロ・ユーロ

表6-5 在英銀行の通貨別対外取引（1）

(単位：100万ドル)

	債　務			債　権		
	1999年6月	1999年12月	2000年6月	1999年6月	1999年12月	2000年6月
ドル	754,001	773,520	854,001	739,828	717,811	736,127
中央銀行	59,066	67,118	69,832	4,082	4,041	3,283
海外の銀行	502,170	523,574	579,528	463,408	436,129	469,234
その他海外	192,765	182,828	204,641	272,338	277,641	323,610
ユーロ	611,140	480,019	544,897	641,745	550,184	626,485
中央銀行	140,516	33,169	58,019	121,792	8,584	34,984
海外の銀行	346,099	357,134	382,502	335,473	365,483	400,622
その他海外	124,525	89,715	104,375	184,480	176,117	190,879
スターリング	267,615	289,593	298,634	190,403	184,812	206,012
円	171,350	217,059	236,292	147,016	192,684	200,565
スイス・フラン	32,578	32,171	36,971	51,957	46,218	51,223
その他	77,248	73,283	79,560	95,748	103,936	102,111
合計（全通貨）[1]	1,944,230	1,881,707	2,076,509	1,866,843	1,798,371	1,985,015
中央銀行	221,898	126,758	152,821	127,189	13,509	39,312
海外の銀行	1,221,638	1,293,866	1,408,138	1,134,210	1,170,817	1,267,595
その他海外	435,801	394,045	442,488	605,444	614,044	678,108
国際証券発行[2]	64,892	67,038	73,062	—	—	—

注：1）未分類を含む．　2）英国外で発行された在英銀行の証券．
出所：Bank of England, *Monetary & Financial Statistics*, Oct. 2000, *Bankstats*, Table 15.3より．

取引を活発にさせたもう1つの要因は，ユーロ導入に伴う最低準備率制度の導入である．つまり，ユーロ地域においては銀行等に準備率が課せられるのに，ロンドン市場では一律の準備率規制は存在しないのである．

　このために，ユーロ地域とロンドンでは同じユーロでありながら異なる2つの金利が成立した．オーバーナイト金利ではユーロ地域の EONIA とロンドン市場での EURONIA であり，銀行間・定期預金金利では，ユーロ地域の EURIBOR とロンドン市場での euroLIBOR である．EONIA と EURONIA の金利差が図6-9に示されているが，通常，EURONIA が EONIA を下回ることが多い．それは，ロンドンの銀行等にはユーロの準備率規制がなく，ロンドンの銀行等はより低いオーバーナイト金利を提供できるからである．そのためロンドンで取引されるオーバーナイト・ユーロ預金が増大していった（図6-10）．また，ユーロ導入後の間もない時期，オーバーナイト以上の期限をもつインターバンク金利にはほとんど金利差が生じていないという．つまり，ロンドン市場における euroLIBOR とユーロ地域における同じ金利指標である EURIBOR の金利差は1ベイシスポイント以内であるという[41]．euroLIBOR が少し低位なのである．オーバーナイト金利と同様，ロンドンの銀行等はユー

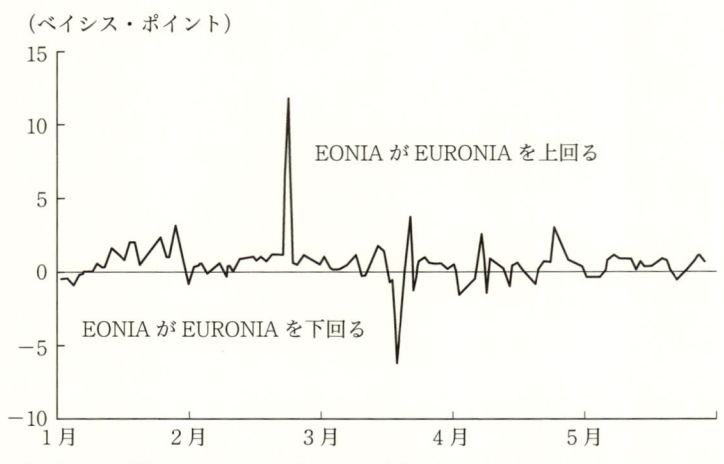

出所：Bank of England, *Practical issues arising from the Euro*, June 1999 p. 28.

図6-9　EONIA と EURONIA の金利差（1999年）

(10億ユーロ)

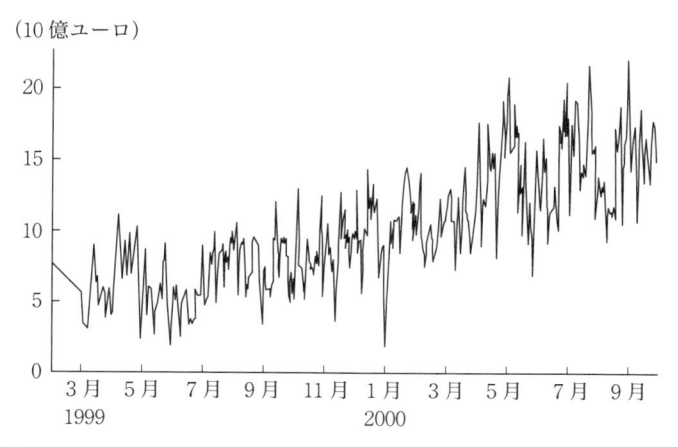

出所：Bank of England, *Practical issues arising from the Euro*, Nov. 2000, p. 33, 原資料は WMBA.

図 6-10　ロンドンで取引されるオーバーナイト・ユーロ預金

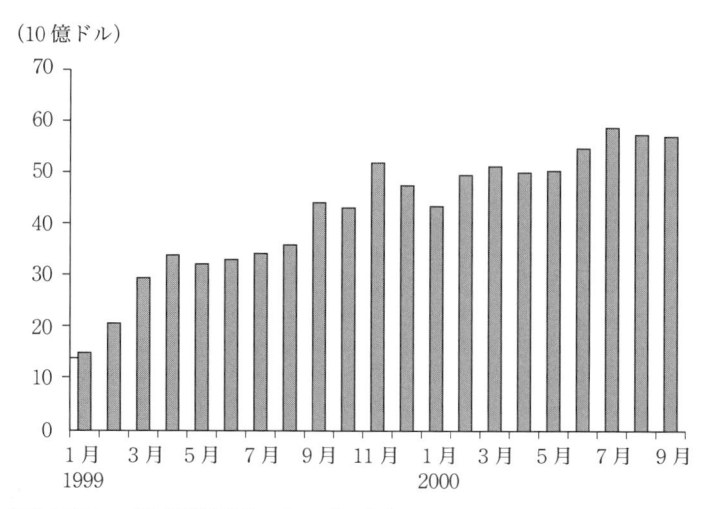

(10億ドル)

出所：*Ibid*., p. 35. 原資料は Barclays Capital.

図 6-11　ロンドンにおけるユーロ建コマーシャル・ペーパーの発行残高

第 6 章　ユーロ決済機構の高度化とギリシャ等の危機

ロの準備率規制が及ばないことから，金利において少しばかり低位なユーロ資金を提供しえているのである．これを反映してロンドンにおけるユーロ建 CP の発行残高も 1999 年からから増加した（図 6-11）．

(3) イギリス，スウェーデンの TARGET 2 への不参加

以上のように，1999 年 1 月以来，ユーロに未参加の EU 諸国も TARGET につなげられていたのであるが，TARGET 2 へのユーロ未参加の EU 諸国の参加については任意とされた．イギリスは TARGET 2 への参加を断念し，2008 年 5 月に CHAPSeuro は閉鎖されることになった[42]．スウェーデンも同様に TARGET 2 への参加を見送り[43]，これらの国の銀行等はユーロ地域の中央銀行に決済口座を設定したり，本支店口座，コルレス口座を使って決済するようになったのである．イングランド銀行はオランダ中央銀行に口座を開設することになった[44]．また，在英銀行等は EURO 1 などの種々のネットの決済システムも利用してユーロ決済が可能である．

イングランド銀行の文書（*Payment System Oversight Report 2007*, Feb. 2008）には何故 TARGET 2 への不参加を決定したのかについて言及がないが，参加のメリット，デメリットの検討がなされたに違いない．メリットについてはすでに小論で述べてきた．デメリットはイングランド銀行による「日中流動性」の供与に関する制約によるところが大きいと考えられる．イングランド銀行は在英の銀行等に「日中流動性」を供与できるにしても，30 億ユーロを ESCB に積むことが条件となっていた．さらに，在英銀行等が受けられる「日中流動性」は金融機関あたり 10 億ユーロの上限が課せられるとともに，返済がその日のうちの TARGET 終了時までとされ，遅れた場合ペナルティ金利が課せられることになっていた．これらの条件によってイングランド銀行がユーロ地域の中央銀行に対して当座貸越，当座借越の事態になることが防止された．

このような諸制約が維持されながら TARGRET 2 に参加するよりも，つまり，CHAPSeuro を利用してイングランド銀行にユーロ建預け金を使った決済よりも，ユーロ地域の中央銀行，金融機関を使ったユーロ決済を行う方が，それらの制約から自由になりイギリスにとっては有利なことが次第にわかってきたのではないだろうか．TARGET 2 へ参加しなくてもロンドンにおけるユ

ーロ・ユーロ取引には支障がないと判断されたのだろう．

そこで，08年以降のユーロ・ユーロ取引の進展をみてみよう（表6-6）．2008年第1四半期に在英金融機関の対外取引はピークに達していた．しかし，アメリカ発の金融危機の影響を受けてその後取引規模が大きく減少している．総債務でみると，08年第1四半期に7兆9468億ドルであったのが，同年第4四半期には6兆1192億ドル，09年第4四半期には5兆9883億ドルへの減少である．ドルとユーロをみると，08年第1四半期にドルは2兆8744億ドル（全体のうちの36%），ユーロは2兆4391億ドル（31%），同年第4四半期にドルが2兆2996億ドル（38%），ユーロは1兆9313億ドル（32%），09年第4四半期にはドルは2兆2100億ドル（37%），ユーロは1兆9080億ドル（32%）へ減少している．08年第1四半期から同年第4四半期にかけての減少が大きい．しかし，ドル比率は36%から37〜38%，ユーロの比率も31%から32%とほとんど変化していない．

表6-6 在英金融機関の通貨別対外取引（2）

（単位：億ドル）

	債務				
	2007, Q4	2008, Q1	2008, Q4	2009, Q4	2010, Q2
ドル	27,136	28,744	22,996	22,100	21,216
中央銀行	2,625	2,454	1,508	1,148	1,136
海外の銀行	14,642	16,371	13,375	12,604	11,495
その他の非居住者	9,869	9,919	8,113	8,348	8,585
ユーロ	21,683	24,391	19,313	19,080	16,986
中央銀行	1,398	1,544	638	629	626
海外の銀行	14,379	16,191	12,979	12,655	10,861
その他の非居住者	5,906	6,656	5,696	5,796	5,499
スターリング	12,643	12,924	8,380	8,735	8,226
円	3,471	4,516	2,924	1,989	1,923
スイス・フラン	790	902	705	607	562
その他	3,304	3,719	2,644	4,866	2,517
合計（全通貨）[1]	73,025	79,468	61,192	59,883	56,101
中央銀行	5,917	5,841	3,243	2,618	2,727
海外の銀行	42,038	46,692	35,965	33,844	30,341
その他の非居住者	21,114	22,669	17,777	18,530	18,375
国際証券発行[2]	3,956	4,265	4,208	4,890	4,697

注：1) 未分類を含む． 2) 英国外で発行された在英金融機関の証券．
出所：Bank of England, *Monetary & Financial Statistics*, の各号のTable c 3.3 より．

以上のようにイギリスがTARGET 2とのリンクからはずれて，そのことが主要因でユーロの取引が08年第2四半期以後減少したとはいえない．ドルや他通貨とともにリーマン・ショックに象徴されるアメリカの金融危機によってユーロの取引額が減少したものと考えられる．ということは，旧来のTAREGETが機能していた時期にイギリスは諸制約の下でTARGETにリンクしていたのであるが，TARGET 2からはずれて諸制約から自由になったほうがイギリスにとってはユーロ・ユーロ取引に有利であるということがはっきりしたということになろう[45]．

3. 決済機構からみた「欧州版IMF」設立の意味

　さて，TAEGETを通じての民間部門によるユーロ資金の決済の結果，ユーロ地域の中央銀行間にはTARGET Balancesが形成される[46]．ユーロ建の経常黒字が現われれば，その国の中央銀行のTARGET Balancesは債権が増加（債務が減少）し，その国のユーロ建対外投資が進行すればその国の中央銀行のTARGET Balanceは債務が増加（債権が減少）する．したがって，ユーロ地域の国のユーロ建の経常収支と資本収支（銀行部門，誤差脱漏を含む）の合計（=「総合収支」）が赤字であれば，その国の中央銀行のTARGET Balancesは赤字＝債務の増になり，逆に「総合収支」が黒字であれば，その国の中央銀行のTARGET Balancesは黒字＝債権の増になる．

　以上のことを前提にして，ギリシャ等の財政危機がもたらす経緯をTARGET Balanceの視点から簡単に述べておこう．ギリシャ財政危機によって同国の国債を保有していた各国の金融機関は国債を売却するであろう．この場合，3つの場合がありうる．ユーロ圏以外の金融機関が資本逃避を引き起こす場合，ユーロの為替相場が下落し，ギリシャがユーロ参加国でなければ通貨危機が発生したであろう．金融機関がギリシャの金融機関であれば，経営悪化が進行し金融機関危機が発生し，アジア通貨危機の場合のように，1国全体の経済危機に進行していくだろう．その場合，ECBはギリシャの金融機関に融資を行いうるであろうか．ECBの通常のオペレーションは入札制度であり（満期は2週間，3カ月），ギリシャの銀行が十分な入札ができない可能性もある．また，

限界貸付ファシリティは翌日物であり，ECB から通常の長期融資は困難である．金融機関危機への救済は難しい．すぐのちに見るような政府間の支援が不可欠になってくる．

さらに，金融機関がユーロ圏の金融機関であれば，ギリシャ国債の売却とギリシャからの資本逃避は進行する（したがって，ギリシャ国債の暴落とギリシャ金融機関の経営悪化が進行）が，通貨危機とはならず TARGET Balances の累積につながっていくであろう．ギリシャからの資本逃避は，ギリシャから他のユーロ地域へのユーロの支払が急増していくことであるから，ギリシャ中銀の他のユーロ地域の中銀への債務増（＝他の地域の中銀のギリシャ中銀への債権増）となって，「自動的ファイナンス」が行なわれる．

つまり，ギリシャなどのユーロ参加国からユーロ資金が流出して（資本逃避の進行）危機が発生しても，その国の TARGET Balances は債務が急増し，他のユーロ地域の中央銀行の TARGET Balances の債権が積み上げられていくことになる．したがって，ギリシャなどの危機に陥った諸国でもユーロ取引に関する限り外貨準備を失うことなく（したがって通貨危機に陥ることなく），「自動的」にファイナンスされる．

表6-7をみられたい．これはドイツ・ブンデスバンクのユーロシステムに対する債権を表わしており，この中に TARGET Balances が含まれている．債権が 2006 年末に 183 億ユーロであったのが，07 年から急増し，07 年末に 841 億ユーロ，08 年末に 1287 億ユーロ，09 年末に 1899 億ユーロ，10 年 9 月には 3220 億ユーロにまで増加している．

通常の状態であれば，ユーロ地域諸国の「総合収支」赤字は短資市場での資金逼迫をもたらし，金利を引き上げ，短資流入を引き起こして TARGET Balances の「均衡化」をもたらすであろう（表6-7によると 06 年末まではブン

表6-7 ドイツ・ブンデスバンクの TARGET Balances[1]

（単位：億ユーロ）

1999	2000	2001	2002	2003	2004	2005	2006	2007	2008	2009	2010.9
397	66	174	185	180	208	428	183	841	1,287	1,899	3,220

注1)：ブンデスバンクのユーロシステム内におけるクロスボーダー債権．年末，月末．
出所：Deutsche Bundesbank, *Monthly Report*, Oct. 2010, External position of the Bundesbank in the euro area (p. 73) より．

デスバンクの債権は増減が繰り返されている）．しかし，ギリシャ危機，ポルトガル危機，アイルランド危機などの時期においてはこのような「均衡化」は生じない．このTARGET Balancesの不均衡の拡大的累積が進むだけである．この事態はユーロ決済制度の高度化を実現させても解決できるものではない．小論の第1節の末尾に，「国家統合が果たされないままの（＝各国の経済主権がほとんど維持されながらの）単一通貨制度の決済機能の高度化は，単一通貨制度に固有に存在する問題を解決することにはつながらず，それをより鮮明にすることになろう」と述べたことはこのことである．

さて，上述の事態はユーロの不安定化をもたらしかねない．ドイツなどの中銀のギリシャ，ポルトガル，アイルランド等に対するTARGET Balancesの累積を他の形態へ移行させる必要がでてくるだろう．これが，これらの諸国への「欧州安定メカニズム」（政府間の支援，「欧州版IMF」）設立[47]を促すことになったと思われる．ドイツ等にはTARGET Balanceの不均衡の拡大的累積（債権の累積）がむしろ「人質」となって，そのために「メカニズム」の設立に乗り出していかざるを得ない状況に追い込まれていったといえよう．ギリシャなどがユーロから離脱しない限り，こうした状況は続く．

注

1) 拙稿「欧州通貨統合とTARGET——イギリスの地位とユーロ・ユーロ取引に言及しながら」『立命館国際研究』14巻1号，2001年6月．同論文はのちに以下の拙書に所収．『ドル体制とユーロ，円』日本経済評論社，2002年，第8章．
2) 筆者の以下の論文を参照されたい．拙稿「外国為替と為替相場」吉信粛編『貿易論を学ぶ』有斐閣，1982年，第7章．
3) RTGSとは時点ネット決済と異なり，取引の1つ1つをその場で完了させるもので決済リスクが大きく減少させられる．EU各国は通貨統合にむけて「RTGS＝即時時点決済」化の準備を行なってきた．
4) TARGET Balancesという用語は，欧州中央銀行のTARGETに関する文書には見当たらない．例えば，European Central Bank, *Third Progress Report on the TARGET Project*, Nov. 1998, *TARGET* (*Trans-European Automated Real-Time Gross Settlement Express Transfer System*), July 1998, 'TARGET and payments in euro'in ECB, *Monthly Bulletin*, Nov. 1999 などである．TARGET 2 への移行後の文献，ECB, *TARGET Annual Report 2008* にも TARGET Balances という用語は見られない．したがって，TARGETを解説した種々の邦語文献にもこの用語は見られない（日本銀行『決済システムレポート，2007-2008』2008年，中島真志，宿輪純

一『決済システムのすべて,第2版』東洋経済新報社,2005年).この用語はドイツ・ブンデスバンクの月報において「TARGET balances at the Bundesbank」(Deutsche Bundesbank, *Monthly Report*, Jan. 2000, p. 23) として用いられ,その概念は小論の本文のような趣旨であると考えられる.つまり,TARGETを利用したEU内ユーロ建・国際決済が最後には中央銀行間の債権・債務関係の形成につながり,その債権・債務がECBにおいて記帳されているということである.ドイツ・ブンデスバンクのいうTARGET Balancesは国際収支表のFinancial accoutにおけるBundesbankの項をみればよい(*Monthly Report* にもその記述がみられる.例えば,Jan. 2001, pp. 13-14).*Monthly Report* の以前の統計欄ではExternal position of the Bundesbank in the European monetary unionの「Claims within the Eurosystem」がそれにあたる.現行の*Monthly Report* (2010年)では「External position of the Bundesbank in the euro area」の欄の「Claims within the Eurosystem」の項目をみればよい.また,注においてThe balances in the Bundesbank's cross-border payments within the Eurosysytemと記されている.

欧州中央銀行等のTARGETについて説明する文書に「TARGET Balances」という用語が使われていなくともバランスシート,為替理論の基本を踏まえれば,それは存在しなければならないものであり,その概念もつかめる.後掲の大橋氏の論文(Box 2),前掲の中島,宿輪の著書(158ページ)で記載されているTARGETにつながれている中央銀行どうしの「当座貸越,当座借越」(Overdraft)がそれにあたる.

他方,イングランド銀行の文書(*Practical issues arising from the Euro*, June 1999, p. 50) には「TARGET accounts with the ESCB」という用語が使われている.これはドイツ・ブンデスバンクのTARGET Balancesという用語の使い方と異なり,イングランド銀行が「日中流動性」を供与する際に引当金として積まれるESCBにおける預金のことである(後述).

5) European Central Bank, *Third Progress Report on the TARGET Project*, Nov. 1998, pp. 7-8, Bank of England, *Practical Issues Arising from the Introduction of the Euro*, 17 Sep. 1998, pp. 61-62, ECB, *Monthly Bulletin*, Nov. 1999, p. 43. しかし,欧州中央銀行はそれぞれのコストを考慮して,各RTGS利用の料金は各国ごとに決めることを認めた.しかし,同時に欧州中央銀行は,通貨統合後における短期貨幣市場の単一化の妨げにならないように,各RTGS利用の料金は大筋において同じになることを提唱している(ECB, *op. cit.*, Nov. 1998, p. 7).各国の国内RTGSの利用料金は平均して1件当たり0.47ユーロである(*Ibid.*, p. 7)が,イギリスのCHAPSeuroの国内利用料金は1件当たり0.22ユーロ(約15ペンス)である(Bank of England, *Practical Issues Arising from the Introduction of the Euro*, 17 Sep. 1998, p. 62).いずれにしても,国内RTGSの利用料金は少額である.

6) 前掲中島真志,宿輪純一『決済システムのすべて,第2版』2005年,156ページ参照.

7) ECB, *Monthly Bulletin*, Nov. 1999, p. 44.

8) 大橋千夏子「通貨統合後の欧州ペイメントシステムについて」『日本銀行調査月報』

1998 年 8 月号, Box 2, 中島, 宿輪, 前掲著書, 158 ページ参照.
9) EBA, EAF, PNS については Bank of England, *Practical issues arising from the Euro*, June 1999, p. 48, ECB, *Monthly Bulletin*, Nov. 1999, pp. 45-46, また, 大橋千夏子, 前掲論文の Box 5 参照.
10) Bank of England, *Practical issues arising from the Euro*, June, 1999, p. 48, Deutsche Bundesbank, *Monthly Report*, Jan. 2000, p. 22.
11) BoE, *Practical issues arising from the Euro*, June 1999, p. 44.
12) BoE, *Practical issues arising from the Euro*, Nov. 2000, p. 43.
13) 2003 年までの TARGET の利用状況については, 井上真維「EU 短期金融市場とユーロ・ユーロ取引」『立命館国際研究, 修士論文集』創刊号, 2006 年 3 月を参照されたい.
14) とはいえ, ギリシャ危機のような事態が生じたときには, 短資市場間の資金移動によっては TARGET Balances は均衡せず, むしろ拡大し, 特定の中央銀行に TARGET Balances は累積することになる (後述).
15) Deutsche Bundesbank, *Monthly Report*, Jan. 2000, pp. 21-22. また, ECB も次のように述べている.「TARGET はユーロ建の統合金融市場の創設にとって必要な装置であり, 統合された金融市場は統一的な金融政策の実施の前提条件なのである」(ECB, *Annual TARGET Report*, 2008, p. 8).
16) ドイツ・ブンデスバンクはこの理由について 2 つを挙げている. 1 つは, 比較的長期のものは担保付の市場へ移行する傾向にあること, もう 1 つはユーロ導入以前に最低準備率が課せられていなかった諸国の銀行がより短期の資金取引を行なうようになったことである (*Monthly Report*, Jan. 2000, p. 24).
17) *Ibid.*, p. 24, 短期貨幣市場における取引の半分以上がクロスボーダーであるという指摘は BoE, *Practical issues arising from the Euro*, Nov. 2000, p. 13 にも見られる.
18) Deutsche Bundesbank, *Monthly Report*, Jan. 2000, pp. 24-25.
19) 国際通貨研究所編, 佐久間潮, 荒井耕一郎, 糟谷英輝『欧州単一通貨ユーロのすべて』東洋経済新報社, 1997 年, 105 ページ.
20) Deutsche Bundesbank, *Monthly Report*, Jan. 2000, p. 17.
21) *Ibid.*, p. 16.
22) それ以後の準備期間は, 金融政策方針が決められる政策決定会議後の最初の主要リファイナンス・オペの決済日から翌月のオペの決済日の前日に終了することになった (ECB, *The Monetary Policy of the ECB*, Jan. 2004, p. 78, 前掲井上論文, 50 ページ参照).
23) 期間 2 週間と 3 カ月のオペレーションがあり, 基本的なものは前者である. ECB は Standing facilities によって上限金利と下限金利を設定し, その上限と下限の間で主要リファイナンス (期間 2 週間) を通じて市場金利を調整しようとしている.
24) 図 6-6, 6-7 において各月の下旬に, EONIA がリファイナンス金利から遊離したり, standing facilities が増加したりするのは, 準備率規制が各月の 23 日に実施されるからである. 各金融機関はこの時期に限界貸付ファシリティを受け, 過剰な資金を預金ファシリティとして中央銀行に預金するのである.

25) 分散型のシステムとして TARGET が発足せざるを得なかった背景には，通貨統合をともかくも実施すること，そのために「最小限度の調和」と既存のインフラを活用させることを優先させたことがある（中島，宿輪，前掲書159ページ参照）．
26) ECB, "Ten years of TARGET and the launch of TARGET 2"in *Monthly Bulletin* Nov. 2008, pp. 101-103.
27) *Ibid.*, pp. 101-105, 日銀『決済システムレポート 2007-2008』2008年，54-56ページ，ECB, *TARGET Annual Report 2008*, 2009, pp. 10-11, pp. 41-45など．
28) ECB, *Fifth Progress Report on TARGE 2*, Attchment 2, p. 5. ECB, *Monthly Bulletin*, Nov. 2008, p. 104.
29) *Ibid.*, p. 101, 日銀『決済システムレポート 2007-2008』2008年，55ページ．
30) *Ibid.*, p. 101, 日銀『決済システムレポート 2007-2008』2008年，54ページ．
31) ECB, *TARGET Annual Report 2008*, 2009, pp. 41-43.
32) *Ibid.*, p. 12.
33) ECB, *Third Progress Report on the TARGET Project*, Nov. 1998, p. 3.
34) 統合未参加の諸国の「日中流動性」についての論議において，イングランド銀行は「未参加国が TARGET に連結する以上，TARGET 参加機関に対して信用供与することによって TARGET 制度は安定性が得られる」（Bank of England, *Practical Issues Arising from the Introduction of the Euro*, Sep. 1998, p. 62）と主張したのに対して，統合参加国は，「未参加国が日中流動性を供与することになれば金融政策に支障が出るであろう．とくに，日中流動性がオーバーナイトに転化すればその危険が高まる．また，諸決済システム間の，また諸金融市場間の競争上の問題がおころう」と主張した（*Ibid.*, p. 62）．
35) BoE, *Practical issues arising from the Euro*, June 1999, p. 54.
36) ECB, *op. cit.*, p. 4.
37) BoE, *Practical issues arising from the Euro*, June 1999, p. 50. 大橋千夏子，前掲論文，Box 2，中島，宿輪，前掲書，Box 6-1 も参照．
38) ECB, *op. cit.*, p. 3.
39) 拙書『多国籍銀行とユーロ・カレンシー市場』同文舘，1988年，第3章参照．
40) 表6-5の全通貨からスターリングを差し引いた額を分母に，それぞれの額を分子に計算して算出．
41) BoE, June 1999, pp. 27-28.
42) ECB, 'Ten years of TARGET and the Launch of TARGET 2' in *Monthly Bulletin*, Nov. 2008, p. 103, Bank of England, *Payment System Oversight Report 2007*, Feb. 2008, No. 4, p. 12.
43) デンマーク，ラトヴィア等のユーロ未参加の EU 諸国の多くは TARGET 2 へ参加している．
44) Bank of England, *Payment System Oversight Report 2007*, Feb. 2008, No. 4, p. 12.
45) このことから，イギリスのユーロへの参加の意義は後退したといえるだろう．ギリシャ危機，ポルトガル等の危機とあいまって（後述）．
46) 民間部門が EURO 1 などのネットの決済機構を利用しても，それらの決済機構の

最後の帳尻は TARGET を使って決済されるから最後には TARGET Balances として現われる．
47) 2010 年 12 月 17 日，各紙．

第7章

ユーロ建貿易の広がりについて

　前章において統合通貨ユーロの登場に伴うユーロ決済機構（TARGET）の構築と高度化について論じ，ユーロ体制の形成に関わる主要論点の論議をすませることができた．本章ではユーロ体制下におけるユーロ建貿易の広がりについて論じる．とくに，中東ヨーロッパの非ユーロ地域においてユーロが「第三国間貿易通貨」として利用されていることをまず示したい．しかし，このことを論じるにあたって「インボイス通貨論」についての一定の検討も必要である[1]．

　ヨーロッパ中央銀行（ECB）の文献に「インボイス通貨」に関する記述が多く見られる．ECB の諸文献には，「グラスマンの法則」を発展させた議論（その概要については本文1節2項参照）が行なわれているが，中東ヨーロッパの非ユーロ地域においてユーロが利用されているのは，その議論にマッチするものなのかどうかである．その検討が必要である．

　そもそも「グラスマンの法則」なるものは先進諸国間の貿易において考えられたものである．したがって，ドイツ，フランスの先進諸国との貿易，イギリス，日本の貿易におけるユーロ建貿易の現状もあわせて考察することにより，ECB の諸文献の「インボイス通貨論」の適否も明確になるであろう．

　ユーロ登場後の先進諸国間貿易に利用されるインボイス通貨の論議と中東ヨーロッパ等の諸国がユーロの利用を高める要因を分析する論議とは別のものとして取り扱う必要があろう．そこで，ECB の諸文書に対する批判的な見地をもちながら，ユーロ建貿易の広がりについて論じていくことにしよう．

　ところで，本章ではそれらの分析を，2001年から04年を中心において行いたい．それは2つの理由からである．1つは，2000年代の前半期にすでにユー

ロが中東ヨーロッパにおいて「第三国間貿易通貨」として利用されていることを示すということである．とはいえ，2000年代後半期の状況を示す必要もあるので，利用可能な統計については2000年代後半期の統計値を示したい．しかし，本文の表7-2，3のような統計は得られないので，IMFの統計によって補充しながら，2000年代後半期の中東ヨーロッパにおけるユーロの「第三国間貿易通貨」の利用状況を示そうと思う[2]．もう1つの理由は各国の貿易における通貨区分の資料的限界である．2003，2004年以後，本文で利用しているような各国の貿易の通貨区分についての詳細な統計が得られないのである．

1. ユーロ建貿易の現状と「インボイス通貨理論」

(1) ユーロ建貿易の現状

各国(各地域)の貿易においてユーロがどれくらいの地位を占めているのか，このことが簡単に見られるのはECBの年次文書である．表7-1にはユーロ地域諸国のユーロ地域外諸国[3]との貿易におけるユーロの利用率が示されている

表7-1 ユーロ地域諸国の域外との貿易におけるユーロの比率

(%)

	輸	出				輸	入			
	2001	2004	2007	2009	2010	2001	2004	2007	2009	2010
ベルギー	46.7	57.7	52.8	57.4	—	47.2	55.7	56.1	57.7	—
フランス	50.8	49.2	51.5	52.5	53.7	42.6	45.7	44.8	44.3	46.7
ドイツ	…	61.3[1]	—	66.4[2]	66.3[2]	…	52.8[1]	—	35.3[2]	49.4[2]
イタリア	52.7	59.0	64.3	69.2	67.6	40.8	41.2	44.3	49.7	47.6
ギリシャ	23.5	44.3	39.2	36.3	38.9	29.3	40.6	34.9	37.9	36.1
スペイン	52.0	62.4	65.2	61.7	59.4	49.7	61.3	56.7	60.6	58.6
キプロス	—	—	2.8	24.3	25.9	—	—	1.7	12.7	15.6
ルクセンブルグ	46.7	61.8	59.2	50.3	53.1	47.2	50.0	37.9	55.3	51.1
ポルトガル	40.4	55.5	61.4	64.2	63.4	50.5	58.0	51.8	56.6	52.1
スロヴェニア	—	—	79.0	84.7	82.7	—	—	73.1	69.9	62.0
スロヴァキア	—	—	—	94.8	94.4	—	—	—	77.8	76.5
全ユーロ地域	—	—	64.1	67.4	68.0	—	—	45.0	48.6	53.5

注：1) ECB, *Review of the International Role of the Euro*, Dec. 2005, pp. 29-30.
　　2) ドイツについてはEU外諸国との貿易比率(2009年，2010年)
出所：ECB, *The International Role of the Euro*, July 2011, p. S 14, p. S 15 より．

(もちろん，ユーロ地域諸国間貿易ではユーロが用いられているということが想定されている). 2004年の輸出では多くの諸国が60%前後を占め，輸入では50%前後となっている（スペインでは61%). それ故，ユーロ地域諸国間の貿易を加えると，これらユーロ地域諸国の貿易全体におけるユーロの利用は80%前後になろう[4]．もう1つ，この表で重要なのは01年と比べて04年に率が高まってきていることである．輸出ではベルギー，スペイン等が10%以上の上昇となっており，輸入では多くの国が5%以上の上昇となっている．

04年以後，輸出でフランス，イタリア，ポルトガルでは比率が上昇している．フランスは53.7%，イタリアは67.6%，ポルトガルは63.4%に（いずれも10年). しかし，ギリシャ，スペイン，ルクセンブルグではやや低下している．輸入では，イタリア，ルクセンブルグの比率がやや上昇しているが，他の諸国の比率はやや低下しているか，2000年代前期とほとんど変わらない比率である．ユーロ地域全体では輸出で68.0%，輸入で53.5%（いずれも10年）と輸出が輸入よりも比率が高く，しかも輸出でも輸入でも地域全体では比率が上昇している．

表7-2にはユーロ地域外諸国の輸出におけるユーロの利用が示されている．また，同表にはこれら諸国の全輸出に占めるユーロ地域に対する輸出の比率が示されている．第1欄は04年末当時EUに加盟していた諸国であり，第2欄はEU加盟交渉中または交渉対象国である．第1欄の諸国（イギリス，デンマークを除いて──これらの国については後述）ではスロヴェニア，ハンガリー（03年）が80%を超え，チェコ，エストニア，ポーランドが70%以上あるいは70%弱の高い率になっている．しかも，その率が年々高まってきている．さらに重要なことは，これらの比率がこれら諸国のユーロ地域への輸出の比率を上回っていることである．例えば，スロヴェニアのユーロ建輸出は88%であるのに，同国のユーロ地域への輸出は53%にとどまっている．エストニアでも同様である．ユーロ建輸出比率は72%であるのに，ユーロ地域への輸出は40%である．ということは，これらの諸国のユーロ地域外諸国との「第三国間貿易」においてもかなりの程度，ユーロ建輸出が行なわれていることを示している．

第2欄の諸国でも同様のことが言える．トルコを除いてユーロ建輸出比率は

表 7-2 ユーロ地域外諸国の輸出におけるユーロの利用率

(%)

	ユーロの利用率				各国の全輸出に占めるユーロ地域への輸出の比率			
	2001	2002	2003	2004	2001	2002	2003	2004
(1) EU加盟国								
キプロス	…	…	30	32	19	22	23	28
チェコ[1]	69	68	70	72	62	61	63	62
デンマーク	33	36	35	34	44	43	44	44
エストニア[1]	…	65	70	72	41	37	39	40
ハンガリー[2]	79	83	85	…	69	66	65	62
ラトヴィア	41	48	42	48	30	29	30	25
リトアニア	28	37	47	50	26	26	27	30
ポーランド	57	60	65	69	59	58	58	56
スロヴェニア	85	87	87	88	58	55	55	53
イギリス	23	21	…	…	54	55	53	52
(2) EU加盟交渉国								
ブルガリア	48	52	61	62	51	52	53	51
クロアチア	63	69	72	69	51	49	52	49
ルーマニア	56	59	64	66	62	61	60	58
トルコ	…	47	49	49	43	41	42	41
(3) その他のヨーロッパ								
マケドニア	…	66	67	76	46	44	40	38
ウクライナ	3	5	6	8	16	16	17	17
(4) その他								
オーストラリア	1	1	1	1	7	7	6	7
インドネシア	2	2	2	1	11	11	11	10
日本	8	9	10	…	12	11	12	12
パキスタン	2	4	7	…	19	19	20	21
韓国	1	6	8	…	10	10	10	11
タイ	3	3	3	…	12	11	11	11

注:1) 2004年は第1四半期.
　 2) 2004年については資料収集方法に変化がある.
出所:ECB, *Review of the International Role of the Euro*, Dec. 2005, p. 31.

04年に60%を超え,01年と比べて率が高まってきている.また,その比率はユーロ地域への輸出比率を上回っている.これらの諸国でもユーロ地域外の「第三国間貿易」においてかなりの程度,ユーロ建輸出が行なわれているのである.

表7-3は,輸入について表7-2と同じことを示している.改めて指摘するほどでもないが,中東ヨーロッパ諸国はユーロ建輸入を高めてきており(スロヴ

表 7-3 ユーロ地域外諸国の輸入におけるユーロの利用率

(％)

	ユーロの利用率				各国の全輸入に占めるユーロ地域からの輸入の比率			
	2001	2002	2003	2004	2001	2002	2003	2004
(1) EU 加盟国								
キプロス	…	…	45	53	40	43	45	53
チェコ[1]	67	67	68	69	57	56	55	54
デンマーク	35	37	32	33	50	51	50	49
エストニア[1]	…	59	61	62	39	41	40	47
ハンガリー[2]	71	73	72	…	53	51	51	58
ラトヴィア	41	39	50	53	40	41	39	34
リトアニア	38	48	53	55	35	35	35	36
ポーランド	57	60	60	62	53	53	53	52
スロヴェニア	79	83	82	83	64	64	64	70
イギリス	19	27	…	…	49	53	52	50
(2) EU 加盟交渉国								
ブルガリア	55	60	63	64	45	46	45	44
クロアチア	73	77	78	78	50	50	51	49
ルーマニア	61	66	68	70	52	53	53	51
トルコ	…	37	40	40	38	39	39	38
(3) その他のヨーロッパ								
マケドニア	64	68	71	75	39	51	45	40
ウクライナ	…	11	15	14	19	20	20	20
(4) その他								
オーストラリア	9	9	9	9	15	16	17	17
インドネシア	6	6	6	6	10	9	9	9
日本	3	4	5	…	10	10	10	10
パキスタン	4	7	9	…	12	13	13	11
韓国	1	5	6	…	8	9	9	8
タイ	5	5	4	…	10	9	8	8

注：1) 2004 年は第 1 四半期の数値．
　　2) 地域区分の変化により 2004 年の資料収集には変化がある．
出所：*Ibid*, p. 32.

ェニアは 04 年に 83％，クロアチアは 78％，ハンガリーは 03 年に 72％，ルーマニアは 70％，チェコは 69％，ポーランド，エストニアは 62％などとなっている），その率はユーロ地域からの輸入の比率を上回っている．中東ヨーロッパ諸国の輸入では「第三国間」でもユーロが利用されているのである．

　以上は 01 年から 04 年までの統計値と諸特徴である．2000 年代後半期については表 7-2, 3 のような表を掲げることができない．ECB の文書がヨーロッ

パ諸国に限定して表示を簡略化したからである．また，それらの国の全輸出・全輸入に占めるユーロ地域の比率も示していない．それらの国の全輸出・全輸入に占めるユーロ地域の比率は IMF の統計によって補充しなければならない．表 7-4，表 7-5 は中東ヨーロッパのいくつかの国の統計値を表 7-2，表 7-3 と同じ様式で示したものである．表 7-2，表 7-3 でいえたこととほぼ同じことがいえよう．各国のユーロの利用率がユーロ地域との貿易よりも高い比率になっている．中東ヨーロッパの貿易においてユーロが「第三国間貿易通貨」として利用されていることが確認できよう．しかし，ポーランドの輸入においてはユーロの利用率よりも同国のユーロ地域からの輸入比率の方が高くなっている．ポーランドの輸入ではユーロの「第三国間貿易通貨」としての利用はほとんどないものと考えられる．概して，チェコ，ポーランド，ルーマニアはユーロ地域との貿易比率が輸出，輸入とも高く，ユーロの「第三国間貿易通貨」としての利用はやや低くなっている．のちにみるように，チェコ，ポーランドの輸出では自国通貨の利用が 9.6％（03 年），5.1％（04 年）であり，また，これらの国の輸入における自国通貨の利用率もそれぞれ 9.3％（03 年），8.5％（04 年）[5]とある程度の高さをもっている．すでに，2000 年代前半期に自国通貨の利用

表 7-4　ユーロ地域外諸国の輸出におけるユーロの利用率

(%)

	ユーロの利用率			各国の全輸出に占めるユーロ地域への輸出の比率		
	2008	2009	2010	2008	2009	2010
(1) EU 加盟国						
ブルガリア	61.5	68.6	53.8	45.8	49.1	44.6
チェコ	73.6	76.0	76.4	66.0	67.3	66.7
エストニア	59.1	―	―	31.5	…	…
ラトヴィア	66.9	66.4	64.4	23.4	22.6	35.2
リトアニア	57.3	56.3	56.8	23.0	26.6	30.9
ポーランド	68.2	66.1	―	54.1	56.3	―
ルーマニア	68.5	75.9	72.5	53.7	57.9	54.9
(2) EU 加盟申請国						
クロアチア	75.6	81.0	―	51.9	52.0	―
マケドニア	78.4	81.2	―	46.5	44.6	―
トルコ	46.6	48.0	―	33.1	32.8	―

出所：ECB, *The International Role of the Euro*, July 2011 p. S 16, July 2010, p. S 5（EU 加盟申請国），IMF, *Direction of Trade Statistics* より．

表 7-5 ユーロ地域外諸国の輸入におけるユーロの利用率

(%)

	ユーロの利用率			各国の全輸入に占めるユーロ地域からの輸入の比率		
	2008	2009	2010	2008	2009	2010
(1) EU 加盟国						
ブルガリア	65.7	70.9	65.0	41.1	43.3	41.7
チェコ	68.3	68.9	68.5	62.2	63.1	60.2
エストニア	59.1	—	—	40.4	—	—
ラトヴィア	67.4	66.1	61.8	34.7	33.7	43.3
リトアニア	54.6	55.1	51.5	29.9	29.9	32.3
ポーランド	56.4	54.8	—	58.9	58.3	—
ルーマニア	70.9	73.2	66.1	56.5	57.8	55.5
(2) EU 加盟申請国						
クロアチア	75.6	81.0	—	51.9	50.7	—
マケドニア	78.4	81.2	—	33.5	38.9	—
トルコ	46.6	48.0	—	27.8	30.7	—

出所：表 7-4 と同じ．

がユーロの「第三国間貿易通貨」としての利用を低くし，西欧型の貿易通貨のパターンに近いものなっていたが，その傾向が 2000 年代後半期にも進んでいるものと考えられる．

　しかし，アメリカ以外の先進諸国では中東ヨーロッパとは異なっている（ユーロ地域外の先進諸国の貿易通貨区分は 04 年以後まとまった統計がない）．EU 加盟国でありながらイギリス，デンマークのユーロ建輸出率はそれほど高くない．その他の先進国ではさらに低い．デンマークは 04 年に 34%，しかも，やや率が低下気味である．さらに，同国のユーロ地域への輸出の比率は 44% と，後者の率の方が高くなっている．イギリスも同様で，02 年のユーロ建輸出比率は 21% で，ユーロ地域への輸出は 55% である．日本も同様で，ユーロ建輸出比率が 03 年に 10%，ユーロ地域への輸出は 12% で，後者が上回っている．ユーロ地域への輸出においてかなりの部分，ユーロ以外の自国通貨等が利用されているのである．

　EU 加盟国のイギリス，デンマークのユーロ建輸入は 30% 前後であり，それはユーロ地域からの輸入の率を下回っている．ユーロ地域からの輸入のかなりは自国通貨等が利用されているのである．オーストラリア，日本ではユーロ

建輸入比率はさらに低く,他方,ユーロ地域からの輸入の比率はそれを上回っている.ユーロ地域からの輸入において自国通貨,ドルが利用されていると考えられる.

以上がECBの年次文書によるユーロ建貿易の現状の概略であるが,以上のユーロ建貿易の現状から,中東ヨーロッパの貿易におけるインボイス通貨のあり様と,EU加盟国であるにもかかわらずユーロに参加していないイギリス,デンマークの場合も含めて日本やオーストラリア等の先進国のあり様は異なることが明らかであろう.したがって,世界の貿易におけるユーロの利用については一様には論じられないのである.そこで,1960年代,70年代の西ヨーロッパにおける貿易の実状をもとに論理化されていった「インボイス通貨論」,さらに,最近におけるそれとは異なる諸現象の現出とその現象の「理論化」を次に簡単に論じておこう.

(2) グラスマン以後の「インボイス通貨論」の概要

国際貿易におけるいわゆる「インボイス通貨論」はS.グラスマンによって開始されたといってよいだろう.筆者は以前の拙書でグラスマンの研究成果の概要を紹介した[6].グラスマンは,スウェーデン中央統計局が1968年の貿易取引の中から無作為に抽出した約1万件のサンプルに対して行なったアンケート調査をもとに研究を行なっている.その成果は,のちに「グラスマンの法則」と呼ばれようになった.つまり,西ヨーロッパ各国相互の貿易では輸出においては輸出国通貨がもっとも多く利用され,次に輸入国通貨が利用され(輸入国経済規模が輸出国規模を上回る場合,輸入国通貨が利用されることが多い),ドルの利用は限定的であるというものである.この見解は,S.A.B. Pageによるスウェーデン以外の西欧各国についての研究によって西ヨーロッパ全域において適用できるものであることが実証されていった[7].

グラスマンらの「インボイス通貨論」は西ヨーロッパ諸国間の貿易を中心に展開されたものであり,また,この議論は拙書でも述べたが,A.スウォボダによってすでに論じられていたインターバンク外国為替市場における「為替媒介通貨論」と結びつけられていった.それはR.I.マッキノンの理論的研究によるところが大きい[8].それを筆者流に簡単にまとめてみると,グラスマンが

明らかにしているように種々の通貨で貿易取引している顧客の故に西ヨーロッパの諸銀行は種々の通貨で為替持高をもつようになった．その解消のためにドルを為替媒介に利用するというものである．70年代はもちろん，80年代中期までインターバンク外為市場における取引は，ほとんどがドルを一方とする取引である．例えば，マルクとポンドといえども銀行間では取引額が一定規模に達しないことから，直接にはほとんど取引されず，ドルを媒介になされていた．

このように，「グラスマンの法則」といわれる「インボイス通貨論」はきわめて西欧的な議論であり（注7に記載のように80年代には西欧と日本の貿易にも適合するようになっていったが），為替媒介通貨論と一体となって完成されていった．

ところが，ECBの諸文書は「グラスマンの法則」に合致しない諸現象が出てきているという．ECBは2001年以来，ユーロの国際的役割について定期的にレビューを行なっているが，2005年1月のレビュー[9]において貿易におけるインボイス通貨について注目すべき論点提起を行なった．05年1月の文書においては簡潔な指摘にとどまっていたが，同年12月のレビュー[10]，さらに，その文書の土台となるものとなった06年8月の文書（A. Kampsの名が付された文献）[11]で，その論点が深められ，詳細に議論が展開されている．

これら3つの文書に共通していることは，「pricing to market」という視点を重視していることである．この議論はもともとはP. クルーグマン，R. ドーンブッシュによるもので，異なる市場において異なる価格を設定しようとする独占的企業のビヘイビアをとらえようとするものである．少し説明すると，商品の需要弾力性は国ごとに異なり，独占的企業はそれを利用することで優位性を確保しようとする．独占的企業はそのために市場ごとに異なる輸出価格戦略をとり，結果的に多くは輸出においてローカル通貨の利用となる．また，為替相場が変化し，そのために名目価格が変化するなかで，ローカル市場で競争に直面している輸出業者は，ローカル通貨を利用することで，為替相場変動によって企業間競争で敗退につながるのを避けようとするというのである[12]．この論議は一般均衡理論の中で位置づけされていく[13]．その際，「為替相場のpass-through」[14]というタームが重要になる．ミクロ経済レベルでは企業の利潤最大化，マクロ経済レベルでは貿易通貨の選択が諸国間のビジネスサイクル（景

気循環）の相関及び金融政策の伝導に影響を及ぼす．貿易通貨選択が「為替相場の pass-through」にどのような因果関係を持っているのかが最近の文献で分析され，それが「新しいオープン・マクロ経済学」での中心テーマになったという[15]．少し敷衍すると，伝統的なマクロ経済的議論では，輸出国は為替変動による影響を避けるために自国通貨を利用する．その結果，為替変動は輸入財の価格に転嫁される．しかし，「新しいオープン・マクロ経済学」では「市場順応的価格設定」が考慮されている．ここではローカル通貨でインボイスされ，価格は為替変動に左右されない．「価格不安定」と「販売量不安定」のどちらを選ぶかの選択のなかで後者の問題が重視されるのである．輸出業者が自国通貨で輸出すれば，受け取る価格は知りうるが，販売量は不安定になる．輸出される商品の需要が価格に対して弾力的であれば，輸出業者は競争者（ここでは輸入国）の通貨で価格設定するだろう[16]．

　以上が，「グラスマンの法則」に合致しない現象の表れとそれを説明する「新たな法則」である．しかし，この議論は，大部分が先進国間の貿易に適用される「法則」であろう．ユーロの登場後，中東ヨーロッパにおいて広がっていった貿易におけるユーロの利用を説明する議論であろうか．

　ECB の諸文書で述べられる「pricing to market」の考え方と，同じく ECB 諸文書で言われる「EU に加盟していること，もしくは将来加盟する可能性にあることが，インボイス通貨としてユーロを選択する際に決定的な役割を果たす」[17] ということとは，どのような関連があるのか．ECB の諸文書では不明確である．「pricing to market」の考え方が適用されるのは先進国間の貿易にとどまるのではないだろうか．06 年 8 月の文書はもとより 3 つの文書はこのことについては言及していない．グラスマン等の論者の見解は，西欧諸国間の貿易を一般化したもので，先進国と途上国，途上国どうしの貿易にはそのまま適用されるものではなかった．「pricing to market」のような「新しいインボイス通貨論」もそうであろう．そこで，中東ヨーロッパ諸国がユーロを貿易において利用するのはなぜか，別の視点でとらえる必要がある．

2. 中東ヨーロッパの為替制度とユーロ建貿易

(1) 中東ヨーロッパの為替制度とインボイス通貨

ECBの06年8月の文書（A. Kamps）が言うように、「EUに加盟していること、もしくは将来加盟する可能性にあることが、インボイス通貨としてユーロを選択する際に決定的な役割を果たす」[18]。とりわけ、イギリス、デンマーク以外のこうした国々においてはそうである。これらの国々はほとんどが途上国であり、何らかの形で為替政策をユーロに基準をおいて実施している[19]。

前掲表5-10にユーロにリンクした為替制度を採用している諸国の一覧が示されていた（2005年12月1日現在）[20]。ERM IIに参加している諸国（エストニア、ラトヴィア、スロヴェニア等）、ユーロへ実質的にペッグしている諸国（ハンガリー、クロアチア、ルーマニア等）、ユーロをベースにしたカレンシーボード制を採用している諸国（ブルガリア、ボスニア・ヘルツェゴヴィナ）、ユーロ化した諸国（コソボ、モンテネグロ等）等が見られる。ポーランド、アルバニア等は変動相場制となっているが、それは一応の分類のことで実質的に変動相場制を採用している国は、イギリス、スウェーデンぐらいであろう。

ユーロを基準通貨とし、ユーロに対して自国通貨の相場を維持する為替政策をとっている場合（中東ヨーロッパにおいてユーが基準通貨になっていることは第5章でも論じた）、その国の貿易業者はユーロを使って貿易を行なうことが利益となろう。何故なら、為替リスクが少なくなり、手取りされたユーロの利用が簡便であり、ユーロの運用・調達が容易となるからである。しかも、1国だけでなくユーロを基準通貨とする地域が中東ヨーロッパ全体に広がって、世界貿易における占めるユーロ建貿易の比重が高くなり、「market power」が出来上がっていっているのである。前項で述べた「新しいオープン・マクロ経済学」における「市場順応的価格設定」ではなく、このことが中東ヨーロッパ諸国のユーロ地域との貿易だけでなく、中東ヨーロッパにおける「第三国間」貿易でもユーロが利用される理由であろう。中東ヨーロッパにおける為替政策（＝ユーロの基準通貨化）を見逃して、ユーロの貿易におけるインボイス機能を議論することは無意味と言わざるを得ない[21]。この点において、筆者と

ECB の諸文書との視点の差異が明瞭である[22]。

(2) 中東ヨーロッパ諸国の輸出におけるインボイス通貨

前節で見たように，中東ヨーロッパのEU加盟国の輸出におけるユーロ建比率は高い国で80%を超え，多くの国で70%前後であった。その比率は，各国の全輸出に占めるユーロ地域への輸出比率を上回っていた。そこで，IMFの *Direction of Trade Statistics* により中東ヨーロッパ諸国の各地域への輸出比率を算定しよう。また，A. Kampsの06年8月文書では，42カ国のインボイス通貨がユーロ，ドル，自国通貨に区分して示されている（いくつかの国についてはドル，自国通貨の欠落部分があるが）。中東ヨーロッパ諸国のいくつかの国についてはドル，自国通貨でのインボイス比率がわかるから，各地域への輸出比率と合わせてユーロ建貿易について，一定の事情が推定できるかもしれない[23]。

まず，チェコを取り上げよう[24]。それはチェコが中東ヨーロッパ諸国の中で最も工業化の進んでいる国の1つであるからである。Kampsの06年8月文書から，チェコの貿易におけるインボイス通貨を見ると表7-6のようになっている。ユーロ70%，ドル14%，チェコ・コロナ10%，その他通貨7%である。一方，同国の各地域への輸出は表7-7のようである。

表7-7の分析に入る前に地域分類について触れておこう。本章ではIMFの区分と異なり，ヨーロッパの先進国と途上国を合わせて「ヨーロッパ」としてまとめ，ヨーロッパを，ユーロ地域，EUに参加しながら通貨統合に未参加の先進諸国（イギリス，デンマーク，スウェーデン），EUに未参加の先進諸国

表7-6 チェコ，ハンガリー，ポーランドの輸出通貨区分

(%)

	ユーロ	ドル	自国通貨	その他
チェコ[1]	70.3	13.5	9.6	6.6
ハンガリー[2]	84.8	9.6	2.3	3.3
ポーランド[3]	69.3	21.4	5.1	4.2

注：1) 2003年．2) 2004年．3) 2004年．
出所：Annette Kamps, *The Euro as Invoicing Currency in International Trade*, Aug. 2006 (ECB Working Paper Series No. 665) Table A1 より．

表7-7 3国の各地域に対する輸出額と比率

(100万ドル,％)

	チェコ[1]		ハンガリー[2]		ポーランド[3]	
(1) ヨーロッパ	45,213	(93.2)	49,124	(89.7)	68,386	(92.7)
①ユーロ地域	30,501	(62.9)	34,126	(62.3)	41,451	(56.2)
②イギリス，デンマーク，スウェーデン	3,463	(7.1)	3,642	(6.6)	8,212	(11.1)
③スイス，ノルウェー，アイスランド	885	(1.8)	824	(1.5)	1,871	(2.5)
④中・東ヨーロッパ13カ国[4]	9,112	(18.8)	8,443	(15.4)	10,749	(14.6)
⑤ロシア	853	(1.2)	908	(1.7)	2,843	(3.9)
⑥その他のヨーロッパの途上国	669	(1.4)	1,181	(2.2)	3,260	(4.4)
(2) アフリカ	177	(0.4)	243	(0.4)	487	(0.7)
(3) アメリカ	1,190	(2.5)	1,649	(3.0)	1,776	(2.4)
(4) カナダ，オーストラリア，ニュージーランド	137	(0.3)	147	(0.3)	450	(0.6)
(5) アジア	1,008	(2.1)	1,219	(2.2)	1,400	(1.9)
①日本	162	(0.3)	322	(0.6)	171	(0.2)
②その他	846	(1.7)	897	(1.6)	1,229	(1.7)
(6) 中東	570	(1.2)	1,137	(2.1)	548	(0.7)
(7) 西半球	194	(0.4)	262	(0.5)	615	(0.8)
(8) その他	8	(0.0)	1,002	(1.8)	119	(0.2)
(9) 合計	48,497	(100.0)	54,783	(100.0)	73,781	(100.0)

注：1) 2003年．2) 2004年．3) 2004年．4) EU加盟国あるいは加盟交渉国など（ブルガリア，クロアチア，キプロス，エストニア，ハンガリー，ラトヴィア，リトアニア，マルタ，ポーランド，ルーマニア，スロヴァキア，スロヴェニア，トルコ，チェコ）——当該国を入れて14カ国．
出所：IMF, *Direction of Trade Statistics Yearbook 2006* より作成．

（スイス，ノルウェー，アイスランド），EUに加盟もしくは加盟交渉（対象）にある中東ヨーロッパ諸国（ブルガリア，クロアチア，キプロス，チェコ，エストニア，ハンガリー，ラトヴィア，リトアニア，マルタ，ポーランド，ルーマニア，スロヴァキア，スロヴェニア，トルコの14カ国），ロシア，その他のヨーロッパの途上国に分類した．この分類によって各地域の特性が区分でき，あわせてユーロ地域の各地域との経済的結びつきの濃淡がおおよそ分類できよう．

さて，表7-7からチェコの輸出のうち，ユーロ地域が63％，イギリス，デンマーク，スウェーデンの3カ国が7％，中東ヨーロッパのEU加盟国あるいは加盟交渉等の13カ国[25]が19％などとなってヨーロッパ全域では93％もの高さになっている．

それでは，表7-6，表7-7からどのようなことが推定できるであろうか．第1に，ユーロ建輸出が70％であり，ユーロ地域への輸出が63％である．ユー

ロ地域への輸出の全額がユーロ建で行なわれていると厳密には言えないかもしれない．というのは，第1次産品の輸出も若干あるであろうし，チェコに進出している米系子会社等はドル建で輸出している場合も考えられるからである．しかし，それらはごく少ない部分であろうから，ここではユーロ地域への輸出はユーロで行なわれているとしよう．そうすれば，ユーロ建輸出比率とユーロ地域への輸出比率の差，約7％が「第三国間」の輸出に使われているユーロの率ということになる．この約7％は大きいものではない．表7-7の中東ヨーロッパ（13カ国）への輸出比率は19％となっている．チェコのこれら諸国への輸出においてユーロ建は一部，3分の1程度であると想定される．残りは，自国通貨も含め種々の通貨で行なわれていると考えられる．チェコの場合，自国通貨（チェコ・コロナ）の利用率が約10％とかなり高い．おそらく，中東ヨーロッパ諸国への輸出において，チェコ・コロナが一部使われているのであろう．

さらに，「その他通貨」が約7％ある．これは，イギリスやデンマーク，スウェーデンへの輸出の際，ポンドやデンマーク・クローネ，スウェーデン・クローナが大部分用いられているのであろう．これら3国への輸出比率は7％である．

ドルの比率は13.5％であり，アメリカ，アジア，中東，西半球，カナダ，オーストラリア等（＝「ドル圏」）への輸出比率を加えても7％と15％には程遠い．したがって，中東ヨーロッパの13カ国への輸出だけでなく，ロシア等への輸出においてもドルが一部利用されていると考えざるを得ない．

以上から，以下のことが言えよう．第1にチェコの対ユーロ地域への輸出ではほとんどすべてがユーロ建である．第2に，ユーロはチェコのユーロ地域外の中東ヨーロッパのEU圏への「第三国間輸出」において利用されているが，それは3分の1程度であり，ユーロ建輸出が圧倒的であるとは言えない．第3に，それら諸国への輸出においてはチェコ・コロナも使われている．第4に，イギリス，デンマーク，スウェーデンへの輸出においては相手国通貨が利用されているが，これは，チェコの企業が独占的企業として前節で論じた「市場順応的価格設定」を採っているというよりも，輸入国の経済規模が輸出国のそれを上回っていることから，輸入国通貨でインボイスされているからであり，中

東ヨーロッパへの輸出にコロナが一部使われるのとあいまって，いわゆる「グラスマンの法則」がなお通用していることを示すものであろう．第5に，ドルの利用は「ドル圏」以外においても一部使われているが限られている．

次にハンガリーを取り上げよう．インボイス通貨比率は表7-6（ハンガリーについては03年ばかりでなく04年も明らかにされている），同国の全輸出に占める各地域の比率は表7-7である．ハンガリーにおいてはユーロ建輸出比率が85％と高く，一方，ユーロ地域への輸出比率が62％で，この2つの比率の差が23％となっている．それだけ，「第三国間輸出」においてユーロが多く利用されているのである．中東ヨーロッパへの輸出比率は04年に15％であり，チェコの場合と異なり，ハンガリーの場合にはこれら諸国への輸出において大部分がユーロ建で行なわれていると推測される．このことを裏付けるように，チェコの場合と異なってハンガリー・フォリント建輸出比率が2％と低い．

「その他通貨」は3％であるが，これは，ほとんどイギリス，デンマーク，スウェーデンへの輸出においてポンド，デンマーク・クローネ，スウェーデン・クローナが使われているのであろう．ドルは10％であり，他方，アメリカ，中東，アジア，西半球等の「ドル圏」への輸出比率は約8％となっている．このことから，「ドル圏」以外へのドル建輸出はごく一部に限られていると考えられる．

もう一国，ポーランドを見ておこう．インボイス通貨比率は表7-6，各地域への輸出比率は表7-7である．ユーロ建輸出比率は04年に70％になっている．一方，ユーロ地域への輸出比率は56％であるから，これら2つの比率の差は14％であり，これが「第三国間輸出」に使われているユーロである．中東ヨーロッパのEU加盟国，加盟をめざしている諸国への輸出比率が15％であるから，ポーランドのこれら諸国への輸出においてはほとんどがユーロ建だと推

表7-8 ドイツ，フランスのユーロ地域外への輸出における通貨区分

(％)

	ユーロ	ドル	その他
ドイツ[1]	61.1	24.1	14.8
フランス[2]	52.7	33.6	13.7

注：1) 2004年．2) 2003年．
出所：表7-6と同じ．

定できる.

　自国通貨(ポーランド・ズロティ)は5%とチェコと比べると低いが,ハンガリーよりも高い比率である.中東ヨーロッパのEU加盟国,加盟をめざしている諸国への輸出においてごく一部,また,それら以外の「その他ヨーロッパの途上国」において利用されていることが考えられる.ドル建輸出比率は21%とかなり高く,「ドル圏」ばかりでなく,スイス,ノルウェー等への輸出ばかりでなく,イギリス,デンマーク,スウェーデンへの輸出にも利用されている可能性がある.というのは,「その他通貨」の率がイギリス,デンマーク,スウェーデンへの輸出(これら3カ国への輸出比率が11%にも上っている)に比べて4%と相対的に低く,ユーロとともにドルがイギリス,デンマーク,スウェーデンへの輸出に使われているのではないかと思われる.

　以上,中東ヨーロッパのEU加盟国のうち3国を見てきた.国ごとに若干の差異はあるが,これら中東ヨーロッパのEU加盟国,加盟をめざしている諸国間では,チェコのようになお低位な国が存在するとはいえ,おおよそユーロ建の輸出が行なわれている.

3. ユーロ地域内各国の各地域への輸出とインボイス通貨

　第1節で見たように,ユーロ地域諸国のユーロ地域外への輸出においてユーロの利用は60%前後に達している(表7-1).しかし,どの地域への輸出においてユーロが多く利用され,どの地域への輸出ではドルが一部使われているのかといった詳細なことはECBのレビューでは把握できない[26].したがって,前節と同じようにKampsの06年8月文書とIMFの*Direction of Trade Statistics*を使って分析を続けよう.

　まず,ユーロ地域の中心国のドイツである.表7-8はドイツのインボイス通貨の率を示し,表7-9はドイツの各地域に対する輸出比率を示している.ユーロ建輸出は60%強であるが,これがどの地域への輸出に使われているかこれらの表によっては定かでない.以下のいくつかの指標によって推定できるだけである.

　第1に,Kampsの06年8月文書において42カ国の貿易における通貨区分

表7-9 ドイツ，フランスの各地域に対する輸出額[1]

(100万ドル，%)

	ドイツ[2]		フランス[3]	
(1) ヨーロッパ	678,080	〈74.4〉	284,306	〈72.5〉
①ユーロ地域	396,747	〈43.5〉	199,753	〈50.9〉
②イギリス，デンマーク，スウェーデン	109,650	(21.3)	45,129	(23.5)
③スイス，ノルウェー，アイスランド	42,178	(8.2)	14,226	(7.4)
④中・東ヨーロッパ14カ国[4]	101,066	(19.6)	19,747	(10.3)
⑤ロシア	18,645	(3.6)	3,203	(1.7)
⑥その他のヨーロッパの途上国	9,794	(1.9)	2,248	(1.2)
(2) アフリカ	14,302	(2.8)	20,011	(10.4)
(3) アメリカ	80,552	(15.6)	26,297	(13.7)
(4) カナダ，オーストラリア，ニュージーランド	12,652	(2.5)	5,507	(2.9)
(5) アジア	82,166	(16.0)	26,873	(14.0)
①日本	15,789	(3.1)	6,085	(3.2)
②その他	66,377	(12.9)	20,788	(10.8)
(6) 中東	23,690	(4.6)	14,284	(7.4)
(7) 西半球	18,326	(3.6)	9,814	(5.1)
(8) その他	2,009	(0.4)	4,977	(2.6)
(9) 合計	911,777		392,069	
	(515,030[5])	(100)	(192,316[5])	(100)

注：1) 〈 〉の比率は全輸出額に対する比率．
　　　( )の比率はユーロ地域向けを除いた輸出額に対する各地域への輸出額比率．
　　2) 2004年．
　　3) 2003年．
　　4) 14カ国は表7-7の注4と同じ．
　　5) 全輸出額からユーロ地域への輸出額を差し引いた輸出額．
出所：表7-7と同じ．

が示されているが[27]，その表7-8とIMFの *Direction of Trade Statistics* を参考にすればユーロ地域の各国へのユーロ建輸出の比率が推定できるかもしれない．まず，アメリカへの輸出であるが，表7-10によるとアメリカの全輸入のうち90.3%がドルで，ユーロは2.0%にとどまっている．また，アメリカのユーロ地域からの輸入は全輸入のうちの14.8%である（表7-11）．アメリカのユーロ建輸入がすべてユーロ地域からのものとして，この14.8%を分母に，2.0%を分子にすると，その比率は13.5%になる（表7-11）．つまり，ユーロ地域のアメリカへの輸出のうち約14%のみがユーロ建であり，約85%はドル建だと考えても実際と大きく異なることはないであろう．04年のドイツのユーロ域外への輸出では24.1%がドル建であり，アメリカへの輸出はユーロ地域

表 7-10　各国の輸入における通貨区分

(100 万ドル, %)

	ユーロ	ドル	自国通貨	その他
アメリカ　（03）	2.0	90.3	90.3	7.7
イギリス　（02）	27.0	37.0	33.0	3.0
日本　（03）	4.5	68.7	24.6	2.2
オーストラリア（03）	9.4	47.9	32.6	10.1
韓国　（03）	6.1	78.3	…	15.6[1)
タイ　（03）	4.3	76.0	5.6	14.1
インドネシア（04）	5.7	82.5	0.4	11.4

注：1)　自国通貨の比率は示されず．残りを「その他」にした．
出所：表 7-6 と同じ．

表 7-11　各国の輸入に占めるユーロ地域からの輸入の比率

(%)

	各国の全輸入に占めるユーロ地域からの輸入の比率	前表のユーロの比率を分子にした比率　（×100）
アメリカ　（03）	14.8	2.0/14.8＝13.5
イギリス　（02）	46.8	27.0/46.8＝57.7
日本　（03）	10.1	4.5/10.1＝44.6
オーストラリア　（03）	17.5	9.4/17.5＝53.7
韓国　（03）	8.7	6.1/8.7＝70.1
タイ　（03）	8.2	4.3/8.2＝52.4
インドネシア　（04）	8.8	5.7/8.8＝64.8

出所：表 7-7 と同じ．

への輸出を除く部分のうち 15.6% である．したがって，ドイツのアメリカへの輸出はドル建がほとんどで，15% 前後がユーロ建で，ドル，ユーロ以外の通貨が多く利用されるとは思われない．ドイツに限らずユーロ地域諸国，その他の先進諸国のアメリカへの輸出においては輸出企業による「市場順応的価格設定」が支配的でインボイス通貨がドルになっているのだと考えられる．ドイツのドル建輸出は対アメリカ以外にも中東，西半球，アジアにおいても見られるだろう（後述）．

同様にして，イギリス，日本，オーストラリア，韓国，タイ，インドネシアについても輸入のユーロ建比率が知れる（表 7-10――残念ながら Kamps は中東諸国，西半球諸国の通貨区分を示していない）．また，これら諸国のユーロ地域からの輸入比率も知れる（表 7-11）から，これら諸国のユーロ建輸入

はすべてユーロ地域からのものとすれば，ユーロ地域のイギリスへの輸出の50％以上（27.0/46.8），日本への輸出の40％以上（4.5/10.1）[28]，オーストラリアへの輸出の50％以上（9.4/17.5），韓国への輸出の70％（6.1/8.7），タイへの輸出の50％（4.3/8.2），インドネシアへの輸出の60％（5.7/8.8）がユーロ建となる（表7-11）．中東諸国，西半球諸国については通貨区分はわからないが，ユーロ地域のこれら諸国向けの輸出においてもユーロ建輸出が一定の比率（おそらくこれら諸国のユーロ地域からの輸入の約半分）に達しているものと考えられる．そうすると，ユーロ建貿易は「第三国貿易」には使われていなくても，ユーロ地域との貿易で全世界的に利用されているということになる．

　しかし，ドイツやフランスにおいてもユーロ域外への輸出の3分の1から4分の1はドル建輸出である（表7-8，表7-9）．ドル建が高いと思われるのは中東，西半球である．それら両地域へのドイツの輸出比率は計で8.2％，フランスは12.5％である（表7-9）．中東，西半球への輸出では少なくとも半分強がドル建で，その残りの一定比率がユーロ建であろう．そのように考えないとドイツのドル建輸出比率24％，フランスの34％は考えられない．また，アジアへの輸出でドル建が存在しよう．日本を除くアジア諸国のユーロ地域からの輸入において先程見たユーロ建を除く部分はほとんどがドル建であろう．日本においてもユーロ地域からの輸入の一部はドル建である．日本の統計によると日本のEUからの輸入では円建が51％，ユーロ建が32％，ドル建が12％，ポンド建が3％などとなっている（04年上期）[29]．カナダ，オーストラリア等でもそうであろう．そうすると，ユーロ地域の上に挙げた地域以外（ヨーロッパ全域）への輸出ではドル建はほとんど存在しないと考えられる．

　さらに，ドイツ，フランスの「その他通貨」建輸出は15％，14％の高さになっている（表7-8）．これは，日本のEUからの輸入では円建が51％にもなっていることからも推定されるように，ドイツ，フランスのアメリカを除く先進各国（イギリス，デンマーク，スウェーデン，日本，スイス，カナダ，オーストラリア等）への輸出では相手国通貨がかなり高い比率で使われているからであると思われる．ドイツ，フランスのイギリス，デンマーク，スウェーデン，日本，スイス，アイスランド，ノルウェー，カナダ，オーストラリア，ニュージーランドへの輸出は計で35％，37％（表7-9）であるから，相手国通貨の利

用は対日本輸出のように半分近くあるということになる。しかも，年を追って「その他通貨」建輸出が少し伸びている。前節で論じた「市場順応的価格設定」戦略をドイツ企業，フランス企業の一部が採っていることを示すのであろう。その意味では「グラスマンの法則」の一定の修正が進んでいるのだと考えられる。

以上，ユーロ地域の代表国であるドイツとフランスを見てきたが，これら諸国のユーロ建輸出は，中・東ヨーロッパの全域で大部分，イギリス，デンマーク，スウェーデン，日本，スイス，カナダ，オーストラリアの先進国向け輸出では半分ぐらいに達しており，その他のアジア，中東，西半球の途上国向け輸出でもユーロ建輸出が半分あるいは半分を上回るほど見られ，全世界に及んでいることがわかった。

4. イギリス，日本におけるインボイス通貨

さて，次にイギリスと日本の場合を見ておこう。イギリスはEU加盟国でありながら，通貨統合に参加せず，しかもロンドンは「ユーロ・ユーロ取引」の最大拠点になっており，特異な地位を占めているからである。さらに，日本を取り上げるのは，ドル，ユーロとは差が開けられつつも第3番目の通貨国であることと，日本の財務省は通貨別貿易に関してもっとも詳細な統計を公表していることから，この表を見ることによりこれまで論じたことの正否を確認できるからである。

表7-12にイギリスの輸出に使われている通貨の区分が示されている（02年，01年）。ポンド建が約50%に達し，ドル建，ユーロ建を大きく凌駕している。

表7-12 イギリスの輸出の通貨区分

(%)

	2001	2002
ユーロ	23	21
ドル	29	26
ポンド	46	51
その他	2	2

出所：表7-6と同じ。

しかも，同国の02年の輸出のうち79%が先進国（ユーロ地域，デンマーク，スウェーデン，スイス，アメリカ，日本，カナダ，オーストラリア等）向けであり，アメリカを除く先進国向けは64%となっている（表7-13）。いわゆ

表7-13 イギリス，日本の各地域への輸出額

(100万ドル，%)

	イギリス[1]		日本[2]	
(1) ヨーロッパ	174,038	(63.1)	92,762	(16.4)
①ユーロ地域	144,878	(52.5)	60,918	(10.8)
②デンマーク，スウェーデン，(イギリス)	9,224[3]	(2.3)	17,812[4]	(3.1)
③スイス，ノルウェー，アイスランド	7,901	(2.9)	33,413	(0.6)
④中・東ヨーロッパ14カ国	9,533	(3.5)	6,703	(1.2)
⑤ロシア	1,488	(0.5)	3,157	(0.6)
⑥その他のヨーロッパの途上国	1,014	(0.4)	759	(0.1)
(2) アフリカ	6,201	(2.2)	6,598	(1.2)
(3) アメリカ	42,854	(15.5)	128,606	(22.7)
(4) カナダ，オーストラリア，ニュージーランド	8,369	(3.0)	21,757	(3.8)
(5) アジア	23,928	(8.7)	274,337	(48.5)
①日本	5,408	(2.0)	...	
②その他	18,520	(6.7)	274,337	(48.5)
(6) 中東	9,959	(3.6)	15,424	(2.7)
(7) 西半球	4,650	(1.7)	19,853	(3.5)
(8) その他	5,796	(2.1)	6,474	(1.1)
(9) 合計	275,795	(100.0)	565,811	(100.0)

注：1) 2002年．2) 2004年．3) デンマーク，スウェーデンへの輸出額．4) イギリスを含む．
出所：表7-7と同じ．

る「グラスマンの法則」が現在でも適合しているようである．このことを確認していこう．

前節のユーロ地域を検討したことから明らかなように，イギリスのアメリカへの輸出の場合もほとんどはドル建であろう（「市場順応的価格設定」が支配的）．しかし，イギリスのユーロ地域，日本等の先進国向け輸出においてポンド建の比重が高いものと思われる．ドイツの02年のユーロ域外からの輸入のうちドル，「その他通貨」建は17.5%であり[30]，ドイツのアメリカ，ユーロ地域を除く先進各国からの輸入比率は20.5%である（表7-14）．ドイツの「その他通貨」建輸入がこれら先進国からのものと考えると，ドイツのこれら先進諸国からの輸入のうち「その他通貨」建の比率は85%（17.5/20.5）もの高さになる．ドイツのアメリカ，ユーロ地域を除く先進諸国からの輸入の中でも，イギリスからの輸入は全輸入の6.4%と最も高く（表7-14），このうち80%近くがポンド建で行なわれているのであろう．表7-13からイギリスの輸出のうち

表 7-14　ドイツの先進各国からの輸入額[1]

(100万ドル，％)

国	金額	％
イギリス	31,776	(6.4)
デンマーク	8,688	(1.8)
スウェーデン	8,457	(1.7)
日本	18,083	(3.7)
カナダ	2,690	(0.5)
オーストラリア	1,181	(0.2)
ニュージーランド	550	(0.1)
スイス	18,700	(3.8)
アイスランド	436	(0.1)
ノルウェー	10,854	(2.2)
計	101,415	(20.5)
アメリカ	37,803	(7.7)
ユーロ地域	204,912	(41.5)
総輸入	493,636	(100.0)

注：1)　2002 年．
出所：表 7-7 と同じ．

　ユーロ地域へは 53％ にも達しているから，この 53％ のうちの 8 割近くがポンド建であると考えられる．さらに，中・東ヨーロッパ諸国もイギリスからの輸入においてポンド建がかなりの高さになっていよう（前述）．ユーロ地域と中東ヨーロッパ諸国のイギリスから輸入のうち，ポンド建以外の部分がユーロ建になっているのであろう．

　一方，日本の全輸入の 0.6％ がポンド建である[31]．他方，日本のイギリスからの輸入は全輸入の 1.6％（02 年）である[32]．日本のポンド建輸入はすべてイギリスからのものとすれば，日本のイギリスからの輸入の 38％ がポンド建ということになる．残りのうち大部分が円建，その他がドル建，ユーロ建になっているものと考えられる．

　韓国についても日本と同じようにポンド建輸入の比率が知れる．韓国の輸入のうちポンド建は 0.6％ であり（02 年）[33]，同国のイギリスからの輸入は 1.6％ である[34]．ポンド建はすべてイギリスからの輸入だとすれば，イギリスからの輸入の 38％ がポンド建ということになる．その他のアジア諸国もイギリスからの輸入においてポンド建が 30％ を超えているものと想像される．残りがドル建であろう．

表 7-15　日本の輸出における通貨区分

(04 年上半期，%)

	ドル	円	ユーロ	ポンド	オーストラリア・ドル	その他
世界	46.8	40.1	9.4	1.0	0.9	1.8
アメリカ	86.5	13.3	0.1	0.1	0.0	0.0
EU	11.0	27.5	54.8	6.3	…	0.4
アジア	44.6	53.4	0.4	…	…	1.6

出所：財務省「貿易取引通貨別比率」(2004 年 7 月 22 日) より．

次に，日本の輸出を見よう．04 年上期の通貨区分は表 7-15 のようである．全世界ではドル建 47%，円建 40%，ユーロ建 9% などとなっている．アメリカ向けは 87% がドル建で，13% が円建で，2 つの計で 99% を超える．このことから本章第 3 節に記していた以下の推定は適切であることが知れよう．

　　アメリカの全輸入のうち 90.3% がドルで，ユーロは 2.0% にとどまっている．また，アメリカのユーロ地域からの輸入は全輸入のうちの 14.8% である（表 7-11）．アメリカのユーロ建輸入がすべてユーロ地域からのものとして，この 14.8% を分母に，2.0% を分子にすると，その比率は 13.5% になる．つまり，ユーロ地域のアメリカへの輸出のうち約 14% のみがユーロ建であり，約 85% はドル建だと考えても実際と大きく異なることはないであろう．04 年のドイツのユーロ域外への輸出では 24.1% がドル建であり，アメリカへの輸出はユーロ地域への輸出を除く部分のうち 15.6% である．したがって，ドイツのアメリカへの輸出はドル建がほとんどで，15% 前後がユーロ建で，ドル，ユーロ以外の通貨が多く利用されるとは思われない．ドイツに限らずユーロ地域諸国，その他の先進諸国のアメリカへの輸出においては輸出企業による「市場順応的価格設定」が支配的でインボイス通貨がドルになっているのだと考えられる．

日本の EU 向け輸出についてはユーロ建が 55%，円建が 28%，ドル建が 11%，ポンド建が 6% などとなっている．ここでは，グラスマンやその支持者たちが展開した「理論」およびその一定の修正（市場順応的価格設定）が進展していることがわかる．つまり，アメリカを除く先進国間貿易では，輸出国通貨

か輸入国通貨が用いられるが，経済規模が輸入国において大きければ輸入国通貨が用いられることが多いということに加えて，輸入国通貨が利用されるという「市場順応的価格設定」戦略が進行しているものと思われる．イギリス向け輸出では，日本の輸出のうちポンド建が1.0%（04年）[35]で，イギリス向けの輸出は2.7%[36]であるから，イギリス向け輸出の37%（1.0/2.7）近くがポンド建ということになる．イギリス向け輸出では円建がやや高いのであろう．

さらに，表7-15から日本のアジア向け輸出ではほとんどが円建とドル建であり，EU地域外への輸出ではユーロ建はほとんど利用されていないことがわかる．ユーロが「第三国間貿易」において一定進展しているといっても，それは中・東ヨーロッパに限定してでのことであり，当然ながらアジアや西半球等ではドルが「第三国間貿易通貨」として利用されているのである．

まとめ

以上の分析から以下の諸点にまとめられるであろう．第1に，ユーロは，ユーロ地域諸国の中東ヨーロッパ諸国との貿易において高い比率で使われているだけでなく，中東ヨーロッパ諸国の「第三国間貿易通貨」としてある程度の高さで利用されている．第2に，ユーロはユーロ地域諸国のイギリス，デンマーク，スウェーデンというEU諸国との貿易はいうまでもなく，アメリカを除く日本，オーストラリア等のその他の先進諸国との貿易においてもかなりの程度利用されている．第3に，ユーロ地域諸国のアジア，西半球等の対途上国貿易でもユーロが一定程度使われていることがわかった．

以上から，ユーロ建貿易は全世界に及んでおり，ヨーロッパ諸国に限定されたものではないと言える．しかし，国によって若干の差異があるものの，ユーロ地域諸国，中東ヨーロッパのEU圏諸国の貿易はヨーロッパ地域に集中しており，EU圏以外の諸国との貿易量が相対的に低く，ヨーロッパ以外の諸国の全貿易量におけるユーロ建貿易比率はそれほど高くないのが現状である．さらに，ユーロの「第三国間貿易通貨」としての利用はドルに比べるとその広がりは狭く，ほとんどヨーロッパ地域に限られている．

注

1) 1999年のユーロの登場以後,21世紀になって「貿易におけるインボイス通貨論」と「為替媒介通貨論」の見直し,再検討が必要になってきた.というのは,ユーロ地域諸国相互の貿易ではもちろんユーロが用いられ,さらに,中東ヨーロッパのEU諸国,EU加盟をめざしている諸国の貿易においてユーロの利用が急速に高まってきたという事情と,ユーロの登場によってヨーロッパ主要国諸通貨間の交換が不必要になり,為替媒介通貨の必要性が低下してきたからである.ユーロは少なくとも直物市場においては為替媒介通貨として機能しているが,それは主に通貨統合に参加していないヨーロッパ諸通貨間の交換においてであるといえよう.

2) 欧州中央銀行は,毎年次の表題でユーロの国際通貨としての諸機能を分析している.*The International Role of the Euro* (以前は *Review of the International Role of the Euro* という表題).以前の版では非ユーロ・ヨーロッパ諸国の輸出,輸入に占めるユーロの比率と全輸出,全輸入に占める対ユーロ地域貿易の比率が示されて,非ユーロ・ヨーロッパ地域においてユーロが「第三国間貿易通貨」として利用されている状況が把握できたのであるが,最近の版では非ユーロ・ヨーロッパ諸国の全輸出,全輸入に占める対ユーロ地域貿易の比率が示されていない.そこで,本章の表ではIMFの統計で補足した.

3) 09年,10年のドイツはEU外の貿易である.なぜか,ECBの文書はドイツのユーロ域外の比率を表示していない.

4) 04年のドイツのユーロ地域外への輸出は全輸出の57%であり,そのうちの61%がユーロ建であるから,全輸出に占めるユーロ地域外へのユーロ建輸出は57×0.61=34.8%となる.これに,ドイツのユーロ地域への輸出(44%)を加えると,ドイツのユーロ建輸出は全輸出の79%になる

5) Annette Kamps, *The Euro as Invoicing Currency in International Trade*, ECB Working Paper Series No. 665, Aug. 2006, Table A1 より.

6) 拙書『多国籍銀行とユーロ・カレンシー市場』同文舘,1988年,23-26ページ.

7) S.A.B. Page, "Currency of Invoice in Merchandise Trade", in *National Institute Economic Review*, Aug. 1977. 西ヨーロッパ諸国間の貿易に当てはまった「法則」は80年代になると西ヨーロッパと日本との貿易においても当てはまるようになってきた.81年の日本の対西欧輸出では円建が58%,その他通貨建(ほとんどが西欧諸通貨)が28%となった(前掲拙書,39ページ).

8) 同上拙書,26-29ページ.また,R.I. McKinnonは貿易財を主に1次産品と差別化可能の工業製品の2つに区分し,後者の場合にグラスマンが述べた議論が当てはまるとの論を展開している(同上拙書,35-37ページ).

9) ECB, *Review of the International Role of the Euro*, Jan. 2005.

10) ECB, *Review of the International Role of the Euro*, Dec. 2005.

11) Annette Kamps, *The Euro as Invoicing Currency in International Trade*, ECB Working Paper Series No. 665, Aug. 2006.

12) ECB, *Review of the International Role of the Euro*, Jan. 2005, pp. 32-33.

13) *Ibid.*, p. 33.

14) 「為替相場の pass-through」については，以下の論文を参照されたい．Seong-Hun Yun, "An Essay on Invoicing Currency Practices for Korean Exports", in The Bank of Korea, *Economic Papers*, No. 59, Sep. 2005.
15) Annette Kamps, *op. cit.*, p. 7.
16) *Ibid.*, p. 7.
17) *Ibid.*, p. 40. 同様の表現が以下の文書にも見られる．ECB, *Review of the International Role of the Euro*, Dec. 2005, p. 47.
18) A. Kamps, *op. cit.* p. 40.
19) 前掲拙稿「欧州におけるユーロの地位とドル，ユーロによる重層的信用連鎖」参照．
20) 2009年3月1日時点の「為替制度」については，ECB, *The International Role of theEuro*, July 2009, p. S 8 をみられたい．
21) のちに見るように中東ヨーロッパのイギリス，デンマーク等の先進国との貿易において，ポンド，デンマーク・クローネが利用される場合があるが，それは，中東ヨーロッパの独占的企業がそれを求めるのではなく，イギリス，デンマーク等の先進国の輸入業者が為替リスク回避から自国通貨でのインボイスを求めるからであろう．
22) 為替政策との関連以外にも，ECB の諸文書に見られる「インボイス通貨論」（=「新しいオープン・マクロ経済学」における「市場順応的価格設定」論）には以下の視点が弱い．多国籍企業の企業内貿易の観点がほとんどない．また，旧宗主国との関連（とくにフランス）への言及がない．
23) この2つの表を比較する手法は L.S. Goldberg ("Trade Invoicing in the Accession Countries: Are They Suited to the Euro?" *NBER Working Paper* 11653, Sep. 2005) に倣ったものであるが，L.S. Goldberg が示してくれているインボイス通貨の比率はユーロとドルのみであり，自国通貨，その他通貨が明らかにされていないという限界に加えて，各国の全輸出に占める各地域への輸出額比率を論じる際の地域分類が大きすぎるという欠点がある．より詳細に見る必要があろう（本章表7-7についての本文における注釈を参照されたい）．さもないと微妙に異なる結論が出てくる可能性がある．例えば，L.S. Goldberg における「ユーロブロック」の中には中東ヨーロッパだけでなくイギリス等のEU加盟国でありながら通貨統合に参加していない先進諸国も入れられており，これで判断すると，いくつかの中東ヨーロッパのこれら先進諸国との貿易ではユーロ建が支配的だということになってしまう．実際はのちに見るようにこれらの先進諸国通貨が多く用いられている．少なくとも，中東ヨーロッパのEU諸国とイギリス等のEU加盟国でありながら通貨統合に参加していない先進諸国とは別に分類する必要があろう．
24) 以下も同じであるが，本章では基本的に輸出についてだけ論じることにしよう．それは，輸入についても論じれば煩雑になり，また，紙幅の点でも無理があるからである．それに，輸出について論じたことがおおよそ輸入についてもいえるからである．
25) チェコを加えると14カ国になる．本章における13カ国（14カ国）といった場合はこれらの諸国をさしている．
26) 日本の財務省が公表している「貿易取引通貨別比率」では，世界全体以外にも世界をアメリカ合衆国，EU，アジアの3つに区分して，ドル，円，ユーロ等のそれぞれ

の比率を明確に示している．
27) Kamps が示している 42 カ国の通貨区分も国によっては不十分である．アメリカについては 03 年の輸入のみであり，カナダについては 01 年の輸出のみであったりする．
28) 日本の EU からの輸入に占めるユーロ建は 04 年上期に 32.4% である（財務省「貿易取引通貨別比率」）．ユーロ地域に限定するとその比率はもっと高くなるだろう．
29) 財務省「貿易取引通貨別比率」（2004 年 7 月 22 日）より．
30) Kamps, *op. cit*., p. 43.
31) 財務省「貿易取引通貨別比率」（2004 年上期）より．
32) IMF, *Direction of Trade Statistics Yearbook 2006* より．
33) Bank of Korea, *Monthly Statistics Bulletin*, Sep. 2005, p. 122 より．
34) IMF より．
35) 財務省「貿易取引通貨別比率」より．
36) IMF より．

第8章

ユーロと諸通貨の間の短資移動の動向

　本章の課題はユーロ体制下におけるユーロと諸通貨との短期資金移動の現状を分析することである．ロシアを除くほぼ全ヨーロッパで，直物為替取引においてユーロが為替媒介通貨として機能していること，また，ユーロが基準通貨，介入通貨，準備通貨としての地位を占めていることがすでに明らかになっている．しかし，その際，同時に為替スワップ取引においてはユーロの地位はドルの地位と比べてなお低位であることも示されてきた[1]．

　ところが，近年，為替スワップ取引におけるユーロの地位が少しずつであるが上昇してきている[2]．つまり，ユーロとドル以外の諸通貨との間にも短期資金移動が生まれてきているのである．そこで，本章では為替スワップ取引におけるユーロの現時点での地位を明らかにしたい．そのことを実証するために，本章では2008年と09年12月から10年春にかけてのユーロと諸通貨（ポンド，スイスフラン，円）の間で，どの程度「金利平価」状態が形成されているかを検討したい．

　しかし，2007年夏のサブプライム・ローン問題の顕在化以降，とりわけ2008年9月のリーマン・ショック以降スワップ市場は混乱をきたしてきたし，それゆえ，上に記した諸課題の究明に2008年以降の分析を当てることは適切さを欠くことになる．だが，本文で明らかになるように07年夏からスワップ市場にやや混乱がみられるが，08年の9月まではほぼ平穏な時期と同じような金利裁定取引と短資移動が生じていたと思われるし，この時期にユーロと諸通貨間の短資移動は最高潮に達したものと思われる．また，08年を分析することにより，リーマン・ショックによって為替スワップ市場がどのような混乱を起こしたのか，その一端も明らかになろう．さらに，2010年3月になって

ギリシャの財政危機が表面化する中でユーロのスワップ市場に「混乱」が生じている．そのことも一端が知れるであろう[3]．

もとの課題に戻れば，ユーロとドル以外の諸通貨の間の短資移動は，ドルとユーロ，ドルと諸通貨の間の短資移動と裁定が図られながら一定の規模に達してきているが，現時点ではなお副次的に行なわれているというのが本章の結論である．したがって，ユーロ体制の形成はまだ完結していないといえよう．

1. これまでの諸論稿における論述

前述のようにスワップ市場ではユーロの地位はかなり低く，スワップ取引を利用した金利裁定取引などの短資移動はほとんどドルと諸通貨の間で行なわれてきた．しかし，ユーロと諸通貨のスワップ取引が少しずつ増加し，ドルと諸通貨の間の短資移動だけでなくユーロとドル以外の諸通貨の間の短資移動にも注意を払う必要が出てきた．そのことに言及した論文には以下のものがある．

(1) 拙稿における論述

2005年の拙稿[4]は04年の6つの表を提示して（拙稿の第16表～第21表参照），ドルとユーロ，ポンドのカバー付き金利差だけでなく，ユーロとポンド，デンマーク・クローネ，スロヴァキア・クラウンとの間の金利差とスワップコスト（この両者を加味したものがカバー付き金利差＝「金利平価」からの乖離）を示した．「ユーロと欧州諸通貨の間の（スワップ取引を使った）金利裁定取引（＝短資移動）がどの段階まで進んできているか」[5]を示そうとしたのである．拙稿ではまず，ドルとユーロ，ポンドのカバー付き金利差を示し，「ロンドンでは，ユーロ・ダラーとユーロ・ユーロの間で，また，ユーロ・ダラーとポンドの間で金利裁定取引が盛んに行なわれ，ロンドン外為市場におけるドル／ユーロ，ドル／ポンドのスワップ取引額が大きくなっているのである．しかも，ロンドン市場における金利裁定取引は，世界各地から取引が繋がれており，それが，ロンドン外為市場におけるクロスボーダー取引を巨額にしているのである」[6]と述べている．

その上で，拙稿はユーロ／ポンドのスワップ取引額が，同じ直物取引額の55

％に達していることを示した上で，ユーロとポンドの金利差がユーロ/ポンドのスワップコストに極めて近くなっていることを確認し，「ユーロとポンドの間でも部分的に直接の金利裁定取引が行なわれている」[7]と結論している．しかし，「デンマーク・クローネの対ユーロ先物相場は，直物相場と（ユーロとクローネの）両金利差から計算されており，現実の相場ではない可能性が高い」[8]とし，スロヴァキア・クラウンについても「市場規模が小さいユーロ/クラウンの先物相場は現実の取引によって「自立的」に達成されているというよりも，2つの金融資産の金利と直物相場に大きく規定されて計算上算出される相場に近いものになっている可能性がある」[9]と指摘している．

以上のように，05年の拙稿では04年におけるスワップ取引を利用した金利裁定取引などの短資移動の主要部分は，依然としてドルと諸通貨の間で行なわれていることを踏まえつつ，ユーロとポンドの間で部分的に金利裁定取引が行なわれていることを認めたが，ユーロとデンマーク・クローネ，スロヴァキア・クラウンとの間では，まだほとんど実施されていないと結論づけている．しかし，後の節で検討するようにユーロとポンドの先物相場の「被規定性」については，この拙稿では十分な言及がなされていない．

(2) 井上論文（04年についての分析）の論述

ユーロとポンドの間でのスワップ取引を利用した金利裁定取引に言及した次の論文は井上真維の修士論文[10]である．井上はその論文において04年のロンドン市場におけるドル，ユーロ，ポンドの金利裁定取引の状況を3つに分けて以下のように分析している．①ドルとユーロの諸金利差とスワップコスト，②ドルとポンドの諸金利差とスワップコスト，③ユーロとポンドの諸金利差とスワップコストである．この修士論文は公表されているが入手が困難なので小論にて詳しく紹介したいが，紙幅の関係でそのうちの①については表の掲載を避け文章で紹介し，②と③のスワップコストについては表を掲げよう．

井上はドル金利としてドルLiborとドルCD，ユーロ金利としてユーロLiborとユーロCDを挙げ（いずれも3カ月），4つの資金移動ルートを想定し4つの金利差とドルとユーロのスワップコストを提示した（04年の毎月――本章では表の掲載は割愛）．そして，それらの提示から次のような指摘を行なっ

た．ドルとユーロの Libor どうしの金利差が最もスワップコストに近く，ドルとユーロの間で盛んに金利裁定取引が行なわれ「金利平価」状態が成立している（カバー付き金利差は 12 カ月平均で 0.045%）[11]．ドル CD とユーロ CD とのカバー付き金利差の方は 12 カ月平均で 0.049% であり，このルートでの金利裁定取引も盛んである[12]．ユーロダラー金利とユーロ CD，ドル CD とユーロ・ユーロ金利の 2 つの金利差とスワップコストの差はやや大きくなっているが，ほぼ「金利平価」状態にある（カバー付き金利差の 12 カ月平均はそれぞれ 0.067%，0.059%）．これらの取引は，一方が通貨国内の金利であり，他方がロンドンでの金利となっている．井上は，「このことは，ロンドン市場が異なる地域の金融資産を引き合わせる「ハブ市場」として機能しているからこそ可能なのだ．ドルとユーロの裁定取引から，ロンドン市場が金融仲介市場としての性格が改めて確認できる」[13] と述べている．

　井上は同様にドルとポンドの金利裁定取引の状況を示している．ドル金利として Libor と CD，ポンド金利を Libor と CD を挙げ（いずれも 3 カ月），4 つの資金移動ルートを想定し，4 つの金利差を算出し，それら 4 つの金利差とスワップコストから 4 つのカバー付き金利差を提示している（表 8-1）．そして，この表から次の点を指摘している．2 つの Libor どうしのカバー付き金利差が最も小さく，ユーロダラーとインターバンクポンドを中心にドルとポンドの間の裁定取引が盛んに行なわれている．双方が，あるいは一方が CD となる取引は「金利平価」からの乖離がやや大きく「ドルとポンドの金利裁定取引は，ユーロ・ダラーとポンド・インターバンク金利の取引を主軸とし，市場動向に応じてその他の金融商品に結び付けられながら取引されている」[14]．

　それでは，ユーロとポンドの間の金利裁定取引が 04 年に行なわれているのであろうか．それを確かめるために井上はユーロ Libor とユーロ CD，ポンド Libor とポンド CD の 4 つの金利差（いずれも 3 カ月）とユーロとポンドのスワップコストから 4 つのカバー付き金利差を示している（表 8-2）．表 8-2 を見ると，いずれも金利差とスワップコストが近く，7 月を除く（何らかの特殊要因があったと思われる――表 8-1 においても同様に）平均では，ユーロ CD とポンド Libor の間（表 8-2 の③欄）を除いては 0.1 以下であり，ユーロとポンドの間で金利裁定取引が行なわれている可能性がある．

表 8-1　ドルとポンドの金利差とスワップコスト（2004 年）

	①ドル LIBOR とポンド LIBOR の差	②ドル CD とポンド CD の差	③ドル LIBOR とポンド CD の差	④ドル CD とポンド LIBOR の差
2004 年 1 月	2.88563	2.94000	2.85000	2.97563
2 月	3.01500	3.06375	2.96375	3.11500
3 月	3.10406	3.13625	3.03625	3.20406
4 月	3.26500	3.32375	3.23375	3.35500
5 月	3.24750	3.29500	3.19625	3.34625
6 月	3.34312	3.31250	3.23562	3.42000
7 月	3.42750	2.56125	2.47125	3.51750
8 月	3.28375	3.24250	3.11250	3.41375
9 月	3.16250	3.18625	3.10625	3.24250
10 月	3.07875	3.00625	3.06625	3.01875
11 月	2.71750	2.78500	2.69500	2.80750
12 月	2.44906	2.54500	2.47500	2.51906

	スワップコスト	①とスワップコストの差	②とスワップコストの差	③とスワップコストの差	④とスワップコストの差
2004 年 1 月	2.86036	0.02527	0.07964	0.01036	0.11527
2 月	2.96838	0.04662	0.09537	0.00463	0.14662
3 月	3.12736	0.02330	0.00889	0.09111	0.07670
4 月	3.22528	0.03972	0.09847	0.00847	0.12972
5 月	3.26846	0.02096	0.02654	0.07221	0.07779
6 月	3.33663	0.00649	0.02413	0.10101	0.08337
7 月	3.24643	0.18107	0.68518	0.77518	0.27107
8 月	3.25997	0.02378	0.01747	0.14747	0.15378
9 月	3.06951	0.09299	0.11674	0.03674	0.17299
10 月	2.84951	0.22924	0.15674	0.21674	0.16924
11 月	2.67970	0.03780	0.10530	0.01530	0.12780
12 月	2.33635	0.11271	0.20865	0.13865	0.18271
（平均）		0.07000	0.13526	0.13482	0.14226

出所：*Financial Times*, 2004 年毎月初日掲載の取引結果より．井上真維「EU 短期金融市場とユーロ・ユーロ取引」『修士論文集（立命館国際研究）』創刊号，2006 年 3 月，69 ページより．

　しかし，筆者はこのことに関して 2 点，指摘しなければならない．1 つは短資移動額の少ない資金移動ルートにおける諸金利，先物相場は，短資移動額の大きいルートで実際に作られる金利，先物相場から計算上算出されたることが多いことであり，金利差とスワップコストが近似しているからといって，実際に裁定取引が行なわれていると判断してはならないということである[15]．今の場合，ユーロとポンドのスワップコストが実際に両通貨間で行なわれた取引か

表 8-2　ユーロとポンドの金利差とスワップコスト（2004 年）

	① ユーロ LIBOR とポンド LIBOR の差	② ユーロ CD とポンド CD の差	③ ユーロ CD とポンド LIBOR の差	④ ユーロ LIBOR とポンド CD の差
2004 年 1 月	1.91938	1.91000	1.94563	1.88375
2 月	2.05500	2.01375	2.06500	2.00375
3 月	2.17568	2.12625	2.19406	2.10787
4 月	2.41500	2.40375	2.43500	2.38375
5 月	2.35600	2.31500	2.36625	2.30475
6 月	2.58412	2.50250	2.61000	2.47662
7 月	2.91750	1.98125	2.93750	1.96125
8 月	2.86675	2.71250	2.88375	2.69550
9 月	2.84937	2.80625	2.86250	2.79312
10 月	2.83875	2.76625	2.77875	2.82625
11 月	2.74600	2.74000	2.76250	2.72350
12 月	2.67581	2.71500	2.68906	2.70175

	スワップコスト	①とスワップコストの差	②とスワップコストの差	③とスワップコストの差	④とスワップコストの差
2004 年 1 月	1.85785	0.06153	0.05215	0.08778	0.02590
2 月	1.96963	0.08537	0.04412	0.09537	0.03412
3 月	2.13078	0.04490	0.00453	0.06328	0.02291
4 月	2.30023	0.11477	0.10352	0.13477	0.08352
5 月	2.31229	0.04371	0.00271	0.05396	0.00754
6 月	2.50100	0.08312	0.00150	0.10900	0.02438
7 月	2.68348	0.23402	0.70223	0.25402	0.72223
8 月	2.78072	0.08603	0.06822	0.10303	0.08522
9 月	2.70215	0.14722	0.10410	0.16035	0.09097
10 月	2.69046	0.14829	0.07579	0.08829	0.13579
11 月	2.66963	0.07637	0.07037	0.09287	0.05387
12 月	2.55875	0.11706	0.15625	0.13031	0.14300
（平均）		0.10353	0.11546	0.11442	0.11912
＊（平均）		0.09167	0.06211	0.10173	0.06429

注：＊特殊要因があったと思われる 7 月の値を除いた平均値．
出所：同上，70 ページより．

ら提示されているかどうかである．04 年のロンドン外為市場[16]におけるインターバンク・スワップ取引でユーロとポンドの取引額は同じ直物取引額の 55％，その他の金融機関では同年，前者（29 億ドル）は後者（31 億ドル）とほぼ同額になってきている．しかし，ドル/ポンドのスワップ取引額に対しユーロ/ポンドの取引額はその 1 割程度である．したがって，04 年のユーロとポン

ドのスワップコストが実際に取引されたコストと考えてよいかの判断はまだ難しい．

次に，ポンド Libor 市場，ポンド CD 市場の規模について考える必要がある．これらは，英国内市場でありユーロ・ポンド市場ではないから，ドル，ユーロの市場規模ほど大きくないがかなりの規模をもっている．したがって，ポンド Libor，ポンド CD 金利が他の諸金利，スワップコストに規定された金利と考えることは出来ないであろう．井上はこれらのことを踏まえ，「ユーロとポンドの金利裁定取引は規模は大きいものではないが，部分的に行なわれていると考えられる」[17]と述べている．

(3) 太田論文（07年，08年の分析）の論述

07年と08年における諸通貨の金利差，スワップコストを検討し，短期資金の移動（金利裁定取引，短期資金調達）の実態を分析したものに太田光洋の卒業論文がある[18]．太田は，まず，ドルとユーロの（どちらも3カ月 Libor）の金利差とスワップコストを提示し（表4——本章では割愛），2つの金利差とスワップコストはほぼ一致しており（カバー付き金利差は 0.1％ 以下），「金利平価」が成立していることを確認している[19]．その上で，以下のことを指摘している．この期間，ドルとユーロの間で金利裁定取引が非常に活発であるが，08年9月はリーマン・ショックのために金利差とスワップコストの差（カバー付き金利差）は 0.66％ に広がり，「金利平価」状態が崩れている．ところが，08年10月にはそれが 0.01％ に縮まり，その後も 0.1％ 以下で推移し，再び「金利平価」が復活していると述べている[20]．

次はドルとポンドの間の短資移動であるが，太田は本章の表 8-3 を提示して2つの通貨の間で「金利平価」が成立している（2つの金利差とスワップコストの差は 0.1％ 以内）ことを示している（ドル金利はドル Libor，ポンド金利はインターバンク金利——いずれも3カ月）．08年10～12月にはリーマン・ショックによって「金利平価」が崩れているが，次第に「金利平価」に収斂していくこと，また，「先のドルとユーロよりも多少金利差とスワップコストが広がっているが，……それはごく一部」[21]であると指摘している．

さらに，太田は表 8-4 においてユーロとポンドの間において「金利平価」が

表8-3 ドルとポンドの金利差とスワップコスト

	07.1月	2月	3月	4月	5月	6月	7月	8月	9月	10月	11月	12月
① ドル金利[1]	5.36	5.37	5.35	5.36	5.36	5.36	5.37	5.51	5.58	5.17	5.02	5.07
② ポンド金利[2]	5.45	5.52	5.5	5.61	5.72	5.83	5.98	6.58	6.58	6.21	6.36	6.35
③ ①−②	−0.09	−0.15	−0.15	−0.25	−0.36	−0.47	−0.61	−1.07	−1.00	−1.04	−1.34	−1.28
④ スワップコスト[3]	0.08	0.14	0.12	0.20	0.32	0.44	0.57	0.80	0.91	0.98	1.24	1.13
	08.1月	2月	3月	4月	5月	6月	7月	8月	9月	10月	11月	12月
① ドル金利[1]	3.93	3.11	2.86	3.06	2.91	2.99	3.05	3.05	3.8	4.98	3.49	2.5
② ポンド金利[2]	5.61	5.61	5.86	5.9	5.79	5.9	5.8	5.76	5.87	6.18	4.4	3.21
③ ①−②	−1.68	−2.50	−3.00	−2.84	−2.88	−2.91	−2.75	−2.71	−2.07	−1.20	−0.91	−0.71
④ スワップコスト[3]	1.64	2.42	2.92	2.66	2.83	2.81	2.74	2.67	1.98	0.99	0.93	0.40

注：1) ドル金利は，3カ月ものユーロ・ダラー金利（ロンドン市場）．
　　2) ポンド金利は，3カ月ものインターバンク金利．
　　3) ④の＋は，ドルのプレミアム．
出典：Bank of England, *Bankstats* G 1.1 と G 1.2，および Bank of England, *Statistical Interactive Database interest and exchange rate data* より作成．太田光洋「欧州におけるユーロの地位確立とその「外淵的拡大」」『学生論集（立命館国際研究）』第19号（2010年3月），66ページより．

表8-4 ユーロとポンドの金利差とスワップコスト

	07.1月	2月	3月	4月	5月	6月	7月	8月	9月	10月	11月	12月
① ユーロ金利[1]	3.75	3.82	3.89	3.98	4.07	4.15	4.22	4.54	4.74	4.69	4.64	4.85
② ポンド金利[2]	5.45	5.52	5.5	5.61	5.72	5.83	5.98	6.58	6.58	6.21	6.36	6.35
③ ①−②	−1.7	−1.7	−1.61	−1.63	−1.65	−1.68	−1.76	−2.04	−1.84	−1.52	−1.72	−1.5
④ スワップコスト[3]	1.60	1.64	1.60	1.61	1.61	1.75	1.70	1.85	1.45	1.64	1.71	1.26
	08.1月	2月	3月	4月	5月	6月	7月	8月	9月	10月	11月	12月
① ユーロ金利[1]	4.48	4.36	4.60	4.78	4.86	4.94	4.96	4.97	5.02	5.11	4.24	3.29
② ポンド金利[2]	5.61	5.61	5.86	5.9	5.79	5.9	5.8	5.76	5.87	6.18	4.4	3.21
③ ①−②	−1.13	−1.25	−1.26	−1.12	−0.93	−0.96	−0.84	−0.79	−0.85	−1.07	−0.16	−0.08
④ スワップコスト[3]	1.13	1.31	1.18	0.94	1.07	0.92	0.79	0.71	0.76	1.10	−0.43	−0.50

注：1) ユーロ金利は，3カ月もの EURIBOR．
　　2) ポンド金利は，3カ月ものインターバンク金利．
　　3) ④の＋はユーロのプレミアム．
出典：Bank of England, *Bankstats*, G 1.1 および Bundesbank, *Monthly Report VI-4, Financial Times, Research Data Archive* より作成．同上太田論文，67ページより．

成立しているかどうかを検討している．ユーロ金利は EURIBOR，ポンド金利はインターバンク金利（いずれも3カ月）である．ユーロとポンドの金利差とスワップコストの差（第3欄と第4欄の差──カバー付き金利差）は一部に

広がっている期間もあるが，0.1％前後でほぼ推移しており，ほぼ「金利平価」が成立していると述べている[22]．

以上のように，ドルとユーロ，ドルとポンド，ユーロとポンドの「3つのケース全てでスワップ取引による金利裁定取引が行なわれていると推定できる」[23]としたうえで，しかし，太田はユーロとポンドの間の「金利平価」の成立については以下の諸点を検討する必要があるとしている．「つまり，統計として出されたスワップコスト（直先スプレッド）が実際に行なわれた取引によるものか，もしくは……金利差と直物相場から計算されたコストであるか，ということである」[24]．太田は，ユーロ/ポンドのスワップ取引額が直物取引額の約51％となっていることをあげ，「部分的ではあるが実際に金利裁定取引が行なわれているだろう」[25]と結論づけている（07年，08年のロンドン外為市場におけるユーロ/ポンドの直物取引とスワップ取引の規模については本章注2に記載の拙稿第6表，第7表を参照されたい）．

以上，ユーロとポンドの金利裁定取引に言及した3つの論文をみてきた．共通した主張点は，ドルと諸通貨の間の金利裁定取引とはなお規模が隔たるが，ユーロとポンドの間でも部分的に金利裁定取引が行なわれているということである．その根拠に，ユーロ/ポンドのスワップ取引額が同直物取引額の50％を超しているという事情がある．しかし，後述するようにユーロとポンドの先物相場の「被規定性」については，拙稿を含むこれらの論文はやや楽観的なところがある．したがって，この「被規定性」，また，08年秋のスワップ市場の「異常性」に注意を払いながら2008年，2009年12月から2010年春にかけてのスワップ市場と金利裁定取引などの短資移動を以下の節でみることにしよう．

2. 08年のロンドン市場におけるスワップ取引と短資移動

前節において諸論文をサーベイし，ユーロとドル以外の諸通貨との間にも相互の短資移動が一定の規模で進行してきていることがわかった．本節では前節を受けて，08年におけるロンドン市場におけるユーロとドル以外の諸通貨との短資移動の現状を詳細に検討したい．ところが，07年夏にサブプライム・ローン問題が顕在化し，以下に見るように為替スワップ市場に不調の兆しが

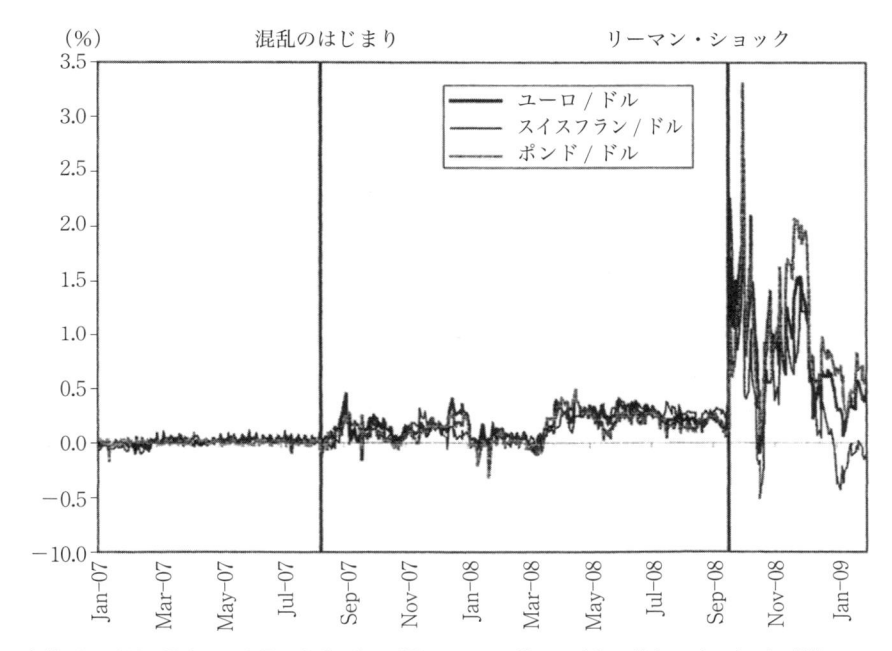

出所：Naohiko Baba and Frank Packer, "From turmoil to crisis: dislocation in the FX swap market before and after the failure of Lehman Brothers", *BIS Working Papers* No. 285, July 2009, p. 22.

図8-1　スワップ市場の混乱（「金利平価」からの乖離）

07年夏以降に見えはじめ，08年9月のリーマン・ショック以降，為替スワップ市場は大きな混乱状態に陥った[26]．図8-1がそれを示している．したがって，ユーロと諸通貨の短資移動の実態を分析するのに08年という年は必ずしも適当ではない．しかし，リーマン・ショックの直前においてドルと諸通貨の短資移動はもちろん，ユーロとドル以外の諸通貨との間のスワップ取引を利用した短資移動も最高潮に達したと考えられるので08年の分析を本節で行なおう．

(1)　ドルとユーロの短資移動

現在，考えられる主要通貨間のいくつかの短資移動経路のうち最も規模が大きく，したがって，「金利平価」状態が最も厳密に達成されていると考えられるのはドルとユーロの間の短資移動である．ロンドン市場におけるユーロカレ

表 8-5　在英金融機関[1]における外貨建・対外債務[2]

(億ドル)

	2007	2008				2009		
	IV	I	II	III	IV	I	II	III
ドル	27,143	28,749	25,504	26,578	23,011	22,927	22,219	21,950
ユーロ	21,683	24,391	22,319	20,241	19,302	18,610	18,834	19,089
スイスフラン	790	902	815	789	702	627	615	592
円	3,472	4,516	3,397	3,502	2,921	2,122	2,520	2,601

注：1)　2008年第2四半期までは在英銀行のみ．
　　2)　外国中央銀行，在外銀行，その他の非居住者に対する外貨建債務の合計．
出所：Bank of England, *Monetary & Financial Statistics* (*Bankstats*), May 2009, Feb 2010, Table C 3.3 より．

ンシー市場の規模についての状況を示す表が表8-5である．これは在英金融機関の外貨建・対外債務の通貨区分を示している（中央銀行，銀行，その他の非居住者に対する債務の合計）．これによると，ユーロ・ユーロ市場規模はユーロダラー市場規模とほぼ同じになってきていることがわかる．しかし，ユーロ・スイスフラン市場の規模はユーロ・ユーロ市場規模の約27分の1，ユーロ円市場規模はユーロ・スイスフラン市場規模の5倍弱であるが，ユーロ・ユーロ市場規模の5分の1から6分1程度である．ロンドン市場におけるスイスフラン，円両市場の規模の小ささのゆえに，スイスフラン，円が絡む金利裁定取引などの短資移動がうける影響，とりわけ，スイスフラン Libor，円 Libor，それらの通貨とユーロとの先物相場が他の諸金利，直物相場から受ける影響＝「被規定性」が考えられる．それらについては後に論じよう．

またこの表から，2008年の第1四半期にそれぞれの通貨の対外債務が最も大きな額になり，以後，09年第3四半期にかけてそれぞれ通貨の市場規模が少しずつ小さくなっていることがわかる．ユーロと円は09年第2四半期からやや復調しているが．さて，主要通貨間のいくつかの短資移動経路のうち最も規模が大きいのがドルとユーロであると考えられるから，この2つの通貨のカバー付き金利差（「金利平価」からの乖離）をまず見ることにしよう．表8-6である[27]．この表から以下の諸点が指摘できる．

a）カバー付き金利差（「金利平価」からの乖離，表8-6の7欄）は08年1月から3月にかけて小さい数値が出ているが[28]，4月1日から9月1日にかけ

表8-6 ドルとユーロのカバー付き金利差 (2008年)

(為替相場以外は%)

	1/2	2/1	3/3	4/1	5/1	6/2	7/1	8/1	9/1	10/1	11/3	12/1
① ドル金利[1]	4.681	3.095	3.014	2.684	2.784	2.676	2.788	2.794	2.810	4.150	2.859	2.220
② ユーロ金利[1]	4.663	4.370	4.383	4.734	4.854	4.864	4.954	4.963	4.954	5.285	4.738	3.824
③ ①-②	0.018	-1.275	-1.368	-2.050	-2.069	-2.188	-2.167	-2.169	-2.144	-1.135	-1.879	-1.604
④ 直物相場[1]	1.473	1.482	1.520	1.560	1.545	1.553	1.576	1.556	1.459	1.400	1.276	1.260
⑤ 先物相場[1]	1.473	1.478	1.515	1.553	1.538	1.546	1.568	1.549	1.452	1.403	1.273	1.259
⑥ スワップコスト[2]	-0.190	1.187	1.395	1.693	1.760	1.855	1.853	1.927	1.864	-0.857	0.940	0.222
⑦ ③-⑥[3]	0.173	0.088	0.026	0.357	0.309	0.333	0.314	0.241	0.280	1.992	0.938	1.381

注:1) 小数点4ケタを四捨五入(金利は3カ月Libor、先物相場は3カ月)。各月の最初の取引日。以下の表でも同じ。
2) (直物相場-先物相場)÷直物相場×12/3で計算。小数点4ケタを四捨五入。
3) 小数点4ケタで計算、四捨五入。通常は高金利国通貨の先物相場はディスカウント。そうなっていない月は金利差にスワップコストを加えている(10月)。

出所:*Financial Times*、金利はwww.ft.com/bonds&ratesより、為替相場はwww.ft.com/currencydataより。

て0.3%前後とやや大きな値になっている。この状況は図8-1で示された状況とほぼ合致している。サブプライム・ローン問題の影響が出ているのである。
b) もう少し詳しく見ると、ドル金利は4月までに2.7%前後までに低下し9月までその水準で推移している。ユーロ金利の方は、ずっと4%台で推移しているから、2つの通貨の金利差は4月から9月まで2%強で推移している(ユーロの高金利)。c) スワップコスト[29]は1月を除いて(1月はドルの方が高金利)、ユーロのディスカウントであり、2月から9月まで1.2%から1.9%でほぼ安定している。d) 上の金利差とスワップコストの安定と、カバー付き金利差(「金利平価」からの乖離)が4月から9月まで0.3%前後で安定的に推移していることが対応している。

e) ところが、10月のはじめから「金利平価」状態が大きく崩れている。10月にはドルよりもユーロの方が金利高にもかかわらず(10月にドル金利とユーロ金利がともに上昇しているが、後者のほうがより高い)、ユーロ/ドルの先物相場がドルのディスカウントになり[30]、一挙に「金利平価」状態が崩壊したのである。そのディスカウントは11月には消えているが「金利平価」状態は復活していない(スワップコストが小さいのである)。これは直物でユーロをドルに換え、先物でドルをユーロに換えるスワップ取引の需要が強く、ユーロ

金利の方が高いにもかかわらずドルの先物相場がディスカウントになったり，ユーロのディスカウント幅が小さくなったりしているのである．

　スワップコストに異常が発生したのは，08年9月のリーマン・ショックによって短期市場に異常な状態になったのと対応している．リーマン・ショックによって欧州の金融機関がドル資金の調達に追われ短資市場が混乱しているなかで（第4章の図4-4参照），短資市場から十分なドル資金が調達できなくなった欧州の銀行などの金融機関は，ユーロ，ポンド等の直物売・ドル買のスワップ取引（ドル短期資金の調達）を急増させたからスワップ市場における需給関係が崩れ，ユーロの方がドルよりも金利高であるにもかかわらずユーロ/ドルの先物相場がドルのディスカウントになったのである．リーマン・ショック直後における欧州などの諸金融機関のドル資金調達危機を鎮め，それら金融機関の米金融機関へのドル資金の返済を容易にするために，FRBと各国の中央銀行の間にスワップ協定が結ばれ，欧州の中央銀行はFRBから調達した多額のドル資金を市場へ供給していった[31]．このようなFRBと各国中央銀行との間のスワップ協定によって，短資市場，為替スワップ市場の大きな混乱もその後すこしずつ鎮静化していった．

　以上のように，08年におけるドルとユーロの間の金利裁定取引などの短資移動は，1月から3月までは前年夏にサブプライム・ローン問題が顕在しているにもかかわらず，通常に近い状態であったと考えられる．4月以降9月の初めまではドル金利の低下も伴い，「カバー付き金利差」がやや大きくなり，金利裁定取引などの短資移動に通常とは異なる兆候が見られ，金利裁定取引はやや落ち込んでいると予想できる．また，08年10月以後，「金利平価」状態が崩れ，裁定取引を目的とする短資移動は落ち込んだ．それらはロンドン為替市場におけるドル/ユーロのスワップ取引額が減少していることからも確認できる．09年4月になってもその落ち込みは回復していない（09年4月の外為市場――注2に記載の拙稿，第8表参照）．

(2) ポンドと諸通貨の短資移動
① ドルとポンド
以上の最大の規模をもつドルとユーロの間の短資移動を基準にドルとポンド

の「カバー付き金利差」を見ることにしよう．表8-7である．この表ではドル金利はLiborであるが，ポンド金利はLiborとCDの2つの金利を採用した．前者はLiborどうしの取引であり，後者はLiborとCDの性格のやや異なる金融資産の間の短資移動，裁定取引としたのである[32]．

この表から以下の諸点が指摘できる．a) Liborどうしのカバー付き金利差は3月まで小さいものであったが，4月に0.5％に近くなり，その後も9月のはじめまでやや大きいカバー付き金利差が持続され，10月はじめになって「金利平価」状態がくずれている．b) ドルLiborとポンドCDのカバー付き金利差の動向も同じである．カバー付き金利差は1月から3月まで小さく，それ以後9月まで0.48％から0.27％の間で推移している．10月から12月には「金利平価」状態が崩壊している．c) これらの推移はドルとユーロのカバー付き金利差とほぼ同様であるが，4月から9月までのカバー付き金利差はドルとポンドの方が，ドルとユーロの間のそれよりもやや大きい．これは，ドルとポンドの間の短資移動がドルとユーロの間の短資移動よりも規模が小さいということの結果である．

d) ドルとポンドの2つの資金移動経路（LiborとCD）においてどちらのカ

表8-7　ドルとポンドのカバー付き金利差（2008年）

（為替相場以外は％）

	1/2	2/1	3/3	4/1	5/1	6/1	7/1	8/1	9/1	10/1	11/3	12/1
① ドル金利[1]	4.681	3.095	3.014	2.684	2.784	2.676	2.788	2.794	2.810	4.150	2.859	2.220
② ポンド金利[1]	5.890	5.559	5.756	6.005	5.828	5.868	5.940	5.780	5.749	6.308	5.776	3.881
③ ポンドCD金利[2]	5.85	5.59	5.76	6.00	5.80	5.78	5.92	5.80	5.72	5.78	5.70	3.71
④ ①－②	-1.209	-2.464	-2.742	-3.321	-3.043	-3.192	-3.153	-2.986	-2.939	-2.158	-2.918	-1.661
⑤ ①－③	-1.169	-2.495	-2.746	-3.316	-3.016	-3.104	-3.133	-3.006	-2.910	-1.630	-2.841	-1.490
⑥ 直物相場[1]	1.980	1.969	1.982	1.975	1.975	1.964	1.991	1.974	1.799	1.771	1.585	1.484
⑦ 先物相場[1]	1.975	1.957	1.969	1.961	1.962	1.950	1.978	1.960	1.787	1.772	1.578	1.485
⑧ スワップコスト[3]	1.030	2.295	2.663	2.835	2.613	2.811	2.752	2.736	2.557	-0.316	1.766	-0.323
⑨ ④－⑧[4]	0.179	0.168	0.078	0.486	0.430	0.381	0.401	0.250	0.381	2.474	1.151	1.985
⑩ ⑤－⑧[4]	0.139	0.199	0.082	0.481	0.403	0.293	0.381	0.270	0.356	1.946	1.075	1.813

注：1）　表8-6と同じ．
　　2）　3カ月金利．
　　3）　前表の注2と同じ．
　　4）　通常は高金利国通貨が先物相場ではディスカウントになる．そのようになっていない月（10月，12月）は金利差にプレミアムを加えている．
出所：表8-6と同じ．

バー付き金利差が小さいかは判定しにくい．2つの短資移動，金利裁定取引はほぼ同じ規模で実施されていると考えていいだろう．e) ドル/ポンドのスワップコストが10月にポンドの方が金利高なのにポンドのプレミアムになっており（これは先に記したようにスワップ取引を使ったドル資金の調達が多いからである），これが「金利平価」状態を崩壊させている．ポンドのプレミアムは12月にも現われている．イギリスの諸金融機関がリーマン・ショックによってドル資金の調達に苦しんでいることの反映である．

② ユーロとポンド

次は，ユーロとポンドの間での短資移動，金利裁定取引である．表8-8がそれを示している．ユーロ金利はLiborであるが，ポンド金利はLiborとCDの2つを示している．この表から，以下のことが指摘できる．

a) カバー付き金利差はCDの方が月によってはやや小さいが，それほどのものではなく2つの資金移動の規模はほぼ同じと見てよいだろう．b) 1月から3月までのカバー付き金利差（「金利平価」からの乖離）は小さく，4月からやや大きくなったが，4月以後も0.1%を下回る月が多い．c) ユーロとポンドのカバー付き金利差はこれまでに見たドルとユーロ，ドルとポンドのそれら

表8-8　ユーロとポンドのカバー付き金利差（2008年）

（為替相場以外は%）

	1/2	2/1	3/3	4/1	5/1	6/1	7/1	8/1	9/1	10/1	11/3	12/1
① ユーロ金利[1]	4.663	4.370	4.383	4.734	4.584	4.864	4.954	4.963	4.954	5.285	4.738	3.824
② ポンド金利[1]	5.890	5.559	5.756	6.005	5.828	5.868	5.940	5.780	5.749	6.308	5.776	3.881
③ ポンドCD金利[2]	5.85	5.59	5.76	6.00	5.80	5.78	5.92	5.80	5.72	5.78	5.70	3.71
④ ①−②	-1.227	-1.189	-1.374	-1.272	-0.974	-1.004	-0.986	-0.817	-0.794	-1.023	-1.039	-0.058
⑤ ①−③	-1.187	-1.220	-1.378	-1.266	-0.946	-0.916	-0.966	-0.837	-0.766	-0.495	-0.963	0.114
⑥ 直物相場[1]	0.744	0.753	0.767	0.790	0.783	0.791	0.791	0.788	0.811	0.791	0.805	0.849
⑦ 先物相場[1]	0.746	0.755	0.769	0.792	0.784	0.793	0.793	0.790	0.813	0.792	0.807	0.848
⑧ スワップコスト[3]	-1.237	-1.116	-1.304	-1.165	-0.869	-0.961	-0.910	-0.812	-0.690	-0.556	-0.845	0.565
⑨ ④−⑧[4]	0.010	0.073	0.070	0.106	0.105	0.043	0.076	0.051	0.104	0.466	0.194	0.623
⑩ ⑤−⑧[4]	0.050	0.104	0.074	0.101	0.077	0.045	0.056	0.025	0.075	0.061	0.118	0.451

注：1) 2) 3) は前表と同じ．
　　4) 通常は高金利国通貨が先物相場でディスカウント．そのようになっていない月（12月）には金利差にプレミアムを加えている．
出所：表8-6と同じ．

よりもかなり小さい値である．d) 10月から12月にかけてもカバー付き金利差はやや大きくなるが，ドルとユーロ，ドルとポンドのカバー付き金利差と比べるときわめて小さい値である．

　これらのことは何を意味しているのだろうか．ユーロとポンドのカバー付き金利差が，ドルとポンドのそれよりもかなり小さいということは，ポンドの短資移動において，対ドルが主流であり，対ユーロは副次的であることを意味していよう．一般的に言って，いくつかの短資移動経路のうち特定の短資移動経路が副次的だという場合，2つの事態が想定できる．1つは，カバー付き金利差がかなり大きい（=「金利平価」状態からかなりずれている）という事態である．短資移動の規模がそれほど大きくないために「金利平価」状態が生まれないのである．いまのユーロとポンドの事態はそれではない．もう1つの事態は，スワップコストが従属変数となり，それが独立変数としての諸金利，直物相場から規定され，それらからスワップコストが算出される事態である[33]．つまり，スワップコストの他の独立変数からの「被規定性」が強い事態である．そのために，その事態ではカバー付き金利差はきわめて小さくなる．いまの，ユーロとポンドの裁定取引はこの事態であろう．

　ユーロとポンドの間の短資移動，裁定取引が副次的であるということは，ドルとユーロの間の短資移動およびドルとポンドの間の短資移動と裁定が取られながら，ユーロとポンドの短資移動，裁定取引も部分的に一定の規模で行なわれているということである．さらに，ユーロとポンドのカバー付き金利差が08年10月〜12月にかけても小さいということ（一見すれば「金利平価」状態が維持されているということ）は，ユーロ/ポンドの先物相場の諸金利，直物相場からの「被規定性」が強いということを示していよう[34]．

(3) スイスフランの短資移動

　ポンドに次いでユーロとのスワップ取引が一定規模に達しているのは円とスイスフランである．円はのちに見ることにして，スイスフランを先に検討しよう．その場合，ポンドの場合と同様にドルとスイスフランのカバー付き金利差を見ておかなくてはならない．

①ドルとスイスフランの短資移動

ドルとスイスフランのカバー付き金利差は表8-9に示されている（2つの通貨の金利は3カ月 Libor）．この表から以下の諸点が指摘できる．a) その金利差は3月まで小さいが，4月からやや大きくなり，10月から「金利平価」状態が崩れている．b) ドルとスイスフランのカバー付き金利差は，ドルとポンドのそれよりも小さく，月によってはドルとユーロのカバー付き金利差よりも小さくなっている．それは次のことによるのかもしれない．c) 前にみたように，ロンドン市場でのスイスフラン市場規模は小さく，スイスフラン金利の「被規定性」があり，フラン金利が「金利平価」状態に「調整」されていっている可能性がある．d) また，スイスフラン金利がこの1年を通じてほとんど変化していないのに対しドル金利が急落していき，4月から3%を下回り，スイスフラン金利とほぼ同水準になっていった．その結果，5月から両金利の差は0.1%以下になってしまい，カバー付き金利差もスワップコストによってほぼ決まっている．ドルとスイスフランの金利差がほぼなくなって金利裁定取引の意味が小さくなった．ドルとスイスフランのスワップ取引が行なわれるのは短期資金の調達の必要によるものであろう．e) さらに，5月から7月まではスイスフラン金利の方が若干であるが高いのに先物相場はスイスフランにプレミアムが出ている．通常の状態の短資移動ではない．しかし，08年4月まではドルとスイスフランの間での金利裁定取引はかなり活発であると思われる．

表8-9 ドルとスイスフランのカバー付き金利差（2008年）

（為替相場以外は%）

	1/2	2/1	3/3	4/1	5/1	6/2	7/1	8/1	9/1	10/1	11/3	12/1
① ドル金利[1]	4.681	3.095	3.014	2.684	2.784	2.676	2.788	2.794	2.810	4.150	2.859	2.220
② スイスフラン金利[1]	2.760	2.657	2.808	2.900	2.805	2.775	2.790	2.755	2.742	2.978	2.683	1.240
③ ①-②	1.921	0.438	0.211	-0.216	-0.021	-0.099	-0.003	0.039	0.068	1.173	0.175	0.980
④ 直物相場[1]	1.118	1.082	1.042	1.012	1.048	1.041	1.021	1.049	1.103	1.121	1.165	1.210
⑤ 先物相場[1]	1.112	1.081	1.041	1.012	1.047	1.040	1.020	1.048	1.102	1.113	1.163	1.204
⑥ スワップコスト[2]	2.004	0.517	0.307	-0.039	0.305	0.269	0.313	0.305	0.363	2.855	0.687	2.214
⑦ ③-⑥[3]	0.083	0.079	0.096	0.177	0.326	0.368	0.316	0.266	0.294	1.682	0.511	1.234

注：1) 2) 3) 表8-6と同じ．
出所：表8-6と同じ．

表 8-10 ユーロとスイスフランのカバー付き金利差（2008 年）

（為替相場以外は %）

	1/2	2/1	3/3	4/1	5/1	6/2	7/1	8/1	9/1	10/1	11/3	12/1
① ユーロ金利[1]	4.663	4.370	4.383	4.734	4.854	4.864	4.954	4.963	4.954	5.285	4.738	3.824
② スイスフラン金利[1]	2.760	2.657	2.808	2.900	2.805	2.775	2.790	2.755	2.742	2.978	2.683	1.240
③ ①－②	1.903	1.713	1.574	1.834	2.049	2.089	2.164	2.208	2.213	2.308	2.054	2.584
④ 直物相場[1]	1.646	1.604	1.584	1.579	1.619	1.617	1.608	1.632	1.609	1.570	1.486	1.525
⑤ 先物相場[1]	1.639	1.597	1.578	1.572	1.611	1.608	1.600	1.623	1.600	1.562	1.480	1.515
⑥ スワップコスト[2]	1.774	1.696	1.641	1.672	2.025	2.103	2.164	2.255	2.237	2.013	1.642	2.440
⑦ ③－⑥[3]	0.129	0.018	0.067	0.161	0.023	0.014	0.001	0.047	0.025	0.294	0.412	0.144

注：1) 2) 3) 表 8-6 と同じ．
出所：表 8-6 と同じ．

②ユーロとスイスフランの短資移動

　ユーロとスイスフランはどうであろうか．表 8-10 を見よう．この表から次の諸点が指摘できる．a) 2 つの金利差が 5 月以降ほとんど 2.0% で推移している．他方，スワップコストも 5 月から 2% を少し上回る水準で推移し，5 月から 9 月までカバー付き金利差が 0.1% 以下のきわめて小さい値になっている．それゆえ，ユーロとスイスフランの金利裁定取引が意味を持つのは 4 月までであろう．b) 4 月までドルとスイスフラン，ユーロとスイスフランの 2 つのカバーつき金利差は，後者がやや小さいとはいえ，ほぼ同じ水準で推移していることからもそれが考えられる．また，5 月以降 9 月までカバー付き金利差はきわめて小さく，ユーロ/スイスフランの先物相場，スイスフランの Libor の「被規定性」はかなり強いといわざるを得ない[35]．ロンドン市場におけるユーロカレンシー市場の規模が表 8-5 で示されていた．スイスフラン市場規模はユーロの市場規模の 27 分の 1 にすぎない．したがって，ユーロ/スイスフランの先物相場の「被規定性」だけでなく，スイスフラン Libor もその市場規模の小ささによって金利水準の「被規定性」はかなり強いものと考えられる．

(4) 円の短資移動

　以上のポンド，スイスフランと同じように円を検討しよう．まずは，ドルと円のカバー付き金利差の検討である．

第 8 章　ユーロと諸通貨の間の短資移動の動向

表 8-11　ドルと円のカバー付き金利差（2008 年）

（為替相場以外は %）

	1/2	2/2	3/3	4/1	5/1	6/2	7/1	8/1	9/1	10/1	11/3	12/1
① ドル金利[1]	4.681	3.095	3.014	2.684	2.784	2.676	2.788	2.794	2.810	4.150	2.859	2.220
② 円金利[1]	0.896	0.873	0.968	0.912	0.923	0.919	0.930	0.900	0.890	1.020	0.921	0.946
③ ①－②	3.784	2.223	2.047	1.772	1.862	1.757	1.858	1.894	1.920	3.130	1.938	1.274
④ 直物相場[1]	109.755	106.250	103.385	101.875	104.080	104.545	105.985	107.525	108.135	105.570	98.945	93.835
⑤ 先物相場[1]	108.719	105.636	102.865	101.354	103.545	104.026	105.443	106.954	107.581	104.364	98.441	93.451
⑥ スワップコスト[2]	3.776	2.312	2.012	2.046	2.056	1.947	2.046	2.124	2.049	4.569	2.039	1.637
⑦ ③－⑥[3]	0.009	0.089	0.035	0.274	0.194	0.191	0.188	0.230	0.129	1.439	0.102	0.364

注：1) 2) 3) 表 8-6 と同じ.
出所：表 8-6 と同じ.

① ドルと円の短資移動

表 8-11 を見よう．指摘できる諸点は以下である．a) ドルと円のカバー付き金利差は 1 月から 3 月まで 0.1％ 以下で推移し，4 月以後やや広がっているが 4 月から 9 月まで 0.2％ 前後で推移している．このカバー付き金利差はドルとユーロ，ドルとポンドのそれらよりも小さい．ドルと円の間で活発な相互の短資移動があるものと考えられる．b) しかし，10 月にはカバー付き金利差は大きく広がり，「金利平価」は崩れている．しかし，スワップコストがドルのディスカウントであることは変わりがなく，「金利平価」も 11 月には復活している．日本の諸金融機関へのリーマン・ショックの影響がヨーロッパの諸金融機関と比べて小さく，それだけ日本の諸金融機関にドル資金の調達の必要が少なく，ドル/円のスワップ市場の混乱もヨーロッパ諸通貨の混乱よりも小さかったと言えるのもしれない．

② ユーロと円の短資移動

ユーロと円のカバー付き金利差の方（表 8-12）は，a) ドルと円のそれよりもやや小さくなっている．ドルと円のそれが 4 月以降 9 月まで 0.27％〜0.19％ で推移しているのに，ユーロと円のそれは 7 月を除き 0.1〜0.17％ で推移している．b) このことから，ユーロと円のスワップコストの「被規定性」の強さが改めて確認できる．というのは，ユーロと円のスワップ取引額はドルと円の取引額の 8 分の 1 程度（全部門，08 年 4 月）であり，ユーロ/円の先物相場が

表 8-12　ユーロと円のカバー付き金利差（2008 年）

（為替相場以外は %）

	1/2	2/2	3/3	4/1	5/1	6/2	7/1	8/1	9/1	10/1	11/3	12/1
① ユーロ金利[1]	4.663	4.370	4.383	4.734	4.854	4.864	4.954	4.963	4.954	5.285	4.738	3.824
② 円金利[1]	0.896	0.873	0.968	0.912	0.923	0.919	0.930	0.900	0.890	1.020	0.921	0.946
③ ①－②	3.767	3.498	3.415	3.822	3.931	3.945	4.024	4.063	4.064	4.265	3.816	2.878
④ 直物相場[1]	161.620	157.489	157.161	158.879	160.809	162.343	166.974	167.325	157.764	147.819	126.244	118.190
⑤ 先物相場[1]	160.174	156.114	155.834	157.404	159.283	160.810	165.415	165.630	156.220	146.440	125.408	117.636
⑥ スワップコスト[2]	3.579	3.492	3.377	3.713	3.796	3.777	3.735	4.052	3.915	3.732	2.649	1.875
⑦ ③－⑥[3]	0.188	0.005	0.038	0.108	0.135	0.168	0.290	0.011	0.150	0.533	1.168	1.003

注：1) 2) 3) 表 8-6 と同じ．
出所：表 8-6 と同じ．

「被規定性」をもっていることが考えられるからである．c）しかし，ユーロとポンド，スイスフランにおいてはカバー付き金利差が 0.1% を下回ることが多かったが，ユーロと円の場合には 4 月から 9 月までの期間において 8 月を除いて 0.1% を下回ることはない．これらのことから，ユーロと円の間の短資移動は，スワップコスト，円 Libor の「被規定性」がありながらその度合いがやや小さく，いく分「自立的」に行なわれている可能性がある．しかし，そのことの本格的な検討は今後になろう．

　以上，08 年の主要な諸通貨間の短資移動経路の分析を行なってきたが，ユーロとポンド，スイスフラン，円の間の 3 つのスワップコストには諸金利，直物相場からの「被規定性」があること，また，ユーロ・スイスフラン市場の規模，ユーロ円市場の規模が小さく，スイスフラン Libor，円 Libor の「被規定性」が確認できた．したがって，ドルとユーロおよびドルとそれら諸通貨間の短資移動が主流である．ユーロとそれら諸通貨間の短資移動は副次的なものであり，ユーロと諸通貨の短資移動はドルと諸通貨の短資移動と裁定が取られながら進められるという以上のものではない．そのことを示すように，ロンドン外為市場における，ユーロと 3 通貨のスワップ取引額は，ドルとのスワップ取引額に少しずつ接近しながらも，なお大きな格差があるのである．

3. 09年末から10年春にかけての取引

08年9月にリーマン・ショックが発生し，ヨーロッパの金融機関にとってドル資金の調達が喫緊の課題になったことから短期資金市場，為替スワップ市場に大きな混乱が生じたことを前節で見た．それでは09年末から10年春にかけてはどうであろうか．市場は落ち着いてきたであろうか．前節を補う意味でこの期のスワップ市場，短期資金移動の分析を簡単に行なっておこう．その前にロンドン外為市場の変化を一瞥すると（09年10月のロンドン外為市場の状況が表8-13に示されている），取引額が09年4月と比べるとやや増加してきていることがわかる．直物取引額はおおむね増加している．しかし，ユーロ/

表 8-13　2009 年 10 月のロンドン外国為替市場

(09 年 10 月の 1 日平均取引額―100 万ドル)

	直物取引				スワップ取引			
	報告銀行	その他の銀行	その他の金融機関	非金融機関	報告銀行	その他の銀行	その他の金融機関	非金融機関
① ドル/ユーロ	63,242	65,822	40,747	14,300	91,158	100,562	42,723	9,630
② ドル/ポンド	25,429	20,665	15,481	4,429	45,343	42,269	13,770	3,402
③ ドル/円	21,009	14,344	10,827	4,751	38,186	25,302	11,098	1,916
④ ドル/スイス・フラン	6,749	6,407	4,861	2,514	15,601	18,847	3,458	813
⑤ ドル/オーストラリア・ドル	12,422	8,913	6,958	2,036	18,628	13,465	4,049	1,247
⑥ ドル/カナダ・ドル	7,443	6,425	3,962	1,207	7,952	11,306	5,333	1,140
⑦ ドル/ノルウェー・クローネ	791	1,097	323	86	7,431	9,190	1,715	397
⑧ ドル/スウェーデン・クローナ	729	1,572	327	91	6,285	9,150	1,987	454
⑨ ドル/ロシア・ルーブル	946	780	69	21	2,657	1,541	1,826	27
⑩ ドル/ポーランド・ズロティ	205	482	170	51	3,971	2,480	302	291
⑪ ユーロ/ポンド	10,071	8,012	5,996	2,980	4,537	9,150	5,665	3,773
⑫ ユーロ/円	7,273	7,089	6,055	4,133	1,331	2,309	1,362	643
⑬ ユーロ/スイス・フラン	4,955	4,956	3,112	1,456	1,268	4,506	1,854	482
⑭ ユーロ/ノルウェー・クローネ	1,306	1,799	536	150	147	169	589	248
⑮ ユーロ/スウェーデン・クローナ	1,296	1,823	695	217	268	783	527	552
⑯ ユーロ/ポーランド・ズロティ	1,421	1,191	305	86	317	355	251	242
⑰ ユーロ/オーストラリア・ドル	527	451	365	129	227	722	318	266
⑱ ユーロ/カナダ・ドル	481	510	217	77	118	817	203	229

出所：The Foreign Exchange Joint Standing Committee, *Semi-Annual Foreign Exchange Turnover Survey October 2009*, Jan. 2010, Table 1a, 1d より．

円，ユーロ/スイスフランのスワップ取引額はまだ増加傾向示していない．市場は09年10月に完全に復調してきているとはいえないが，前掲表5-1によると，10年4月になると，これらのスワップ取引も復調しているとみられる．

(1) ドルとユーロの短資移動

表8-14は2009年12月8日から2010年3月30日までの2週間（各火曜日）ごとのドルとユーロのカバー付き金利差を示している．指摘できる諸点は以下のようである．a) 世界的な不況からの本格的な回復が見られていないことから，ドルとユーロの金利は超低金利状態にあり（1%を割る），金利差も小さくなっている．ドル金利は12月のはじめから3月はじめにかけてほとんど変わらず0.25%で推移しているが，ユーロ金利の方は12月はじめの0.68%から2月の0.60%へ，3月末の0.58%へ低下し，その結果，両金利差も少しずつ縮まっている．この間，金利差は0.5%以下，2月には0.35%前後，3月末には0.3%を割るようになっている．b) スワップコストは12月以後3月はじめには0.1%強から0.06%であり，その結果，カバー付き金利差も0.39%から0.25%の範囲となっており，08年の10月から12月に見られた「金利平価」からの大きな乖離は生まれていない．つまり，金融機関がドル資金の調達のために大量のユーロ資金をドルに換えるという事態は発生していない．スワップ

表8-14 ドルとユーロのカバー付き金利差

（為替相場以外は %）

	2009 12/8	2009 12/22	2010 1/5	2010 1/19	2010 2/2	2010 2/16	2010 3/2	2010 3/16	2010 3/30
① ドル金利[1]	0.256	0.249	0.253	0.249	0.250	0.250	0.252	0.261	0.291
② ユーロ金利[1]	0.680	0.669	0.653	0.621	0.607	0.600	0.599	0.591	0.580
③ ①-②	-0.424	-0.440	-0.441	-0.372	-0.356	-0.350	-0.347	-0.330	-0.289
④ 直物相場[1]	1.474	1.423	1.442	1.428	1.395	1.370	1.356	1.376	1.342
⑤ 先物相場[1]	1.473	1.423	1.441	1.428	1.395	1.370	1.356	1.376	1.342
⑥ スワップコスト[2]	0.109	0.056	0.083	0.112	0.115	0.058	0.059	-0.029	-0.030
⑦ ③-⑥[3]	0.316	0.384	0.357	0.260	0.241	0.291	0.288	0.359	0.319

注：1) 小数点4ケタを四捨五入（金利はLibor，先物相場は3カ月）．
　　2) （直物相場-先物相場）÷直物相場×12/3で計算．小数点4ケタを四捨五入．
　　3) 小数点4ケタで計算，四捨五入．通常は高金利国通貨の先物相場はディスカウント．そうなっていない日については金利差にスワップコストを加算．
出所：表8-6と同じ．

コストが 08 年 4 月から 9 月までの範囲とほぼ同じであるということは，その時期と同じ程度で金利裁定取引が実施されているということであろう．直物でドルをユーロに転換し運用しながら，同時に先物でユーロからドルへ転換するスワップ取引を実施すると，ドルで運用するよりも 0.39% から 0.25% の金利差が安定して得られる状況にある．

c) しかし，3 月 16 日以後ユーロ金利の方が高いにもかかわらず，ユーロに先物相場のプレミアムが生まれるという「異常」が発生している．ユーロからドルへの転換がかなりの規模で発生しているのである．これはギリシャ，ポルトガルなどのユーロ地域の一部の国の財政危機を反映したものと考えられる．とはいえ，プレミアムの大きさは 08 年秋ほどには大きくなく，カバー付き金利差も 08 年秋のようには大きくなっていない．

(2) ポンドと諸通貨の短資移動

① ドルとポンドの短資移動

同様に 2009 年 12 月 8 日から 2010 年 3 月 30 日までの 2 週間（各火曜日）ごとのドルとポンド（ポンド金利は Libor）とのカバー付き金利差が表 8-15 に示されている．指摘できる諸点は以下のようである．a) この間，ドル金利は 0.25% で，ポンド金利は 0.6% 台で推移し，超低金利の状態になっている．2 つの金利差も 0.35% 強から 0.39% 強と小さいものになっている．b) スワップコストは 0.25% 前後であり，この期間ずっとポンドのディスカウントになっ

表 8-15　ドルとポンドのカバー付き金利差

（為替相場以外は %）

	2009 12/8	2009 12/22	2010 1/5	2010 1/19	2010 2/2	2010 2/16	2010 3/2	2010 3/16	2010 3/30
① ドル金利[1]	0.256	0.249	0.253	0.249	0.250	0.250	0.252	0.261	0.291
② ポンド金利[1]	0.608	0.603	0.612	0.614	0.616	0.641	0.643	0.646	0.647
③ ①－②	−0.352	−0.354	−0.359	−0.365	−0.365	−0.391	−0.391	−0.385	−0.356
④ 直物相場[1]	1.630	1.594	1.603	1.637	1.597	1.568	1.493	1.519	1.511
⑤ 先物相場[1]	1.629	1.593	1.602	1.636	1.596	1.567	1.492	1.519	1.510
⑥ スワップコスト[2]	0.245	0.251	0.250	0.269	0.251	0.255	0.268	0.211	0.238
⑦ ③－⑥[3]	0.107	0.103	0.110	0.096	0.115	0.136	0.123	0.174	0.118

注：1) 2) 3) 表 8-14 と同じ．
出所：表 8-6 と同じ．

ていて，ドル資金の調達の必要が08年秋のように多くなく，多額のポンド資金をドルに換えるという事態にはなっていない．ドルとユーロの間では3月16日，30日にユーロ金利がドル金利を上回ったにもかかわらず，先物相場でユーロのプレミアムが生まれていたが，ドルとポンドでは発生していない．それは，ギリシャ，ポルトガルなどがユーロに参加しているからであり，ギリシャ等の財政危機の影響はドルとポンドの短資移動には及んでいないと考えられる．

c) カバー付き金利差は0.1％前後になっている．これは08年の4月から9月までのカバー付き金利差よりも小さい．この事態はドル金利，ポンド金利ともに1％以下の超低金利になっており，金利差そのものが0.35％強，0.44％程度になっているからである．それでも，直物でドルをポンドに換え，ポンドを運用しながら，先物でポンドを換えるスワップ取引を行なうと，ドルで運用するよりも0.1％から0.2％程度の運用益が得られる．その利益幅はドルとユーロの間の裁定取引よりもやや小さい．

②ユーロとポンドの短資移動

表8-16を見よう．ユーロとポンドのカバー付き金利差が示されている．以下のことが指摘できる．a) ユーロとポンドの金利はともに0.6％台から少し割る程度の超低金利であるが，ユーロ金利が低下する一方，ポンド金利が上昇していき，ともにほぼ同水準になっている．それゆえ，2つの金利差はきわめ

表8-16 ユーロとポンドのカバー付き金利差

（為替相場以外は％）

	2009 12/8	2009 12/22	2010 1/5	2010 1/19	2010 2/2	2010 2/16	2010 3/2	2010 3/16	2010 3/30
① ユーロ金利[1]	0.680	0.669	0.653	0.621	0.607	0.600	0.599	0.591	0.580
② ポンド金利[1]	0.608	0.603	0.612	0.614	0.616	0.641	0.643	0.646	0.647
③ ①－②	0.073	0.066	0.041	0.008	－0.009	－0.042	－0.043	－0.054	－0.067
④ 直物相場[1]	0.904	0.893	0.899	0.872	0.874	0.874	0.909	0.906	0.889
⑤ 先物相場[1]	0.904	0.894	0.900	0.873	0.874	0.875	0.909	0.906	0.889
⑥ スワップコスト[2]	－0.133	－0.179	－0.178	－0.183	－0.183	－0.183	－0.176	－0.221	－0.225
⑦ ③－⑥[3]	0.205	0.245	0.219	0.191	0.174	0.141	0.133	0.166	0.158

注：1) 2) 3) 表8-14と同じ．
出所：表8-6と同じ．

て小さく0.1%以下である（ただし，2010年1月19日まではユーロの方が高金利，それ以後はポンドの方が高金利）．金利裁定取引の意味がなくなってきていると言えよう．b) スワップコストの方は0.2%前後で推移している．しかし，12月8日から1月19日までユーロ金利の方がポンド金利よりも高いのに，スワップコストがユーロのプレミアムになり異常な事態がみられる．ユーロからポンドへの資金移動がこの間続いているのである．このような事態はドルとユーロの間にも3月中旬から下旬にかけて見られた．しかし，ドルとポンドの間には見られなかった．ユーロ地域における金融機関の外貨需要が根強く存在しているということであろう．

c) 以上のように，2009年末から2010年はじめにかけてもスワップコストは異常な事態が継続し，ユーロとポンドの間の短資移動は，金利裁定取引よりもユーロをポンドに換える資金調達の必要性によって生じている可能性が強い．ポンド金利がユーロ金利を上回り，ポンドのスワップコストがディスカウントになるという通常の事態に戻るのは2月2日になってからである．しかし，2つの金利差自体が小さいので金利裁定取引の意味が乏しく，この12月から春にかけての全期間，ユーロとポンドの資金移動は金利裁定取引以外の理由によるところが大きいであろう．

(3) ドルとスイスフラン，円との短資移動
① ドルとスイスフラン

ドルとスイスフランの金利差とスワップコストが表8-17に示されている．以下の諸点が指摘できる．a) 両金利差はほとんどなく，2つの通貨の間の金利裁定取引の意味は小さく，短期資金の調達手段としてのスワップ取引がより意味をもっている．b) 金利差が極度に小さいためにカバー付き金利差はスワップコストとほぼ同じになっている．c) その上，フラン金利の方が高いときにもスワップコストがドルのディスカウントになっている場合がある（12月22日，1月9日）．ドル資金の調達需要があるからであろう．為替スワップ市場がまだ通常の状態に戻っていないと考えられる．

表 8-17 ドルとスイスフランのカバー付き金利差

(為替相場以外は %)

	2009 12/8	2009 12/22	2010 1/5	2010 1/19	2010 2/2	2010 2/16	2010 3/2	2010 3/16	2010 3/30
① ドル金利[1]	0.256	0.249	0.253	0.249	0.250	0.250	0.252	0.261	0.291
② スイスフラン金利[1]	0.252	0.252	0.252	0.250	0.250	0.249	0.250	0.250	0.247
③ ①−②	0.004	−0.003	0.001	−0.001	0.000	0.002	0.002	0.011	0.044
④ 直物相場[1]	1.025	1.049	1.031	1.034	1.057	1.071	1.079	1.056	1.067
⑤ 先物相場[1]	1.024	1.049	1.031	1.033	1.056	1.071	1.079	1.055	1.066
⑥ スワップコスト[2]	0.273	0.267	0.233	0.232	0.190	0.261	0.259	0.341	0.337
⑦ ③−⑥[3]	0.269	0.270	0.232	0.233	0.190	0.260	0.257	0.330	0.293

注:1) 2) 3) 表 8-14 と同じ.
出所:表 8-6 と同じ.

② ドルと円

表 8-18 にドルと円の間のカバー付き金利差が示されているが,両金利は 0.29% から 0.25% であり,金利差はきわめて小さくなっている.金利裁定取引の意義は,したがって小さい.しかも,12 月から 3 月 2 日までわずかであるが円金利の方が高い.にもかかわらず,先物相場はドルのディスカウントで推移し,通常のスワップコストが形成されていない.直物で円をドルに換える需要が強いことを示している.

ユーロとスイスフラン,円とのカバー付き金利差は紙幅の関係で割愛したが,ユーロとスイスフランの先物相場が諸金利,直物相場から規定される度合いが強く,カバー付き金利差が小さくなっている.また,ユーロ/円のスワップ取

表 8-18 ドルと円のカバー付き金利差

(為替相場以外は %)

	2009 12/8	2009 12/22	2010 1/5	2010 1/19	2010 2/2	2010 2/16	2010 3/2	2010 3/16	2010 3/30
① ドル金利[1]	0.256	0.249	0.253	0.249	0.250	0.250	0.252	0.261	0.291
② 円金利[1]	0.281	0.278	0.269	0.258	0.253	0.254	0.253	0.244	0.241
③ ①−②	−0.025	−0.026	−0.017	−0.009	−0.003	−0.004	−0.001	0.017	0.050
④ 直物相場[1]	88.420	91.785	91.540	91.190	90.350	90.255	89.030	90.430	93.000
⑤ 先物相場[1]	88.368	91.737	91.498	91.150	90.314	90.213	88.992	90.376	92.951
⑥ スワップコスト[2]	0.237	0.210	0.184	0.176	0.158	0.188	0.173	0.241	0.209
⑦ ③−⑥[3]	0.263	0.237	0.200	0.185	0.161	0.193	0.174	0.225	0.159

注:1) 2) 3) 表 8-14 と同じ.
出所:表 8-6 と同じ.

引規模がなお小さく，先物相場が直物相場，他の金利に規定される度合いが強く，それらの結果,「金利平価」に近い状態が形成されている．

　以上のように，2009年12月から2010年春にかけてのスワップ市場を見てきたが，リーマン・ショック時に発生したスワップ市場の異常は，2010年春の時点では，まだ，完全に解消されているといえないだろう．その原因は，欧州の金融機関，日本の金融機関がなおドル資金を必要としていたこと，先進各国の金利水準が異様なほどの超低金利状態にあり，金利裁定取引が十分に進展できるような事態にないことにあろう．また，2010年に入り，ギリシャ，スペインなどのユーロ地域のいくつかの諸国の財政危機が顕在化し，そのために，ユーロのスワップ市場に異常が発生している．とはいえ，注3にも記したように，ギリシャなどが統一通貨ユーロから離脱することは考えられず，今後，外為市場におけるユーロの地位が大きく低下することはないであろう．
　本章ではロンドン市場での裁定取引を中心にみてきた．本章の冒頭に記したように，ロンドン市場でのユーロとドル以外の諸通貨の間の短資移動は，ドルとユーロ，ドルと諸通貨の間の短資移動と裁定が図られながら一定の規模に達してきているが，現時点ではなお副次的に行なわれているというのが本章の結論である．その意味で，ユーロ体制の形成はまだ完結していないといえよう．しかし，第5章の多くの表（表5-2から表5-8）からわかるように，ロンドン以外のヨーロッパの多くの外為市場ではユーロとヨーロッパ諸通貨とのスワップの取引額がドルとヨーロッパ諸通貨の取引額に近づいてきている．この傾向は，ギリシャ等の危機によって後退するものだろうか．

注
1) ユーロの基軸通貨としての地位についてのこれまでの筆者の論考は，拙書『ドル体制とユーロ，円』日本経済評論社，2002年，第7章「国際通貨としてのユーロの地位」，拙稿「欧州におけるユーロの地位とドル，ユーロによる重層的信用連鎖」『立命館国際研究』18巻1号，2005年6月，奥田宏司，神澤正典編『現代国際金融　第2版』法律文化社，2010年，第2章などがある．
2) 拙稿「基軸通貨ドルとドル体制の行方」『立命館国際研究』22巻3号，2010年3月の第7表——2008年4月，2,009年4月のロンドン外為市場，参照
3) ギリシャ，ポルトガルなどの財政危機がユーロの不安定化をもたらしていることは

事実であるが，このことによって各国が統一通貨ユーロから離脱することにはならないだろう．また，それゆえに外為市場におけるユーロ取引が急減することもないだろう．
4) 前掲拙稿「欧州におけるユーロの地位とドル，ユーロによる重層的信用連鎖」．
5) 同上，179ページ．
6) 同上，180-181ページ．
7) 同上，181ページ．
8) 同上，182ページ．
9) 同上，183ページ．
10) 井上真維「EU短期金融市場とユーロ・ユーロ取引」『修士論文集（立命館国際研究）』創刊号，2006年3月．
11) 井上は04年の月ごとの4つの金利差とドルとユーロのスワップコスト（3カ月）の差を提示し，さらに平均を出している．
12) これらのCDでの取引はアメリカ国内金利と欧州大陸金利との取引である．
13) 井上論文，67ページ．
14) 同上，68ページ．
15) 拙書『多国籍銀行とユーロ・カレンシー市場』同文舘，1988年，121ページ，および132ページ参照．
16) 注1に記した『立命館国際研究』に掲載の拙稿第1表参照．
17) 井上，前掲論文，70ページ．
18) 太田光洋「欧州におけるユーロの地位確立とその「外淵的拡大」」『学生論集 立命館国際研究』第19号，2010年3月．
19) 同上論文，64-65ページ．
20) 同上，65ページ．
21) 同上，65ページ．
22) 同上，66ページ．
23) 同上，66ページ．
24) 同上，67ページ．
25) 同上，68ページ．
26) 為替スワップ市場に「異常」が生まれたのは，この期だけではない．「異常」の規模は小さいが，97年のジャパン・プレミアムが発生した時期にドル/円のスワップ市場に「異常」が発生した．また，日本が超低金利状態に陥り，「マイナス金利」が生まれた2003年以降にもスワップ市場の「異常」が発生した．これらについては以下の拙書を参照されたい．『円とドルの国際金融』ミネルヴァ書房，2007年．前者について第6章「1997年の金融不安下の円・ドル相場の規定因」，後者については第7章「2003年の国際収支構造とコール市場におけるマイナス金利の発生」．
27) 08年の以下の表も同じであるが，それぞれの月の最初の取引日を表に掲げている．
28) ロンドン市場において最も実行しやすい裁定取引はLiborであるから，両金利ともLiborとした．
29) 3カ月のスワップコストは，（直物相場－先物相場）÷直物相場×12/3で計算．本章

の以下でも同じ．

30) 通常は，高金利国の通貨が先物相場ではディスカウントになる．
31) リーマン・ショック直後においてヨーロッパの金融機関が巨額のドル資金を必要としたことについては，本書第 1 章，第 4 章を参照されたい．
32) もちろん，ポンド CD 金利は国内金利である．
33) このことについては，拙書『多国籍銀行とユーロ・カレンシー市場』同文舘，1988 年，第 4 章「ユーロ・カレンシー市場と短期諸金利体系の成立」，とくに 120-122 ページ，130-133 ページ参照．
34) 第 1 節で触れた拙稿，井上論文，太田論文においてはユーロ/ポンドの先物相場の「被規定性」の強さについての指摘がやや弱かったかもしれない．それは，ドルとポンドのカバー付き金利差とユーロとポンドのそれがほぼ同じ水準で現われていたからにもよろう．ただ，為替スワップ市場規模を見ると，ユーロとポンドの市場規模はドルとポンドの市場の規模と比べて 4 分の 1 弱であるから（08 年 4 月），やはり，「被規定性」は強いと考えざるを得ない．
35) ロンドンにおけるスイスフランの市場規模は，ロンドンにおけるポンド短資市場よりも規模がかなり小さく，スイスフラン Libor の他の諸金利，直物相場からの「被規定性」はかなり強いと考えざるを得ない．

第3部　ドル体制下の東アジアの通貨・為替制度

第 3 部では，ドル体制下の東アジアの通貨・為替制度の現状を解明することが課題である．焦点は今日のその状況を探求することであるが（第 10 章），そのためには，その前史として 1990 年代以降のアジア NIEs の対外資本取引の自由化，それから引き起こされたアジア通貨危機，アジア通貨基金構想，円の国際化の提唱，さらには 05 年の人民元の改革などの経緯をたどる必要がある（第 9 章）．

　その期間において，日本を取り巻く状況が大きく変わってきている．2000 年代初めまでは，日本政府はワシントン・コンセンサスに対してどのようなスタンスをとるかということ，東アジアにおける日米関係をどのように「位置」付けるかということが中心テーマであった．しかし，2000 年代中期になってくると中国の台頭によって日本の東アジアにおける通貨制度の構想は再検討を余儀なくされてくる．しかし，今なお具体的な構想を打ち出せるまでに至っていない．

　また，人民元の国際化がいわれるが，外国為替市場において人民元はマイナーな通貨のままである．第 10 章ではこのことを明らかにしたうえで，東アジアにおいてはシンガポール・ドルを軸にゆるやかな「為替相場圏」のようなものが出来てきていることを示している．今後，日本，中国も含めて東アジアの諸政府はこの「為替相場圏」を前提に，将来の東アジアの通貨・為替制度を検討していかなければならないだろう．

第9章

アジア通貨危機後の東アジアの国際通貨状況

　本章は1980年代末の世界銀行によるNIEsに対する対外資本取引の自由化要求からアジア通貨危機を経て，2005年夏の人民元改革までを取り扱う．第1節では世銀の「対外資本取引の自由化要求」をめぐる世銀と日本政府の対立とその妥協としての『東アジアの奇跡』（世銀）の出版，さらに，アジア通貨危機後に日本政府が提起した構想のうちアジア通貨基金（AMF）構想からチェンマイ・イニシアティブに至る経緯の大筋をたどりたい．

　また，第2節では，日本政府が提起したもう1つの重要な構想である「円の国際化」について論じ，円の国際通貨化が何故実現しなかったのかについてはっきりさせたい．さらに第3節では今世紀に入っての中国の「台頭」（中国の経常収支黒字とドル準備が飛躍的）があり，その「台頭」にもかかわらず人民元をめぐる環境にはあまりに諸規制が多く，人民元の国際化は遅々としていることを論じたい．本節では2005年夏まで人民元がドルにペッグしてきたのは何故なのか，その基本的な要因を明確にさせたい．

　上記のように本章では1980年代末から2005年までの歴史的な経緯を日本を中心に扱うが，1980年代末から2002年までの時期と2002-05年の時期とは日本を中心に見た場合，国際的な状況は異なる．1980年代末から2002年までの時期において，日本政府はワシントン・コンセンサスに対してどのようなスタンスをとるかということ，ひいては東アジアにおける日米関係において日本をどのように「位置」づけるかということが主題であった．その具体化がアジア通貨基金構想，「円の国際化」構想であったのである．

　しかし，中国の経常収支黒字とドル準備の飛躍的増加がみられた2002年以後，それらの構想は再検討を迫られることになる．アジア通貨基金構想，「円

の国際化」構想には中国の「台頭」はほとんど念頭に入っていなかった．しかし，2002年以降，中国の「動向」を踏まえた上での東アジアにおける国際通貨制度の状況を検討せざるをえなくなっていった．しかし，次章で論じるがその再検討が十分進むまでには至っていない．

1. 日本のワシントン・コンセンサスに対するスタンス

アジア通貨危機は「構造問題」を抱えているなかで，アジア諸国への大量の短期資金流入がマクロ不均衡を醸成しているなかで，突然資金流出が生じたために起こり，それが伝播しながら東アジア全域に広がっていったものである．そのような資金の流入出は1980年代には生じなかった．90年代の「資本取引の自由化」がアジア諸国への資金流入出をもたらし，アジア諸国市場をエマージング市場として再編成し，アジア通貨危機はそれゆえに生じたものである．

しかも，途上国の資本取引の自由化はワシントン・コンセンサスと呼ばれる「新古典派的理論と諸政策」の考え方にもとづきIMF，世界銀行が80年代末から90年代初めにかけて途上国に迫り，それに対して日本政府が異論を唱えた経緯がある．アジア通貨危機はワシントン・コンセンサスの破綻であったが，ワシントン・コンセンサスに対する日本政府のスタンスはそれほど知られていない[1]．80年代末から90年代前期における「日米の角逐と協力」[2]を論じないで，アジア通貨危機後におけるアジア通貨基金，「円の国際化」などの日本政府の構想の提起を論じることは不適当であろう．そこで，本節では日本政府が世界銀行の政策に対して明確に異論を唱えた事例をみることにしよう．

(1) 世銀「レビー報告」から『東アジアの奇跡』への経緯

世界銀行による途上国に対する「金融・資本取引の自由化推進」政策の検討は1980年代後半から本格的にはじまる．世銀の88年次報告は「世銀及びIFCは，資本の効率的配分を通じて成長を促進し得る，活発で競争的な金融市場の開発に対する援助を増加させた」（邦訳45ページ）と，金融市場の自由化に言及している．しかし，世銀は金融市場の自由化について，89年度（88年7月～89年6月）までは調整貸付や「民間部門開発行動プログラム」によ

る試験的な実践の総括と調査・検討が中心であった．しかし，世界銀行の「自由化推進」政策の確立は90年度に一挙に進む．この年度には重要な報告書がまとめられている．89年9月の「金融部門業務に関するタスク・フォース」(Task Force on Financial Sector Operations) の報告（執筆の中心になったF. Levyの名を取って「レビー報告」と言われる）[3]である．

この報告書の理事会での最終承認は91年7月まで繰り下がるが，それ以前にこの報告は世銀の実質的なガイドラインになっていった．89年9月にこの報告が作成されて以後，世銀の準備中の金融部門業務はすべて，この報告に盛られた勧告を遵守しているか審査を受けるようになったからである（92年次報告，邦訳67ページ）．少し内容を紹介しよう．

本報告の基本的視点は次のようなものである．すなわち，途上国と世銀双方はこれまで「実物」部門の開発を優先し，金融部門は「実物」部門の短期的目的を追求するために利用されてきたにすぎず，金融部門開発の重要性を見落としてきた．そして，「金融部門の効率性及び拡大とその国の実物部門の効率及び拡大は相互依存の関係」にあり，金融機関，金融商品及び金融市場の並行した発展がなければ，実物部門は停滞すると報告は述べる（90年次報告，73ページ）．かくて，途上国開発戦略上に金融部門が明確に位置づけられる．

タスク・フォースの具体的な金融部門開発戦略は，「競争的で市場志向の金融制度と組織を奨励すること」（同）であり，「金融市場の自由化は，国内貯蓄を動員し，外国から資本を惹きつけ，また，これらの資金を組み合わせて，生産的な投資にむける」（同）こと，したがって「世銀は，歪みや非効率のない，健全な市場ベースの金融部門の開発をより一層重視するべき」（92年次報告，65ページ），となる．そして，世銀の政策対話において何よりも重視されるのが，金利の構造とその全般的な水準である．

この報告に対して日本政府は異論を唱えた．報告が出されてまもなく世銀事務局（クレシ副総裁）が日本の海外経済協力基金 (OECF) 総裁あてに手紙を送り，世銀と日本の海外経済協力基金との間の論争が繰り広げられることになる．世銀副総裁の手紙は，OECFが行なおうとしているフィリピン向けの「政策金融借款は，当該国の金融市場における自由な金利決定を妨げ，資源の効率的配分を損なうのでやめてほしい」[4]と申し入れたのである．しかし，この論争

は1991年10月にOECFが1つのPaperを公表するまで公になることはなかった[5]．

その間，日本の世銀理事であった白鳥正喜氏は以下に記すように世銀理事会において論陣をはり，「この問題（世銀とOECFとの論争——引用者注）について世銀側と討議を重ねていくうちに，世銀は特定産業を政府が積極的に支援し育成していくことに対しても消極的であるほか，途上国に対する構造調整融資……においても，各国の実情を無視した市場機能至上主義的なコンディショナリティを付けているのではないかとの疑問が生じてきた．……私は世銀理事会等において開発における政府の役割をもっと評価すべきではないか，日本を含むアジアの経験を学ぶべきではないかとの主張を繰り返して行なってきた」[6]．また，大蔵省・国際金融局次長の久保田勇夫氏は，世銀の構造調整融資のあり方についての日本政府の見解をまとめあげるチームを作るとともに，世銀が日本および東アジアの経済発展について注意を払うよう仕向ける仕事を白鳥理事と一緒に行なっていった[7]．こうした日本側の動きにもかかわらず，タスク・フォースの報告（レビュー報告）は91年7月理事会で承認されることになる．

しかし，91年7月の最終承認においても，世銀理事会の内部においては意見の相違があった．92年次報告はそのことを記している．「強調点の面では意見の相違が存在した——例えば，特定部門向けの信用の問題，あるいは世銀の援助戦略及び業務を特定する際に特定の借入者の発展段階と状況を十分に考慮する必要性に関して——が，世銀の新たな焦点として全面的に（タスク・フォース報告は）支持された」（65ページ）．91年7月時点でも理事会内部での見解の相違は埋まらなかったのであるが，その見解の相違が主に日本の理事との相違であり，日本側の見解を押し切ってレビュー報告は最終承認されたのである．それに対して日本側はOECFがPaperを作りそれを公表する形で反撃に出た．91年10月である．

1991年10月に公表されたOECFのPaper（久保田勇夫氏が主導したと言われる）[8]によると，世銀に対する海外経済協力基金の反論は，次のようである．「途上国経済に市場原理を浸透させていく上で，金融セクターは中心的な役割を果たすと期待されており，……この点は十分に理解できる考え方である．問題なのは，金融セクターの改革に当たって市場原理の重要性を強調しすぎる

あまり，金融セクターが途上国経済において果たすべき多面的な役割のうち見落とされる側面が出ていることである．代表例は金利についての議論で，市場金利……への一元化を強調しすぎる結果，一定の状況の下での政策金融や優遇金利の意義が見過ごされる傾向がある」[9]．

加えて，OECFは世銀の姿勢について3つの疑問を提示する．(a) 途上国における金融セクターは未発達であり金融機関の能力も不十分であるため，市場原理が本来の機能を十分に発揮できない．(b) 市場原理にはもともと限界があり，取り扱えない問題が数多くある．これらのケースについては政府の政策的介入が不可欠であること．(c) ODAには市場原理を歪める側面がある，したがって，金融セクターを通ずるODA（ツー・ステップ・ローン──問題になっているフィリピン向け融資──引用者注）だけを取り上げて市場原理の歪みを言い立てることは適切でない[10]．

さらに，91年10月のIMF・世銀年次総会で大蔵大臣（欠席）に代わって演説した三重野日銀総裁は，「真の経済開発のためには，……民間部門を育成し，起業化精神の醸成や生産性の改善に努めることが不可欠であります．同時に，政府が市場メカニズムを補完し，市場メカニズムが有効に機能するような環境の整備を図ることが重要であることも指摘しておきたいと思います．アジア諸国はこの点でも一つの成功を収めた例ではないかと考えられます」[11]と述べて，日本政府はIMF・世銀が市場メカニズムを強調しすぎることに対してクレームをつけている（R. Wadeによるとこの演説は久保田氏によって準備されたという）[12]．

日本の大蔵省は1991年，世銀新総裁（ルイス・プレストン）の就任とともに東アジアの経済成長の経験を研究すべきであると，世銀に圧力を加えたといわれている．世銀側がそれを受け入れたのは，日本の資金提供があったからだけでなく，この研究を世銀が受け入れれば，日本は金融・資本取引の自由化を進めようとしている世銀に対し反抗を和らげる意図があることを表明したからであると言われている．1992年1月，その研究は日本からの1200万ドルの提供を受けて開始された[13]．

研究は当時世銀チーフ・エコノミストであったL.サマーズ（後に米財務省次官補）の下で行なわれ，『東アジアの奇跡』という表題で93年9月のIMF・

世銀総会の時期に公表された．しかし，その内容はこの著書が刊行されるまでの経緯から複雑なものであった[14]．

『東アジアの奇跡』の結論部分は以下のようである．「HPAEs（東アジア諸国）の成功から単純な教訓を引き出したり単純な勧告を行なったりすることは不可能である．東アジアの経験の中でも市場指向的側面は，殆ど留保なしに推奨できるものである」[15]．「したがって，介入がいくつかの東アジア諸国の成功の要因であったのは事実としても，だからといってそれが他の地域でも試みられるべきであるということにはならないし，また必要な市場指向的改革を遅らせるための口実として利用されるべきでもない」[16]．

本書に対する日本側の評価は，一部に肯定的な面が見られるとしながらも，かなり厳しいものである．大蔵省の久保田勇夫氏（大臣官房審議官）が本書に対する見解を表明されている．氏は，「経済開発における政府の役割いかんという点については，第一に，東アジアにおける政府の役割……についての世界銀行の理解が進んだことを評価したい」[17]，「だが，政府の役割の評価についての第二点として，世界銀行がわれわれと同様の見地に立つにいたったとは言い難い．その考え方は基本的には，いわゆるマーケット・フレンドリー・アプローチの範囲内にとどまっている．本報告書（本書のこと——引用者注）によれば，この考え方は，新古典派の見解を拡大しようとしたもの」[18]にすぎないとされる．

また，白鳥正喜氏（前世銀理事）は，「本レポートは……現在の途上国にも適用可能な政府介入の方策を見出した点は高く評価できる……しかしながら，そうした方策もあくまでも新古典派の枠内で合理化されるとしており，いわゆる修正主義の考え方を受け入れていない」[19]と述べられ，『東アジアの奇跡』の「限界」を指摘されている．

かくして，世銀は日本の資金と「圧力」によって，『東アジアの奇跡』を刊行したが，世銀の基本的姿勢はほとんど変化しなかったのである．

(2) アジア通貨危機とAMF構想，チェンマイ・イニシアティブ
①アジア通貨危機とドル・ペッグ制
『東アジアの奇跡』についての各方面からの評価が出そろい，日本政府の上

層部の意向によって世銀批判も終焉していった[20]．しかし，それから数年してアジア通貨危機が勃発した[21]．

　日本を除くアジア諸国は1997年のアジア通貨危機まで「通貨バスケット制」をとっているとしながら，「事実上のドル・ペッグ制」を採用していた．通貨バスケット制といわれるのは主要な複数の通貨を一定の割合で組み入れた（加重平均）バスケットを作り，その動きに応じて自国通貨を連動させる制度である．タイの通貨バスケット制における通貨構成は公表されていないが，アジア通貨危機まで，ドルの構成が91.6%，円が6.3%，ポンドが2.3%であったと推定されている[22]．このように，タイではドルの構成比率がきわめて高く，タイ・バーツはドルに固定されているに等しく，「事実上のドル・ペッグ制」だといわれるのである．シンガポールも同様である．同期間において同国の通貨バスケットの通貨構成は，ドルが82.6%，円が6.6%，マルクが10.5%だと推定されている[23]．

　アジア各国が事実上のドル・ペッグ制を採用したのは，第1に，日本，オーストラリア，ニュージーランドを含め，アジア諸国との経済交流が深い環太平洋地域の国々がドルを基準通貨としていることから（環太平洋地域は「ドル圏」），ドルに対して特別の地位を与えたのである．しかも，アメリカはアジア諸国の最大の輸出先であることから，自国通貨をドルに対してペッグすることにより貿易取引の安定が得られ輸出が拡大されるからである．さらに，海外から資本をとり入れるに際し為替リスクを排除でき，外国資金の流入を促進できるからである．しかし，ドル安・円高時はドルに連動してアジア諸通貨も安くなり，輸出競争力が付加され経済発展に寄与するのであるが，円安・ドル高に転換すると逆の効果が現れてくる．95年以降円安が進行し，1997年のアジア通貨危機をもたらした要因の1つにドル・ペッグ制があったのである．

　アジア通貨危機時に各国通貨はドルに対して相場が大きく下落し，外貨準備の喪失とともにドル・ペッグ制は崩壊したが，危機の状況が小康状態に落ち着いてくると，ドル・ペッグ制に代わる新たな為替制度の見直しが東アジアにおいて求められることになる[24]．この見直しを予想しながら1997年のアジア通貨危機直後，日本は東アジアにおける為替・通貨制度の改革などに向けていくつかの重要な提案を行なった．アジア通貨基金構想，「円の国際化」，「新宮沢

構想」などである．「新宮沢構想」はアジア各国によって受け入れられたが，アジア通貨基金構想は不十分ながら形を変えてチェンマイ・イニシアティブとなって実現していった．ところが，「円の国際化」構想はまったく達成されなかった．次項では AMF 構想からチェンマイ・イニシアティブに至る経緯を論じ，円の国際通貨化については次節で論じよう．

② AMF 構想とその破綻

　タイにおいて危機が勃発して日本政府はさっそく新たな対応を取り始める．97 年 7 月のタイ・バーツ危機直後の 8 月 11 日に東京で行なわれたタイ支援国会合を経て，「アジア通貨基金構想」が急速に浮上してくる．アジア通貨基金構想についてはテキストそのものが公表されず，関係者の著書，論説や新聞，雑誌等の 2 次的な資料から考察せざるを得ない．とりわけ，本構想を作り上げ，各国との交渉の中心にいた榊原英資氏（当時大蔵省財務官）の著書（『日本と世界が震えた日』中央公論新社，2000 年，『為替がわかれば世界がわかる』文芸春秋，2002 年，等）がいまなお，「第一級」の資料だと言わざるを得ない．

　榊原氏によると，アジア通貨基金の「構想は，世界銀行に対してアジア開発銀行（ADB）があるように，IMF のアジア版基金があってもいいのではないかという発想から生まれたもの」（『為替がわかれば世界がわかる』168 ページ）で，97 年「9 月に実現寸前にまでこぎ着け」（同）たと言われる．

　アジア通貨基金（AMF）構想は，黒田東彦国際金融局長らがかなり前から検討していたと言われ（『日本と世界が震えた日』，182 ページ，以下榊原氏からの引用は，とくに指示がない場合は本書からの引用），また，大蔵省・外国為替等審議会『アジア通貨危機に学ぶ』（98 年 5 月）によると，すでに 1997 年春には ASEAN 諸国の間で同様の議論があったと言われる（13 ページ）．したがって，叩き台のようなものはすでに出来あがっていたのであろう．しかし，榊原氏によると，8 月のタイ支援国会合の直後から盆休みにかけて，AMF 構想の具体化に向けて大蔵省内で動きが始まった．そして，榊原氏を中心とする大蔵省・国際金融局のメンバーの結論は，「タイ支援国会合で盛り上がった流れに乗り，……9 月 23，24 日に予定されている香港での IMF・世銀総会で一気に基金創立へもっていこうとするものだった」（182 ページ）．

それでは、アジア通貨基金構想とはどのような構想であったのだろうか。先に指摘したように本構想についてはテキストが公表されておらず構想の詳細は知れない[25]。構想について断片的なことが榊原氏の前掲著書等から知れるにすぎない。氏によると、アジア通貨基金への参加国は、中国、香港、日本、韓国、オーストラリア、インドネシア、マレーシア、シンガポール、タイ、フィリピンのアジア10カ国・地域であり、アメリカは参加国に含められていない。これら諸国が1000億ドルを拠出し、基金を作る構想になっていた（183-184ページ）。しかも、これら10カ国・地域へ打診のために送られた素案では、AMFは「基本的にはIMFと協調するが、場合によっては独立して行動できる」（184ページ）となっていた。AMF構想について榊原氏はこれ以上の内容を著書において記載されていない。

　もちろん、基金構想の素案にはさらにいくつかの項目があったのであろう。現時点でそれらは知れない[26]。しかし、参加国と基金の規模、IMFとの関係については明らかにされており、アジア通貨基金構想に対してアメリカが「アメリカン・ヘゲモニー（主導権）に対する挑戦であると受けとめ、AMFの実現を潰しにかかった」（『為替がわかれば世界がわかる』168ページ）状況が理解できる。

　基金構想は先に記したように、8月11日のタイ支援国会合の盛り上がりを利用して大蔵省は9月下旬に香港で開催されるIMF・世銀総会で設立させることをもくろんでいた。そのため、榊原財務官はさっそく8月24日から香港金融管理局総裁らと会見している。香港金融管理局側は、「こうした提案が、内々であるが日本の大蔵省から突然伝えられたことにかなり驚いていたが、その方向性について異議はなかった」（『日本と世界が…』183ページ）ようである。しかし、「アメリカ、IMFそして中国との調整をどう進めるかを慎重に考える必要があり、当面、中国との接触は香港が行なう」（同）という発言が香港側からあった。

　3日後、榊原財務官は今度はシンガポール通貨庁で大蔵大臣らと協議し、「シンガポールを含むASEAN諸国は基金構想にかなり積極的だという感触を得る」（同）。ただし、アメリカの参加をどうするかということでは、双方結論を出せないまま推移したようであった。

さらに，9月10日から榊原財務官と黒田国際金融局長とに分かれて各国との調整が行われている．榊原財務官は香港，シンガポール，マレーシア，インドネシア，韓国，黒田局長は中国，オーストラリアを訪問し，非公式にAMF構想を提案した．それら各国との調整を受けて，9月12日，三塚蔵相がアジア10カ国・地域に対し日本提案を送り，香港でのIMF・世銀総会の際に10カ国・地域の会議を開催し，これを協議することを要請した（184-185ページ）．タイ支援国会合からほぼ1カ月である．

　日本側の素早い提案に対してアメリカ側の反応も素早いものだった．榊原氏の著書によると，アメリカのサマーズ財務副長官から9月14日榊原氏へ電話があり，「アメリカが参加していない上に，場合によってはAMFがIMFと独立して行動できるとしたことに彼はこだわり，激しく構想を非難」（185ページ）したという．さらに，9月17日，今度はルービン財務長官から三塚蔵相へ電話があり，「AMF構想には反対であるということが明確に伝達される」（186ページ）．また，同日，ルービン財務長官とグリーンスパンFRB議長の連名でAPEC各国蔵相へ書簡が送られ，AMF構想には直接言及がなかったとされるが，アジア・太平洋地域における協調行動の枠組み，IMF増資などが示唆されていたという（同）．

　このようなアメリカの動きに対し，日本側も対応措置を取っていく．9月18日にはバンコクでアジア欧州会議（ASEM）の蔵相会議が開催され，これにはアメリカは参加しないことから，この場でアジア各国とさらに調整の努力を行なおうとするのである．同日の夕刻，ASEAN蔵相会議が行なわれ，「日本提案が全面的に支持された」（187ページ）．

　翌日，19日からは場所が香港に移り，日本側にとって事態は悪い方向へ動いていった．榊原財務官はオーストラリアの大蔵次官と会見するが，オーストラリアは消極的であった．また，同日，財務官はサマーズ副長官らと会い，サマーズ副長官は9月21日に予定されているアジア10カ国・地域の代理会合にアメリカの出席を要請するとともに，基金設立よりも各国経済のサーベイランスを強めることを強調した．さらに，翌日，ルービン財務長官は日米蔵相会議においてAMF構想に強い懸念を表明し，同日の午後のG7においてもヨーロッパの幾つかの国がアメリカに同調しAMF構想に懸念を述べたと言われる

(187-188 ページ).

　9月21日のアジア10カ国・地域の蔵相代理会議にはサマーズ副長官，フィッシャーIMF副専務理事がオブザーバーとして出席した．「ASEAN諸国と韓国は日本のAMF構想に賛成するが，アメリカは強く反対し，逆に，アメリカを入れた域内のサーベイランスの仕組みを作ることを提案した．香港，オーストラリアは一般論を述べ賛否を表明せず，中国は発言しなかった」（189ページ）という．結局，AMF構想について合意を得られる状況に至らず，翌日に予定されていたアジア10カ国・地域の大臣会合は中止となった（同）．

③マニラ・フレームワークから「新宮沢構想」，チェンマイ・イニシアティブへ

　AMF構想は9月21日のアジア10カ国・地域の蔵相代理会議において合意を得るに成功せず[27]，AMF構想はこの時点で事実上流産する．しかし，アジア通貨危機はタイから秋にインドネシア，韓国へと広がり，香港でも株価の大幅な下落が生じた．こうした事態をうけて，アメリカやIMFもAMF構想への反対を言うだけではすまず，アジアにおける協調体制を構築する必要に迫られてきた．こうして出来あがったのが「マニラ・フレームワーク」（1997年11月18，19日）である．「日本，ASEANなどがAMF構想をこの時点で断念する代わりに，アメリカは協調支援アレンジメント（CFA）という二国間支援をタイのときのようにたばねる新しい協調支援の枠組みを作ること……に合意した」（『日本と世界が…』190ページ）のである．マニラ・フレームワークのポイントは以下の4点である．①IMFのグローバル・サーベイランスを補完するための域内サーベイランスを行ない，年2回各国のマクロ経済政策，構造政策，為替政策，金融制度のあり方について意見交換を行なう．②各国の金融センターの改善のために，国際金融機関に対し，技術等の支援を要請する．③金融危機への対応ためにIMFに新たな短期の融資を行なうメカニズムの検討をIMFに要請する．④アジア通貨安定のための協調支援アレンジメント（CFA）を創設する[28]．

　アジア通貨基金構想は1997年の9月21日時点で事実上流産したが，97年11月に「マニラ・フレームワーク」という妥協的枠組みが作られ，日本政府

は引き続きアジアにおける協調体制構築の路を探ろうとする．それは，1998年10月3日の「新宮沢構想」[29]として発表される．ところで，新宮沢構想はIMFや世界銀行への批判を伴いつつ提案されたものであった．98年10月4日のIMF暫定委員会における日本国ステートメントは，IMFの危機への対応について厳しく批判している．

「IMFのプログラムが最近の危機の特質を踏まえ，より効果的になるためには，いくつかの改善の余地があるのではないか」「アジア危機の最大の特質は……資本収支の急速な悪化から生じたことであり，……財政バランスの改善，金融の引き締めという処方箋が適切でない場合も少なくない」「構造問題への対応については……タイミングや，社会的な影響等への配慮にもっと意を用いるべき」「市場経済のあり方にも，各国の歴史や文化，あるいは発展段階を反映して多様なものがありうることを認識すべき」「このような観点から，IMFプログラムに含めることが不必要であり，また不適切でもあるような構造面でのコンディショナリティーを性急に求めたことが，IMFプログラムのcredibilityを損ねた面がなかったかどうか反省してみる必要がある」[30]．

10月6日のIMF・世銀年次総会における宮沢大蔵大臣の演説（谷垣大蔵政務次官代読）も同様にIMF・世銀に対して批判を行なっている．重複を避けて簡単に記そう．演説は内容的に3つのことがらが述べられている．第1はIMF・世銀への批判である．「IMF・世銀のあり方を基本に立ち返って問いなおし，国際金融システムを再生させる時を迎えた」「短期的あるいは投機的な資本移動への対応を図っていく必要がある」「ヘッジファンド等国際的な大規模な機関投資家に対しては……情報提供を求めていくことも視野に入れる必要がある」「各国の状況を十分に考慮しないまま急速な資本自由化を求めていくべきではない」[31]．

宮沢演説は以上のような批判を展開した上で，第2に，300億ドルにのぼる「新宮沢構想」を打ち上げている．「アジア諸国の経済困難の克服を支援し，ひいては国際金融市場の安定化を図る観点から，……アジア諸国の実体経済の回復のための中長期の資金支援として150億ドル，これらの諸国が経済改革を推進していく過程で短期の資金需要が生じた場合の備えとして150億ドル，併せて全体で300億ドル規模の資金支援スキームを提示したい」．さらに演説は第

3に,「円の国際化」について簡単にふれている（後述）[32]．

構想が発表された10月3日,アジア蔵相・中央銀行総裁[33]は「蔵相と総裁は本日発表された,アジア各国の経済困難を克服するために300億ドルの資金を用意するという内容の日本のイニシアティブを歓迎した」[34]との声明を発表した．

以上のように,新宮沢構想はIMF・世銀への批判のステートメントと同時に発表され,世銀の金融自由化政策をめぐる1989-91年の世銀批判以後,断続的に行なわれてきた日本のIMF・世銀批判を引き継ぐものであり,アジア通貨危機の深まりのなかでワシントン・コンセンサスの「破綻」を言葉を選びながら表明し,AMF構想の「挫折」後のアジアにおける新たな協調体制構築を展望したものといえよう．

さらに,通貨危機がロシア,ブラジルまで波及し,IMFだけでは通貨危機に対処できないことが明確になってきてIMFを補完する地域協力の必要性が再認識され[35],2000年5月に開催されたASEAN＋日中韓蔵相会議において,アジアにおいて経済危機が発生したときに備えてスワップ網を日本中心に構築することが合意された（チェンマイ・イニシアティブ）．チェンマイ・イニシアティブの概念図は図9-1のようであり,ASEAN＋日中韓の中央銀行が2国間ベースで通貨スワップ取極めを取り結ぶものである．ただし,スワップ発動条件はIMF融資とリンクしており,IMF融資とのリンクなしに発動できるのは締結されたスワップ総額の10％となっている[36]．つまり,チェンマイ・イニシアティブは東アジア各国が独自に運営できるものではなく,危機に陥った国とIMFとの融資交渉がまとまり,それを前提（IMF・コンディショナリティを受け入れたことを前提）に,東アジア各国が補完的に外貨準備を供給するものにすぎない．このことが忘れられてはならない．チェンマイ・イニシアティブがアジア通貨基金の十分な代替アプローチになるものではないのである[37]．

財務省自身の文書をみよう．財務省国際局はチェンマイ・イニシアティブに関する資料（2002年6月17日）でなお次のように述べている．「97年に我が国が提案したAMF（アジア通貨基金）構想は米国・IMF等の反対により実現されなかった．現在,上記のように二国間スワップ取極のネットワークを強化すべく協議が進められてきている．AMF構想は,我が国を含め,アジア各

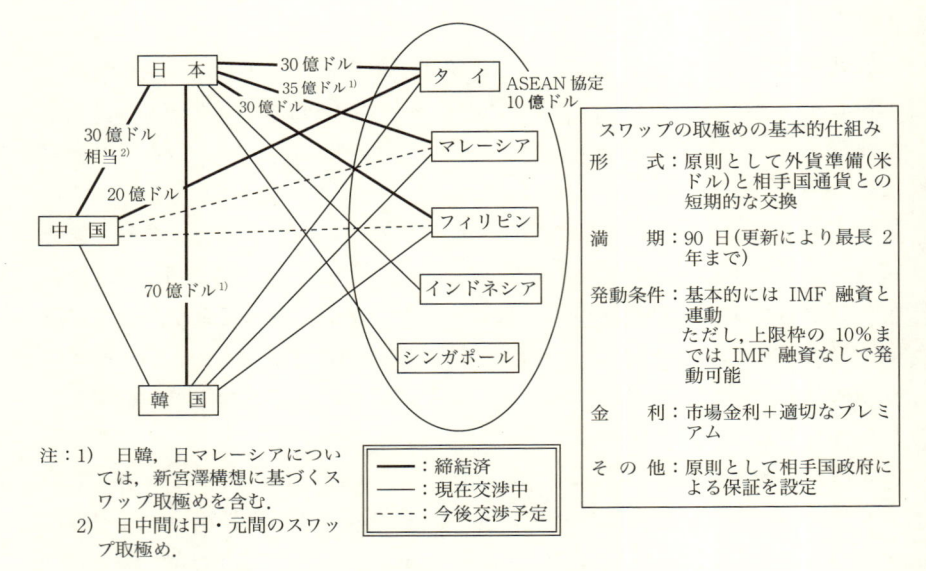

注：1) 日韓，日マレーシアについては，新宮澤構想に基づくスワップ取極めを含む．
2) 日中間は円・元間のスワップ取極め．

──：締結済
──：現在交渉中
----：今後交渉予定

スワップの取極めの基本的仕組み

形　式	：原則として外貨準備(米ドル)と相手国通貨との短期的な交換
満　期	：90 日(更新により最長 2 年まで)
発動条件	：基本的には IMF 融資と連動 ただし，上限枠の 10%までは IMF 融資なしで発動可能
金　利	：市場金利＋適切なプレミアム
その他	：原則として相手国政府による保証を設定

出所：財務省「ASEAN＋3 における地域金融協力」(2002 年 6 月 17 日)．
http//www.kantei.go.jp/jp/singi/asean/dai 3/3 siryou 3.pdf (2011 年 8 月 20 日)

図 9-1　チェンマイ・イニシアティブに基づく通貨スワップ取極めのネットワーク（概念図）

国が中期的に考えていくアイディアの一つであると考えられる」[38]．

さらに，チェンマイ・イニシアティブは通貨危機が発生したのちに，スワップ上限枠までの金融支援を行なう取極めにとどまっている．それゆえ，チェンマイ・イニシアティブには常設的な機関が付置されておらず，通貨危機の発生を防止するためのサーベイランス機能が十分に備わっているのではない[39]．したがって，チェンマイ・イニシアティブにはこれらの問題点を残しており，AMF 構想より後退したものであることは疑いない[40]．

2．「円の国際化」構想と「破綻」

(1)　「円の国際化」議論と外為審「答申」

これまで，ワシントン・コンセンサスに対する日本の対応を見てきたが，

1998年から大蔵省において再び本格的論議が行なわれる「円の国際化」も，この日本の対応の中で位置づけされなければならないであろう．ここではワシントン・コンセンサスに対する日本の対応のなかに「円の国際化」論議を位置づける論述を簡単に行なっておきたい[41]．

1980年代末から90年代前半期にかけて低調であった円の国際通貨化構想が，アジア通貨危機後，日本政府によって改めて取り上げられる．それは，アジア各国のドル・ペッグ制が危機を生み出した一要因だったというだけではない．アジア通貨基金構想とならんで，アジア通貨危機以後，ワシントン・コンセンサスへの批判を込めながら，日本がアジアをリードしていこうとする1つの野心的な構想であったと考えざるを得ない．

というのは，大蔵省の外国為替等審議会が大蔵大臣の諮問を受けて「円の国際化」について調査・審議を始めたのが1998年7月であり，それは前節で論じた「新宮沢構想」が大蔵省内で検討されていた時期と符合する．新宮沢構想がIMF・世銀への批判のステートメント・演説と同時に発表され，断続的に行なわれてきた日本のIMF・世銀批判を引き継ぐものであるとするならば，大蔵省における「円の国際化」論議もその影響をうけていると見なければならないのである．

外為審は98年11月に「円の国際化——中間論点整理」を発表し，99年4月に大蔵大臣へ「21世紀に向けた円の国際化——世界の経済・金融情勢の変化と日本の対応」という答申を行なった．これらの文書はいくつかの問題点を含んでいる[42]とはいえ，アジアにおいてこれまでドルが圧倒的な地位を占めていたのを打開しようとするものである．

したがって，以下のような指摘が見られるのも当然と考えられる．「（アジア通貨危機の）反省に呼応して，日本は具体的な構想を持って主導力を発揮しようと試みた．このことは戦後の日本経済史の中でも特筆すべき出来事であったというべきであろう．第一に，日本は円をアジアの基軸通貨とすることを目指した」「第二は，アジア通貨基金（AMF）の設立の提案である」「日本の二つの提案は，歴史的に見ればアジアにおける必然的な流れを正しく反映したものであったといえる」[43]．

しかし，円の国際通貨化構想はその後ほとんど実現しなかった．それが何故

であるかについて，これから論じていくが，その前に，99年4月の「21世紀に向けた円の国際化——世界の経済・金融情勢の変化と日本の対応」という大蔵省・外国為替等審議会の答申の内容と問題点を簡単に示しておきたい[44]．

本答申は，「円の国際化」の必要性について「その後（旧答申の後[45]——筆者)，80年代後半から90年代にかけて世界経済はそのグローバル化が益々顕著になり……円をめぐる新たな状況変化にかんがみ……改めて円の国際化の必要性につき整理しておくことが必要である……その際，……アジアにおける通貨危機の経験やユーロの登場という状況を踏まえる……必要があろう」(99年答申第2節のまえがき) と記している．

ただし，答申では，ほとんどの箇所で「円の国際化」という表現が使われており，「円の国際通貨化」という表現は使われていない．それは，海外諸国等への「配慮」が働いているのかもしれない．もちろん，「円の国際化」という表現を使いながら，内容において実質的に円の国際通貨化を論じることは不可能ではない．答申の次の文章である．「円の国際化を進めていく場合，当面は，日本との関係が極めて深いアジアにおいて国際通貨としての円の使用の一層の広がりを図ることが現実的である」(同上，第3節第1項)．

それでは，国際通貨として，具体的にはどのような円の姿が本答申では思い浮かべられているのだろうか．「円の国際化」＝対外取引における円の使用の高まり，つまり，貿易取引，資本取引における円の使われ方，外国為替市場における円取引，各国の外貨準備に占める円の比率等については本答申の各所で論じられているが，国際通貨としての円の姿については本答申を注意深く見ないとつかめない．それは，本審議会が国際通貨の概念をつかめきれていないことと，国際通貨の諸機能の中で円が持つべき機能について定見をもつに至っていないことによる(後述)．おそらく，本答申が当面目指している国際通貨としての円の姿は，アジア各国における通貨バスケット制の中での円の比重の高まりであろうと思われる．次の文章がそれを表わしている．「アジアの多くの国では，通貨危機発生前の事実上ドルにペッグした制度から現在ではフロート制になっているが，今後……貿易等の経済的なウェイト等を換算した，ドル，円，ユーロ等を構成要素とする通貨バスケットとの関係が安定的になるような為替制度も1つの選択肢であり，この中でアジア通貨が円との連動性を強めていく

ことが望ましいと考えられる」（同上，第3節第2項）．この通貨バスケット制の中での円の比重の高まりについては，アジア通貨危機後における円のありうる地位として筆者がアジア通貨危機直後にずっと主張してきたものである[46]．さらに，本答申は西欧におけるユーロの登場に言及しながら，アジアにおける経済的緊密さは西欧に及ばないとして，アジア域内の通貨制度の構築を将来のこととしている[47]．

　外為審答申はかなりの分量であるが，円の国際通貨化に関する主要内容は以上のようである．それ以後，99年9月に本答申のフォローアップ，円国際化のための政策等を検討するために「円の国際化推進研究会」が大蔵省内に設立され，いくつかの文書が公表されてきた．「研究会」は2000年6月に『中間論点整理』，2001年6月に『円の国際化推進研究会報告書』をまとめた．2001年の『報告書』についてごく簡略化してみておこう．『報告書』は99年の答申後，円の国際化は進んでいないことを指摘し，その理由として日本経済に対する信認の問題，従来のドルを利用する制度・慣行の存続，円とアジア諸通貨の直接交換市場の不在等を挙げる．そして，今後の「円の国際化」の施策として次のようなことを掲げる．①内需の拡大と円建輸入の増大，②円の利便性を高めるための金融・資本市場の環境整備，円とアジア諸通貨との直接交換市場創設のための条件整備，③従来の制度・慣行の見直し，④アジア諸国との通貨・金融上の協力の推進，⑤経済・金融システム構築のためのアジアの地域的な取り組み等である[48]．

　以上のように，98年から01年にかけて大蔵省（財務省）において集中的に円の国際化・国際通貨化の議論が展開された．さらに，「円の国際化推進研究会」は(財)国際通貨研究所に3つの研究委託を行ない，2001年2月にそろって3つの報告書が作成された[49]．3つの委託研究は以下のものである．①『アジアの外為規制とアジア通貨/円の直接取引の可能性』，②『通貨バスケット制実施国の実態調査』，③『国内輸入関連業者に対する実地調査』，である[50]．

(2) 大蔵省の諸文書に見られる問題点

　大蔵省（財務省）の諸文書ばかりでなく，多くの論文等においても「円の国際化」と表現され，「円の国際通貨化」という表現はほとんど使われていない．

答申の時点で検討されなければならなかったのは,「円の国際通貨化」であったことははっきりしている．そして,円の国際通貨化を論じようとするなら,国際通貨とはどのような通貨であるのか,このことをまず明確にする必要があった．

99年・外為審答申には国際通貨とはどのような通貨であるか本文には言及はない．答申文書に付属している参考・関連資料に国際通貨について簡単に触れられている．同参考資料は,「国際通貨とは,一般的には,財・サービスの国際貿易や資産の国際取引の際に,価格の表示・決済に用いられる通貨,または民間の経済主体や各国通貨当局によって国際流動準備として保有される通貨,と理解される」(答申,参考・関連資料,4ページ)と述べる．また,表9-1のような表を掲げている．このような表は多くの文書,論文でも掲げられている．例えば,日銀ワーキングペーパーに掲載の米谷,寺西両氏の論文(本章注49を見られたい)でも見られるし(同論文4ページ),もっと古くは『東銀経済四季報』1995年秋に「東アジア諸国における為替相場政策と円の役割」(打込,村上,荻原)という論文が掲載され,そこでもP.B. Kenenの論文[51]を引用してこの表に似た表が挙げられていた[52]．

それでは,外為審・参考資料のような価値基準機能,支払手段機能,価値保蔵機能の3つの機能でもって国際通貨を把握するのが適切であろうか．いろいろのことを指摘することが可能であろうが,ここでは少なくとも3つのことを指摘しておこう．第1は,貿易取引にドルがもっぱら使われているとは限らないというのが第2次大戦後の事態である．西欧諸国間の貿易においては1960年代から輸出国通貨が,次に輸入国通貨が使われてきていることは今や常識になっている．また,西欧諸国と日本との貿易では同じように円かヨーロッパ通

表9-1 外為審答申による国際通貨把握

	民間部門	通貨当局
価値基準機能	表示通貨	基準通貨
支払手段機能	取引通貨	介入通貨
価値保蔵機能	資産通貨	準備通貨

出所:外国為替等審議会「21世紀に向けた円の国際化」
参考・関連資料の2(資料4ページ).

貨が利用されている[53]．貿易取引では必ずしも全世界的にドルが使われていないのである．かくして，国際通貨は輸出入取引における表示通貨（価値基準機能）として利用されるのだと単純に言ってしまうのは，実態の重要な側面を見落としてしまうことになる．

　第2に，答申の文書，参考資料では為替媒介通貨機能が述べられない．参考資料の「国際通貨について」（参考・関連資料4ページ）の箇所で「取引通貨（国際的取引の手段としての機能）」と記述されているのが，強いて言えば為替媒介通貨に当たるであろうが，極めて不鮮明である．しかし，第2次大戦後の国際通貨を論じるとなると，為替媒介通貨機能に触れないことにはほとんど不可能であろう．詳しくは以前の拙書[54]第2章で論じているので詳細は省略するが，国際通貨諸機能の1つの中心に為替媒介機能がある．

　第3に，外為審答申が言う通貨バスケット制における円の比重の高まりは，国際通貨機能のうちの「基準通貨」と関連させて論じなければならない．通貨バスケット制は「基準通貨」範疇の議論なのである．この点で表9-1の「基準通貨」は誤りではない．しかし，これから述べるように不充分である．答申と付属参考・関連資料に通貨バスケット制が「基準通貨」範疇の問題であるという趣旨の指摘はないし，表9-1が掲げられるだけでは為替媒介通貨，基準通貨，介入通貨，準備通貨の関連がとらえられない．したがって，国際通貨諸機能の中で当面円が持つべき機能と将来の円の成長過程がとらえられない．それに，インターバンク・為替取引と当局の為替介入との連関が不鮮明のままである．民間銀行が為替調整取引を行なっても国際収支に不均衡があって持高の解消を完成させることが出来ず，そのために為替相場が大きく変化するときに介入が必然化するのであり，その介入に使われる通貨は通常は為替媒介通貨である．したがって，通貨バスケット制における円の比重の高まり＝基準通貨としての円の役割の向上は，必ずしもこのレベルでは介入通貨化にはつながらないのである（基準通貨と介入通貨の分離）．したがって，準備通貨としての成長も極めて限られたものにとどまる．

　以上のように，国際通貨の概念が不明確であるから，貿易，資本取引における円の利用の高まり（＝「国際化」）が，また，通貨バスケット制の中での円の比重の高まりが円の国際通貨化をもたらすものかが把握できていない．答申は

次のように言う．「円の国際化を進めていく場合，……国際通貨としての円の使用の一層の広がりを図ることが現実的である」（第3節1項）[55]．一般的にはそうであるが，それを基礎にどのような諸条件が整った時に，円の国際通貨化が進行するのかが問題である．貿易，資本取引における円利用の高まりは必要条件であっても十分条件ではないのである[56]．

(3) 円の国際通貨化のありうる道
①「円圏」の形成，円の為替媒介通貨化

円が国際通貨に成長し得る道は一般的には3つある．1つは，厳密な意味での「円圏」の成立である．貿易・資本取引に円を利用する地域（日本を含む）の形成である[57]．以前のポンド・スターリング圏のようなものである．日本の輸出入における通貨が表9-2に示されている．輸出における円の利用は40%強であり，輸入は25%弱にとどまっている．しかも，今世紀に入ってからもそれらの比率はほとんど変化がない．アジアに限定しても輸出において円建比率は2001年から今日まで50%以下であり，輸入においても円建比率は30%に達していない．円建証券投資の方は金額的には伸びてきているが，全証券投資に占める円建の比率は30%を下回っている（表9-3）．しかも，日本の対内外証券投資のうち大部分はアメリカ，西欧との投資となっており，アジアとの

表9-2 日本の貿易取引の通貨別状況（全世界）

(%)

	2001年上期	2004年上期	2008年上期
輸出			
ドル	53.0 (48.9)	46.8 (44.6)	47.8 (48.3)
円	34.2 (49.0)	40.1 (53.4)	40.3 (50.0)
ユーロ	7.5 (n.a.)	9.4 (0.4)	8.5 (n.a.)
その他	5.3 (2.1)	3.7 (1.6)	3.4 (1.4)
輸入			
ドル	70.4 (74.5)	68.0 (70.2)	73.9 (71.7)
円	23.2 (24.2)	25.3 (28.4)	21.1 (26.9)
ユーロ	1.8 (n.a.)	4.7 (0.2)	3.5 (0.3)
その他	4.6 (1.3)	2.0 (1.2)	1.5 (1.1)

注：（ ）は対アジアの比率．
出所：財務省「貿易取引通貨別比率」より．

表 9-3　日本の通貨別・対外証券投資残高

(10億円)

	2003年	2005年	2007年	2008年
ドル	80,055(43.4)	115,970(46.5)	119,391(41.5)	84,658(39.3)
カナダ・ドル	n.a.	3,931(1.6)	4,886(1.7)	3,008(1.4)
オーストラリア・ドル	n.a.	8,404(3.4)	10,870(3.8)	8,080(3.7)
ユーロ	37,250(20.2)	46,450(18.6)	56,301(19.6)	38,263(17.7)
ポンド	5,512(3.0)	8,757(3.5)	12,305(4.3)	7,377(3.4)
円	49,082(26.6)	55,970(22.4)	65,778(22.9)	63,131(29.3)
その他	12,454(6.8)	10,012(4.0)	18,157(6.3)	11,166(5.2)
計	184,353(100.0)	249,494(100.0)	287,687(100.0)	215,682(100.0)

注：( ) は%。
出所：日本銀行「証券投資（資産）残高通貨別統計」，財務省「通貨別・証券種類別残高（資産サイド）」より．

対内外投資はそれほど多くない（表9-4）．日本とアジア諸国との対外取引に限っても，日本のアジアに対する円建貿易と円建対内外投資による円の「自律的決済機構」＝「円圏」ができる状況にはないのである．また，排他的な「円圏」の形成がアジア各国はもとよりアメリカ等に対しても軋轢を生み，好ましいものではないだろう．

第2番目の道は円がアジアに

表 9-4　日本の対内外証券投資

(億円)

	2004年	2008年
対外		
アメリカ	65,925	79,433
アジア	8,745	△ 1,363
西欧	38,568	70,921
対内		
アメリカ	43,021	△ 20,691
アジア	21,653	△ 14,191
香港	5,257	△ 17,256
シンガポール	11,762	74
西欧	148,103	54,960

注：△は投資の引き揚げ．
出所：日本銀行『国際収支統計月報』『国際収支統計季報』より．

おいて為替媒介通貨になることである．この可能性を探るためにもアジアにおける外国為替市場の状況を確認しておこう．後掲表10-3は日本市場である．直物取引ではドル/円が大部分であり，ドルが一方となる取引がほとんどである．ユーロ/円もドル/円の5分の1くらいの取引額になっている．円/その他（ドル，ユーロを除く）はきわめて少ない額にとどまっている．表には示せなかったが，円/その他の取引では顧客取引の方がインターバンク取引を上回っている．ということは，顧客（とくに非金融機関）の実需による円/ポンド，

円/オーストラリア・ドルなどの取引が一定額にのぼっているからである．

次にシンガポール市場もみておこう（後掲表10-4）．同市場でもドルが一方となる取引が圧倒的である．ドルが一方になる直物取引はシンガポール市場では 77% にのぼっている．アジアでは日本市場も含めてドルが衰える気配がみられない．円がインターバンク直物取引で為替媒介通貨として機能しうる状況ではとてもない．

円の為替媒介通貨としての成長が展望できないことについては，アジア地域にそれなりの理由があるのである．それは振り返ってマルクが為替媒介通貨に成長しえたのはなぜかということを考えれば答えが出てくる．マルクの為替媒介通貨化については別の拙書[58]で詳しく論じたからここでは割愛するが，マルクの為替媒介通貨化をもたらしたのと同じ条件がアジアに生まれているかどうかである．

第1に，アジアの各国は自国通貨建での貿易をほとんど行なっていない．韓国の通貨別貿易が表 9-5[59] に示されているが，80% 以上がドル建で，円建は輸入が 10% 強，輸出では 6〜5%，その他はヨーロッパ諸通貨建となっており，ウォン建はほとんどない．タイの貿易でもほぼ同様である．輸出で円建は 5% 程度，ドル建が 90% 強，輸入では円建が 10% 強，ドル建が 75% 程度であると見られている[60]．韓国，タイ以外のアジア諸国の統計は得られないが，自国通貨での貿易額はきわめて少ないと思われる．したがって，日本の銀行が貿易によりウォン，バーツ等のアジア諸通貨で持高を持つことは考えられない．第2に，日本のアジア諸通貨での対外投資も限られている．アジアの証券市場の

表 9-5　韓国の貿易の通貨別状況[1]

(%)

	2000年		2004年		2006年9月	
	輸出	輸入	輸出	輸入	輸出	輸入
円	5.4	12.4	5.3	14.0	4.2	9.2
ドル	84.8	80.4	84.3	79.1	54.5	84.2
ユーロ	1.8	1.9	7.8	5.6	8.8	5.6
その他	8.0	5.3	2.6	1.3	2.5	1.0

注：1）Bank of Korea はこの統計の公表を 2006年9月で中止している．
出所：Bank of Krea, *Monthly Statistical Bulletin* より．

拡大が90年代以降飛躍的に発展してきたが，日本のアジア通貨建の証券投資は額が限られている（前掲表9-3）．ほとんどが香港ドルであり，金額も少ない．また，日本のアジアへの証券投資は03年が550億円，04年が8745億円，06年が7737億円にとどまっている．それに対して対米投資は06年に2兆2790億円，対西欧投資が3兆7001億円にのぼっている．したがって，日本の銀行は資本取引の点からもアジア諸通貨で持高を持つことがほとんどない．

一方，アジア諸国は円建貿易赤字をもっているから，アジアの諸銀行は円の持高をもつはずであるが，実際は先に記したように，アジア諸国はドル等の貿易黒字でもって円建赤字を決済するから，アジアの諸銀行はインターバンク・外為市場においてドル売/円買を行なえば済み（図9-2），インターバンク市場においてアジア通貨と円との交換は少なくなる．また，アジア諸国の日本への投資もシンガポール，香港を除けばそれほど多くなく（表9-4），シンガポール，香港から日本への投資もほとんどはドルを円に替えての投資で，アジア諸通貨を円に替えられて行なわれる部分は限られていると思われる．さらに，韓国の対外投資残高の通貨区分が表9-6に示されているが，全体に占めるドル建投資は55.9%，ユーロ建投資は6.9%，香港ドル建投資が6.8%に対して，円建投資は全体の3.4%にすぎない（2008年）．

要するに，西欧に見られたようなアジア各国相互の間での各国通貨での貿易，資本取引の水準が低く，そのために円は為替媒介通貨に成長できないのである．逆に言えば，アジア各国が自国通貨で輸出するようになり，また，アジア各国

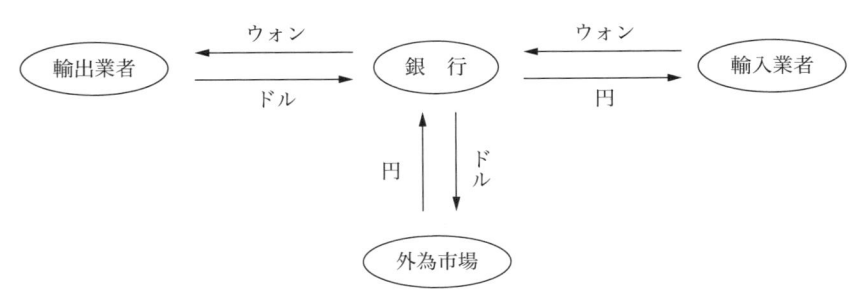

出所：筆者作成．

図9-2　韓国の銀行の為替取引

表 9-6　韓国の対外資産・負債残

	ドル		ユーロ		円		ポンド	
	2005	2008	2005	2008	2005	2008	2005	2008
対外資産	109,149	162,355	12,167	20,015	5,227	9,802	2,218	2,847
直接投資	10,073	17,487	2,299	6,266	837	2,286	773	1,515
証券投資	43,715	46,796	4,392	4,127	2,321	2,891	439	682
デリバティブ	933	8,734	64	309	12	89	0	6
その他	54,428	89,339	5,412	9,313	2,058	4,536	1,005	644
対外負債	178,480	287,313	8,592	22,978	16,848	30,334	1,430	3,777
直接投資	0	0	0	0	0	0	0	0
証券投資	79,224	82,382	4,892	10,944	5,587	10,061	1,061	3,031
デリバティブ	1,270	13,869	18	369	31	58	0	10
その他	97,986	191,062	3,682	11,665	10,818	20,216	369	736

出所：Bank of Korea, *Monthly Statistics Bulletin*, Jan. 2010, p. 148 より．

の証券・金融市場の発達がみられ，アジア各国通貨での日本からの対外投資が増加しないかぎり，円の為替媒介通貨への成長はありえないということになる（図 9-3 参照）．根本的には，日本を取り巻くアジア各国が先進国化していくということが円の為替媒介通貨化の条件であると言えよう[61]．

②アジア諸国の「通貨バスケット制」における円の比重の高まり

円が国際通貨化する第 3 番目の道は，アジア各国の通貨バスケット制の中で

出所：筆者作成．

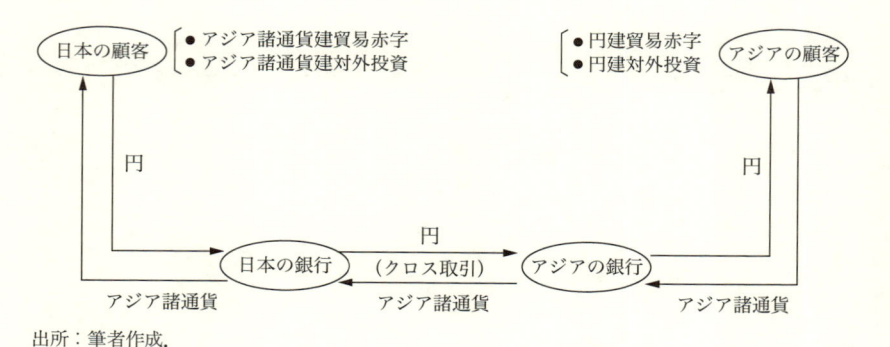

図 9-3　日本，アジア各国の銀行の対顧客取引とクロス取引

高の通貨区分

(100万ドル)

香港ドル		韓国ウォン		その他		総　計	
2005	2008	2005	2008	2005	2008	2005	2008
1,629	19,618	1,842	3,634	25,811	71,985	158,043	290,256
1,627	6,613	0	0	23,074	61,375	38,683	95,542
0	12,930	0	1,154	1,267	6,803	52,134	75,383
0	0	0	0	0	1	1,009	9,139
2	76	1,842	2,480	1,470	3,807	66,217	110,195
22	276	331,699	248,967	2,786	8,236	378,857	601,881
0	0	104,879	85,287	0	0	104,879	85,287
0	248	218,317	139,981	1,377	5,646	310,458	252,293
0	0	0	0	0	2	1,319	14,308
22	28	8,503	23,700	1,409	2,589	122,789	249,996

の円の比重の高まりである．97年のアジア通貨危機によって各国のドル・ペッグ制が崩壊し，こちらの方には現実性がある．外為審答申は次のように言っていた．「アジアの多くの国では，通貨危機発生前の事実上ドルにペッグした制度から現在はフロート制になっているが，今後状況が落ち着いてきた段階において，新たな為替制度見直しが課題となってくることが考えられる．その際には，貿易等の経済的なウェイト等を勘案した，ドル，円，ユーロ等を構成要素とする通貨バスケットとの関係が安定的になるような為替制度も1つの選択肢であり，この中でアジア通貨が円との連動性を強めていくことは望ましいと考えられる」(第3節1項2-3).

筆者は90年代の中期から通貨バスケット制における円の比重の高まりこそが円の国際通貨化の現実的な道筋であると主張してきた[62]．もちろん，現時点ではこの主張もその後の東アジアにおける事態の進展を受けて一定の見直しが必要である（次章）．その見直しの前にアジア危機後にアジア各国は実質的な通貨バスケット制を採用しているかどうかを検討しよう．

通貨危機時にドル・ペッグが崩壊し各国は変動相場制に移行したが，その後，アジア各国は再び対ドルレートを重要視するようになってきた．表9-7を見られたい．96年まで各国通貨の対ドルレートの変化は対円レートに比べてはるかに小さかったが，危機後の99年から01年にかけては各国が通貨バスケット

表 9-7 月次為替レートの変化率(絶対値)の平均[1]

(%)

	94-96 年	99-01 年	02-04 年
韓 国	0.61 2.24 —	1.99 2.62 3.43	1.78 1.79 2.13
台 湾	0.81 2.17 —	0.88 2.61 2.35	0.83 1.53 1.97
シンガポール	0.59 2.26 —	1.20 2.14 2.07	0.90 1.54 1.84
タ イ	0.33 2.17 —	1.83 2.98 2.61	1.01 1.50 1.75
フィリピン	0.90 2.96 —	1.93 3.09 2.79	0.73 2.07 2.23
インドネシア	0.47 2.57 —	5.79 5.84 6.06	1.98 2.74 2.45

注：1) 上段は対ドルレート，中段は対円レート，下段は対ユーロレートの変化率．
出所：清水聡「東アジアの為替政策協調の意義と課題」『国際金融』2005年7月1日，22ページ．

制を採用しているか，それとも管理フロート制のもとで為替政策を実施しているかはともかく，ドルに対しても変化が大きくなっている．しかし，02年から04年にかけて対ドルレートの変化率は危機前ほどではないが再び小さくなり，各国が対ドルレートを重要視していることがわかる．韓国だけが例外である．韓国は一部日本との貿易における競争関係があり，円との連動性を強めているものと考えられる．

対円レートは，94-96年と02-04年を比べると02-04年の方がインドネシアを除いて小さくなっている．したがって，表9-7から言えることは，アジア各国は通貨危機後，円，ユーロを重視しつつ為替介入する管理フロート制，あるいは通貨バスケット制を本格的にではないが部分的に採用してきているということである[63]．とはいえ，通貨危機以前ほどではないが依然としてドルの比重

が高く，円，ユーロの比重がドルほど高くないのは，各国の対アメリカ，日本，西欧との貿易額だけが考慮されているのではなく，依然としてアジア地域全体においては貿易や投資においてドルが多く利用されているからである．それとともに重要なのは，中国が依然として05年の夏までドル・ペッグ制をとっていたので，中国と同様の産業構造をもっている周辺国が中国に対する競争力維持のために中国を意識せざるを得ないからである．もっといえば，この時期における東アジアの通貨バスケット制の本格的実施は中国のドル・ペッグ制によって制約がはめられていたのである．

3．2005年の人民元改革

(1) 中国の経常黒字の増大と人民元

そこで，中国の為替制度について検討しよう．中国は94年以降ドル・ペッグ制を採用してきた．中国はそれまでの「二重為替相場制度」（公定レートと市場レート）を廃止し94年1月に相場の一本化をはかる（1ドル＝8.70元）とともに，4月に外国為替市場として上海に中央銀行である中国人民銀行の傘下に「外貨取引センター」（China Foreign Exchange Trade System, CFETS）を設立した．銀行がドルの主な売り手で，人民銀行が買い手となっており，同センターにおける人民銀行の介入によって為替相場は厳格に維持されてきた（94年1月，1ドル＝8.70元，98年8.28元）．ドル・ペッグ制である．人民元はドル・ペッグ制の下で，前日の相場の±0.3%で値幅制限されていることから為替リスクのヘッジの必要性は乏しく，また，以下の諸理由により為替スワップ市場は存在しなかったし，先物市場は限定されていた[64]．

中国は96年12月にIMF8条国へ移行し経常取引に関しては人民元の交換性は維持されているが実需原則が貫かれている．資本取引については厳格な規制が行なわれており，居住者が人民元を外貨に換えて対外証券投資を行なうことは禁止されており，対外貸出も厳格に統制されている．また，非居住者が人民元での借入を行なうこと，人民元建・金融資産へ投資することが基本的に禁止されている．また，銀行への持高規制も徹底されている．このように資本取引を厳しく規制し，投機を抑制するために先物為替取引は試験的に実施された

にすぎず，為替のスワップ取引は禁止されていた[65]．

しかし，中国の経常収支は今世紀に入って大きな黒字を記録してきている（前掲表1-21）．2000年205億ドル，03年459億ドル，04年687億ドル，06年2327億ドルなどである．その上，資本取引，とりわけ資本流出に対して中国政府は厳格な措置を講じ，中国の投資収支も大きな黒字であるから，人民元の為替相場は上限で張りつき，当局の為替市場介入（人民元売・ドル買）によってペッグ相場はやっと維持されてきた．その結果，中国の外貨準備は急速に増大していくことになった．96年末に1050億ドルであったのが2000年末1656億ドル，04年末には6230億ドル，06年末に1兆808億ドルにも増大した[66]．

こうした状況を受けて海外から人民元の切り上げ論が高まった．当局の意図的な市場介入により人民元が実力以下に押さえられ，中国製品の競争力が高められているというのである．中国のアメリカ向け輸出が日本の輸出を抜いて，米の対中貿易赤字が急激に増加していってそのような主張が大きくなっていった．また，市場介入が国内の流動性を高め一部にバブル的な過熱を引き起こしている．中国の景気過熱と崩壊は周辺諸国に大きな影響を与えるから，人民元の切り上げによって介入規模を小さくする必要があるという主張もある[67]．

このような海外からの人民元切り上げ論に対して，中国政府は05年の7月まで基本的に1ドル＝8.28元を維持する姿勢を堅持してきた．中国政府の取りうる方策は3つであった．第1は人民元の一定の切り上げを行なった上でドル・ペッグ制を維持することである．第2は人民元の切り上げを行なった上でドル・ペッグ制を弾力化し，相場の変動幅を広げることである．第3は変動相場制に移行し，人民元相場のより大きな変動を認めることである．

(2) 人民元改革の遅れと05年の人民元改革

中国が慎重な態度を維持してきたのは，大幅な人民元切り上げが国有企業や農業，雇用等の社会問題へ重大な影響を与えかねないと考えられたからである．中国の建国以来，経済の中心に位置していた国有企業は，80年代以降その非効率が目立ってきた．90年代後半になって国有企業の改革が重点的に行なわれるが，膨大な財政負担が必要なばかりか，国有企業の合理化に伴う失業等の

社会問題が発生する恐れがあって，きわめて不充分なものである．しかも，国有企業への財政負担を軽減するために，国有商業銀行が肩代わりを行なうようになり，国有商業銀行の不良債権が増加していった．4大国有商業銀行の債権に占める不良債権の比率は2000年に33％であった．それが，03年には24％に低下しているが，不良債権を傘下の資産管理公司に移されたり，外貨準備によって資本注入されたりしたからに過ぎない[68]．実際の不良債権ははるかに多額にのぼっていると考えられている．また，農業問題も改革開放のもとで置き去りにされ，大幅な人民元の切り上げが行なわれれば輸入農産物の価格が下がり，中国の農業が致命的な打撃を受ける．農業の不振が中国各地域間の発展のテンポの差異となって社会問題化してきていることは周知のことである．

　要するに中国において「統一的国民経済」が出来ていなくて，外資系企業，有力民間国内企業，国有企業，地方中小企業，農業――分断された経済諸体系――が並存する状況下で，人民元の大規模な改革（変動相場制等）は，輸出に貢献している外資系企業，有力民間国内企業の競争力に即した為替相場形成となり，逆に，国有企業，地方中小企業，農業の切り捨てとなって社会的混乱につながる可能性が大きいからである．

　本章では中国経済に関して詳しい論述を行なうことが目的でないし，筆者にはその能力もないからここではOECDの文書からいくつかの引用を行なうにとどめよう（引用はすべてOECD, *Economic Surveys CHINA*，安倍一知監訳『OECD中国経済白書2006年』中央経済社より）．「成長は早いが，中国の地域の所得間に大きな不均衡がある．経済活動は中国国内に非常に不均一に分配されており，この不均衡の程度を縮小することは，政府の主な目標の一つであった」（43ページ）．「平均所得では，農村地域が都市部の3分の1だけになってしまっている」（44ページ）．「工業部門の国有企業には，民間企業に比して生産性が低く，無駄な投資を行い，経済から金融資産を浪費し続ける企業が多くなっている」（116ページ）．「社会コストが生じるにもかかわらず，国有企業の雇用減は資産や生産に比べて急速であった．雇用に占める国有企業のシェアは1998年の62％から2003年の38％へと24％ポイント減少したが，国有部門の資産シェアは同時期に3分の2から10％ポイント減少したのみであった」（117ページ）．

かくして「分断された経済構造」が強く残存している状況において，外資系企業，有力民間国内企業に見合った人民元相場の形成は所得格差を拡大し，社会コストを高めるから，中国の通貨・為替制度の改革は遅れてきたのである．そうであれば経常黒字が巨額に上っている中で，しかも対外投資規制がなお強く残っている状況下ではドル買の為替介入が不可避であり，ドル準備が増加していかざるを得ないのである．ドル準備が増加し，それが減価していくコストは国有企業，地方中小企業，農業の切り捨てとならないための「費用」だったのである．また，中国と類似した産業構造をもっているASEAN諸国などは，中国との競争関係を意識して人民元との連動性を維持せざるをえず，本格的な通貨バスケット制の採用に至らず，表9-7にみられたような東アジア諸通貨のドルとの連動性強化につながっていったのである．

　中国政府は人民元改革に慎重であったのだが，05年7月に1ドル＝8.28元から8.11元に人民元の約2％の引き上げを行なうとともに，ドル・ペッグ制を廃止し通貨バスケットに基づく管理された変動相場制を実行すると発表した．その後の8月9日に先物取引の拡大，10日に通貨バスケットの構成（ドル，円，ユーロ，ウォンなど）を公表した．しかし，この政策転換は前に述べた選択肢のうちの第1番目に近いものといえよう．約2％という切り上げ幅が小さいのは言うまでもなく，「通貨バスケットに基づく管理された変動相場制」といっても通貨当局は引き続き積極的に為替市場に介入してきた．05年7月，8月の発表は，それ以後のより大きな改革の第一歩となる可能性があると当時考えられたが，継続的な改革は実施されず，為替市場介入を伴った漸次的な人民元相場の引き上げにとどまった．それは為替制度の弾力化は金融・資本取引の自由化と密接に関連するものであり，金融・資本取引のそれ以後の改革が漸次的なものにとどまったからである．

　以上のように，今世紀当初以降の急激な経常収支黒字と外貨準備の増大を背景とする中国の台頭にもかかわらず，人民元は当局による厳格な介入によって維持される通貨のままで推移してきた．そのような状況の中で東アジアの通貨・為替制度がどのようになっていくのか，次章でみることにしよう．

注

1) 詳しくは，拙書『円とドルの国際金融』ミネルヴァ書房，2007年，第8章，第9章参照．
2) 日米関係の1980年代と90年代における比較については同上書，249ページの注(1)を参照されたい．
3) この報告とその後の日本政府との論争については，R. Wade, "Japan, the World Bank and the Art of Paradigm Maintenance : the East Asian Miracle in Political Perspective", in *New Left Review*, May/June 1996が詳しく論じている．本山美彦氏は『売られるアジア』新書館，2000年においてこのWadeの論文を詳しく紹介されている．
4) 世界銀行，白鳥正喜監訳『東アジアの奇跡——経済成長と政府の役割』東洋経済新報社，1994年，391-392ページ．海外経済協力基金『基金調査季報』No. 73, 1992/2号に掲載の「世界銀行の構造調整アプローチの問題点について」(1991年10月)，8ページ．
5) 論争が公になるのは，OECFがOccasional Paper No. 1として「Issues Related to the World Banks Approach to Structural Adjustment‐Proposal from a Major Partner」を公表した91年10月である．このPaperはOECFが1961年に設立されて以来はじめてのOccasional Paperである．このPaperの英語版と日本語版は『基金調査季報』1992年2号に掲載されている．
6) 前掲，世界銀行，白鳥正喜監訳『東アジアの奇跡』，391-392ページ．
7) R. Wade, *op. cit.*, p. 9.
8) *Ibid.*, p. 10.
9) 海外経済協力基金『基金調査季報』1992年2号に掲載の「世界銀行の構造調整アプローチの問題点について」(1991年10月)，8ページ．
10) 同上，このOECFのPaperが出された後，日本政府の官僚は各紙誌からインタビューを受け，それに基づく記事が出るようになった（R. Wade, p. 12)．
11) 『大蔵省国際金融年報』平成4年（1992年）版，285ページ．
12) R. Wade, *op. cit.*, p. 11.
13) *Ibid.*, pp. 17-18, 本山前掲書，141-142ページ．
14) 1993年に『東アジアの奇跡』が公表されるまでの紆余曲折のあった経緯については本章では紙幅の関係で論じられない．前掲のWadeの論文18-20ページを参照されたい．
15) 前掲世界銀行，白鳥正喜監訳『東アジアの奇跡』，27ページ．
16) 同上，27ページ．
17) 大蔵省『ファイナンス』1994年1月号，28ページ．
18) 同上，29ページ．
19) 経済企画庁『ESP』1994年3月，81ページ．
20) 白鳥氏の後任の世銀理事は，『東アジアの奇跡』に対し，世銀理事会において慎重に賛辞を述べたに過ぎなかったという（R. Wade, *op. cit.*, p. 28)．
21) アジア通貨危機の経緯については別の拙書（前掲『円とドルの国際金融』第8章）

で論じているのでここでは割愛する．
22) 財務省委託研究，国際通貨研究所『通貨バスケット制実施国の実態調査』2001 年，7 ページ．
23) 同上，8 ページ．
24) 大蔵省・外国為替等審議会答申（『21 世紀に向けた円の国際化──世界の経済・金融情勢の変化と日本の対応』1999 年 4 月）は次のように述べている．「アジアの多くの国では，通貨危機発生前の事実上ドルにペッグした制度から現在はフロート制になっているが，今後状況が落ち着いてきた段階において，新たな為替制度見直しが課題となってくる」（『答申』第 3 節 1 項 2-3）．
25) アジア通貨基金構想については，各方面で大いに論議されたが，いずれの論議も構想それ自体がつかめていたわけではない．伝聞的で断片的な情報をもとにした論議である．
26) 国際通貨研究所・専務理事の篠原興氏は研究所のニューズレターに「アジア通貨基金にむけて」（1999 年 3 月，No. 4）という文書を載せられ，考えられる項目を記載されている．しかし，ここに記載されている諸項目が当初の AMF 構想に入れられていたかはわからない．
27) オブザーバーの資格であれ，アメリカが出席し，日本が中国との十分な折衝を行なわないまま 9 月 21 日を迎えたところで，この会議の動向は決まっていたといえよう．
28) 大蔵省・外国為替等審議会『アジア通貨危機に学ぶ』1998 年，14 ページ，また，マニラ・フレームワークの声明──http://www.mof.go.jp/jouhou/kokkin/kaigi 000 a.htm──を参照．
29) 新宮沢構想は，アジア諸国の経済回復のための中長期の資金支援として 150 億ドル，これらの諸国が経済改革を進めていく過程で短期資金需要が生じた場合の備えとして 150 億ドル，あわせて 300 億ドル規模の資金支援スキームを用意したものである．中長期の資金需要としては①民間企業債務等のリストラ策，金融システムの安定化・強化策，②社会的弱者対策，③景気対策，④貸し渋り対策（貿易金融の円滑化支援，中小企業支援）がある（http://www.mof.go.jp/daijin/1 e 041.htm）．
30) http://www.mof.go.jp/daijin/1 e 039.htm
31) http://www.mof.go.jp/daijin/1 e 044.htm
32) 同上．
33) インドネシア，日本，韓国，マレーシア，フィリピン，シンガポール，タイ．
34) http://www.mof.go.jp/daijin/1 e 042.htm
35) IMF は 1999 年にファンダメンタルズは悪化していないが一時的に外貨不足に陥った諸国に融資する緊急融資枠（CCL）を創設したが，利用国が現われず，2003 年に廃止された（小川英治「アジア通貨協調のためのバスケット通貨戦略」『ファイナンシャル・レビュー』（2006 年 4 月，158 ページ参照）．
36) 次の注の資料より．2005 年 5 月にその比率は 20% に引き上げられた（http://www.mof.go.jp/international_policy/financial_coopertion_in_asia/cmi/cmi 01.htm）．
37) 例えば，次の 2 つの論文には AMF 構想とチェンマイ・イニシアティブとの関連に

ついては触れられていないが，いかがであろうか．小川英治前掲論文，吉岡孝昭「ASEAN＋3における金融システムの安定性と金融協力体制」大阪大学『国際公共政策研究』第13巻2号，2009年3月．
38) 財務省国際局「ASEAN＋3における地域協力」，日・ASEAN包括的経済連携構想を考える懇談会（第3回）資料3（2002年6月17日），http://www.kantei.go.jp/jp/singi/asean/dai 3/3 siryou 3.pdf（2011年8月20日）
39) 2005年5月の第8回ASEAN＋3財務大臣会議でチェンマイ・イニシアティブにおける域内サーベイランスの強化が図られることになった（http://www.mof.go.jp/international_policy/financial_coopertion_in_asia/cmi/cmi 01.htm）が，常設機関が設けられることになったわけではない．
40) チェンマイ・イニシアティブの発動がIMF融資とリンクしていることもあって利用されず，韓国は2008年のウォン下落のときにはチェンマイ・イニシアティブの発動を求めず，アメリカから資金供与を受けている．
41) 筆者は円の国際化（国際通貨化）について多くの論稿を発表している．以下を参照されたい．前掲拙書『ドル体制と国際通貨』所収「アジアにおける円とドル」（第7章），拙稿「円の国際化と国際通貨化について——通産省と大蔵省の中間報告への論評と展望」『立命館国際研究』11巻3号（1999年3月），「円の国際通貨化に関する外為審諸文書の検討」同14巻3号（2001年12月），これらの論文は拙書『ドル体制とユーロ，円』日本経済評論社，2002年の第11章に含まれている．
42) 同上拙書『ドル体制とユーロ，円』第11章参照．
43) 行天豊雄「アジア共通通貨（圏）を構想する」国際通貨研究所『News letter』2003年3月24日．
44) 詳しくは，前掲拙書『ドル体制とユーロ，円』第11章「円の国際通貨化の可能性について」，前掲拙書『円とドルの国際金融』，第11章「ドル体制下の円と東アジアの通貨・為替制度」を参照されたい．
45) 旧答申については，前掲拙書『円とドルの国際金融』279-282ページ参照．
46) 筆者は98年はじめに次のように述べていた．「アジア通貨危機に伴う各国のドル・ペッグからの離脱は，ドル体制の弛緩であることには変わりがない．円安（円高ではない）はアジアにおけるドル・ペッグ体制を崩壊させたのである．各国の早期のそれへの復帰は投機の標的なる可能性があり，今の変動相場制が続くか，将来バスケット方式のペッグ制度に戻ってもバスケットのなかでの円の比重が高められるであろう」（拙稿「環太平洋地域のマネーフローと金融・通貨危機」『経済』1998年4月号，29ページ），さらに以下の前掲論文を参照されたい．拙稿「円の国際化と国際通貨化について——通産省と大蔵省の中間報告への論評と展望」，とくに151-152ページ．また拙稿「円の国際化とドル体制からの離脱の展望——論点整理と円建対外投資の意味」『立命館国際研究』13巻1号，2000年7月，とくに31ページ．
47) 99年4月外為審答申，第3節第2項．このことについても筆者は前掲論文「円の国際化と国際通貨化について」において検討している．151-152ページ参照．
48) 『円の国際化推進研究会報告書』2001年6月27日，各所．
49) 本文で見てきた外為審等の政府文書以外に，日本銀行のワーキングペーパー，金融

研究所等に円の国際化,国際通貨化に関連する諸論稿が掲載されている.目についたものに以下のものがある.米谷達哉,寺西幹雄「円が国際的に利用される条件:試論」ワーキングペーパーシリーズ 2000-J-8(2000 年 6 月),福田慎一・計聡「通貨危機後の東アジアの通貨制度」IMES Discussion Paper Series 2001-J-11 (2001 年 3 月),藤木裕「エマージング・マーケット諸国の為替相場制度・金融制度の選択について」『金融研究』2000 年 3 月.

50) これら 3 つの報告書に対する筆者の簡単なコメントは,前掲拙書『円とドルの国際金融』285-286 ページをみられたい.
51) P.B. Kenen, *The Role of the Dollar as an International Currency*, The Group of Thirty, Occasional paper, No. 13, 1983.
52) これらの表の含意に対する批判を筆者は以下の論文で行なっている.「国際通貨の概念と円の国際化」『立命館国際研究』8 巻 4 号,1996 年 3 月.
53) 拙書『ドル体制とユーロ,円』日本経済評論社,2002 年,第 2 章参照.
54) 同上書.
55) この文章表現は混乱している.ここで言う「円の国際化」は国際通貨化であろう.したがって,「円の国際通貨化を進めていく場合,対外取引における円の使用(=国際化)の一層の広がりを図る」とならねばならない.
56) 例えば,西ドイツは 70 年代において,すでに輸出の 80% 以上,輸入の 40% 以上をマルクで行なっていた(これらの比率は 80 年代には輸出ではやや低下し,輸入でやや高くなった).また,80 年代中期において対外資産の 50% 弱,対外負債の 80% 強がマルク建であった(1985 年).しかし,80 年代中期にはマルクの国際通貨としての地位はドルと比べてはるかに低かった.EMS(欧州通貨制度——1979 年発足)の ERM(為替相場機構)によって ERM 参加諸国の中でマルクはやっと基準通貨としての地位を獲得したばかりである.このように,ある通貨が国際通貨になるには,その通貨の対外取引における利用の高まりだけでなく,それ以外の種々の条件が必要なのである(マルクの基準通貨化には ERM が).円の場合も同様であろう.円が国際通貨になるには対外取引における円の利用の高まりとともに,後述のような円取引の決済のパターン,あるいは西欧の ERM のような他の諸条件が加わる必要があろう(前掲拙書『ドル体制とユーロ,円』第 2 章,参照).
57) 「円圏」という言葉が使われることがあるが,このような意味で使われるのではなく,つまり通貨別取引のことではなく,日本の貿易・資本取引の圏域のような意味で使われることがある(例えば関志雄『円圏の経済学』日本経済新聞社,1995 年).しかし,「円圏」という用語は,貿易,資本取引が主要には円建で行なわれる地域と規定するのが正しい.
58) 前掲拙書『ドル体制とユーロ,円』第 4 章「マルクの為替媒介通貨化の過程と要因」.
59) 韓国は同表の公表を 06 年 9 月にとどめており,それ以降については把握できない.
60) 田坂敏雄『バーツ経済と金融自由化』御茶の水書房,1996 年,27 ページ.
61) 同じ趣旨のことを筆者は以前の著書で記述している.前掲拙書『ドル体制と国際通貨』第 7 章,とくに,230 ページ,あとがき,261-263 ページ参照.「円の国際化推進

研究会」の委嘱を受けた(財)国際通貨研究所は『アジアの外為規制とアジア通貨/円の直接取引の可能性』(2001年2月)において、アジア通貨と円との直接取引きの可能性を検討し、次のように叙述している。「現在のアジア通貨対円の為替取引量では、アジア通貨/円の直接取引市場が生まれることは容易ではない．……先ず東アジア諸国で円建て取引の量を増やす努力を継続し、その成果を踏まえつつ、直接取引開始の方策を探ることが必要と思われる」(94-95ページ)．しかし、同文書はアジ諸通貨と円との直接取引が増加するにはどのような経常取引、資本取引が行なわれなければならないかということ、つまり本章図9-3で示したような取引が活発にならなければ直接取引は生まれないということを明確に示していない．これはマルクの為替媒介通貨化の過程の分析を踏まえて把握できることであるが、同文書はマルクの分析を行なっていない．

62) 注46とともに以下をみられたい．前掲拙稿『ドル体制と国際通貨』第7章、とくに230-231ページ．数カ国にまたがる共通バスケット方式の提案とそれへの批判についてはすでに以下で行なっている．前掲拙稿「円の国際化と国際通貨化――通産省と大蔵省の中間報告への論評と展望」参照．

63) 清水順子氏は論文(「アジア通貨に対するドル連動の検証」『金融経済研究』第20号、2003年10月)で、1990年1月から2002年9月までの間のアジア諸通貨のドル、円係数を調査し、危機後にアジア諸通貨が二極に分化しつつあると述べておられる．すなわち、「シンガポールのように通貨バスケット制に近い調節を行うタイ、韓国、およびフィリピンと、それとは反対にドルペッグ制に回帰したマレーシア、および台湾、というように二極化していること、また通貨バスケット制に近い制度を採用した通貨については円ドル相場の変動に合わせて円に対するウェイトを調整する割合が通貨危機以降高まっている」(101ページ)．確かに、表9-7からも、円との連動を強めている韓国、韓国についで円との連動が強いタイ、シンガポールが確認できるが、同表からは台湾がドル・ペッグに回帰したとは言い切れない．

64) 大西義久『円と人民元』中公新書ラクレ、2003年、156-161ページ参照．

65) 国際通貨研究所『アジアの外為規制とアジア通貨/円の直接取引の可能性』平成13年(2001年2月)第1章「中国」、前掲、大西義久『円と人民元』159-160ページ参照．

66) 前掲、大西義久『円と人民元』177ページ、および『国際金融』2005年8月1日、65ページ(2000年)．IMF, *International Financial Statistics*, Aug. 2011, p. 334 (2004年、2006年)．

67) 清水聡「開始された中国の為替制度改革と今後の見通し」『国際金融』2005年9月1日、39、42ページ．前掲、大西義久『円と人民元』185-187ページ．

68) 同上、112ページ．

第10章

東アジアの通貨・為替制度とドル,円,人民元

　本章では,2007,2010年の外為市場における東アジア諸通貨の取引状況を正確に把握したうえで,東アジアにおける通貨・為替制度の現況を把握することが主要課題である.人民元の国際化が主張されるが,人民元の現状を把握するためには,まず,外国為替市場における人民元の地位を見ておく必要がある[1].現状を正確に把握しないで,人民元の国際化を論じることは論議を誤った方向に導くことになろう.東アジアの通貨・為替取引状況を踏まえて,同地域における為替制度がどのように進展してきているのかを把握する必要があるのである.「共通通貨バスケット制」や「アジア共通通貨」の導入などが議論

表 10-1　世界の外国為替市場[1] におけ

	円		韓国ウォン		香港ドル		シンガポール・ドル	
	2007	2010	2007	2010	2007	2010	2007	2010
直　物[3]	205,958	300,214	15,222	21,144	15,715	18,713	8,491	15,616
ド　ル	140,355	183,108	n.a.	20,280	n.a.	13,440	n.a.	n.a.
ユーロ	43,733	73,103	n.a.	n.a.	n.a.	n.a.	n.a.	n.a.
先　物[3]	61,453	115,111	10,013	18,018	6,022	3,725	2,962	4,416
ド　ル	42,435	89,205	n.a.	17,179	n.a.	2,489	n.a.	n.a.
ユーロ	11,894	13,832	n.a.	n.a.	n.a.	n.a.	n.a.	n.a.
スワップ[3]	242,319	278,897	8,812	16,597	63,895	69,538	26,209	33,594
ド　ル	214,530	245,705	n.a.	16,421	n.a.	67,278	n.a.	n.a.
ユーロ	14,203	17,028	n.a.	n.a.	n.a.	n.a.	n.a.	n.a.

注：1)　2007年は54カ国,2010年は53カ国.
　　2)　インターバンク取引,顧客取引の合計.それぞれ4月の1日平均取引額.
　　3)　すべての通貨との取引額.
出所：BIS, *Triennial Central Bank Survey, Foreign exchange and derivatives market activity in Dec. 2010*, E1~E3 より.

されるが，東アジアにおける実態をベースに議論すべきであろう．

1. 世界の外国為替市場における東アジア諸通貨の取引

表 10-1 は BIS の統計であるが，53～54 カ国の外為市場におけるアジア諸通貨の取引が示されている（2007 年，10 年，それぞれ 4 月の 1 日平均取引額）．BIS の統計によってインターバンク取引，その他の金融機関取引，非金融機関取引の区分は得られるが（本表では簡略化のために割愛）[2]，円以外ではどの通貨との取引であるかがわからない．それぞれの通貨の対全通貨取引である．2010 年になっていくつかの通貨ではドルとの取引が把握できるようになったがユーロとの取引状況は把握できない．

この表によると，直物取引では 2010 年に円，シンガポール・ドル，タイ・バーツ，フィリピン・ペソの取引がかなり増大しているが，韓国ウォン，香港ドル，台湾ドルはわずかの増大にとどまり，人民元は少し減少している．人民元の取引はシンガポール・ドルの取引をかなり下回っている（シンガポール・ドルの 52％，10 年）．先物取引では人民元は 07 年から 10 年の間に急速に取引

る東アジア諸通貨の取引[2]

(100 万ドル)

人民元		台湾ドル		タイ・バーツ		フィリピン・ペソ	
2007	2010	2007	2010	2007	2010	2007	2010
8,981	8,123	5,486	6,064	1,206	2,836	1,275	2,249
n.a.	6,173	n.a.	n.a.	n.a.	n.a.	n.a.	n.a.
n.a.	n.a.	n.a.	n.a.	n.a.	n.a.	n.a.	n.a.
4,572	14,248	4,724	6,820	847	1,107	1,123	2,396
n.a.	13,433	n.a.	n.a.	n.a.	n.a.	n.a.	n.a.
n.a.	n.a.	n.a.	n.a.	n.a.	n.a.	n.a.	n.a.
1,078	6,825	1,438	4,761	4,325	3,503	1,053	1,188
n.a.	6,741	n.a.	n.a.	n.a.	n.a.	n.a.	n.a.
n.a.	n.a.	n.a.	n.a.	n.a.	n.a.	n.a.	n.a.

2007, Dec. 2007, E1～E3, *Report on global foreign exchane market activity in 2010*,

額が増大し韓国ウォンに次ぐ規模になってきた．中国の貿易取引額の増大に見合うものと考えられる．香港ドルを除くその他の諸通貨でも先物取引が増大しているが，それは各通貨がドル・ペッグから離れて久しく為替相場の変動があり，貿易取引などでカバーのために先物為替が多く利用されているのだと考えられる．

しかし，スワップ取引では人民元の取引額は10年に大きく伸びたとはいえ額は少ない．シンガポール・ドルの20％，韓国ウォンの41％にとどまっている（10年）．しかし，香港ドルは700億ドル弱，シンガポール・ドルは350億ドル弱にまでなっており（10年），円を除く東アジア諸通貨の中では取引が最も多くなっている．香港ドル，シンガポール・ドルを使った短期の種々の金融取引がドルとの間で行なわれていることを示している．人民元は中国当局による短期の金融取引諸規制のためにスワップ取引が伸びていないのである．円は，東アジア諸通貨の中では直物，先物，スワップのいずれにおいてもガリバー的な取引額になっている．かくして，人民元は世界の外為市場においてマイナーな通貨にとどまっており，近い将来，外為市場において円を凌ぐ有力な通貨に成長していく可能性は少ないものと思われる．

次に，東アジアにおける各外国為替市場の規模をみよう（表10-2）．東アジアにおいて日本，シンガポール，香港の3つの市場が他の市場と比べてはるかに大きな規模をもっており，かなりの格差があって次に韓国になっている．中国市場はインド市場よりも規模が小さく，台湾市場を少し上回る規模になっている（10年）．中国市場は，今後，規模拡大が予想されるが，当面は韓国市場とほぼ同じぐらいの規模をもつぐらいにとどまろう．

以上の東アジア諸通貨の取引額の比較だけでなく，東アジアの各国通貨（円も含めて）はほとんどがドルと直

表10-2 東アジア各外為市場の規模
(10億ドル)

	2004	2007	2010
アメリカ	499	745	904
日　本	207	250	312
シンガポール	134	242	266
香　港	106	181	238
韓　国	21	35	44
インド	7	38	27
中　国	1	9	20
台　湾	9	16	18
タ　イ	3	6	7
マレーシア	2	3	7
フィリピン	1	2	5
インドネシア	2	3	3

出所：*Ibid.*, Table B 8より．

接に取引され，ドルが唯一の為替媒介通貨であることを確認する必要がある．
表10-3は，アメリカ市場と日本市場における取引の状況を示している．アメリカ市場の直物取引ではドルが一方となる取引が全取引の83％（10年）で，ドルが一方とならない取引はユーロ/円，ユーロ/ポンド，ユーロ/スイス・フランがあるが，アジア諸通貨どうしの直接取引はほとんど存在しない．日本市

表10-3 アメリカ，日本の外為市場における取引[1]

(億ドル)

	アメリカ市場[2]				日本市場			
	直物		スワップ		直物		スワップ	
	2007	2010	2007	2010	2007	2010	2007	2010
ドル/ユーロ	899	1,635	624	697	114	109	129	170
ドル/円	415	619	379	333	596	546	684	1,175
ドル/ポンド	368	418	304	282	29	28	46	57
ドル/スイス・フラン	163	188	137	211	6.6	5.4	7.9	11
ドル/カナダ・ドル	156	289	242	333	6.3	12	15	20
ドル/オーストラリア・ドル	117	278	136	166	30	25	67	54
ドル/香港ドル	n.a.	20	n.a.	20	n.a.	2.3	n.a.	4.5
ドル/ブラジル・レアル	n.a.	18	n.a.	5.0	n.a.	0.06	n.a.	0
ドル/スウェーデン・クローナ	16	13	26	41	0.7	1.2	1.4	2.4
ドル/韓国ウォン	n.a.	3.4	n.a.	1.0	n.a.	0.4	n.a.	0.09
ドル/人民元	n.a.	2.0	n.a.	0.1	n.a.	0.2	n.a.	0
ドル/その他	311	280	266	352	26	16	78	43
ドル取引の合計	2,445	3,750	2,114	2,400	808	745	1,026	1,538
ユーロ/円	150	183	7.4	3.2	73	107	25	73
ユーロ/ポンド	74	133	14	23	6.6	8.0	8.1	1.3
ユーロ/スイス・フラン	86	117	3.8	4.7	5.6	5.0	0.6	0.8
ユーロ/カナダ・ドル	5.9	14	2.9	31	4.5	3.6	0.5	0.1
ユーロ/オーストラリア・ドル	10	10	4.2	1.6	2.1	1.7	1.5	1.9
ユーロ/スウェーデン・クローナ	22	24	2.2	1.9	1.2	1.2	0.3	0.4
円/オーストラリア・ドル	n.a.	22	n.a.	0.7	22	48	11	20
円/ポンド	n.a.	n.a.	n.a.	n.a.	36	44	18	14
総額	3,113	4,511	2,387	2,550	1,009	1,015	1,026	1,683

注：1）それぞれの年の4月の1日平均取引額．
　　2）原表ではそれぞれの4月中の取引額が示されているが，4月中の1日平均の取引に換算（2007年は営業日数が22日，2010年は21日）．
出所：Federal Reserve Bank of New York, *The Foreign Exchange and Interest Rate Derivatives Markets : Turnover in the United States*, April 2007, April 2010, A 1～A 2，日本銀行『外国為替およびデリバティブに関する中央銀行サーベイ（2007年4月，2010年4月中取引高調査）について』表A1～A3より．

場の直物取引ではドルが一方となる取引は全取引の 73% (10 年) で, ドルが一方とならない取引はユーロ/円, 円/オーストラリア・ドル, 円/ポンドがみられるが, 円と東アジア諸通貨との直接取引はほとんど存在しない. 項目が挙がってこないのである (きわめて少ないことを表わしている). スワップ取引では, さらにドルが一方となる取引が圧倒的である. アメリカ市場ではドルが一方となる取引が全取引の中で 96%, 日本市場では 91% (いずれも 10 年) となっていて, 日本市場でユーロ/円取引が 10 年に一定の額に達してきているぐらいである (73 億ドル).

同じことはシンガポール市場をみてもいえる (表 10-4). 直物でドルが一方

表 10-4　シンガポール外為市場における取引[1)2)]

(100 万ドル)

	直　物		スワップ	
	2008	2010	2008	2010
ドル/シンガポール・ドル	5,735	7,489	18,613	17,916
ドル/ユーロ	23,240	21,545	23,342	21,731
ドル/円	12,646	9,261	25,448	15,626
ドル/ポンド	7,995	8,904	11,852	8,111
ドル/オーストラリア・ドル	5,498	6,044	14,354	16,388
ドル/カナダ・ドル	2,110	2,338	2,203	3,173
ドル/スイス・フラン	1,936	1,045	5,004	2,264
ドル/その他	15,653	16,534	19,328	14,111
小　計	74,814	73,160	120,143	99,320
ユーロ/シンガポール・ドル	290	171	34	19
ユーロ/円	3,457	3,648	1,113	1,291
ユーロ/ポンド	2,236	2,813	181	185
シンガポール・ドル/円	243	213	6	19
シンガポール・ドル/ポンド	96	170	10	8
シンガポール・ドル/その他	1,495	1,428	109	85
円/ポンド	1,161	1,414	817	399
その他	10,300	11,529	2,780	2,314
総　計	94,090	94,546	125,193	103,639

注：1)　インターバンク取引, 顧客取引の計.
　　2)　それぞれ 4 月の 1 日平均取引額, 原表は 4 月中の取引額. 2008 年 4 月の営業日は 22 日, 2010 年 4 月中の営業日は 21 日.
出所：The Singapore Foreign Exchange Market Committee, *Survey of Singapore Foeign Exchange Volume in April 2008, in April 2010*, それぞれ Table 2, Table 4 より.

となる取引は全取引の 77% であり (10 年)，ドルが一方とならない取引はユーロ/円，ユーロ/ポンドが大部分で，その他の東アジア諸通貨どうしの取引は，シンガポール・ドル/その他，その他の区分の中に入れられており，東アジア諸通貨どうしの取引はきわめて少ないことが示されている．スワップ取引では，ドルが一方となる取引が全体の 96% となっており，ドルが一方とならない取引はユーロ/円，円/ポンド，ユーロ/ポンドがあるぐらいとなっている．

香港市場も同様である（表10-5）．同表は直物，スワップの区別は把握できないが，ドルが一方となる取引が全取引の 96%（10 年）である．また，香港市場ではドル/人民元の取引（直物，先物，スワップを含む）が 10 年に 107 億ドルになっていて，アメリカ市場，日本市場での同取引を大きく上回っている（表10-2 よりアメリカ市場でドル/人民元の取引は直物で 2 億ドル，スワップで 1000 万ドル）[3] ことが特徴としてあげられる．

以上のことから，東アジア市場においてはドルが一方とする取引が圧倒的で，ドルがほとんど唯一の為替媒介通貨であり，東アジア諸通貨どうしの交換に際してドルが媒介に使われていることが再確認できたと思う．したがって，円も含めて東アジア諸通貨の間の為替相場は，ドルと諸通貨の相場から計算された

表 10-5　香港の外為市場における取引[1]

(億ドル)

	2007	2010
ドル/香港ドル	732	698
ドル/ユーロ	209	331
ドル/円	169	271
ドル/オーストラリア・ドル	146	246
ドル/ポンド	135	100
ドル/スイス・フラン	29	24
ドル/人民元	n.c.	107
ドル/韓国ウォン	n.c.	74
ドル/インド・ルピー	n.c.	46
ドル/カナダ・ドル	22	32
ドル/マレーシア・リンギ	6	31
ドル/その他	305	310
ドルを一方とする取引[2]	1,724	2,270
香港ドル/ユーロ	n.c.	13
香港ドル/円	n.c.	2
香港ドル/オーストラリア・ドル	n.c.	5
香港ドル/人民元	n.c.	1
香港ドルを一方とする取引[2]	742	726
ユーロ/円	20	20
ユーロ/ポンド	4	9
円/オーストラリア・ドル	n.c.	9
円/その他	n.c.	7
その他	62	61
総計	1,810	2,376

注：1) 直物，先物，スワップの計．インターバンク，顧客取引の計．それぞれの年の 4 月の 1 日平均取引額．
　　2) ドル/香港ドルの取引を含む．
出所：Hong Kong Monetary Anthority, *Quarterly Bulletin*, Sep. 2010, Table 4 より．

裁定相場であることを忘れてはならない．また，人民元は外為市場においてはマイナーな通貨であることが把握できた．これは中国の対外投資規制が強くて資本交流が乏しく，人民元の為替取引が貿易等の経常取引に伴う直物取引，先物取引に限定されており，スワップ取引が小規模になっているからであろう．

次に，日本，シンガポール，香港以外の東アジアの外為市場の状況をみておこう．しかし，東アジアでは日本，シンガポール，香港以外には詳細な外為取引の状況が公表されていないので BIS の統計から把握できる範囲の状況にとどまる．

まず，韓国市場である（表 10-6）．この表では，直物，先物，スワップの区別はわからない．また，インターバンク取引，顧客取引の区別もわからない．韓国市場の全通貨取引は 07 年に 334 億ドル，10 年に 438 億ドルになっており，全通貨取引のうち，一方がドルになる取引が 98％，また，ドル/韓国ウォンの取引が 85％（10 年）にもなっている．さらに，ドルが一方となる取引のうちドル/韓国ウォンの取引は 87％（10 年）とこの比率もきわめて高い．ドルと他通貨の取引もそれほど多くない．韓国市場はドルと自国通貨の取引の比率がきわめて高いローカルな市場であるといえよう．これが，のちに見るように他の東アジア市場にもみられる典型的なアジア型の市場の特徴である．

次は中国市場である（表 10-7）．中国市場における全通貨の取引額は 09 年

表 10-6　韓国の外為市場における取引[1]

(100 万ドル)

	ドル		ユーロ		円		ポンド		その他[2]		総　計	
	2007	2010	2007	2010	2007	2010	2007	2010	2007	2010	2007	2010
全通貨	30,735	43,149	2,040	2,897	3,879	2,105	1,469	393	28,669	39,104	33,396[3]	43,824[3]
ド　ル	—	—	1,610	2,526	1,798	1,831	676	343	26,651	38,449	30,735	43,149
ユーロ	1,610	2,526	—	—	49	120	28	1	353	250	2,040	2,897
円	1,798	1,831	49	120	—	—	n.a.	n.a.	2,032[4]	154[4]	3,879	2,105
韓国ウォン	26,099	37,391	351	234	456	144	55	49	144	100	27,105	37,918

注：1)　直物，先物，スワップの区別なし．また，インターバンク取引，顧客別の区別もなし．それぞれ 4 月の 1 日平均取引額．
　　2)　韓国ウォンを含む．
　　3)　二重計算を除いている．
　　4)　ポンドを含む．
出所：表 10-1 と同じ，E 4～7（2007），E 5～9（2010）より．

表 10-7　中国の外為市場における取引[1]

(100万ドル)

	ドル		ユーロ		円		ポンド		その他[2]		総　計	
	2007	2010	2007	2010	2007	2010	2007	2010	2007	2010	2007	2010
全通貨	9,153	16,565	68	2,821	62	2,454	103	1,158	9,188	16,550	9,288[3]	19,774[3]
ド　ル	—	—	47	2,460	44	1,608	10	383	9,051	12,114	9,153	16,565
ユーロ	47	2,460	—	—	15	29	…	37	6	332	68	2,821
円	44	1,608	15	29	—	—	n.a.	n.a.	3[4]	817[4]	62	2,454
人民元	9,030	9,742	6	265	3	73	0	10	17	2,020	9,056	12,110

注：1)　表 10-6 と同じ．
　　2)　人民元を含む．
　　3)　表 10-6 と同じ．
　　4)　表 10-6 と同じ．
出所：表 10-6 と同じ．

の93億ドルから10年の198億ドルへ2倍以上に伸びている．表10-1において人民元取引が先物，スワップで伸びているのと対応している．前者が46億ドルから142億ドルへ，後者が11億ドルから68億ドルへ．中国市場でもそれらの取引が伸びているものと考えられる．先物取引の増大は05年7月から08年9月にかけては人民元がドル・ペッグから離れ，08年9月にペッグに戻ったが，09年以降もペッグから離れる可能性があり（実際の離脱は10年6月下旬），貿易等の取引に為替リスクが発生していることによるものであろう．

　中国市場での取引は，07年には全通貨の取引額（92億8800万ドル）のうち，ドルが一方となる取引が99％，ドル/人民元の取引が97％ときわめて高い比率を示し，また，人民元が一方となる取引が98％で，10年の韓国市場と同じようにほとんどがドルと人民元との市場であった．ところが，10年には全通貨の取引額（197億7400万ドル）のうち，ドルが一方となる取引が84％に，ドル/人民元の取引は49％に低下している．また，人民元が一方となる取引が64％（121億1000万ドル）と比率が低下している．ドルとユーロ，円の取引が増大しているのと，BISの統計からはつかめないがドル/香港ドルの取引が一定額になっているものと考えられる．

　さらに，人民元とドル，ユーロ，円，ポンド以外の他通貨との取引も20億ドルにのぼっており，中国市場での取引通貨の「多様化」がやや進んでいる．しかし，ユーロ，円，ポンド以外の他通貨の多くの部分が香港ドルと考えられ

る．香港が中国との「中継貿易基地」となっていることから，人民元/香港ドルの取引が増大しているものと考えられ，香港ドル取引が増大していることが中国市場における取引通貨の「多様性」をやや高めているようにみえるのである．香港ドルの取引を除くと，ドルとユーロ，円との取引が韓国市場よりも比率が高いとはいえ，韓国市場とほぼ同じような取引状況になっている．

次に台湾市場，マレーシア市場，タイ市場（表10-8, 9, 10）を簡単にみておこう．台湾市場の07年から10年にかけて規模増大はゆるやかである．ドルを一方とする取引が全取引のうちの95%であり，ドル/台湾ドルの取引は全取

表10-8 台湾の外為市場における取引[1]

(100万ドル)

	ドル		ユーロ		円		ポンド		その他[2]		総 計	
	2007	2010	2007	2010	2007	2010	2007	2010	2007	2010	2007	2010
全通貨	13,782	17,169	2,118	3,186	3,447	1,754	1,096	863	8,669	12,994	14,556[3]	17,983[3]
ドル	—	—	1,672	2,743	2,964	1,387	982	620	8,164	12,419	13,782	17,169
ユーロ	1,672	2,743	—	—	289	146	40	143	117	154	2,118	3,186
円	2,964	1,387	289	146	—	—	n.a.	n.a.	194[4]	221[4]	3,447	1,754
台湾ドル	6,234	9,274	108	90	104	68	15	11	90	64	6,551	9,507

注：1) 表10-6と同じ．
　　2) 台湾ドルを含む．
　　3) 表10-6と同じ．
　　4) 表10-6と同じ．
出所：表10-6と同じ．

表10-9 マレーシアの外為市場における取引[1]

(100万ドル)

	ドル		ユーロ		円		ポンド		その他[2]		総 計	
	2007	2010	2007	2010	2007	2010	2007	2010	2007	2010	2007	2010
全通貨	3,318	6,693	201	789	238	422	168	361	2,909	6,259	3,417[3]	7,262[3]
ドル	—	—	152	484	196	244	150	269	2,820	5,696	3,318	6,693
ユーロ	152	484	—	—	15	44	—	36	33	225	201	789
円	196	244	15	44	—	—	n.a.	n.a.	27[4]	134[4]	238	422
リンギ	2,651	4,823	31	67	16	37	5	18	16	98	2,719	5,043

注：1) 表10-6と同じ．
　　2) リンギを含む．
　　3) 表10-6と同じ．
　　4) 表10-6と同じ．
出所：表10-6と同じ．

表 10-10　タイの外為市場における取引[1]

(100 万ドル)

	ド ル		ユーロ		円		ポンド		その他[2]		総 計	
	2007	2010	2007	2010	2007	2010	2007	2010	2007	2010	2007	2010
全通貨	5,828	6,869	546	617	939	855	136	174	4,893	6,265	6,171[3]	7,390[3]
ド ル	—	—	446	441	739	579	101	139	4,542	5,710	5,828	6,869
ユーロ	446	441	—	—	16	23	1	8	83	145	546	617
円	739	579	16	23	—	—	n.a.	n.a.	184[4]	253[4]	939	855
バーツ	4,413	5,531	82	145	182	246	34	19	28	71	4,739	6,012

注：1)　表 10-6 と同じ．
　　2)　バーツを含む
　　3)　表 10-6 と同じ．
　　4)　表 10-6 と同じ．
出所：表 10-6 と同じ．

引のうちの 52%，ドルを一方とする取引のうちの 54% となっている（いずれも 10 年）．マレーシア市場は 07 年から 10 年にかけて 2 倍以上に規模が増大している．しかし，10 年でも全取引のうちドルが一方となる取引が 92% であり，ドル/リンギの取引が 66%，ドルが一方となる取引のうち同取引は 72% である．タイ市場の規模増大はそれほどみられない．全取引のうちドルが一方となる取引が 93%（10 年）であり，ドル/バーツの取引は全取引のうちの 75%，ドルを一方とする取引のうちの 81%（いずれも 10 年）で，タイ市場はドル取引に集中しているといえよう．

　以上，中国市場との比較の意味も込めて諸市場をみたが，中国市場の伸びの大きさは際立っている．中国市場規模は今後も比較的大きなテンポで伸びていくであろうし，ドルとの取引が圧倒的であったのが取引通貨の多様化も香港ドルとの取引を中心に一定程度進行しよう（人民元/香港ドルの取引を除けば「多様化」はそれほどないであろう）．しかし，中国市場における外為取引の大部分が貿易等の経常取引によってもたらされるもので，ドル準備の運用に伴うスワップ取引も一定額伸びていくであろうが，民間部門の対外金融取引によるものは限定的であると考えられる．したがって，中国の対外金融取引の諸規制の緩和が進まないと中国市場規模の増大，世界の外為市場における人民元取引の伸張には限界があるであろう．

2. 東アジアの為替制度と「為替相場圏」

　前節でみたように，人民元は世界の外為市場においてはなおマイナーな通貨であり，東京，シンガポール，香港の各外為市場も含めてドルが一方となる取引が圧倒的であった．このような東アジアの通貨・為替取引状況を踏まえて，同地域における為替制度がどのように進展してきているのかを把握する必要がある．

(1) 人民元相場の推移と通貨バスケット制

　前章の末尾で2005年7月の人民元改革について述べた．1ドル＝8.28元から8.11元に人民元が約2%引き上げられるとともに，ドル・ペッグ制を廃止し「通貨バスケットを参考に調整する管理された変動相場制」を実行するというものであった．その後，同年8月には先物為替取引の弾力化，通貨バスケットの構成（ドル，円，ユーロ，ウォンなど）を公表した（構成比率は公表せず）．この改革にあわせるようにマレーシアもドル・ペッグ制を廃止した．以下にみていくように，この人民元改革は中国の改革だけにとどまらず，東アジアにおける通貨・為替制度における改革の一歩になるものと考えられよう．

　人民元の対ドル相場が図10-1に示されている．2005年7月までドルにペッグされていたのが，それ以後，人民元はゆるやかに引き上げられていき，08年9月には1ドル＝6.85元に達したが，リーマン・ショックを契機とする世界的な金融不安を迎えて，再びドルにペッグされる．ペッグが解除されるのは2010年6月下旬で，それ以後，人民元相場はゆるやかに上昇している．05年7月から08年9月までの人民元相場の上昇率は年平均で約5.8%である．しかも，ほとんど変動がなく，ゆるやかに引き上げられている．10年6月下旬から11年6月の期間では10年9月と10月に相場の上下の変動があるが，それ以後はゆるやかに上昇を続け，11年初めから同年6月末までの上昇率は3%強になっている．表1-21に示されていたように中国の経常収支が大きな黒字で投資収支も黒字であるから，人民元相場にはいつも上昇圧力がかかっており，それにもかかわらずゆるやかな上昇にとどまっているのは，人民銀行によって

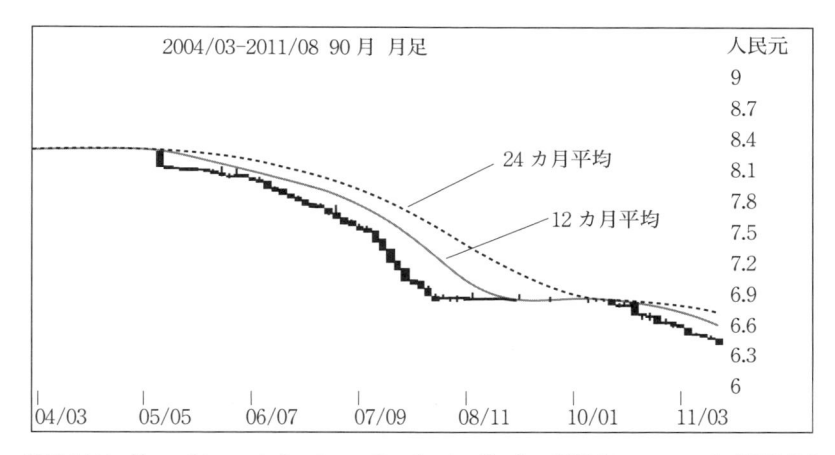

```
2004/03-2011/08  90月 月足                人民元
                                          9
                                          8.7
                                          8.4
                            24カ月平均      8.1
                                          7.8
                              12カ月平均    7.5
                                          7.2
                                          6.9
                                          6.6
                                          6.3
                                          6
04/03   05/05   06/07   07/09   08/11   10/01   11/03
```

出所：http://searchina.ne.jp/exchange/fx_chart.cgi?code = USD&type = month（2011年9月8日）

図 10-1　ドル/人民元の相場

大規模な為替市場介入が継続的に行なわれているからである．

　このような人民元相場を前提しながら，通貨バスケット制の基本事項を整理しておく必要があろう．中国当局は 05 年 7 月に通貨バスケットを参考に管理された変動相場制を採用すると述べ，また，多くの東アジア諸国も通貨バスケット制を採用していると公表している．しかし，どこまで，厳密に運用されているのだろうか．このことの解明のために通貨バスケット制の基本事項を把握しておかなければならない．

　まず事項は次のようである．①バスケット設定のある時点でバスケットに含まれる諸通貨と比率を確定する．その通貨構成とその比率は，通常，それぞれの通貨での貿易額，資本取引額を基準に決められる．例えば，東アジアのある国（A 国）の貿易・資本取引の全額のうちアメリカとの取引額が 50％，日本との取引額が 30％，ユーロ地域との取引額が 20％ としよう．それにしたがって A 国の通貨バスケット制もそれらの 3 通貨で構成されれば，比率が順に 50％，30％，20％ となる場合が多い．②そうすると，バスケット設定時の A 国通貨の対ドル相場が A 通貨 15＝10 ドル（1 ドル＝1.5 A 通貨，A 通貨 1＝0.6667 ドル）であるとすると，A 通貨 15＝10 ドル＝（5 ドル）＋（3 ドル相当の

円)＋(2ドル相当のユーロ),となる.さらに,このバスケット設定時点で,1ドル＝100円,1ドル＝0.80ユーロであったとすれば,3ドル相当の円,2ドル相当のユーロをドルに換算すれば,A通貨15＝10ドル＝5ドル＋300円＋1.6ユーロ,となる.つまり,A通貨15のバスケットの中には,5ドル,300円,1.6ユーロが入っているのである.なお,この時点ではA通貨1＝0.667ドル＝66.67円＝0.533ユーロである.

③A国通貨当局が通貨バスケット制の運用のために為替市場に介入できるのは,A通貨の対ドル相場のみで,その他の通貨を使った為替市場介入はほとんど出来ない.なぜなら,前節で論じたように東アジアにおいてはドルが唯一の為替媒介通貨であり,A通貨と円,ユーロの直接取引はほとんどないからである.また,A国はドル以外の外貨準備をほとんど保有していないからである.④したがって,A当局の通貨バスケット制の運用に際して,ドルと円,ユーロなどの諸為替相場は所与の条件として前提せざるをえない.

⑤いま,円が7％上昇(93円に)し,ユーロが10％上昇(0.72ユーロに)したとしよう[4].そうすれば,A国当局は厳密に通貨バスケット制を運用しようとすれば,自国通貨の対ドル相場をどの水準(通貨バスケットの基準相場)に誘導しなければならないのであろうか.円,ユーロの対ドル相場は1ドル＝100円から93円に,1ドル＝0.8ユーロから0.72ユーロに変動したから,バスケット(A通貨15＝10ドル＝5ドル＋300円＋1.6ユーロ)を変動した相場でドルに換算すると,

$$\text{バスケット}＝\text{A通貨}15＝10\text{ドル}＝5\text{ドル}＋(300÷93＝)3.226\text{ドル}$$
$$＋(1.6÷0.72＝)2.222\text{ドル}＝10.448\text{ドル}$$

となる.1ドル＝1.436 A通貨,あるいは,A通貨1＝0.6965ドル(通貨バスケットの基準相場)である.当局が為替市場に介入して相場を誘導できるのは,A通貨の対ドル相場のみであるから基準相場も対ドル相場で算出される.

バスケット設定時の相場がA通貨1＝0.6667ドルであったから,変動率は4.5％{(0.6667−0.6965)÷0.6667＝−0.0447}のA通貨高である.円,ユーロの上昇率がかなり大きかったが(それぞれ7％,10％),バスケットにおけるドルの構成比が50％と高かったからA通貨の対ドル相場(基準相場)の上昇率は4.5％にとどまっている.

⑥A国の外為市場における「気配相場」がこの「基準相場」よりもA通貨高であれば，A当局はA通貨売り・ドル買いの為替市場介入を行なわなければならず，「気配相場」がこの相場よりもA通貨安であれば，ドル売り・A通貨買いの介入を行なわなければならない．A国の外為市場における「気配相場」はA国の経常収支，投資収支の如何によって独自に変化する．⑦A当局が通貨バスケット制を厳密に運用せず，「戦略的な相場」を形成しようとすれば，基準相場（1ドル＝A通貨1.436，A通貨1＝0.6965ドル）から乖離した相場へ誘導されるであろう．上の例でいえば，例えば，1ドル＝1.45A通貨，A通貨1＝0.690ドル（基準相場よりもA通貨安）への誘導である．

　以上が，通貨バスケット制を検討するときの前提となる基本事項である．それらを踏まえて，まず，中国当局が参考にしているという「通貨バスケット制」を簡単に検討しよう．人民元の対ドル相場が図10-1に示されていた．05年夏から08年夏まで人民元相場（月足──月毎の月内変動表示）はゆるやかに上昇している．他方，円の対ドル相場（図10-2，月足──同），ユーロの対ドル相場（図10-3，月足──同）は大きく変動している．また，毎月内の変動も人民元の変動は極めて小さいが，円，ユーロは大きい．もし，中国の通貨バスケットの中に円，ユーロが一定の比率で入れられているとすれば，人民元

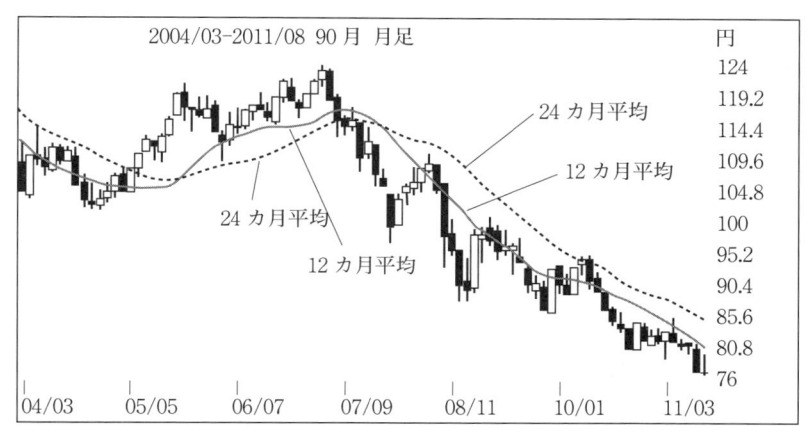

出所：図10-1と同じ．

図10-2　ドル/円の相場

図10-3 ドル/ユーロの相場

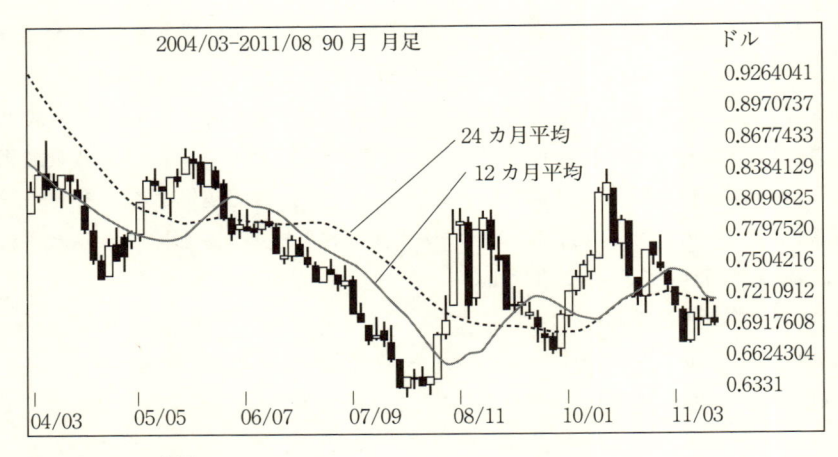

出所：図10-1と同じ．

の毎月の変動もそれなりに大きかったであろう．また，この図からみると，毎月内の人民元の対ドル相場変動はかなり小さい．ということは，中国当局が通貨バスケット制を厳密に実行していないことを示している（現に07年6月下旬から12月下旬の半年間における人民元の対ドル相場の上昇は約4％であり，この間の円，ユーロの上昇率——それぞれ約7％，約8％——よりもかなり低い）．中国当局は通貨バスケット制を「参考」に為替政策を実施するというが，人民元の対ドル相場が一定比率でゆるやかに上昇するべく戦略的な為替相場政策を実施しているのである．

それでは，このような中国の為替政策を踏まえて東アジア諸国はどのように為替政策，相場政策を展開しているのであろうか．まずは，シンガポールの通貨バスケット制をみなければならないであろう．シンガポールは1997年のアジア通貨危機以前から通貨バスケット制を実施しているといわれながら，バスケットに入れられている諸通貨の中でドルの比率が約80％と推定され，事実上，ドル・ペッグ制に近いものであった[5]．05年の中国の人民元改革以後，シンガポール当局は通貨バスケット制をどのように運用しているのであろうか．

(2) シンガポールの通貨バスケット制と「為替相場圏」

図10-4にシンガポール・ドル（Sドルと以下では略）の主要通貨に対する相場変動が示されている．まず，05年から08年9月のリーマン・ショックまでをみよう．Sドルはドルに対しては05年前半から秋にかけてやや下落してのち，05年末以降08年夏までゆるやかに上昇している．ユーロに対しては05年に上昇したのち，06年のはじめから08年夏までゆるやかに下落している．円に対しては07年の中期まで上昇傾向を示し，それ以後08年春まで下落している．しかし，これら主要3通貨に対してSドルは総じて安定的に推移している．通貨バスケット制がおおよそ成功裏に運用されていたのであろう．

しかし，以上の3通貨よりも興味を引くのは，Sドルは人民元に対してより強く連動しているということである．05年の初めに100人民元＝約20Sドルであったのが，05年7月の人民元改革時から秋にかけて100人民元＝21Sドル近くまでSドルの対人民元相場は下落したが，その後，05年末にかけてやや上昇し，06年の初めから08年の夏にかけて100人民元＝20Sドル弱の水準

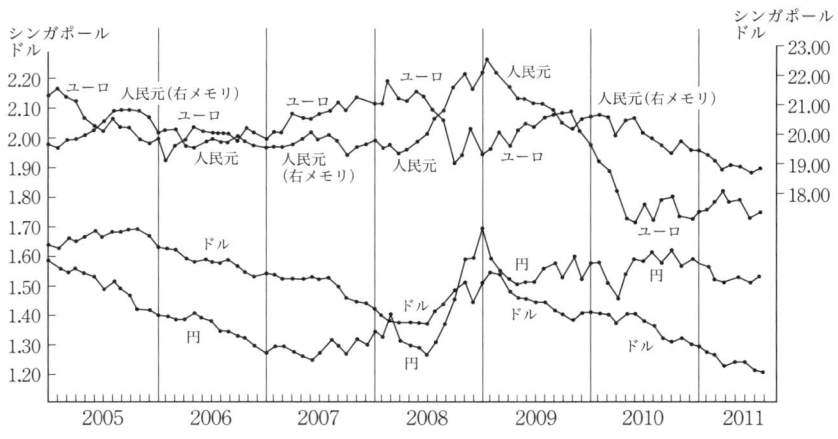

注：1) ドル，ユーロ，円に対する相場は左メモリ．円については100円に対して（100円＝○○Sドル）．
  2) 人民元に対する相場は右メモリ．100人民元に対して（100人民元＝××Sドル）．
出所：シンガポール通貨庁（MAS, Financial Database-Exchange Rates）より作成．

図10-4　シンガポール・ドルの主要諸通貨に対する相場変動

で推移している．シンガポール当局は通貨バスケット制を採用して主要3通貨に対して自国通貨を安定させているとともに，人民元に対してきわめて強い連動性を持たせているのである．

　通貨バスケット制を実施ながら人民元に対して強い連動性を維持しているということは，通貨バスケットの中に人民元が入れられていると考えられる．しかも，かなりの比重でもって[6]．05年7月の人民元改革直後には中国の為替相場政策の今後のあり方が予想できなかったが，06年にもなってくるとそれがわかってきた．すなわち，人民元を管理しながら対ドル相場を漸次引き上げていくというものである．前述のように人民元の対ドル相場は安定的に継続的に上昇していった．そこで，シンガポール当局はバスケットに人民元を入れ，その比率を高めたと考えられる．シンガポール当局は人民元に一定の比重を置いた「意図的」なバスケットの構成と諸比率を作成していると考えられるのである．

　以下にシンガポール当局がバスケットの中に人民元を入れた場合を考察しよう．例えば，通貨バスケット制の通貨構成を07年6月末に以下のように設定したとしよう．ドル40％，人民元，円，ユーロそれぞれ20％である．その設定時に諸相場は1ドル＝1.53Sドル，1ドル＝7.61元，1ドル＝123円，1ユーロ＝1.35ドル（1ドル＝0.741ユーロ）であった[7]．15.3Sドル＝10ドルであり，1Sドル＝0.654ドル＝4.97元＝80.4円＝0.484ユーロである．そのとき次のようなバスケットが作られる．

$$15.3 \text{Sドル} = 10 \text{ドル} = 4 \text{ドル} + (2 \text{ドル相当の人民元})$$
$$+ (2 \text{ドル相当の円}) + (2 \text{ドル相当のユーロ})$$

である．つまり，

$$15.3 \text{Sドル} = 4 \text{ドル} + (2 \times 7.61 = 15.22) \text{元} + (2 \times 123 = 246) \text{円}$$
$$+ (2 \times 0.741 = 1.482) \text{ユーロ},$$

である．すなわち，15.3Sドルのバスケットのなかには，4ドル，15.22人民元，246円，1.482ユーロが入っているのである．このバスケットを基準に通貨バスケット制が運用される．

　その後，為替諸相場が次のように変動したとしよう[8]．1ドル＝7.32人民元（3.8％の元高）に，1ドル＝114円（7.3％の円高）に，1ドル＝0.690ユーロ

(6.9％のユーロ高)にである．このように諸相場が変動したとき，シンガポール当局は通貨バスケット制を運用する場合シンガポール外為市場においてＳドルとドルの相場をどの水準(通貨バスケットの基準相場)に誘導すればよいであろうか．

15.3 Ｓドルのバスケットには4ドル，15.22元，246円，1.482ユーロが入っている．変動した為替諸相場のもとで，それらの諸通貨はそれぞれ何ドルになっているだろうか．15.22人民元は2.079 (＝15.22÷7.32) ドルに，246円は2.158 (＝246÷114) ドルに，1.482ユーロは2.145 (＝1.482÷0.690) ドル，である．したがって，15.3Ｓドルのバスケットは，

15.3Ｓドル＝4ドル＋2.079ドル＋2.158ドル＋2.145ドル＝10.382ドル

(式A)

となり，1ドル＝1.474Ｓドルとなる．シンガポール当局がこの相場を「基準」にして厳密に通貨バスケットを運用するとすれば，つまり，シンガポール外為市場におけるＳドルとドルとの気配相場が基準相場よりもＳドル高であれば，Ｓドル売り・ドル買いの為替市場介入，逆に気配相場がＳドル安であれば，ドル売り・Ｓドル買いの介入を行なうのである．しかし，気配相場はシンガポールの経常取引，資本取引の状況如何によって独自に変化していく．

さて，当局が厳密に通貨バスケットを運用し，実際の相場を1ドル＝1.474Ｓドルに誘導すれば，ドルに対する相場変動率は (10－10.382)÷10＝－0.0382，Ｓドルの対ドル相場が3.8％の上昇となる．このとき，1ドル＝1.474Ｓドル＝7.32人民元＝114円＝0.69ユーロであるから，Ｓドルを基準に諸相場を示すと，1Ｓドル＝0.679 (1÷1.474) ドル＝4.966 (7.32÷1.474) 元＝77.3 (114÷1.474) 円＝0.468 (0.690÷1.474) ユーロであり，Ｓドルのそれぞれの通貨に対する変動率は，ドルに対しては3.8{(0.654－0.679)÷0.654＝－0.038}％の上昇，人民元に対しては0.08{(4.97－4.966)÷4.97＝0.0008}％の下落，円に対しては3.9{(80.4－77.3)÷80.4＝0.0386}％の下落，ユーロに対しては3.3{(0.484－0.468)÷0.484＝0.033}％の下落である．

これらの変動率は，図10-4における2007年の後半期の事態とほぼ照応しているが，以上の諸通貨比率と為替相場の変動から計算されるドルとＳドルの「基準相場」(1ドル＝1.474Ｓドル)と実際の相場は乖離がある．07年12月末

における実際のドルとＳドルの相場は１ドル＝1.45Ｓドルであった．バスケットにおける諸通貨の構成比率が上記の場合と異なるのではないかと考えられる．そこで，ドル40％，人民元，円，ユーロそれぞれ20％とは異なる諸通貨構成を以下に３つ考えよう．ただし，バスケット設定時（07年６月末）の為替諸相場，さらに07年12月末における為替諸相場は上の例と同じとする[9]．上記のドル40％，人民元，ユーロ，円がそれぞれ20％の場合を(1)の場合とし，ドル40％，人民元25％，ユーロ20％，円15％の場合を(2)の場合，ドル40％，人民元30％，ユーロ20％，円10％の場合を(3)の場合，ドル30％，人民元20％，ユーロ25％，円25％の場合を(4)の場合とする．(1)(2)(3)の場合はドルが40％，ユーロが20％とし，円の比率が減少し，人民元が高まっている例である．それに対して(4)の場合はドルが30％でユーロ，円がともに25％とやや高く，人民元は(1)の場合のように20％にとどめられている．

(2)(3)(4)の場合の算定過程は煩雑になるので省略するが，算定過程は(1)の場合と同じである．結果は表10-11に示されている．この表によると，(4)の場合の「基準相場」が現実の相場にもっとも近くなっている．また，図10-4をみても07年中期から年末にかけての諸相場の変動は(4)の場合とほぼ合致している．ドルに対してＳドルは上昇しており，人民元に対しては少しの上昇である．逆に，円，ユーロに対しては下落している．

表10-11　通貨バスケット制とＳドルの各通貨に対する変動率[1]

(2007年６月～12月)

	ドル％	ユーロ％	円％	人民元％	基準相場	現実の相場
(1)ドル(40％)，ユーロ(20％) 円(20％)，人民元(20％)	−3.8	3.3	3.9	0.08	１ドル＝ 1.474Ｓドル	１ドル＝ 1.45Ｓドル
(2)ドル(40％)，人民元(25％) ユーロ(20％)，円(15％)	−3.6	3.4	4.0	0.2	１ドル＝ 1.476Ｓドル	１ドル＝ 1.45Ｓドル
(3)ドル(40％)，人民元(30％) ユーロ(20％)，円(10％)	−3.4	3.6	4.1	0.4	１ドル＝ 1.479Ｓドル	１ドル＝ 1.45Ｓドル
(4)ドル(30％)，ユーロ(25％) 円(25％)，人民元(20％)	−4.6	2.5	3.1	−0.7	１ドル＝ 1.463Ｓドル	１ドル＝ 1.45Ｓドル

2007年６月の相場：１ドル＝1.53Ｓドル＝7.61元＝123円＝0.741ユーロ．
2007年12月の相場：１ドル＝1.45Ｓドル＝7.32元＝114円＝0.690ユーロ．
注：1）（−）はＳドルの上昇．
出所：筆者による作成．

前述の式Aを参考にして考えてみよう．(1)の場合の「基準相場」の式A，15.3Sドル＝10.382ドルであり，1ドル＝1.474Sドルとなる．実際の相場1ドル＝1.45Sドルに近づくためには，15.3Sドルが10.55ドルに近づく必要がある．式Aの右辺が10.382よりも大きくなるためには，相場変動の大きい円，ユーロの比率が大きくならなければならない．07年6月から12月にかけて相場が大きく変動しているのは円（7.3％），ユーロ（6.9％）と大きい（それらの相場変動はシンガポール当局にとっては所与の条件）．それに照応しているのが(4)の場合である．ドルの比率が30％と低く，円，ユーロがともに25％で，人民元が20％である．

　おそらく，この通貨構成に近い比率で07年中期ごろのシンガポール通貨バスケットは設定されていたであろうと思われる[10]．しかし，2つのことを考慮しておく必要がある．1つは，実際のバスケットは以上の4通貨以外にもアジアの諸通貨が一部入れられていたかもしれない．もう1つは，シンガポール当局は，ドル30％，円，ユーロがともに25％，人民元20％の通貨バスケット制を厳格に運用しきれたかどうかということである．というのは，「基準相場」よりも現実のSドルの相場はややSドル高となっているからである．シンガポール外為市場においてSドルの対ドル相場（気配相場）が高めに動き，シンガポール当局はSドル売・ドル買の為替市場介入を行なって基準相場である1ドル＝1.463Sドルに誘導しようとしても，それが実現せず1ドル＝1.45Sドルにとどまってしまった可能性がある．

　以上は，07年中期から年末の時期であるが，次にリーマン・ショック以後を考えよう．08年9月のリーマン・ショックを契機に米国発の全世界的な金融危機が勃発して為替相場は大きく変動した．人民元はリーマン・ショック時に再びドルにペッグされるようになり，ペッグが解除されるのは10年6月下旬である．ドルの対円相場は08年9月以後急下落し，08年末に今度は上昇して09年春からやや安定を取り戻すものの09年夏以後，また低下している（図10-2）．ドルの対ユーロ相場は08年はじめにかけてずっと下落したのち，08年夏以降今度は急上昇し09年夏にかけて上下の変動が激しい．09年秋からはギリシャなどの危機によってユーロの対ドル相場が大きな下落を示すようになる（図10-3）．

08年9月から09年春まで期間，シンガポール当局は以前の通貨バスケット制を実施できていないであろう．09年春からSドルは主要諸通貨に対してやや安定を取り戻す．再び通貨バスケット制を実施した可能性がある．とはいえ，09年末からユーロは急落する（図10-3）．それゆえ，09年末にバスケット構成比率は再度変更された可能性がある．そこで，09年春から同年の11月までの通貨バスケット制を仮定してみよう．09年5月の諸相場は1ドル=1.45Sドル=95円=0.7142ユーロ，人民元は6.83元でドルにペッグ．バスケットの構成はドル40％，ユーロ30％，円30％としよう．09年11月に諸相場は1ドル=87円（8.4％の上昇）=0.6667ユーロ（6.7％の上昇）に変化した．この構成比率で「基準相場」を算定すると，1ドル=1.383Sドルとなる．これは09年11月の実際の相場（1ドル=1.38Sドル，4.8％の上昇）と近似している．この間は，おおよそ以上のような諸通貨比率のバスケットで通貨バスケット制が運用されていたのであろう．

　その後，10年6月下旬に人民元がドル・ペッグから離脱した．それ以降，シンガポール当局は通貨構成比率をどのように改定して通貨バスケット制を再実施していると考えられるだろうか．試論的に論じてみよう．10年6月以降，人民元はドルに対してゆるやかに上昇し，毎月内の変動も極めて小さい（図10-1）．それに反して，ユーロの対ドル相場は10年7月以後上下の変動がきわめて大きく（図10-3），円の対ドル相場も人民元の対ドル相場の変動よりもかなり大きくなっている（図10-2）．これらのことを考慮してシンガポール当局は，2010年の7月ごろにバスケットの構成比率を改定したとしよう．4つの場合を考えよう．

　第1の場合は通貨構成がドル50％，人民元30％，円，ユーロ各10％とした場合である．そのバスケット設定時（10年6月末）の諸相場は1ドル=1.4Sドル=6.8人民元=90円=0.82ユーロに近い相場だった．Sドルを基準にすると，1Sドル=0.714ドル=4.86人民元=64.3円=0.586ユーロ，である．そうだとすれば，

　　　14Sドルのバスケット = 10ドル = 5ドル+（3ドル相当の人民元）
　　　　　　　　　　　　　　　　+（1ドル相当の円）+（1ドル相当のユーロ），

であり，諸相場で換算すると，

$$14\,\text{Sドル} = 10\,\text{ドル}$$
$$= 5\,\text{ドル} + (3 \times 6.8 = 20.4)\,\text{人民元} + 90\,\text{円} + 0.82\,\text{ユーロ}$$

である．つまり，14Sドルのバスケットの中には，5ドル，20.4人民元，90円，0.82ユーロが入っているのである．

その後，1ドル＝6.6人民元＝83円＝0.76ユーロにそれぞれ変動したとする（10年12月末の諸相場）．それぞれの通貨の対ドル上昇率は2.9％，7.8％，7.3％である．そのとき，14Sドルのバスケットをドルに換算すると，

$$5\,\text{ドル} + (20.4 \div 6.6 =) 3.090\,\text{ドル} + (90 \div 83 =) 1.084\,\text{ドル}$$
$$+ (0.82 \div 0.76 =) 1.0789\,\text{ドル} = 10.253\,\text{ドル} \qquad (\text{式 B})$$

となる．1ドル＝1.3655Sドルであり，Sドルを基準に表示すると，1Sドル＝0.732ドル＝4.833人民元＝60.78円＝0.5566ユーロとなる．したがって，Sドルの変動率は，ドルに対しては2.5％の上昇 $\{(0.714-0.732) \div 0.714 = -0.0252\}$，人民元に対して0.6％の下落 $\{(4.86-4.833) \div 4.86 = 0.0056\}$，円に対して5.5％の下落 $\{(64.29-60.78) \div 64.29 = 0.0546\}$，ユーロに対して5.0％の下落 $\{(0.586-0.5566) \div 0.586 = 0.0502\}$ である．

これらの変動率は，図10-4における2010年の後半期の事態とやや異なる．図10-4ではSドルは人民元に対して上昇している．また，以上の諸通貨比率と為替相場の変動から計算されるドルとSドルの「基準相場」（1ドル＝1.366Sドル）と実際の相場には大きな乖離がある．07年12月末における実際のドルとSドルの相場は1ドル＝1.30〜1.29Sドルである．したがって，シンガポールが通貨バスケットの構成比率を改定したとしても，諸通貨構成比率は上記と異なろう．式Bを参考に考えると，14Sドル＝Xドルであり，1ドル＝1.3Sドルに近づくとなると，Xドル（式Bの右辺）は10.253ドルよりも大きくならなくてならない．つまり，相場変動の大きい円，ユーロの比率が高くてはならない．

そこで，上の例を第1の場合とし，さらに3つの場合を考えてみよう（表10-12参照）．(2) の場合は，ドルの比率を一挙に20％に下げ，ユーロ，円の比率を25％に高めている．人民元は30％と変わらず．(3) の場合は，ドルの比率をさらに10％に下げ，人民元，ユーロ，円ともに30％としている．(4) の場合は，ドルはそのままの比率，人民元を20％に下げ，ユーロ，円を各35

表 10-12　通貨バスケット制と S ドルの各通貨に対する変動率[1]

(2010 年 6 月〜12 月)

	ドル %	ユーロ %	円 %	人民元 %	基準相場	現実の相場
(1) ドル(50%), 人民元(30%) ユーロ(10%), 円(10%)	−2.5	5.0	5.5	0.6	1 ドル= 1.366 S ドル	1 ドル= 1.30 S ドル
(2) ドル(20%), 人民元(30%) ユーロ(25%), 円(25%)	−5.0	2.7	3.1	−1.9	1 ドル= 1.333 S ドル	1 ドル= 1.30 S ドル
(3) ドル(10%), 人民元(30%) ユーロ(30%), 円(30%)	−5.9	2.0	2.5	−2.7	1 ドル= 1.323 S ドル	1 ドル= 1.30 S ドル
(4) ドル(10%), 人民元(20%) ユーロ(35%), 円(35%)	−6.3	1.5	2.0	−3.2	1 ドル= 1.317 S ドル	1 ドル= 1.30 S ドル

2010 年 6 月の相場：1 ドル=1.4 S ドル=6.8 元=90 円=0.82 ユーロ
2010 年 12 月の相場：1 ドル=1.30 S ドル=6.6 元=83 円=0.76 ユーロ
注：1) (−) は S ドルの上昇.
出所：筆者による作成.

% に高めている.

　さて，算定の経過を略して S ドルの各通貨に対する変動率を示したのが表10-12 である．同表をみると，「基準相場」が実際の相場に最も近いのは (4) の場合である．実際の相場が 1 ドル=1.3 S ドルであるのに対して，「基準相場」は 1.317 S ドルになっている．また，(4) の場合と図 10-4 の 2010 年後半期の事態とがほぼ照応している．S ドルのドルに対する相場は 6.3% の上昇, 人民元に対する上昇は 3.2% となり，ユーロ，円に対しては小さな下落となっている．10 年後半期以降（人民元のドル・ペッグは解除されている），人民元がドルに対してほとんど持続的にゆるやかに上昇（図 10-1）していることを睨みながら，シンガポール当局はドルに対して S ドルを人民元の対ドル上昇よりも高い率で高めているのである．このことは図 10-4 からも確認できる． 同図において S ドルの対ドル変動と対人民元の変動が同様になっているということは，S ドルの対ドル相場変動の方が人民元の対ドル相場変動よりも大きいことを示している．ドルに対する 2 つの通貨の変動が同じであるなら，図 10-4 における S ドルの人民元に対する変動がフラットになっているはずである．後掲図 10-8 の裁定関係からもこのことがいえる．A（ドルと S ドルの相場）が 6% 以上の変動であり，C（ドルと人民元の相場）が約 3% の変動（図 10-1）であるから，c（S ドルの人民元との裁定相場）は約 3% の変動となる

のである．

したがって，この時期，シンガポールが通貨バスケット制を運用しているとすれば（通貨バスケット制ではなく，管理された変動相場制の場合も考えられる），諸通貨の構成比率はかなり常識とは異なる比率となっている．相場変動の大きいユーロ，円の構成比率が人民元はもちろんドルよりも高くなっているのである．

(3) その他の東アジア諸国の通貨・為替政策

それでは他の東アジア諸国の通貨・為替政策はどのようなものだろうか．図10-5（07年7月～08年7月）をみられたい．この図はマレーシア中央銀行自身が作成したものである．マレーシアは中国が通貨改革を行なった05年7月21日にドル・ペッグ制から離脱している．それまでマレーシアは中国との競争を意識して中国と同じようにドル・ペッグ制をとってきたのである．図10-

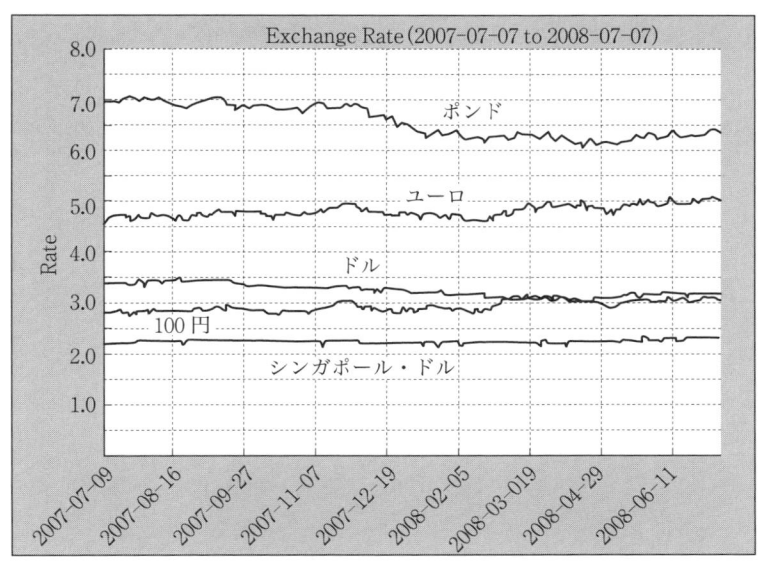

出所：http://www.bnm.gov.my/templates/bnm_statistic_chart.php?ch=12&pg=629&style=&show=(2008/07/07)

図10-5 マレーシア・リンギの主要通貨に対する相場変動（1）

5をみると，リンギはSドルに「事実上ペッグ」しているようである．また，主要先進国通貨に対しても安定していることが見て取れる．リンギが先進国諸通貨に対して安定しているというのは，リンギがSドルに「ペッグ」し[11]，シンガポールが通貨バスケット制を安定的に運用しているからであると考えられる．

しかし，マレーシア中央銀行は残念ながら図10-5にリンギの人民元に対する変動は示していない．そこで，マレーシア中央銀行が公表している為替相場（本章では中間相場を採用）からリンギのSドルおよび人民元との相場変動率

表 10-13 マレーシア・リンギのシンガポール・ドルと人民元に対する変動の推移[1]

(%)

	対シンガポール・ドル	対人民元		対シンガポール・ドル	対人民元
08年3月4日	−0.00092	0.00289	08年4月7日	−0.00017	−0.00044
5日	0.00187	0.00290	8日	−0.00082	0.00000
6日	0.00249	0.00402	9日	0.00091	0.00132
7日	−0.00228	−0.00158	10日	−0.00425	0.00814
10日	−0.00852	−0.00851	11日	−0.00168	0.00089
11日	0.00139	−0.00044	14日	−0.00151	−0.00289
12日	0.00421	0.00555	15日	−0.00283	−0.00044
13日	0.00301	0.00513	16日	−0.00009	0.00000
14日	−0.00218	−0.00292	17日	−0.00064	0.00221
17日	−0.00362	0.00694	18日	0.00227	0.00177
18日	−0.00039	0.00267	21日	0.00167	0.00244
19日	0.00274	0.00134	22日	−0.00077	0.00089
21日	−0.00096	−0.00960	23日	0.00065	0.00067
24日	−0.00091	−0.00221	24日	0.00164	0.00134
25日	−0.00361	−0.00154	25日	0.00030	−0.00290
26日	0.00126	0.00396	28日	0.00116	−0.00067
27日	−0.00455	−0.00663	29日	−0.00108	−0.00155
28日	−0.00281	−0.00439	30日	0.00000	−0.00022
31日	0.00551	0.00656	5月2日	−0.00086	−0.00288
4月1日	0.00108	0.00242	5日	−0.00116	−0.00044
2日	0.00078	−0.00132	6日	0.00211	0.00354
3日	−0.00026	−0.00110	7日	−0.00078	−0.00133
4日	0.00000	−0.00110	8日	−0.00600	−0.01529
			9日	−0.00124	0.00000

注：1) 当日の前日に対する相場の変化（前日相場−当日相場）÷前日相場
出所：マレーシア中央銀行より．
 http://www.bnm.gov.my/index.php?ch=12&pg=629&lang=en&StartMth=3&StartYr=2008&EndMth=5&EndYr=2008&session=1200&pricetype=Mid...　2008/05/21

を筆者が作成し，示したのが表10-13である．当日の前日からの為替相場の変化率を小数点以下5桁で表示している．この表によると，08年3月上旬以来の5月中旬までの47日の取引のうち34日の取引においてリンギは人民元よりもSドルに対して変動率が小さい．つまり，リンギは人民元よりもSドルに対してより強く連動している．リンギは図10-5のようにSドルに「ペッグ」しているのである．しかし，47日の取引のうち13日の取引ではSドルよりも人民元に対して変動率が小さくなっている．これは何故であろうか．マレーシア当局が独自にリンギを人民元に連動するように為替操作しているのであろうか．

　現実の外為市場ではリンギと人民元の直接取引はほとんどない（第1節参照）．マレーシア当局が為替市場介入を行なって直接に相場を誘導できるのはドルとリンギの相場のみである．Sドルとリンギの相場でさえ，ドルとSドルの相場を前提にドルとリンギの相場を誘導して図10-5に示されているようなリンギのSドルへの「ペッグ」を作り出しているのである．マレーシア当局がドルとリンギの相場を動かしながら，リンギとSドルの相場およびリンギと人民元の相場の2つを同時に監視するのは困難である．リンギがSドルに対しては上昇し人民元に対しては下落している日がある――その逆の日もある．リンギの人民元に対する変動率がSドルに対するよりも小さくなるのは，マレーシア当局のドルとリンギの相場操作後，何らかの意図しない諸要因が重なり生じたものであって，マレーシア当局が日々，リンギをSドルと人民元の2つの通貨に対して連動させているのではないであろう．今日はSドルに対して，明日は人民元に対してリンギを連動させるというように連動対象を頻繁にかえるということは事実上出来ない．マレーシア当局がリンギをSドルに「ペッグ」していても，何らかの要因によって，結果的に人民元へ連動するようになるときがあるのであろう．マレーシア中央銀行が図10-5を作成していることもその意図がうかがわれる．図10-5は07年7月からの1年になっているが，10年以後も同じである（図10-6）．

　次にタイ・バーツをみよう．タイ当局も自国通貨（バーツ）をSドルに連動するように為替相場政策を実施してきたといえるであろう．ただ，統計上はそのことが明瞭ではなく，Sドルと人民元の2つの通貨に対して為替操作を行

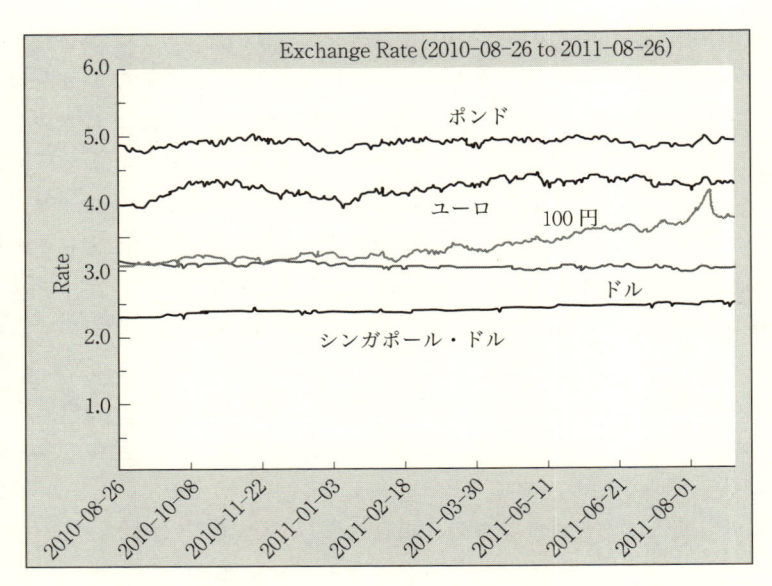

出所: http://www.bnm.gov.my/templates/bnm_statistics_charting.php?ch = 12&pg = 629（2011年8月26日）

図10-6 マレーシア・リンギの主要通貨に対する相場変動（2）

なっているように見える．というのは，統計上，タイ・バーツとＳドルの連動性とタイ・バーツと人民元の連動性はほぼ同じぐらいの水準をもっているからである．タイ中央銀行（Bank of Thailand）の為替相場の統計（中間相場）をもとに，バーツのＳドル，人民元に対する当月相場の先月相場に対する変動率[12]を示したのが表10-14である．これによると，タイ・バーツの変動率は2年間（24カ月）のうち13カ月，Ｓドルに対する方が小さく，11カ月，人民元に対する方が小さくなっている．したがって，バーツの2つの通貨に対する連動性の水準はほぼ同じとみてよい．

しかし，タイ当局はマレーシア当局とほぼ同じように，バーツのＳドルへの連動性を強めればバーツの人民元との連動性が強まることを認識し，バーツのＳドルへの連動性を維持するべく為替操作を行なっているものと思われる．タイ当局が2つの通貨に対して同時に監視し，ほぼ同じような連動性を維持することの困難性はリンギの場合と同じである．

タイ・バーツのＳドルへの連動性について詳しくみてみよう．バーツの対Ｓドル相場，対人民元相場は，それら3通貨の対ドル相場から算定される裁定相場である．つまり，バーツの対ドル相場変動とＳドルの対ドル相場変動が同様であれば，バーツの対Ｓドル相場は同じように変動し，変動幅は小さくなる．そこで図10-7を示そう．この図はＳドル，バーツ，人民元の対ドル相場の月々の変動率——(前月相場－当月相場)÷前月相場——を表わしている[13]．2005年末から2010年はじめの時期を以下の3つの期間に分けて論じよう．1) 05年末から08年2月，2) 08年3月から09年3月，3) 09年4月から10年3月，である．

05年末から08年2月まで，バーツの対ドル相場の変動率の変化はおおよそＳドルの対ドル相場の変動率の変化に照応している．2つの折れ線グラフの山と谷がこの期間ほぼ同様に変化している．ただし，バーツの対ドル相場の変化が1カ月遅れることがある．それがはっきり出ているのは06年の秋から年末である．Ｓドルの方は06年9月から10月にかけて山になっているのに対して，バーツの方は10月から11月にかけて山になっている（このことの意味については後述）．06年1月から08年2月の間に2つの変動率が対

表10-14 タイ・バーツのシンガポール・ドル，人民元に対する相場変動[1]

(%)

	対シンガポール・ドル	対人民元
2006. 5	−0.01553	−0.00299
6	−0.00011	−0.00984
7	0.00529	0.00688
8	0.00450	0.00730
9	0.00712	0.00068
10	0.00274	−0.00136
11	0.00730	0.01627
12	0.00930	0.01458
2007. 1	−0.00575	−0.00809
2	0.00375	0.00193
3	0.01327	0.01680
4	−0.00117	0.00324
5	0.01251	0.00120
6	0.00995	−0.00475
7	0.01210	0.01800
8	−0.00944	−0.01491
9	−0.00906	−0.00936
10	−0.02866	−0.00033
11	−0.00512	−0.00235
12	0.00766	−0.00171
2008. 1	0.00244	−0.00175
2	0.00346	0.00708
3	0.01748	0.02257
4	−0.02020	−0.01492

注：1) (前月相場−当月相場)÷前月相場
出所：Bank of Thiland (http://www2.bot.or.th/statistics/ReportPage.aspx?reportID＝123&language＝eng (08年7月13日) より．

応していないのは07年の5月である．07年夏から秋にも対応していないように見えるが，これは2つの理由によってそのように見えているのである．1つの理由はバーツの対ドル変動率の山が小さいということ，もう1つの理由は山

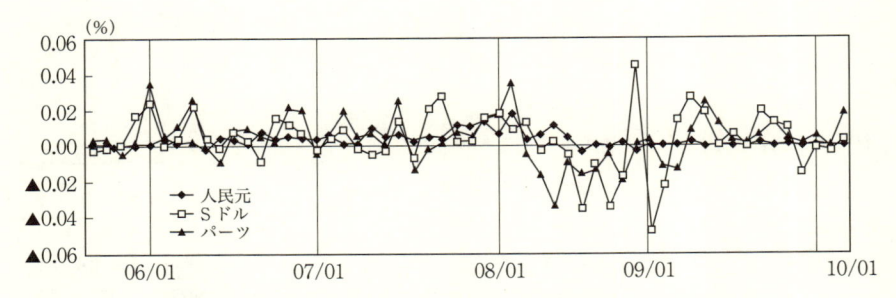

注：1）（前月の相場－当月の相場）÷前月の相場．（＋）は各通貨の対ドル相場が上昇．
出所：人民元相場は Searchina，シンガポール・ドル相場は MAS：Financial Database，バーツ相場は Bank of Thailand より筆者作成．

図 10-7　各通貨の対ドル相場の月々の変動率[1]

から谷への変化においてバーツが１カ月遅れているということである．したがって，07年夏から秋にかけての２つの変化は基本的にはずれているのではないだろう．しかし，サブプライム・ローン問題が顕在化し，07年秋にＳドルの対ドル相場がかなり大きく上昇していることがこの図からも知れる．

　他方，この期間，バーツの対ドル相場の変動率の変化は人民元の対ドル相場の変動率の変化とはあまり照応していない．また，人民元の対ドル相場の変動率自体が小さい．ということは，バーツは人民元との連動性が弱く，Ｓドルとの連動性が強いということを意味する．このことは裁定相場の関係を示した図10-8からも論理的に確認できる．同図においてＡとＢが同じように変動すれ

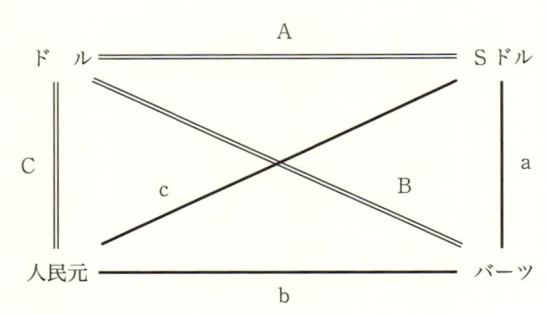

出所：筆者の作成．

図 10-8　３通貨の裁定相場

ば，aの相場変動は小さく，BとCの連動が小さければbの相場変動は大きくなる．タイ当局はドル/Sドル相場の変化に照応するようにドル/バーツ相場を操作しており（図10-7においてバーツの変化がときにSドルに1カ月遅れるのはこの理由による），それによってSドル/バーツ相場を安定させ，Sドルと人民元が安定しているから（図10-4），そのことを通じてバーツ/人民元相場をも迂回的に安定させているのである．

　しかし，08年3月以降バーツの対ドル変動率とSドルの対ドル変動率は十分には照応しなくなった．山と谷は大きくみれば照応しているが，変動率自体が大きいものになっている．バーツの対ドル相場の変動率が3月から6月にかけて大きくなり，次いでSドルの対ドル相場の変動率も8月から大きくなっている．他方，08年9月以降人民元は事実上ドルにペッグされている．Sドルの人民元の連動性は08年8月まで基本的に続くが，08年3月から09年3月までバーツのSドルとの連動性は弱くなっている（後述）．

　その後，09年春から10年春にかけてSドルの対ドル相場の変動率とバーツの対ドル変動率が，つまり2つの変動率の山と谷が1カ月のズレを伴いながら照応してきている．1カ月のズレは06年にもみられたものであるが，それはタイ当局がドル/Sドル相場をみながら，ドル/バーツ相場を操作しているからと考えられる．09年春から10年春にかけてSドルとバーツの連動性の強さが復活してきたと言えよう．他方，人民元の方は依然としてドルへのペッグが続いており，この期間，シンガポール当局がSドルの対ドル相場を安定させ（図10-4），その結果，Sドルと人民元も安定する状態になっている（図10-4においてドルと人民元の山と谷が同じように変動している）．Sドル/人民元相場が安定するのであるから，バーツ/人民元相場も間接的に安定状態になっていく．

　そのことは図10-8からも論理的に明らかである．Sドル/バーツの相場，人民元/バーツの相場，人民元/Sドルの相場は裁定相場である．図10-8において，a, b, c, A, B, Cは各相場の変動率である．AとBが同様に変化しているから（A≒B），$a<A$, $a<B$である．人民元がドルにペッグしており，$C=0$であるから，$A=c$, $B=b$である．それゆえ，$a<B=b$, $a<A=c$, つまり，aはb, cよりも小さく，Sドル/バーツの相場は，人民元/バーツの相

場，Sドル/人民元の相場よりも強く連動していることになる．

以上に述べてきたように，06年以降タイ当局は基本的にバーツのSドルとの連動性を維持するように為替操作を行ない，迂回的にバーツの人民元との連動性も維持させてきているのである．ただし，08年3月から09年3月の期間はバーツのSドルに対する連動性は弱くなっている．

それでは，リンギ，バーツ以外の他の東アジア諸通貨はどうであろうか．煩雑になるからバーツの分析のように詳細は論じられないが，表10-15によって，

表 10-15　Sドルの各通貨に対する相場変動率[1]

(%)

	ドル	円	人民元	マレーシア・リンギ	タイ・バーツ	フィリピン・ペソ	インドネシア・ルピー	台湾ドル	韓国ウォン
2007. 1	-0.0022	0.0190	0.0417	-0.0106	-0.0075	-0.0053	0.0084	-0.0094	0.0109
2	0.0041	-0.0221	-0.0005	0.0052	-0.0070	-0.0017	0.0135	0.0037	0.0018
3	0.0088	0.0033	0.0076	-0.0055	-0.0027	0.0015	0.0028	0.0126	0.0092
4	-0.0017	0.0129	-0.0046	-0.0114	-0.0087	-0.0165	-0.0061	0.0053	-0.0124
5	-0.0053	0.0103	-0.0132	-0.0124	-0.0085	-0.0322	-0.0365	-0.0157	-0.0055
6	-0.0031	0.0129	-0.0070	-0.0129	-0.0066	-0.0040	0.0234	-0.0067	-0.0085
7	0.0136	-0.0233	0.0070	0.0135	-0.0071	-0.0062	0.0287	0.0130	0.0073
8	-0.0071	-0.0296	-0.0100	0.0066	0.0079	0.0224	0.0164	-0.0008	0.0140
9	0.0207	0.0115	0.0169	-0.0035	0.0187	-0.0173	-0.0069	0.0118	-0.0025
10	0.0280	0.0237	0.0212	0.0060	0.0206	0.0005	0.0225	0.0180	0.0117
11	0.0024	-0.0374	-0.0082	0.0074	-0.0021	-0.0259	0.0316	-0.0022	0.0262
12	0.0032	0.0176	-0.0077	-0.0125	-0.0019	-0.0276	0.0047	0.0092	0.0154
2008. 1	0.0158	-0.0355	-0.0010	-0.0055	-0.0037	0.0016	0.0061	0.0071	0.0260
2	0.0180	0.0027	0.0091	0.0034	-0.0157	0.0130	-0.0073	-0.0280	0.0100
3	0.0093	-0.0393	-0.0051	0.0096	0.0032	0.0393	0.0260	-0.0011	0.0640
4	0.0130	0.0530	0.0107	0.0030	0.0200	0.0251	0.0147	0.0142	0.0223
5	-0.0024	0.0105	-0.0103	0.0241	0.0193	0.0330	0.0070	-0.0035	0.0213
6	0.0026	0.0097	0.0102	0.0097	0.0343	0.0274	-0.0078	0.0009	0.0195
7	-0.0044	0.0121	-0.0075	-0.0058	-0.0041	-0.0198	-0.0161	0.0048	-0.0368
8	-0.0354	-0.0248	-0.0365	0.0041	-0.0157	0.0027	-0.0315	-0.0064	0.0370
9	-0.0109	-0.0581	-0.0097	0.0084	-0.0150	0.0181	0.0189	0.0127	0.0952
10	-0.0344	-0.0945	-0.0354	-0.0039	-0.0055	0.0014	0.1111	-0.0182	0.0178
11	-0.0179	-0.0525	-0.0189	-0.0024	-0.0053	-0.0200	0.0825	-0.0017	0.1072
12	0.0451	-0.0067	0.0440	0.0026	0.0282	0.0199	-0.0617	0.0296	-0.1065

注：1)　(前月相場－当月相場)÷前月相場．(＋)はSドルの上昇．
出所：MAS, Financial Databases より．

ドル，円，その他の東アジア諸通貨とＳドルとの相場変動率——（期初相場－期末相場）÷期初相場——を示そう．Ｓドルのドルに対する変動率は 07 年 1 月から 08 年 7 月まで小数点第 3 位から値が出る月が多い．つまり，Ｓドルはドルに対して安定しているのである．しかし，08 年 8 月からリーマン・ショックの影響で変動率が大きくなっている．円に対する変動率は 07 年 1 月から 08 年 12 月までのほとんどの月で小数点第 2 位から値が出ており変動率が大きい[14]．

　Ｓドルの人民元に対する変動率はリンギ，バーツと並んで小数点第 3 位で値がでてくることが多く変動が小さくなっているが，08 年 8 月からドルとほぼ同じ変動率になっている．人民元がドルにペッグされているからである．円以外のアジアの諸通貨に対しては，この間の多くの月で小数点第 3 位から値が出ており変動率が小さく，円以外のアジア諸通貨の間でほぼ「連動性」があることを示している．とくに，リンギや人民元，バーツ，台湾ドルでは小数点第 3 位で値が出ていることが多い．リンギ，バーツ，台湾ドルはリーマン・ショックの 08 年 9 月以降もＳドルに対する変動率はあまり大きくなっていない．リーマン・ショック時にも連動性が基本的には維持されていると考えられよう．

　インドネシア・ルピーはリンギ，バーツ，台湾ドルほどＳドルとの連動性は強くないが，小数点第 3 位に値が出ることがあり，連動性が確認できよう．しかし，08 年 7 月ごろから変動率が大きくなって連動性がかなり弱くなっている．フィリピン・ペソはときに小数点第 3 位で値が出ることもあるが，小数点第 2 位で値が出ることがやや多くＳドルとの連動性についての評価はやや難しいがおおよそ連動性の周辺にあるものとみてよいだろう．リーマン・ショック時にもＳドルに対する変動は大きくなっていない．このことからもそのようにいえる．韓国ウォンは小数点第 3 位で値が出ている月もあるが，ほとんどが小数点第 2 位で値が出ている．したがって，Ｓドルとの連動性は弱いものと考えられる．しかも，08 年 8 月以降ほとんどの月で小数点第 2 位に値が出ており連動性から離脱しているとみられる．したがって，人民元に対する連動性も弱いはずである．韓国は中国との産業構造の違い（むしろ日本との産業構造に近くなって）から人民元との連動性をあまり意識しなくなったと考えられる．

かくして，通貨バスケット制を採用しているシンガポール当局が，本制度を成功裏に運用していること，Ｓドルを人民元に対して強く連動させていること，この２つを理由に，マレーシア，タイ，台湾，次いで，フィリピン，インドネシアがＳドルに連動させる為替政策を採用しており，それらの通貨も人民元との連動性が存在するようになっていると考えられる．

さらに，以上の諸通貨のＳドルに対する変動率の変化をいくつかの時期に区切ってみたのが表10-16である．06年1月〜08年3月（①欄）をみると，Ｓドルはリンギ，バーツだけでなく，インドネシア・ルピー，フィリピン・ペソとも変動率が小さく，人民元との変動率も小さくなっていることがわかる．すなわち，Ｓドルと東アジア諸通貨の間の相場変動が小さくなり（Ｓドルと東アジア諸通貨の連動性が維持され），そのＳドルと人民元が連動しているのである．日本を除く東アジア全体での「為替相場圏」のようなものが形成されていることが改めて確認できる．

しかし，この期間では台湾ドル，韓国ウォンの変動率は大きくなっている．そこで，②欄（06年1月〜07年8月——Ｓドル，バーツの対ドル相場変動率がより強く照応していた時期）をみると，韓国ウォン，台湾ドルもＳドルに対する相場の変動率が小さいことがわかる．韓国ウォンは06年1月から07年夏まではＳドルと同様に変動していたが，その後，Ｓドルとの「連動性」がなくなっているものと考えられる．さらに，07年8月から08年8月（サブプ

表10-16　Ｓドルの諸通貨に

	ドル	円	人民元	マレーシアリンギ
① 2006.1〜2008.3	0.1505	0.0115	0.0238	0.0012
② 2006.1〜2007.8	0.0694	0.0636	−0.0015	−0.0039
③ 2007.8〜2008.8	0.0699	0.0083	−0.0263	0.0040
④ 2008.3〜2009.3	−0.1011	−0.1184	−0.1301	0.0421
⑤ 2009.3〜2010.6	0.0777	−0.0241	0.0720	−0.0326
⑥ 2010.6〜2011.8	0.1404	0.0059	0.0848	0.0614

注：1)　各通貨＝○○Ｓドル．
　　2)　（各期間の期初相場−期末相場）÷期初相場．
　　　　（＋）はＳドルの上昇．
出所：表10-15と同じ．

ライム・ローン問題の顕在化からリーマン・ショックの直前——③欄）をみると，台湾ドルは上の「相場圏」に入っていること，韓国ウォンが「相場圏」から離れていることがわかる．

次に，08年3月から09年3月（リーマン・ショックの時期を含む——④欄）をみると，人民元の変動率は大きくなり（08年9月に再び人民元はドル・ペッグに），韓国ウォン，インドネシア・ルピーにも大きな変動率が出ている．しかし，リンギ，バーツ，台湾ドル，フィリピン・ペソには大きな変動率は出ていない．リーマン・ショック時においても前述の「為替相場圏」は維持されているが，人民元はドルにペッグすることによりその相場圏から離れており，韓国ウォン，インドネシア・ルピーも離れている．

09年3月から10年6月（人民元のドル・ペッグの時期——⑤欄）をみると，ドルと人民元の変動率はほぼ同じ7％台であり，インドネシア・ルピーには大きな変動率が示されているが，リンギ，バーツ，フィリピン・ペソ，台湾ドルでは小さな率が示されている．人民元，韓国ウォン，インドネシア・ルピーを除いた「為替相場圏」が維持されている．さらに，人民元がドルへのペッグから離れた10年6月から11年8月（⑥欄）をみると，東アジア諸通貨は韓国ウォンを除いて，人民元も含め変動率が5％弱～8％強の幅で推移している．「為替相場圏」が維持されており，人民元も結果的にそれに加わるかたちとなっている．

対する相場[1]の変動率[2]

(％)

タイ バーツ	フィリピン ペソ	インドネシア ルピー	台湾 ドル	韓国 ウォン
−0.0499	−0.0681	0.0173	0.1049	0.1692
−0.0639	−0.0524	0.0666	0.0910	0.0311
0.0658	0.0536	0.0439	0.0246	0.1968
0.0226	0.0511	0.1246	0.0140	0.2115
−0.0098	0.0387	−0.1779	0.0267	−0.0420
0.0711	0.0577	0.0854	0.0471	0.0131

以上のように，05年7月に人民元の改革が行なわれ，同時にマレーシア・リンギもドルへのペッグを解消し東アジアの全通貨が「ドル・ペッグ制」から離れて以後，東アジアにおいてSドルを軸に人民元も加わる事実上の「為替相場圏」（最初から日本は含まれず）が形成されてきた．筆者は以前には東アジア諸通貨が個々に人民元へ連動性する姿を想像していた．つまり，ドルと人民元の相場を前提に各国ごとにドルを利用しながら自国通貨の人民元相場を操作し実現させているものと考えていた．しかし，事実はそうではなく，Sドルの「独自の役割」があることが以前の拙論[15]の執筆の中でわかってきた．

　以前の拙論をふまえ本章で明らかにしてきたSドルを軸とするゆるやかな「為替相場圏」の事実を解明しないまま，人民元との相場変動の連動性が強くなっている東アジア地域を「人民元圏」と呼んでいる論者がいるが，「人民元圏」と言う表現は誤解を生むであろう．連動性はSドルを仲介に維持されているのであり，また，人民元が貿易，投資において利用されている度合いは高くないし，ましてや介入通貨，準備通貨として使われているわけでもない．さらに，以前の節でもみたように世界の外為市場では人民元はまだマイナーな通貨である．かくして，人民元の国際化はこれまで大きく進展してきたとはいえないだろう．東アジアの諸通貨がSドルを仲介に人民元との相場の連動性を成立させているのである．

おわりに：東アジアにおける通貨協力の展望

　2006年はじめ以降，Sドルを軸とするゆるやかな「為替相場圏」が東アジアにおいて形成され，維持されてきたということは，2000年代の初めから中期にかけて多くの論者が主張していた「共通通貨バスケット制」が不十分ながらも，なかば事実上形成されてきているということであろう．日本はこの「為替相場圏」から除外されているが，人民元と東アジア諸通貨がドルに対して安定していることは日本にとっても好ましいことであり，日本が孤立しているという状況では必ずしもないであろう．さらに，人民元がドルに対して漸次的に上昇してきており，それに伴って東アジア諸通貨もドルに対して上昇してきているから円のアジア諸通貨に対する相場上昇も09年ごろまでは抑制されてき

た．

　さて，東アジア各国がそれぞれ「通貨バスケット制」を設立し，それらが順調に進展していけば，次はそれらの「共通化」，つまり，「共通通貨バスケット制」への移行，さらには「共通通貨単位」の形成から「アジア共通通貨制」の創造というシナリオが論じられることがあった．しかし，個々の国が通貨バスケット制を個別に実施していくことは，東アジア諸通貨間の相場に「齟齬」を生み出し，かえって柔軟性を失わせることになったのではないだろうか．むしろ，Ｓドルに連動していく方が他の東アジア当局にとっては為替操作上容易であろう．また，シンガポールの通貨バスケット制自体も，そもそも厳密に運用されてきただろうか．バスケットの構成と諸通貨比率は公表されていないばかりか，構成と諸通貨比率が設定されたとしても，本文でみたようにＳドルの対ドル「基準相場」からいく分離れた相場へ誘導することもありえたのである．通貨バスケット制というのはそうした制度なのである．

　したがって，東アジア各国がそれぞれ「通貨バスケット制」を設立し，その後「共通通貨バスケット制」へ移行していくというシナリオも，「共通通貨バスケット制」が現実の運用では柔軟性を欠くものとなり，しかも，バスケットを共通化するには国際間の「合意」が必要であり各国の主権を縛るものであるから，合意に至る可能性は乏しいのではないだろうか．中国は「独自の為替政策」を放棄して「共通通貨バスケット制」へ移行していく意思をもっているだろうか．それが疑問だとすると，ゆるやかな「為替相場圏」に東アジア各国が「柔軟性」をもって加わることで「共通通貨バスケット制」の実を獲得していくことが現時点では現実的といえよう．

　それ故，今後の東アジアにおける「通貨協力」といっても，ゆるやかな「為替相場圏」の形成という現実から議論を行なう必要があろう．シンガポール当局が自国通貨を人民元に対して安定させることに成功しているのは，中国当局が人民元のドルへの「安定」を図ってきたからであるが（人民元の漸次的上昇），人民元の安定は中国の２つの黒字（経常収支と資本収支）のもとで，大規模な為替介入によって保障されてきたのである（そのことで2010年までは日本による為替介入の負担も軽減されてきた）[16]．ゆるやかな「為替相場圏」が中国による膨大なドル準備の累積の上に成り立っているものであるから，ド

ル準備の累積に中国が不合理を感じない限り，ゆるやかな「為替相場圏」に代わる直接的な通貨協力の機運は高まらないだろう．換言すれば，ドル準備の累積に伴う矛盾の「解決」が中国1国で可能ならば，東アジア全体での「通貨協力」の動きは出てこないだろう．ドル準備の累積の「解決」が中国1国で不可能であり，「ドル圏」に属している東アジア全体での「解決」が必要とわかれれば，中国は「通貨協力」に乗り出してくるだろうし，その場合には各国による相応の負担がかかってこよう．しかし，現時点では，どのような通貨・為替制度の協力が行なわれるのか，予想できる状況ではないだろう．

注
1) 2004年における環太平洋地域における外為市場における状況については以下の拙稿を参照されたい．「環太平洋地域における外国為替市場」『立命館国際研究』19巻1号，2006年6月．この論文は拙書『円とドルの国際金融』ミネルヴァ書房，2007年，第10章に収められている．また2007年については拙稿「東アジアの通貨・為替制度と人民元——東アジアにおける「通貨協力」の現実性」『立命館国際研究』21巻2号，2008年10月をみられたい．
2) 2007年について，前掲拙稿「東アジアの通貨・為替制度と人民元」第1表をみられたい．
3) 07年に，アメリカ市場での人民元の取引（対全通貨）が直物で2億ドル，先物が7億ドル，スワップが1億ドルにのぼっており（前掲拙稿「東アジアの通貨・為替制度と人民元」，第2表），そのほとんどが対ドル取引と考えられる．10年にはアメリカ市場でのドル/人民元の取引はやや減少気味である．
4) これらの相場変動は07年6月から07年12月にかけての相場変動に照応している．
5) 国際通貨研究所『通貨バスケット制実施国の実態調査』（財務省委託研究），2001年2月，10ページ．
6) 2001年ごろのシンガポールのバスケットについては，シンガポールの金融機関や研究機関は次のように推測していたという．ドル45％，円20％，ユーロ15％，その他20％．なお，「その他」の中には人民元も含まれるという．前掲国際通貨研究所『通貨バスケット制実施国の実態調査』17ページ．
7) 07年6月末の現実に近い相場である．
8) 07年12月末の現実に近い相場変動．
9) いずれもほとんど現実の相場である．
10) 「通貨バスケットの基準相場」を実際の相場に近づけるために，ユーロ，円の構成比率を28％にすることが考えられるが，端数の入ったバスケットを構成して，どれだけ意味のある通貨バスケット制になるだろうか．厳格すぎる運用，それ自体が難しいのであるから．

11) リンギがＳドルにペッグしているという表現は慎重さが必要である．というのは，リンギとＳドルのインターバンク取引はほとんど行なわれていず，両通貨の相場は，ドルと２つの通貨の相場から導き出された「裁定相場」であるから．マレーシア当局はドルとＳドルの相場を注視しながら，ドルとリンギの相場を，ドルを使って変動させて，結果的にリンギをシンガポール・ドルに「ペッグ」させているのである．
12) (先月相場－当月相場)/先月相場．（＋）はバーツが上昇．
13) （＋）は各通貨の対ドル相場が上昇．
14) バスケットにおける円，ユーロの比率と変動率は照応しない．前にみたように，円，ユーロのバスケットにおける比率が高くてもＳドルのそれら通貨に対する相場変動は大きい場合がある．
15) 前掲拙稿「東アジアの通貨・為替制度と人民元」『立命館国際研究』21巻2号，2008年10月．
16) 日本の当局による為替市場介入は04年3月から10年9月まで実施されていない．

あとがき

　本書を閉じるにあたって，最後に2つのことを簡単に触れておきたい．1つはドル危機，ドル体制の後退についてであり，もう1つはユーロ地域の危機についてである．

　前者のドル危機については第4章の末尾に簡潔に記したが，もう少し述べておきたい．米経常赤字がファイナンスされる条件は，$(b_1+b_2)=(\beta-\alpha)+(m_1+m_2)+(d+X)$ であった（米の経常赤字は全てドル建としてこの式が成立）．2006年のように米経常赤字の額が増加するだけではドル危機は生じない．対米投資に有利な状況があり，債務決済が順調に進行して m_1 が小さく，外貨をドルに換えての対米投資（b_1）が一定額にのぼる環境にあればドル危機は生じない．したがって，米経常赤字のファイナンスの持続性は，単にその赤字額の増大ではなく，それがどのようにファイナンスされるかという視点で検討される必要がある．逆に，世界的にドル建貿易の額が少なくなり，債務決済できる額が小さくなったり，対米投資に魅力が乏しくなって b_1 が小さくなったり，m_1 が増大すれば，より少ない経常赤字額でもドル危機は生じうる．

　上述のファイナンスの条件を表わす式でイコールが成立するまでに一定期間がかかろう．その期間にドル危機的な状況（＝ドル相場の大幅下落）が発生する可能性がある．$(\beta-\alpha)$ が増大するのに b_1 が急激に縮小し，m_1，d が一挙に増大していけばファイナンスは難しくなる．ドル下落が続けば，数カ月以上の外貨をドルに換えての投資（b_1）はさらに減少し（為替リスクの発生のために），m_1，d を増大させるであろう．その事態はさらなるドル相場の下落をきたし，b_2 が増大せざるをえなくなろう（EUはほとんど為替介入を行なわないから b_2 の大部分は日本の当局の為替介入による）．さらに米当局による公的準備資産を使ったドル支持が必然となろう（準備資産等の減少，Xのマイナス）．しかし，米は多くの公的準備資産をもっていないから先進諸国の中央銀行とスワップ協定を結ぶか，IMF資金を利用することになろう．

他方，$(\beta-\alpha)$ が縮小し，それに応じて b_1 が少なくなっていっても，m_1, m_2 が急増しなければ，ゆるやかなドル安が生じつつもドル危機状況は発生しない．また，欧州危機などにより d がマイナスになれば，ドル危機は発生しないであろう．

どちらのシナリオになっていくのかは，この式からは判断できない（この式は「恒等式」）．ドル危機が生じないということも出来ないし，ドル危機が必然だともいえない．しかし，この式によってどのような状況になれば米経常赤字のファイナンスは困難をきたすかということがより明確に知りうるであろう．また，この式は，米経常赤字がすべてドル建であったとしたうえでの式であるが，ドル以外の通貨での米経常赤字が増大すれば，債務決済額が減少し，より少ない経常赤字額でもドル危機が生じうる．

次に，ドル体制の後退とはどのような事態であるかについて述べておきたい．ドル体制とは「はしがき」においても記したようにドルが基軸通貨（為替媒介通貨，基準通貨，介入通貨，準備通貨等の国際通貨の諸機能をあわせもつ通貨）として機能し，そのドルで短期，中長期の国際貸借関係（国際信用連鎖）が形成され，構築されている国際通貨，国際金融の体制である．ユーロが登場する以前には全世界的にほぼドル体制が構築されていた．しかし，ユーロの登場によって，ロシアを除くほぼ欧州全体がドル体制から離脱していった．今後は東アジアが焦点となろう．東アジアにおいてドル体制が不合理であると認識され，ドル体制に代わりうる通貨体制の展望とそれを実現しうる諸条件が醸成されてくれば，ドル体制は後退していかざるを得ない（後述）．

また，ドル危機的な状況が継続すれば，ドル体制は後退していくであろう（一挙に以下のような事態は進まないであろうが，徐々に進展するものと考えられる）．第1に，ドル危機的な状況が持続すれば，世界のドル建貿易額が減少していき，債務決済額が縮小していくであろう．中東，ロシア等の石油，天然ガス等の取引が，一部，ユーロ建，円建等で行われるようになり，米の工業製品の輸入が現在以上にユーロ建，円建等になっていけば，債務決済の額は減少していく．アメリカのドル以外の通貨での貿易赤字が増大し，経常赤字のファイナンスはより困難になっていく．

第2に，ドル建投資の魅力が少なくなる，あるいは，ドル建投資によって損

失が発生する事態（米国債の格付の引き下げなど）になれば，世界的な分散投資が増大していくであろう．アメリカから債務決済を受けている「その他」諸国（EU・日本以外の）は，債務決済額のうち m_1 を増大させるだろう．また，EU・日本などはユーロ，円，ポンドをドルに換えての対米投資を減少させるだろうし，各国のドル建対米投資のためのドル建借入（「ドル―ドル」投資）も減少していき，世界的なドル信用連鎖の縮小が進行する．

　以上のような世界のドル建貿易額の縮小とドル建対外投資の減少は，外為市場でのドル取引を減少させ，その結果，ドルの為替媒介通貨としての地位が低下していくだろう．さらに，「共通通貨バスケット制」，ACU の創設など（かなり先のこと）の東アジアでの通貨協力が進展していけば，ドルの基準通貨としての地位が後退し，ドルの準備通貨としての地位も低下していく．この事態が生まれれば，アメリカ経常赤字のファイナンスは困難をきたすであろう．

　それでは，東アジアで通貨協力が一挙に進むであろうか．そのようには思われないが，以下の事態は通貨協力の機運を高めよう．中国の経常黒字の継続によってドル準備が累積的に増大していくが，ドル相場の下落が進めばその運用が難しくなろう．中国はドル準備増の負担の軽減化を図ろうとせざるをえない．その主要な一方策は東アジアでの通貨協力によってドル準備増の負担を東アジア全体での負担とすることである．それが，東アジアでのドル体制を後退させていくものと考えられる．しかし，現時点では，東アジアで通貨協力の筋道ははっきりしない．

　さて，本書では執筆時期の関係で分析対象をほとんど 2010 年までに限定せざるを得なかった．また，対象をユーロ体制の成立に力点を置いたことから，ヨーロッパ危機の推移については十分に言及できなかった．そこで，簡単にユーロ地域の危機について簡単に言及しておきたい．

　リーマン・ショックの影響がなくならないうちにギリシャの財政状況が明るみになって，以後，ヨーロッパ金融危機の嵐が吹き荒れている．危機は 2011 年秋からギリシャからイタリア，スペインに及び，さらにはドイツ国債の応募にも「札割れ」状況が現出し，ヨーロッパ全体に及んできている．今後，通貨統合のあり方が再検討されなければならないし，ヨーロッパ危機の世界経済への影響が検討されなければならない．

通貨統合のあり方に関しては，以下のことが問われなければならないだろう．経済力がドイツ，フランスなどよりも劣るギリシャ，スペインなどがユーロへ参加することにより，それらの国も基軸通貨国になった．為替相場，短期金利においてギリシャ，スペインなどとドイツ，フランスが同水準になったのである．ユーロ相場は統合されなかった場合に想定されるマルク相場よりも安く，リラ，ペセタ，ドラクマなどの相場よりも高く推移し，ドイツの経常黒字を，ギリシャ，スペインなどの経常赤字を生み出した．また，ギリシャ，スペインなどへドイツ，フランスから大量の資金が流入する諸条件が作られた．それは，アジア通貨危機前の東アジア諸国における対外金融取引の自由化に相当するものであった．

　ユーロ建の経常収支のアンバランスはユーロ建の投資収支によってバランスされてきたが，ギリシャ等の危機はそのバランスの進行を崩壊させ，TARGET Balances の累積，ドイツ，フランス等からの種々の救済融資とならざるをえないものになった．また，ギリシャ，イタリア，スペインなどの財政赤字は各国の国債への海外からの投資によって賄われたことから，財政と国際投資の関連について検討を加える必要がある．

　2011年秋から危機はヨーロッパ全体に広がってきたことから，危機の世界経済への影響についても検討を加える必要がある．国債市場の不安定がフランス，ベルギー，ドイツにまで進んできたことで大きな株価下落が全世界に及んでいる．また，ユーロの為替相場がユーロ導入以後の最安値を記録し，それらの影響は全世界の実体経済に現われてきて，リーマン・ショック以上の世界不況＝世界恐慌を引き起こしかねない事態になってきている．中国，インドなどの BRICs を軸とする「デカップリング」状況の再来はありうるのだろうか．本書の脱稿後も，われわれは以上の新たな事態についての研究を深め，研究視角を磨かなければならない．新たな研究の船出である．

2011年12月2日
宇治・黄檗の自宅から京都盆地を眺めつつ

初出一覧

第1章
  1)「対米ファイナンスにおける日本と西ドイツの役割の差異」『立命館国際研究』1巻1,2号,1988年5月,10月.
  2)『ドル体制と国際通貨』ミネルヴァ書房,1996年,第2章「アメリカ経常収支赤字とファイナンス」,第3章「80年代の日本の対外投資」.
  3)『ドル体制とユーロ,円』日本経済評論社,2002年,第3章「1990年代のアメリカ国際収支構造とマネーフロー」.
  4) 奥田宏司,神澤正典編『現代国際金融 第2版』法律文化社,2010年,第6章「ドル体制の変遷」.
  5)「基軸通貨ドルとドル体制の行方」『立命館国際研究』22巻3号,2010年3月.
  以上をもとに,加筆・修正して再構成.

第2章
  「アメリカ経常赤字の「自動的ファイナンス」論について——国際通貨ドル論とI-Sバランス論の問題点」『立命館国際研究』20巻3号,2008年3月.

第3章
  「米経常赤字のファイナンスと対外債務・債権の概念上の区分——アメリカ国際収支表の見方の再検討」『立命館国際研究』22巻2号,2009年10月,を大きく加筆・修正.

第4章
  「米資本収支の概念上の区分と2006年,08年の米経常赤字ファイナンスの困難性——「ドル危機」は如何にして生まれるか」『立命館経済学』第58巻第5・6号,2010年3月を大きく加筆・修正した「アメリカ金融危機前後の米国際収支構造の概念的区分と諸項目の概算値」『立命館国際研究』24巻2号,2011年10月.

第5章
  1)「欧州におけるユーロの地位とドル,ユーロによる重層的信用連鎖——「ユーロ体制」論構築に向けて」『立命館国際研究』18巻1号,2005年6月.
  2)「2010年の世界の外為市場における取引の諸特徴——国際通貨論の視点での1

つのメモ」『立命館国際研究』23 巻 2 号，2010 年 10 月．
　　以上をもとに，大幅に加筆・修正して再構成．

第 6 章
「ユーロ決済機構の高度化（TARGET 2）について——TARGET Balances と「欧州版 IMF」設立の関連」『立命館国際研究』24 巻 1 号，2011 年 6 月．

第 7 章
「ユーロ建貿易の広がりについて——「ユーロ体制」論構築にむけての一階梯」『立命館国際研究』20 巻 1 号，2007 年 6 月を加筆・修正．

第 8 章
「ユーロと諸通貨の間の短資移動の現状——2008 年の為替スワップ市場の混乱もあわせて」『立命館国際研究』23 巻 1 号，2010 年 6 月．

第 9 章
1)「円の国際通貨化に関する外為審諸文書の検討」『立命館国際研究』14 巻 3 号，2001 年 12 月．
2)「ワシントン・コンセンサスに対する日本政府の対応——アジア通貨危機の中で」『立命館国際研究』17 巻 2 号，2004 年 10 月．
3) 奥田宏司，横田綏子，神沢正典編『現代国際金融』法律文化社，2006 年，第 12 章 「東アジアの為替制度とドル，円，人民元」．
　　以上をもとに大幅に加筆・修正して再構成．

第 10 章
1)「環太平洋地域の外国為替市場——東アジアの通貨・為替制度を検討する素材として」『立命館国際研究』19 巻 1 号，2006 年 6 月．
2)「東アジアの通貨・為替制度と人民元——東アジアにおける「通貨協力」の現実性」『立命館国際研究』21 巻 2 号，2008 年 10 月．
3) 奥田宏司，神澤正典編『現代国際金融　第 2 版』法律文化社，2010 年，第 10 章「東アジアの為替制度とドル，円，人民元」．
4)「東アジアにおける「為替相場圏」の形成——シンガポール・ドルの役割と人民元」『国際金融』1214 号，2010 年 7 月 1 日．
　　以上をもとに，大幅に加筆・修正して再構成．

索引

［欧文］

AMF 構想　⇒アジア通貨基金構想
CHAPSeuro　174, 191, 196
ECB（欧州中央銀行）　170, 184, 185, 187, 198, 199, 202, 205, 209, 212, 213, 220
EONIA　181, 182, 184, 194, 202
ERM II　146, 147, 148, 215
ESCB（欧州中央銀行制度）　189, 196, 201
EURIBOR　181, 194, 239
euroLIBOR　194
EURONIA　194
Eurosystem　181, 182, 184
FRB　39, 40, 108, 110, 112, 113, 118, 125, 128, 244
Goldberg, L.S.　230
IMF 固定相場制　5
I-S バランス論　43, 48, 49, 50, 51, 52, 55, 56, 58, 60
Kamps, A.　213, 215, 216, 220, 222, 229, 230
Kenen, P.B.　280, 296
main refinancing operation　182
OECF　⇒海外経済協力基金
Page, S.A.B.　229
RTGS　172, 173, 184, 185, 187, 188, 200, 201
SSP　⇒共通プラットフォーム
standing facilities　181, 182, 184
TARGET　170, 171, 172, 173, 174, 176, 177, 178, 181, 184, 185, 186, 187, 188, 190, 191, 192, 196, 198, 201, 202, 203
TARGET Balances　134, 164, 165, 167, 169, 172, 179, 180, 186, 187, 188, 189, 190, 191, 198, 199, 200, 202, 340
Wade, R.　267, 293

［あ行］

アジア共通通貨　298
　――制　333
アジア通貨危機　26, 85, 262, 263, 264, 268, 269, 287
アジア通貨基金（AMF）　271, 277
　――構想　262, 263, 268, 270, 272, 273, 275
荒井耕一郎　202
井上真維　202, 234, 235, 236, 259
インボイス通貨　215, 216, 219, 220, 222
　――理論　205, 206, 212, 213, 214, 229, 230
エマージング市場　23, 24
円圏　282, 283, 296
円投入型外貨建対外投資（円投）　27, 75, 78
円の国際化　262, 264, 275, 277, 278, 279, 282, 295
　――構想　263
オイルダラー　74, 78, 86, 95, 96, 102, 106
オイルマネー　32, 34, 36, 38, 39, 48, 57, 63, 92, 93, 94, 100, 110, 130
欧州中央銀行　⇒ECB
太田光洋　238, 239, 240, 259
大西義久　297
大橋千夏子　202, 203
小川英治　294, 295
オフショア市場　34, 35, 36, 48, 94, 95, 96, 114, 128, 130, 132

［か行］

海外経済協力基金（OECF）　265, 266, 267, 293
「外―外」投資　⇒「外貨―外貨」投資
「外貨―外貨」投資　7, 68, 69, 97, 99, 118, 130
外国為替等審議会（外為審）　277, 278, 279,

280, 281, 287, 294, 295
介入通貨　134, 135, 145, 152, 153, 155, 162, 338
糟谷英輝　202
為替相場圏　262, 313, 330, 331, 332, 333
為替相場の pass-through　213, 214
為替媒介通貨　134, 135, 136, 139, 142, 143, 144, 145, 155, 162, 229, 281, 283, 284, 285, 301, 303, 310, 338, 339
代わり金　15, 37, 66, 67, 69, 82, 84, 85, 96, 98, 100, 101, 115, 120, 121, 122, 123, 125, 126
関志雄　296
機関投資家　18, 22, 23, 24, 75
基軸通貨　2, 15, 85, 134, 135, 155, 162, 338
基準通貨　134, 135, 145, 146, 147, 148, 153, 154, 155, 162, 215, 281, 338, 339
木下悦二　46, 58, 44
共通通貨単位　333
共通通貨バスケット制　298, 332, 333, 339
共通プラットフォーム（SSP, Single Shared Platform）　184, 185
行天豊雄　295
金ドル交換停止　2, 6
金利裁定取引　233, 234, 235, 238, 240, 246, 248, 249, 256, 257, 258
金利平価　232, 233, 235, 238, 240, 241, 242, 243, 244, 245, 246, 247, 248, 250, 253, 258
久保田勇夫　266, 267, 268
グラスマン（S. Grassman）　212, 227
── の法則　205, 212, 213, 214, 219, 224, 225
クー，リチャード　50
黒田東彦　270, 272
計聡　296
気配相場　311, 315, 317
限界貸付金利（marginal lending rate）　189
限界貸付ファシリティ　180, 182
広義の資本収支　73, 76, 77, 78, 80, 84, 90, 91, 100, 102, 103, 104, 129
国際信用連鎖　5, 6, 7, 11, 15, 20, 21, 79, 134, 162, 163, 338
国際通貨研究所　202, 294, 295, 297, 334

国際マネーフロー　18, 20, 21, 22, 24, 90
小宮隆太郎　48, 49, 50, 51, 52, 58
コルレス関係　174, 176, 186, 190, 192
コルレス口座　170, 196
コルレス残高　172

[さ行]

最後の貸し手　188
裁定相場　325, 326, 327, 334
債務決済　2, 36, 37, 43, 44, 60, 64, 65, 69, 70, 72, 73, 74, 76, 78, 79, 85, 91, 106, 107, 108, 110, 111, 114, 116, 337, 338, 339
榊原英資　270, 271, 272
佐久間潮　202
サブプライム・ローン　43, 110, 112
── 問題　31, 36, 39, 89, 90, 101, 106, 121, 130, 232, 240, 243, 244, 330
サマーズ，L.　267, 272, 273
資金還流措置　8, 9
宿輪純一　201, 202, 203
市場順応的価格設定　215, 218, 222, 224, 225, 227, 228
自動的ファイナンス　43
── 論　2, 44
篠原興　294
清水聡　288, 297
清水順子　297
準備通貨　134, 135, 145, 152, 155, 162, 338, 339
準備率制度　182, 194
白鳥正喜　266, 268, 293
新宮沢構想　270, 273, 274, 275, 277, 294
人民元改革　262, 263, 290, 292, 308, 312, 313
スウォボダ（A. Swoboda）　212
スワップ協定　39, 40, 108, 110, 112, 113, 114, 118, 122, 125, 126, 128, 130, 244

[た行]

第三国間貿易　208
── 通貨　134, 205, 206, 210, 211, 228, 229
田坂敏雄　296
チェンマイ・イニシアティブ　263, 268, 270,

273, 275, 276
中央銀行預け金　178, 179, 180, 182, 189, 190, 191, 193
通貨バスケット　292
　　──制　269, 278, 279, 287, 289, 309, 310, 311, 312, 313, 314, 315, 317, 318, 321, 333
　　──の基準相場　310, 315
通貨別貿易　62, 63, 224
　　──比率　61
寺西幹雄　280, 296
当座貸越，当座借越　174, 186, 188, 190, 201
途上国債務戦略　7
途上国の債務不履行　14
ドル危機　2, 43, 89, 124, 125, 128, 129, 337, 338, 339
ドル体制　2, 3, 7, 8, 15, 16, 17, 21, 89, 163, 262, 337, 338, 339
ドル不足　40, 110, 124
ドル・ペッグ　300, 305, 318, 320, 331
　　──制　269, 287, 289, 290, 292, 308, 321, 332

［な行］

中島真志　201, 202, 203
日中流動性　173, 174, 187, 188, 189, 190, 191, 192, 196, 203

［は行］

東アジアの奇跡　264, 267, 268, 293
福田慎一　296
負債決済　⇒債務決済
藤木裕　296
ブラウン，ブレンダン　52, 53, 54, 55, 56, 57
プラザ合意　15
ブラック・マンデー　14

本支店勘定　170, 196

［ま行］

マッキノン（R.I. McKinnon）　212, 229
マニラ・フレームワーク　273
本山美彦　293

［や行］

ユーロカレンシー市場　8, 10, 11, 190, 192
ユーロ体制　134, 135, 162, 163, 164, 169, 205, 340
ユーロ建信用連鎖　158, 162
ユーロ建貿易　205, 206
ユーロダラー　48, 58
　　──市場　11, 66, 73, 74, 75, 87, 99, 102, 111, 113, 114, 193
ユーロの決済制度（TARGET）　134, 167, 169, 205
ユーロ・ユーロ市場　174, 179, 186, 190, 191, 192, 193, 194, 197, 198, 224
預金ファシリティ　182
吉岡孝昭　295
米倉茂　45
米谷達哉　280, 296

［ら行］

リーマン・ショック　2, 25, 36, 38, 39, 89, 109, 110, 111, 124, 135, 232, 241, 244, 308, 317, 329, 331, 340, 341
レビー報告　264, 265, 266

［わ行］

ワシントン・コンセンサス　262, 263, 264, 275, 276

[著者紹介]

奥田宏司(おくだ ひろし)
1947年,京都市に生まれる.京都大学経済学研究科博士課程単位取得退学(1977年).大分大学経済学部助教授を経て,1988年より立命館大学国際関係学部に在職.経済学博士.

主な著書
『多国籍銀行とユーロカレンシー市場』同文舘,1988年
『途上国債務危機とIMF,世界銀行』同文舘,1989年
『日本の国際金融とドル・円』青木書店,1992年
『ドル体制と国際通貨』ミネルヴァ書房,1996年
『両大戦間期のポンドとドル』法律文化社,1997年
『ドル体制とユーロ,円』日本経済評論社,2002年
『円とドルの国際金融』ミネルヴァ書房,2007年
『現代国際金融 第2版』(神澤正典氏と共編著)法律文化社,2010年,ほか

現代国際通貨体制

2012年2月26日 第1刷発行

定価(本体5400円+税)

著 者　奥 田 宏 司
発行者　栗 原 哲 也
発行所　株式会社 日本経済評論社
〒101-0051 東京都千代田区神田神保町3-2
電話 03-3230-1661　FAX 03-3265-2993
E-mail: info8188@nikkeihyo.co.jp
振替 00130-3-157198

装丁・渡辺美知子　　　中央印刷・高地製本

落丁本・乱丁本はお取替えいたします　Printed in Japan
© OKUDA Hiroshi 2012
ISBN 978-4-8188-2197-2

・本書の複製権・翻訳権・上映権・譲渡権・公衆送信権(送信可能化権を含む)は,(株)日本経済評論社が保有します.
・JCOPY 〈(社)出版者著作権管理機構　委託出版物〉
本書の無断複写は著作権法上での例外を除き禁じられています.複写される場合は,そのつど事前に,(社)出版者著作権管理機構(電話03-3513-6969,FAX 03-3513-6979,e-mail: info@jcopy.or.jp)の許諾を得てください.

アメリカの財政民主主義
　　　　　　　　　　　　　　　渡瀬義男　本体 3600 円

マルクスを巡る知と行為―ケネーから毛沢東まで―
　　　　　　　　　　　　　　　寺出道雄　本体 4600 円

EU の規制力
　　　　　　　　　　　　遠藤乾・鈴木一人編　本体 3800 円

グローバル化・金融危機・地域再生
　　　　　　　　　　　　伊藤正直・藤井史朗編　本体 2500 円

国際通貨体制と世界金融危機―地域アプローチによる検証―
　　　　　　　　　　　　　　　上川孝夫編　本体 5700 円

金融と所得分配
　　　　　　　　　　　　　　　渡辺和則編　本体 4600 円

アメリカの連邦預金保険制度
　　　　　　　　　　　　　　　野村重明　本体 5200 円

ドル体制とユーロ，円
　　　　　　　　　　　　　　　奥田宏司　本体 3800 円

日本経済評論社